直隸絳州志

山西文華·史料編

清光緒版　第四册

卷十六至卷二十

清　張于鑄◎纂修

《山西文華》編纂委員會　編

山西出版傳媒集團
三晋出版社

山西文集

直隸絳州志卷之十六

藝文第三

明

喬宇遊鼓堆記畧

自太原西南其泉溉田最多利民久者莫若晉祠之泉自平陽西南其泉溉田最多利民久者莫若龍祠之泉自絳州西北其泉溉田最多利民久者又莫若鼓堆之泉泉發源於鼓山山高圓如鼓則泉以形似而名泉上有堆如覆釜形履之聲如鼓　泉以聲似而名泉有清濁二穴清東北濁西南清爲石口尺五許自滙爲池幅

貝數丈深半之有小魚喁喁往來沙石間溢而西折而南滙爲土口傍砌以石如半井狀亦滙池順流而南西北數十武有泉曰蓮花溢而南流又有泉曰照面西流與天河會天河者西北諸泉之宗若湧珠方池怪泉俱會焉其爲泐也大而深故土人以天河名之其南則平疇低野資泉而溉其東則經連緯緪溉田至州城二十五里入汾山之巔昔人樓其上敞然三楹壁間有唐宋石刻樊宗師呂公著司馬君實者皆在焉

馬中錫一間軒賦

有客懷異負奇出參陝右紐金章結墨綬既播惠於一

方復馳聲於三輔已而念身世之如風匪金石之不朽于是故園在望松菊關心乃已宦情乃動歸吟慨岩壑之蕭條悲白雲之無侶對几案以長懷若胡越之異軌心悒悒其無聊時矯首而延竚展羽翼以高飛奮鴻鵠之一舉絕意乎寵榮之事收蹤於名利之府束詩書於一擔指汾河而回轅駕關山之千里望桑梓而開顏草堂雖敝故榻猶懸田園不改三徑依然害馬已脫萬慮都捐靜無所泥動無所牽地幽人僻不櫛不冠托漁樵以自適身未老而就閒謝聲華之擾擾保性命於長年順天時以行樂撫光景而流連等軒裳之如屣絕交遊

於人寰彷彿山中之相恍若平地之仙放浪乎煙霞之外睥睨於天地之間若夫數弓之圃十畝之居環以曲沼方塘列以琴史詩書苕苕亭亭陰呼陽吸木則椒槿松槐杞柳櫻櫚桐梓枰櫨檜柏杉榆夸條直暢實葉扶疎連蜷欐掩渏陰披敷鬱鬱森森錯雜其中草則菖蒲蕙蘭揚車芷蘅鼠姑蘼蕪蘋萍泮生垂翠葉揚紫英或緣堦以舒榮或臨水以吐馨磊落延蔓乎其側蔬則紫薑青筍春韭秋菘時葵向陽蔣芋餐風果則楟奈蒲萄石榴水栗張公大谷之梨房陵朱仲之李葉如車輪綴實離離郁郁垂垂參差蔽虧於是黍釀初熟黃雞正肥

朋輩雅集僮僕追隨對佳辰酌瓊卮釣文鯉濯清池坐繁陰送夕暉聆庭柯憩疏籬發浩歌賦新詞恣中情之所如澹身外之無求或采蘋於南淵或杖藜於郊邱或掃花而坐石或倚岸以狎鷗鼓虞琴之清調泛明月之扁舟敞柴門而散步設棋局以消憂任春秋之代謝樂晚景之休休若乃雞聲風雨炎暑操櫂雪絮飛空枯木號寒與其待漏金門孰若北窓之高卧與其醉濃飽鮮孰若環堵之蕭然嗟夫日月西流逝水東注盡此日之盤桓不知爲光陰之幾許彼大冠長劍裒衣博帶之流事旁午而心喧囂兮亦孰不知厭紛華之場慕幽閑之

境奈何富貴之迷人雖瀕死而不醒徒使野猿白笑於空山孤鶴獨唳於秋月悵王孫之不歸發哀聲於林樾爾方擁大蓋耀朝簪走俗狀抗塵襟縱鐘漏之已沉猶行行之未寢孰能顧靈徹譏誚之吟而發歸兮之嘆音噫嘻覩先生之清節高風兮奚啻神龍之與鱣鱏亂曰山寂寂兮樹稠枝蓊蓯兮相樛彼有人兮歸來望君門兮倦游采薜荔兮無友朋澹容與兮何所憂石磊磊兮水溶溶樂吾此生兮蹇清節以同儔

江曉少保陶恭介公祠記畧

惟晉有獻曰少保恭介陶公嘉靖壬辰令終凡竣之督學

臬伯漫山曹子以鄉賢祀越癸巳中丞盧窻陳公撫薹
於茲式稽祀典爰俾絳州相基庀材揆日鳩工用建厥
祠中爲堂以奉公像翼以兩廡繚以周垣表以棹楔越
月而落成時乃罔不祇肅越丁未厥子治佐茲鹺政日
惟桑梓是瞻俾曉修辭以貢曉曰於惟恭介公實先外
祖學士王公廸簡與先考文昭公夙有交誼矧公嘗敷
治於浙而曉叨賦政於晉惟是祇是仰矧厥子孝思惟
篤曉雖不斐敢不式賁乃颺言曰准禮以祀爲重惟祀
以功爲重越稽祭法曰能禦大菑則祀之能捍大患則
祀之非此族不在祀典惟公經德懋學丕揚於廷肇服

在邦禁歷藩臬以躋臺省踐敭中外越五十年凡所涖
卓有成績仕則臺章胥薦止則臺章胥薦乞休則臺章
懇留宸命慰留越歸則錫以璽書隆以宮秩給以輿廩
越終則優以卹典晉以貳公褒以嘉謚終始哀榮允爲
天下重豈惟一邦

趙桐重興關記畧

吾絳有南關舊矣汾水自東北來潄城而西舊關在汾
水之西南居民稠密蓋千家焉連歲汾水泛漲崩西轉
北而關之東面正當其衝古岸傾頽民舍圮壞散而之
別村者數百家今存其半而汾水之侵猶未已也侍御

永甯田公于堅來守吾絳興利除害百廢畢舉覩風省俗往來汾澮之間覩是關之敝慨然興喟若痌瘝厥身者乃於舊關之南澮水之北謀建新關關地北距舊關不二里南距澮水亦不里街袤三百六十步如舊關焉民有田者令自搆屋無則買之公爲定價貧民有田而力不能搆者公助之粟無田而力不能買者公則捐俸買田而分給之一時庶民子來舉鍤如雲歡呼如踴雖鼛鼓有弗勝者南北各建門樓扁曰重興關環以雉堞殊可登眺亦州之勝槩也工始於庚辰之秋迨辛巳之夏門皆落成而道旁民舍比比百堵矣

董其昌韓氏卅乘藏書樓記

孝廉韓雨公自絳州來訪余長七尺議論英偉所謂豪士如玉山千人亦見萬人亦見者也雨公好遊復好書其遊也亦以訪書故韓之先京兆司空多秘籍鴻臚景伯繼之合得萬餘卷雨公悉推與景伯而身則垂躡之四方每遊都邑及委巷小市中輒下車徒步反覆披詰必窮其耳目之所未睹或見之他所莫能得則忽忽悵嘆爲展轉抄錄而後已其勤於購書如此因建卅乘樓藏爲取張茂先語也經史子集皆積而庋之而不喜佛道兩藏直謂囊金而求之南北都立辦矣余嘗嘆古今

圖書之富無若隋唐宋隋嘉則殿分書三品有紅琉璃
紺琉璃漆軸之異殿垂錦幔繞刻飛僊帝幸書室踐暗
機則飛僊收幔而上厨扉自啓帝出閉如初隋之書計
三十七萬卷唐遷內庫書於東宮麗正殿置修書著作
兩院學士得通籍出入太府月給蜀郡麻紙五千番季
給上谷墨三百三十六丸歲給河閒景城清河博平四
郡兎千五百皮爲筆以甲乙丙丁爲次唐之書計二十
萬餘卷宋崇文書院輪奐壯麗大陳圖籍宴羣臣委賜
縱覽後至宣和秘書省選侍從十人爲參詳官爲校勘
官進士以白衣充檢閱者數人宋之書計八萬卷以此

而視張茂先之三十乘抑何尠哉雨公曰公言大非所敢任獨計寒書生而積三十乘書亦云腆矣且弱冠而登賢良之籍天賜我以年生長唐虞帝鄉親逢堯舜之君在上有詩書太平之樂天賜我以時伯若季皆妮古癖文史天賜我以同志兄弟而我貲力可以購識力可以讀書不負韓生韓生亦不負書何隋唐宋之足羨乎余曰雨公語及書津津流羨齒牙間異日天子名入木天凡嘉則麗正崇文圖籍幸脫於兵燹而裒集於天祿石渠者雨公悉錄而歸之樓中裹名錦襲名香仍古人尤延之鄭漁仲爲銓次劉向劉歆父子爲校讐薛濤李

易安爲典籤掌記雨公日夜危坐讀不輟稍倦則坡蘇子美之斗酒宋子京之椽燭以助之更不然復進二氏書與華陽陶廬山遠俯仰相送難而因得攝三教之大總持此亦人生經世出世之資也張茂先數乘豈足以竟我雨公哉故樂爲之記

李彥通津橋記畧

汾水出太原晉陽山迤邐北來貫穿晉冀至絳之東環城西下當大雨時行波流漲溢官吏民商莫不病涉焉是以守邦者必爲之起橋梁以達其行因名其橋曰通津橋水無定止橋難久存我朝洪武甲子春吳侯居民

來守是邦諶之貳政李彥達判官陳文煥幕賓胡俊討量橋道四十八間分鄉民四十五里每十五里起橋一十六間自北而南期月之間厥功告成里人楊遵道等請記諸石予嘉郡牧之能且美鄉人之義姑書此以誌其實云

何東序王清河傳畧

王君之翰字惟藩河東絳人也世居絳之王莊村以枕汾號清河居士生而剛毅有操行容止堂堂博學強記偕兄之屏未冠補弟子員癸酉中鄉試結侶同契往九原山浩然有終焉之志析產讓不受分悉推以予諸昆

明歲乙未始釋褐要艾膚施膚癥邑也君至及期月士民伏其德績息肩鼓腹歡若更生會行服去己亥除棗陽有為崔駰筮易林者謂為不吉家有半感可支也國有大感不可支也君笑曰家國無二凶吉由己不售不辭臨晉輸乃辭棗陽乎溢棗陽以廉潔通敏為名邑俗素豪俠民多朋黨君欲改更之教以禮讓行之數月其風頓革一切治理流聞及旁郡當是之時中貴握憲四出若李憲宋用臣其人者轂跡遍天下齊牙食民惟楚之陳奉惡聲嘈嘈曰甚權幾與人主侔非刑虐殺無辜銅鈎鈎肉銅楔楔乳平夷邱墓淫汚婦女千旗萬戟飛

焰霍濩一激而變荆州再激而變漢陽三激而變承天岌岌乎殆哉已乃歎山動地道甘泉提赤幘將有事於青山君諕號于門曰青山實邇皇陵翰與守臣共將君命惟王氣是鍾豈其愛山奉名而入君而入營公立揖鄴前奉曰吾之威教能使千里風靡有不行于一命乎君曰大將軍有揖客顧不重耶奉悄悄大罵左右鞭朴交下君振衣出奉乃誣君聚衆兵戕于以上聞事下兩台案驗奉解任去會上計再補崇信奉怨罔求息也濺語上言楚王上下朋謀弄兵鼓噪湖廣委官侵匿庫藏而波及通判郎宅推官何棟如上乃譴君與宅皆免爲

庶人檻致棟如京師君從郵置報僉事馮應京書曰竊聞君有不達爲不明臣有不爭爲不忠翰雖去公在猶可藉手忠報天子翰死無所憾應京上封書極言其害辛丑三月朔上出中旨今日覽文書科道黨救應京免爲庶人越六日復出旨王之翰等好生可惡與爲民應京都檻致京師問君奉旨南還抵定州明月店緹騎周田至欲須應京偕行君曰君命無二古之制也乃入檻車窮日夜詣京師下錦衣訊鞫嚴其可惡何等君曰上不以纍臣不肖伏奉之威械得碎首玉階方寸地幸甚臣不能祈山與寶藏若合浦之還珠可惡一臣不能護

陵鬱真宅若泰山之四維可惡二臣不能以賦斂多民所共者而吏安集之以稱效聞其可惡三矣上諭穀無狀俾鎖琅其頸勿縱舍君慷慨守鬼柏畧無股弁悶月爲四月二十有三日上始悟而語閣臣曰湖廣激變軍民鼓噪異常連日焦思奉濫用匪人辱國損威莫此爲甚撫按差官伴送回京赫然欲誅之旨朝下夕解三湘七澤之民懽聲動地徹九閽君等忻徙若鬭盆盎若照驤首振足望皇衢而稱賀曰楚民活吾可以死矣死之短長時也民苟活吉莫如崔駰之箴吾不謂然語畢遂不復開口積浹旬爲十一月初九日卒卒時五十有

三矣君子曰知命唯是生眞深室橐鐘靡職既殁裹不周身焉不周裹訣不逮子鄉人宦京者白服捐俸治輤櫝以百數駕部給傳還旐曰死事王淸河之柩行道之人無弗咨嗟悲痛以爲其酷若此外史曰古之人所貴名不朽者豈徒奮其智勇應變無方之謂哉位可下身可殺無貴賤濟敗一也以彼處中括囊容身終牖下麼草死麔之弗若矣

韓雲王子好先生傳

先生名曰善字子好道號尊生父顯吾公浮沉諸生中數十年以易授子好弱冠游黌序研精理學喜看熹怒

哀樂前氣象與余結社郊關張時菴先生主之薛愼予李茂仲兩先生忘年交馬道亨渰淹支病骨獨余與吾家孝廉統元佻達自任夜放脚眠夢初醒聞子好挑燈作咿唔聲或披衣嘿坐若泥塑時菴先生拈兩題以試公子見元伸紙疾書整衣去余與統元尋芳草地對譚上下古今縱橫宇宙無所不極睨視子好方伏几案如鷄抱卵沉泳無旁馳而日已昃矣余兩人援筆而就越明日時菴先生評定之互相甲乙然子好文神閒脉靜內幽勁而外寓諸庸恍然湯宣城的派也余與統元先後以鹵莽獲子好九入棘闈輒報罷觀風使者試輒空

等學使者試輙又不遇然終其身無侘傺不平之感酒後耳熱則惟向余歌絳歌亢墜勾倨絶無淫哇自以爲獨得不傳之秘不效拘儒作齷齪扳折態比正心社起王復元刺史延子好入闡明聖學推讓後生務章人之善士以此附之人舍下帷教授日不必子午閉息靜定即諸弟子環遶誦讀不爲亂其精一如此嘗與余論人生猶燈燭也有形則有盡惟愛惜帷護引以長至論及天地萬物之所以生自以爲握生天生地之原至人擬子好以元余獨知其不必坎離交人擬子好以禪余獨知其不落非非想大都以元神周流暎徹爲主以語默

動靜示之範圍於一切鋪張門面招摇生徒皆所不爲也客見子好所著元指寥寥數語請揭旗鼓徧示之子好謝曰嗟乎古人闇然自修即天籟自鳴亦藏之名山俟知巳世儒紛紛務標榜以侘海內何爲哉不佞研究性命之旨不暇何敢炫燿爲客謁語人曰王尊生猶務深藏彼燕石而冒玉爲名高耳

闕史曰世之靡也其起於蘇程分黨乎程門弟子求競於世別立道於文章之外效禪宗語錄以不成文之語筆之於書乃謂孟某死不得其傳焉於隋遺一文中於周遺一希夷余甚惑之文中不具論希夷之授周邵者

何物魯人東家邱而師孔者識者有掩口笑耳子好甚
文中苗裔耶何其似文中而人不知也即知者以爲尚
元希夷元乎哉則任耳之過也子好質行孝友往往可
書余獨書其大較取裁於文章而沈潛於性體沒年七
十猶孳孳不及世多皮相千載下吾郡有子好矣

王世貞　趙衰贊井序

晉文公爲三軍擇帥以謀於趙衰衰曰郤縠可說禮樂
而敦詩書於是使郤縠將中軍使趙衰佐上軍王子曰
成季之世有晉政也宜哉文公所起共患厄昆季交也
狐犯雖親才實匪匹擇帥以將誰能踰之衰汲汲焉晉

其素疏後之郤縠偃然居六卿首而已退處其五氏於
較勢專於集事又其論敦本而近乎道夫自宣孟而下
幾祀矣其閒厄於靈族於屠遺燼忽然迄至焰也衰實
培之歟郤氏之後與范中行氏惡而郤亡范中行氏之
後與趙氏惡而范中行氏亡迨其終也又併晉而亡之
趙雖存其非成季意哉愚竊謂成季佐晉他謀策未離
春秋人物其薦郤縠毋論鮑管遠可與岳牧同風吾既
嘉成季之賢而悲後之嗣者寡也追爲贊曰造父佐周
俾熾厥後乃生子餘亡人是友既匡亡人以反晉轅曰
子餘勛大夫於原惟楚不共侯命擯之惟原大夫侯詢

任之曰有郤縠能實勝予何以中軍禮樂詩書次者上軍次佐乃衰苟利晉社遑恤其他彼趙與郤長爲夾輔諸其敗者交軏以惡六卿爲三三卿爲國雖則有國獲茲先德赫赫成季休休有容敬贊淑節敢告丞公

辛全救時名總著上守東道書

聞之上兵伐謀不戰而屈人之兵者上也故孫子以用閒爲第十三篇今以賊攻我於勢屬逆彼猶能使人作細探我虛實結爲內應將彼能餌人以利誘人以術劫人以威故耳我若是用之用必無留侯陳平武侯諸人善謀用閒者乎用必無蘇張蒯徹諸人善於辭說者乎

甯必無荆軻樊於期黄蓋甘於困辱以殉國者乎誠得其人各隨所長而用之或使之離搆賊黨或使之作我內應或示賊以禍福而使之散或引賊於死地而使之陷或揚我兵威或透賊消息欲用其人勿吝厚賞又須陽辱其身方可使賊不疑賊來奸細若有父母妻子在此陰養之或明托心腹而暗用機關或善結其心而使之誘衆又使去之人密與絶小印記使之暫且從賊混亂搶掠暗裏爲用事萬一大兵相遇令其自露不死於兵然須厚恤其家許以大賞方得其心可爲此事我則或托爲神語或編爲謡言歌曲或貼賊經由處所密射

賊營又寫審書上云某欲率衆歸降殺某人以圖免死或將數頭目中一頭目厚送金帛令衆賊相疑或數路張兵一路伏兵伏火令用間者引之自投總之變化莫測闔闢由心臨事而懼好謀而成賊未有難平者也

辛全理學言行錄序

太極理也理在天曰命在人曰性主於身曰心發於念曰情行於世曰倫欽此謂敬實此謂誠明此謂精純此謂一執此謂執中建此謂建極止此謂止至善章於詞如菽粟布帛措於事如準繩規矩人而無此冠裳而禽獸世而無此太平而危亂堯舜禹湯文武以是而爲君

臯陶伊傅周召以是而爲臣孔顏曾思孟以是而爲師孟氏而後理學失傳者千四百年五星奎聚於宋濂洛關閩之間真儒挺生心學一脉上續下傳我明啟運敬軒薛子首起河東言言真見步步實行巍然當代盟主嗣後諸儒繼作隱顯不同造詣亦異總之言行心術各有得於聖人之一體月湖楊先生拔其尤傑然者得若干人爲錄二册以範後學恍似嚴師在也迨今八年寒暑徧考諸書又得當續入者一十四人如月川先生曹公容思先生段公默齋先生張公小泉先生周公自在先生張公醫閭先生賀公月湖先生楊公虎谷先生王

公涇野先生呂公谿田先生馬公苑洛先生韓公整菴先生羅公天遊先生楊公斛山先生楊公此皆粹然無可疑者若定山先生莊公立齋先生鄒公昔人謂忠鯁名臣宜入直臣錄此似不必入也僭自更定今得二十七人題曰理學名臣錄參定又僭為之說曰天地所賴不毀者此理人心所賴不死者此理世運所賴不亂者此理不惟一人可知行人人可知行不惟一時可知行寔萬世可知行今世學者闇講心學不非笑之以爲狂則疾惡之以爲僞甚至排擠之至無所容其身噫學不學理學所學者何等學也人不爲理學所爲者何等

人也學至此人至此不亦良可惜乎雖然變者世也不受變者心也同志者試思此心孰無天理此理終不磨滅研窮此理躬行此理直以錄中之人自處又從而溯濂洛關閩又從而遠師鄒魯則昔人之作於前者我安得不紹於後乎即不容於人未必不容於天也不見信於今未必不見信於後也如曰生斯世爲斯世則此錄不必觀矣

辛全存烈編序

三晉兵火頻仍予絳爲甚貞烈婦女亦惟吾絳爲多予愍諸上臺力加搜訪得若干人一時同盟諸君子協我

同然彙爲一編題爲存烈葢不欲其泯泯已也或曰諸貞烈義不受辱甘死如飴一時之身甫盡萬古之身始生昂昂正氣盤薄蒼穹凛凛特操昭回日月彼原自存於兩間萬古奚待於子之存而始存予曰人必自爲可存而後存之諸貞烈之自存者神理之不可磨也予輩之存諸貞烈者秉彝之不容已也安知此編一播鄰壤同志不各相搜求本土淑媛而闡其幽光者乎安知世之婦女無聞諸貞烈之風而興起或嫺內則或宜家人或矢從一習尚從此一還眞醕也乎又安知世之冠丈夫冠者聞婦人女子尚表表自愛流芳若此豈無毅然

以忠孝節義自相期許自相砥礪使山川藉以生色乾坤賴以匡扶者乎或曰人之所以異於禽獸者幾希庶民去之君子存之此其存之之一端也允若茲茲編與諸貞烈並存於兩間萬古可也遂筆此於簡首

辛全祭靈輙文

絳城之北五里有晉靈輙祠墓州人辛全歲一瞻謁見墓址耕牧將平祠宇頽疎將覆且中設大士神像靈公像列其傍興嗟良久欲葺未能累爲當事言之幸棠州牧篔署州事李二公勖力表章封邱葺祠煥然一新功將落成辛全遂偕二三子以天啟二年七月二十四日

持瓣香清酌詣祠下而告於孝義士靈公之神曰惟公孝不忘親義能致身圖報知已捐身以殉高風正氣百代常新使人人而若公天地間安得有逆親之子使人人而若公天地間又安得有後君之臣使人人而若公天地間又安得有忘師之門人公之行其大有補於人心世道也乎全不揣疎拙倡學斯鄉屢遭屯蹇初心不忘與公神交正氣昂昂幸公祠墓煥然表章偕我同志共薦椒漿仰冀公神來格洋洋敢不努力以振天常公其啟翼世道之光

高攀龍答曹眞予論辛復元書

復元公聖質也見在已是吳康齋先生等輩矣說者謂康齋不及白沙透悟蓋白沙於性地上窮研極究以臻一旦豁然康齋只是行誼潔修心境靜樂如享現成家當者快樂受用而已然其日漸月磨私欲淨盡原與豁然者一般卽敬軒先生亦不見作此樣工夫至其易簀之詩謂此心惟覺性天通原是此樣境界不可謂其不悟復元公再肯進此一步大儒矣但恐其質妙行敦身心已定豈得去日用已灑落得去不信有此一步只有一試法須自知之有妄想否有倚靠否若有妄想卽樂亦須假物如讀書亦假借也若有倚靠卽敬亦是倚靠

如以敬直內便不是直也弟得其樂天集如飲沆瀣不忍釋手故不能奉璧更望翁臺再見賜其養心錄千萬千萬

韓雲募煮粥引

長夜不寐有關心之大事二一禦流寇一禦禦流寇者之饑寒也流寇猖獗固有道臺牧父經營之設兵設餉議戰議守所謂賢者識其大者矣惟是守堞百姓固我閭里鄉黨同舟共濟之人也昔年用餉私僱一時權宜非經久法牧父令挨門守之是適於天下者令行於吾州以此爲守何憂流寇哉不肖所以不能寐者時適三

冬遙夜如年霜寒風冷雪厚氷堅縱宿飽重裘挨至交更未有不肌生粟腹爲餒者哀我閭里鄉黨同舟之人幾不饑寒者乎且我等稍可支持僱人應役即此僱役之人亦人子也我等溫飽彼獨饑寒古人云一人向隅滿堂爲之不歡況滿城人廹此流寇忍饑受寒於城頭之上雖云各爲身家各遵功令乎我等高枕而卧不若芒刺在背者無人心矣若令有餘之家少設一席酒少作一不急之事隨心喜施城上人便可過此寒夜如每夜每人得米粥一碗即可禦寒估至年終費銀百兩每夜每人二碗即可充饑估至年終倍之不肖除自先捐

助外親與同志沿門乞求酌錢米之多寡爲臨時煮粥之便宜自思不難於募助而難於煮散何也半夜三更人多鍋少管事者不得其人一塲好事不得實惠矣傍有相知語不肖曰非也此事不難於煮散而難募助何也人情吝財而子負氣倘叩而不應非憤則與盡矣不肖曰所言人情未必然所規余病良切余今非爲利與名也止爲此閭里鄉黨人饑寒願勉强以乞求之名銜不用紅簽以防弊竇募助不用强而用勸旣已聽勸書若干矣必須完數上有神明下有鄉評無然虛套也

王臣直存恤良民以輯流移議

流寇之起於秦也二年於茲矣渡河而犯晉自崇禎三年二月始也賊一渡河即侵平陽地界土著之兵寡弱不敵勢不得不調邊兵而邊兵往返須二十日居民望之未免爲西江之水也保全雖多蹂躪者亦不少是以蒲滎陷矣因而掠鄉吉因而掠洞襄因而掠絳太又因而掠津稷矣西漸而東北漸而南歸則飽載來復蠶食河東三十六州縣傷殘數十餘處今幸勦賊之局漸有頭緒而臣直竊於此時更欲下一先着陽則弔死恤生實陰以散賊之黨而捷收吾勦之功也始之寇晉者秦人也今寇晉者半晉人矣二三月間從賊者十之一六

七月而從賊者十之三至今冬而從賊者十之五六矣秦盜掠而晉民貧晉民貧而晉盜生晉盜生而秦盜益勝今欲除秦之盜莫先除晉之盜欲除晉之盜莫先撫晉之貧民貧民得撫使其知爲盜而得生不如爲良民而得生使其知爲盜雖暫生終不免於死爲良民可終身保其餘生也如是則晉之從盜者寡而秦盜之黨自孤矣然輯撫晉民非憑空文消其邪心也貧民之信其飢寒甚於信上之空文貧民之信其從賊搶掠免於飢寒甚於信上之空文輯撫免於飢寒蓋緣搶掠則目前即有成效而空文撫循尚在河淸難俟之際也今實爲

晉民計安全當先移檄查平陽所焚掠者某州縣州縣所焚掠者某村落村落所殺傷者某人民隨出示云殺死者即免其人之門差殺傷者免一年以爲安養之需凡賊所焚掠之村落盡免崇禎四年之稅粮賊之所到人民殺傷殆盡婦女擄逃殆盡廬舍火盡財物掠盡牛羊驢騾食盡耕農器皿焚盡至於黍穀稻麥人食所餘者盡以食其馬馬食所餘者悉付一燼矣不但貧者貧富者亦貧不但貧者乞富者亦乞昔入其鄉而老幼子婦熙熙也今惟有殭尸枕籍於道耳昔并廬桑麻蔚然可觀也今一望邱墟人烟斷絕矣除一面速行蠲免外

更令各州縣煮粥以活啼飢之民人計一斗二升米日可食三十人一石二斗米日可食三百人計正月二月大州縣不過五百金小州縣二三百金即可使焚掠之餘氓皆樂生全而潛消其不肖之心也而或者曰數州縣一年之糧邊需孔亟何以應之不知養兵原以安內也內地傷殘視外患更爲迫膚若是晉地盜賊橫起則征調之費奚啻一年蠲免之糧今以蠲免之美政陰使我民化其邪心所省者又奚啻一年蠲免之糧也且不行蠲免之害更有不忍言者今即不免恐啼飢號寒之民室家未聚何能急公如徵之而聽其不完是我不免

民民自免也與蠲免同如嗔其不完而竹皮木囊以苦之非希聖希賢之民人未有不從賊者也況我以刑法促其生而賊又以飽煖餌之此不盡驅我民為賊不已也且此時蠲免之令免僅一年一年以後仍在官耳不然束手不能應公惟有從賊從賊之後難卽歸正我不免一年之糧將數年之糧皆為烏有是免者之所得多而不免者之所失更多也使當秦盜初起而遂下蠲免之詔秦盜必不多助至此及今而始議蠲免亦晚矣秦既失策於前晉豈可失策於後也則今日宜早布德音以活此瘡痍之民以安此動搖無聊之衆可[illegible][illegible]擧之

不速恐窮民生心苟且求活秦掠晉晉復掠晉至於掠
無可掠勢不南掠中州必北掠燕薊耳畿輔震動爲患
愈深當事者懲艾於賊之愈剿愈盛也始議撫兇始議
賑恤其能有及乎請諸上臺體聖天子嘉惠元元之意
當爲地方圖萬全也晉民獲安然後查秦民之户籍延
宜一帶有事於四方者限以日期許其還家自新本之
以至仁動之以至誠士仍歸士商仍歸商農仍歸農軍
士失伍者亦各隨願歸伍其前日之罪槪寬不究若仍
不悛者然後置之不赦之條也至再三致告或秦民亦
有革心之日乎草莽之臣言無可採生民之志蓼寐難

志謹議

王渼守圉書協力篇序

余讀守圉全書而知雨公可以將也讀協力篇而知雨公可以相也天下事須天下人爲之非一人之才所能兼也必曰我能爲之而人不能功必自己出名必自已成君子有以識其器矣書曰汝惟不矜天下莫與汝爭能汝惟不伐天下莫與汝爭功貫澤之會齊桓有憂中國心江人黃人不召而至葵邱之會叛者九國何也震而矜之曰莫若我也古之名相有用人不以名譽必求其實者其所薦引人未嘗知有守格法行故事百官任

才而天下無事者故人非無才之患也有才而自用不用人才不足觀矣兩公有用世之才無用人之權其於天下士虛懷下之大度包之有片長微善必使聞於人而後已使兩公而見用於世其不自用而能用人也必矣其告我曰名利者奔走天下之具聖賢善用之雖中人之才皆可以集事嗟乎兩公不棄中人況與桑梓賢才比肩共事乎哉故余讀協力篇而知兩公可以相也

段袞癸酉絳城定變志

崇禎庚午辛未間秦寇孔熾蹂躪河以東守東道奉上命於絳設蒲州營召募步兵稱杆子手而馬兵則多延

綏良家子鄉丁數十人咸隸營伍置材官遴忠勇驍兵畧者充之憲副三原焦公屢立戰功諸兵有力焉閒有驕恣不法者爲市井患然焦公坐鎮無大害也癸酉焦公移甯武商邱葉公來代法令嚴明如焦公時而薛將軍純宇以都司署蒲州營守備事於是歲之冬抵絳雖部署有法然恩威尚未著也絳有巨室韓氏兄弟負重望文武將吏爲地方計多虛心咨訪其季九光受教兩兄夙諳韜鈐弱冠請纓爲金吾後衛指揮僉事與薛將軍傾蓋莫逆焉歲逼其除葉公方駐蒲坂州守入覲攝篆者他出兵益驕不可制會有激之者於是黠魁某與

其黨歃血爲盟潛謀狂逞暮夜縱炬數處光如白晝介馬縱横道路爲梗垂涎某富宗力拒得免焚某宗侯府第市廛棹楔頃刻成灰滿城之人莫必其命蓋嘉平之月二十五日也薛將軍聞變單騎而出從步卒數人諭亂兵禍福且言吾初任事果有不法爾輩先殺我不然絳人何負爾輩哉下令曰凡騎馬皆賊也殺無赦手斬數十級諸兵股慄多棄馬徒步從將軍後示已非從叛者也鄉丁數十人從千總王自新急走衛倉庫而韓指揮九光適飲一宗侯家聞變還舍有二一倉頭與俱手刃兩賊墜馬死設計爲絆索逼衢叉斃數賊與將軍相會

葫蘆廟額手相慶吾兩人同志賊何足平哉是夜絳人男女數萬人盡登屋奮擊瓦石如雨賊計窘奔南北門而葉公素嚴鎖鑰遂縋城下至黎明變定矣諸兵之猶豫觀望者奸民之乘釁而起者郊遂之猾聞風響應者咸歛戢不敢動明日將軍領鄉丁追剿獲數十賊以歸奉葉公命盡斬之是役也殲賊以百數絳無一人受傷者異哉又有訛傳絳民苦西兵將與爲難此時材官亦多西人各疑忌不安九光爲調解釋然民安其生兵歸於伍絳之金湯以固葉公而下薛將軍與九光爲首功矣將軍名敏忠榆林人九光名霞刺史雲孝廉霖胞弟

也

論曰絳爲河東劇地十餘年中干戈之變屢矣壬戌宗民爲難意在復仇有司可以三尺定也乙丑流寇入城多至百餘輩易與耳庚辛南北兩鄉焚殺擄掠甚慘然一聞兵至喙息而去亂兵變起倉卒勘定稍緩玉石俱焚矣且定之則賊化爲兵不定則兵民皆賊議者方將軍周太尉部令公云兵民猜忌主客相仇絳不爲登州之續者幾希九光排難解紛勝於十萬師子曰二人同心其利斷金信哉

喬宇姑射山記

孟夏十八日早發堯廟才來二君曰姑射之山莊周所謂有神人居之者其下有龍祠亦勝可往觀焉按志云三磴山九十餘里其形三磴其北有龍關峪內有龍潭神祠姑射自西北蜿蜒而來平其支石孔其陽三磴其鈎帶故曰姑射耳飛駕至祠下祠面東巍宮謚輿塗丹飾堊其像冕旒而處者曰龍王有泉自山下東流經祠南跨建水亭其規制塏爽宏麗水氣林光明風艷石皆納而有二君觴於亭上臨風賦詩移席山半卽發源所泉抱山麓而出紛紛的的如星拱然余命僕夫穴蓋一石聚石而計有百十餘穴流珠噴玉皓然清瑩併歸有

渠東入於汾河余與二三君盤踞而坐東望遥川廣原陀陀遂遂林樹如纂繡綴錦貞脆相雜徘徊談笑薄暮以歸泉流潺潺聲於榻下煎茗賦詩一夜幾不能寐

劉理順辛復元先生贊

程朱而後聖道大明篤信紹述是在後英先生崛起身體力行聞達罔慕編纂是宏以給朝夕蔬食菜羹以供出入敝緼素纓教授吾黨一禀先程遊其門者質化心傾形廷入對適駿其聲司成矜式璧水主盟開示藹吉千言鏗鏘迄今誦之純粹以精公卿交薦方資治平負笈遄反力遜旆旌兆同沮溺硜硜耦耕進禮退義罔敢

或輕於德彌光於寵不驚有物有恆如玉之英昔有文中近有文清先生方之鼎立而撐尊以文敬允稱其情

周心易郭節婦賦有引

烈婦者絳人郭郊女子亡室李氏弟庠生李向妻也向以目疾亡於丙辰十月朔日是日烈婦即自經謀死未獲遂越三日夫殯之夕復以衣帶繫頸潛入園內墜井死則頭穿於泥者尺許噫此乃奇偉男子所難能郭氏乃以十七歲女子易爲之眞曠世一奇特節義也余舅翁鄉進士首山先生抱經濟才竟未仕而卒其子向雅節有父風亦未及嗣業早亡今其婦

乃有此烈首山翁嘗必瞑目地下向果有知甯不含笑而無遺恨也哉余爲賦此尚冀守斯土者之奏聞云

姑山之陽汾水之濱曰惟郭姬兮如松栢之有心節孤特而無前兮高躋華岳之岑志從夫子下土兮求殞滅而不聵噫嘻烈哉誓死弗償痛裂何究惟殉夫之不渝顧冥錄之必就覩二星之在天遂委身於重甃旣泥塗其没肩兮又環帶於弱脰氣剛烈而磅礴兮扶輿爲之浹透玉貌翳而糢糊兮完吾心之精英鬒髮變而汚泥兮求吾軀之玉瑩越窈窕於委頓兮仰高風其孰京睠

摩笄之碕礒兮慨姬行之允赫也覽二寶之芳躅兮姬將與之增色也趨屠案而祈元兮實決烈之同則也過逆旅而斷臂兮何勇憤之稍遜也亂曰芳蘭靡靡揚奇馡兮威鳳矯矯流暉儀兮休此章縫獲貞妃兮我懷貞妃賦緇衣兮比我臣婦思蹕跂兮

黄希聲雙烈傳

王開州臣直側室爲常氏者二以年齒大小別稱之崇禎八年四月開州捐館二常即有以身殉焉之志緣家人防護不得間至六月十五夜竟雉經於室內比覺而救之則一綫二頸陷肉各寸許氣息奄奄大常以乃甦

而小常遂死年十九矣大爲常貫女小爲常進勝女州大夫旌表之

黃希聲瓠庵先生小傳

瓠庵先生絳人姓馬氏諱永升字季常以明經官運司學訓導致仕晚年别號曰瓠庵辛丑之歲年七十有五卒於西郭之别墅先生之弱冠肆其力於制舉業以文人見久之數奇不偶棄雕蟲技不爲則研志於性命之學以理人見意與所至類有篇什以追風雅則以詩人見至於時還返時拈提時彙注微言似又欲合方內外而一之若是乎儒家之學烏可以竟先生者本其援業

所自初爲吾絳王尊生先生繼爲陳雲開星里馮關西
少墟吕安邑伯承諸先生而雅慕者又在王文成曹明
學二先生或親炙或私淑幾幾乎之江之河之海而莫
測其涯際者造詣之所至匪後學克擬議也諒已惟是
孝友愷悌力行於家庭閭黨之閒以至族子無知者華
心矣殺越人於貨者易行矣彦方之化俗殆不是過而
其司訓郇庠也與父言慈與子言孝遂一還其父子之
天性而閨中之嚚亦幡然滌慮焉本錫類成教先生之
爲人師信乎其可師也乃若貧而仕仕而愈貧一不移
益堅益壯之志而著書談道造次逆旅弗爲輟非胸中

誠有所見能之乎訃聞之日例庠諸生爲位而哭奠之又或有垂涕於道者實德之感人殆不可誣家中遺稿甚富旣梓有證道吟八德歌諸篇讀者可因言以窺先生之藴厥本末已詳於狀固不能復及也

直隷絳州志卷之十七

藝文第四

國朝

孫錫齡查常平倉疏

題爲嚴查常平以備災荒以救𣪚黎事切惟民爲國本食乃民天從來救荒無奇策不過預爲儲備而已其儲備之法無如設立常平一倉無事則多方勸輸積米積穀一遇荒歉則出粟以賑濟之民賴以不至流離逃亡者此法善也十二年間奉有

俞旨設立常平䘏災備賑誠我

皇上視民如子未雨綢繆之至意也但恐天下有司視爲具文未獲見諸行事徒有常平之名而無常平之實不幾負我

皇上憂民無已之初心乎況今徐淮等處災荒見告如不預爲責成使天下常平一倉在在見諸實事小民一遇災荒將何恃而不恐也請祈

勅下各省撫按責成府道嚴查各州縣常平倉數年以來蓄積幾何州縣各造清册呈報府道府道轉報撫按每季終造循環稽查其數年終照蓄積多寡分別獎勵如全無蓄積米穀者各該撫按即指名叅處以爲闒茸不職

之戒如此則有司不敢視爲具文常平一倉不徒有其名而兼有其實一遇凶歉足以賑救饑民所賴匪淺鮮也抑臣更有請者常平倉贖穀除支給孤貧月糧外恐存貯無幾勢不得不勸諭士民輸助夫人無所慕就背輕爲輸助即間有好義之人願爲捐輸亦無所激勸於其中也合復倣

題定救荒例如有能輸粟百石及二百石三百石以上者官紳照例紀錄生員或加以監生之名編民或授以頂帶之榮夫人有所激勸則自樂爲捐輸將見行之既久而倉庾充實不患救荒之無策矣如果臣言可採伏乞

新部議覆施行

胡以溫賀遵仰孫君以卓異膺命服兼初度序

蓋公理上谷者三載若總督司馬臺若御史臺薦書歲

下也己亥春國家大計吏以治行第一聞維時薇海內

吏舉不過二十餘人公卓然二十中

天子異焉曰上谷兵馬塞夙號難理士師安得無冤若此遂

識公爲長者以黻冕命公且須大用此至公下拜登受

曰小臣某敢違顏咫尺乎廼服其命服邊人爲歌九罭

未已也屬歲七月爲公攬揆辰將頌德音祝無期者聲

殷然公堂余聞而知之謂是可壽也先是公下車久之

林一通謁有聶刺史前爲絳州創山亭饗公問知爲余公謂是固自好然豈以余爲偃之室乎廼公固長者于旗時及相與概士行則必於澹臺滅明之爲人稱文章則必於左邱明司馬子長譚吏治則攸取於曾子之得情勿喜曰子豈以聽訟吾猶人乎哉刑獄至重覬平反有未嘗淑問之謂何顧武健勝任而愉快乎蓋公歲上其章於御史臺爲移章司寇無不稱平焉乃余竊異今世搢紳大夫率自貴倨無復折節爲恭儉者矧虛懷嚮文學引古經義斷獄即時得可蓋難矣公何獨不然且夫卑蜓纖趨比周賓正以求尊譽以受公奉用居上爲

右試官公又胡不務出此而取彼他日刺史則謂余曰
公諾生時金相玉潤操履端介咸公輔期之爲文作西
京以上語讀之飄飄有凌雲氣其脉當世仕宦有夷然
不屑也果未幾察孝廉聯舉進士爲令官有以夫其先
士行尚文章飾吏治也躬自有之矣是以究償所志不
必赫赫以爲名若司馬臺御史臺歲薦箸下也不然初
試官一上計京師卽卓然二十人中天子異焉以璽晃
命公且須大用何爲也公服其命服邊人爲歌九罭若
恐旦夕遷去猶赤子之免於懷何爲也乃益信公爲長
者豈弟君子求福不回固其宜云

楊藻鳳旌孝錄序

夫孝庸行也旌有典者何以廣德也詩所謂孝子不匱永錫爾類是已史有紀者何以垂法也詩所謂永言孝思孝思維則是已晉有李令伯者求乞終養曰臣無祖母無以有今日祖母無臣無以終餘年讀者感之至爲之語曰讀陳情表而不墮淚者其人必不孝後數百年有李適彥者居父喪而親友不復識有李伯高者居母喪而家人不見言笑又數百年而有李晉階者事父母備極甘旨色養兼盡存亡有禮刻木爲親像朝夕餽祭終身如一日其家傳之有自來耶何李氏之以孝傳者

多也夫令伯以終養聞適彥伯高以善居喪聞將令名千載得之一事之優歟抑終生懇摯僅以全一端之美歟晉階事生如令伯送終如適彥伯高而刻木追思之誠則又前人之所未表見者盡孝盡思無行不備豈非超邁前人而　謹罕儔者哉頃有司倣楊引故事旌其門曰純孝而載筆之舉猶屬闕典於時里之人綴其事蹟成編曰俾盛世太史采之上聞登之簡册後世聞風興起者夕膳晨饈慎終追遠庶其有所則效乎適彥伯高他不具論獨令伯之言曰少事僞朝歷職郎署矜平不忍忘本而乃舉故主而僞之不亦謬乎晉階言動必

謹無忝所生爲一時醕儒信乎其與令伯蠙也相感而無其失也里人付梓屬余爲序余以爲錫類維則正在於斯載筆之賢尚其采之而傳之云

党成答冀城師清寰書畧

不尊德性不可謂道問學不道問學不可謂尊德性若曰用力居多此學便屬偏曲項平父書雖出朱子亦陽明定論中所檃括者何可據以爲的實也朱子之學居敬窮理也存心致知也存養省察也的是博文約禮家法台教摘出格物窮理四字而謂其務節目而遺原本似乎於朱子面目尚有未肖也若就原本言之則彼家

之學自是著力原本者第恐彼之所謂原本者非吾之所謂原本者耳教中所指先儒經書之語何語非該貫動靜而敦篤夫原本者昔朱子幼時亦曾好禪比見延平先生毎有論說先生只言不是朱子再三叩請先生曰只讀聖賢書便見今存養主敬許多話頭皆聖賢精旨所在人苟虛其心平其氣去其好奇之念忘其先主之言只於四書五經性理大全中將此等話頭一一領會而不敢誣爲我心註脚則此道正義可指日而了然矣倘不屑務此而醉心於傳習定論等書則彼家立論將此等字眼解註一齊換過如論語博文中庸博學皆

不肯解作讀書大學格物只解爲爲善去惡令人一見即爲所惑兄台不知會於此等處看破否也正道一路也邪蹊百千也凡百異學誰不高言原本但正之與邪所差別處只在原本上毫釐之閒總之彼家皆是養神吾儒獨是盡性彼家話頭亦有閒似吾儒者吾儒話頭亦有閒似彼家者世之學人始若以非而混其是久將以是而斥其非矣是在精意君子虛其心平其氣只細心於聖賢書籍久當有以見之非一時筆舌所能取辯也

傅山寶賢帖跋

古人法書至淳化大備其後來橅勒工拙固殊大率皆本之淳化逮至有明則有肅藩之淳化仍其舊名卷次不少變更周藩之東書堂晉藩之寶賢堂則稍有顛倒增益今此三本並行人間汴帖橅勒無丰采肅帖豐肥濃態側出晉帖圓秀遒媚出周肅上二王鈎勒猶爲精妙獨獻之授衣一帖不及肅帖遠甚然肅本此帖亦不及汝刻也故老或傳以爲載取絳帖之石而冒之以寶賢之名往聞諸府中老尉言取庫中分藩時所得絳帖鈎之上石按絳帖始於潘師旦或謂爲潘駙馬帖蓋潘氏世居絳郡故也單炳文考論最爲精審曹士冕甚服

其博於其所謂東庫本下注謂潘所居石分而爲二其後絳帖公庫得其半於是補刻餘帖是名東庫本由此言之石在宋代已分爲二晉藩又焉得載而取之且寶賢卷次與絳帖差互非絳帖之原石可知單氏謂大令復回帖面字右邊轉筆在石空缺處新絳無右邊轉筆第七行行書止字新絳作草書心字今寶賢面字不鈌右轉止字不作心字鈎之絳帖之證一曹氏言宣示帖報字右邊直畫向左鈎起參字下夕字微仰曲今寶賢鈎起仰曲皆與曹氏言合鈎之絳帖之證二又謂宋儋帖多燥筆今寶賢此帖猶有燥筆鈎之絳帖之證三且

其自叙亦言取庫中淳化及絳帖鈎之謂鈎之絳帖者爲是石經亂不全棧櫪糞壤僅得七十餘塊其廿餘塊脊得之東門人家水竇中者吾向稱此不全本爲竇本遲至汝翁令君采烹鮮之暇流覽感慨於兵征催科鞅掌之閒興及銀鈎鐵畫乃延晉水段生綷鈎補鐫勒五十三塊而頗欲還其舊觀迂人且以爲不急之務非夫風流醞藉孰能若此者乎老來諸緣牽率一切皆斷惟水墨積習未能頓除復此勝舉但有贊嘆全者不全不全者全時節因緣虧成之際正自爾馨但此工速成當再因榻本而端睨修飾之與竇本神彩不遠即名舊竇

寶本亦可使曹氏見之不知快當何如定不作武岡新本觀也寶本余別有說此不贅

閻調鼎絳帖敘

宋熙陵以武定天下載櫜弓矢文治之餘留意翰墨乃出御府所藏歷代眞蹟命侍書王著摹勒禁中釐爲十卷是爲淳化法帖有尚書郎潘師旦者用淳化法帖增入別帖重摹刻二十卷爲絳帖北紙北墨極有精彩元無字號及段眼數目世傳潘氏子析居法帖石分爲二其後絳州公庫乃得其上十卷絳守重刻下十卷足之一部名東庫本逐段逐卷各分字號以日月光天德山

河壯帝居太平何以報願上登封書爲別其家復刻上十卷亦足一部於是絳州有公私二本靖康兵火石並不存或曰州官惡石之厲也碎而瘞之後金人重摹爲十二卷歲久石本不完崇慶初高汝礪爲節度使又補完之增入曾公諸帖以壯忠義之氣有明宣德間石入晉府不復可覩矣其初摹刻傳世者有亮字不全本又有新絳本北方別本武岡新舊本福清烏鎮彭州資州本木本前十卷等類皆絳帖之別本昔人所謂有別本無贋本是矣然余頃見上黨周氏所得於金華十二卷不過竊取停雲之半於絳何曾夢見而絳人稱之猶博

書價甚矣世人之好贋而失眞也

朱彝尊竹垞平跋

鄱陽姜堯章撰絳帖平二十卷余搜訪四十年始抄得之僅存六卷爾記在都下於孫侍郎耳伯所獲覩宋榻絳帖二册光彩煥發令人動魄驚心過眼雲烟至今攪我也堯章於法書最稱精鑒其言曰小學旣廢流爲法書法書又廢惟存法帖帖雖小技上下千載關涉史傳爲多故於是編條疏而考証之一一別其僞眞察及苗髮其餘若續書譜禊帖偏旁考保母墓甎皆能伐其皮毛吸其精髓比諸黄長睿王順伯爲優抑絳帖摹自劉

次莊著有釋文二卷外有黃庭堅跋一卷榮芑釋文并說一卷无名子字鑑一卷而今要不可見矣惜哉

王士俊冰壑語錄題辭

冰壑党子絳之醇儒也生於北窰莊莊枕西崖土厚風勁人多剛鷙負氣党子獨溫粹和平恂恂雅飭蓋得天氣之多者歟理學諸書靡不究心尤服膺紫陽得其實學旨歸於儒釋分途處辨若精金糠粃至於象山新建之學非所樂道也故於學蔀通辨聞見錄存是編等書手錄而傳誦之可謂確有真見矣與同里太音黃子雅稱交善然其所學各異未嘗降心相從而黃子卒不能

以其說奪之於視菴陶子旨趣雖同實未嘗矯情求合也非知明守固强有力者而能然歟頃以所著日知錄見示深醕簡切生平所學大端不出於是闡發聖傳開示來茲正人心放淫辭與有藉焉吾鄉讀書錄而後所不多見學者雖與之並讀可矣所居之西有前官府之湊陰在焉不因人熱一寒自秘故自號爲氷壑云

劉棨李則叶太史六經考序

六經皆明道之書而學士家從事帖括竟視爲博取科名之具遂置精義不復究閒有有志經術者又多惑於諸子百家之說互相牴牾雜而不純是以曲學爭鳴異

端角起而聖人之大道不傳晉絳李則叶先生以名進士讀中秘書數年請假還鄉里聚生徒講學西河書院嘗手一編如韋布之士絕跡不入城市日取歷代先大儒著述有足發明經義者裒而輯之彙成一書名曰六經考於易詩則取程朱於書則宗蔡於禮則尊戴於春秋則守安國皆以傳闡經不強經從傳而於樂記則益加參訂考據精確折衷於理或析其義類或究其原委或辨其疑似或正其舛訛俱能抉經中之奧不倍聖人之旨顯而當約而該令人讀之了然心目其淵通融貫非好學深思惡能神會默契如此也昔明道先生始就

道未知其要返而求之於六經考亭先生亦受經於劍
南羅李而晚年方著述聖人之大道遂賴以明後之言
經未有不以程朱爲宗者
聖天子重道崇儒行將名先生入金華見先生是書必且懸
之國門頒之天下使人人知六經之義不爲異端曲學
所搖奪是即百世後學之津梁也其有補於聖人之道
豈淺鮮哉余固久耳先生名及覯先生面見其容貌辭
氣冲和溫厚粹然知有得於六經者及出是書見示索
余序余歸而卒業乃益知先生之學大有原本可坐而
言即可作而行也龍門文清先生既沒繼關閩濂洛之

緒者吾知自先生始矣遂不辭固陋而爲先生序

曹爾堪重修東嶽廟記

古者嶽瀆之祭載在祀典其來舊矣瀆之祭大抵覆其地而薦禋平原廣陸未嘗專崇廟貌也至於五岳王者肆覲而外恐夫愚婦亦挾瓣香而奔走焉其祀事亦小廓矣海內奉爲嵩祀者亦或僅見五者之中惟岱宗之神烜赫獨著南而閩粵北而燕韓東齊魯而西秦晉凡有郡邑墟集者無不建行宮而祈神祐豈非威靈所及足以垂庇於斯民者歟東方者生氣也其帝太皞其神勾芒其虫鱗其音角主乎長養萬物析其孚萌而達其

幽隱惟神居生之位體天之令以暢遂羣靈使民生無夭札瘯蠡之災則一方之祀之者舉國中之大小動植無不托命於神明而富澤榮貴特其小者耳故岱宗一曰天孫言爲天帝之孫王者始受命恒告代於岱宗岱者代也言爲東方物始交代之處爲四岳之所宗其明威肹鬯迥然特隆於羣祀之上自三代以來固有徵之書冊者豈獨一鄉一邑儌休之之塑道元之畫也耶晉之絳爲漢臨汾故地魏屬東雍後易州爲治亘以九原之山繚以哺饑之坂然城之形勢坎位崇隆而離方獨逶迤平衍而不可控火爲水制非形象所宜乃建岱宗

行宮以補其闕亦使一州之生氣翕聚蟠結於此中而不衰也自宋迄元明幾歷千載考諸志乘且與曲沃之虒祁平陸之間田垣曲之葛吉州之歌同稱古蹟見夫烟升臭達者州人之伏臘也豚蹄斗酒者州人之報賽也廟中之跳丸擲劍雞占厖卜者州人之燕游而息處也近者汾水衝瀕殿宇將頹同年友孫君遵伊與王君雲將鳩里人而謀之曰及今不葺幾就圮各捐鏹而更新之丹堊燦如甍桷軒如今之翬飛而鳥革者皆昔之虫穿而蠹蝕者也昉癸巳至乙未三載始落成於是絳之形勝屹然與山川永奠不獨生齒殷繁資高卓鄭數

科以來甲第蟬聯非如曩昔之寥寂是皆神靈所式憑使絳之人無不托命以爲生而且生生而益盛則諸公之有功於絳爲何如哉是役也遵仰與其兄洞玹董其事李君挺奇總理厥工陳君虛白段君諳陸李君廷彦李君卓然贊助成之並記

劉顯第重修鐘樓開尚書街建三坊記

絳自明季兵燹以來百務頹廢形勝不修我
皇清臨宇三十年於茲矣良守牧聲績相望未遑及此蓋缺典也予承乏之來守是邦始入境睹城垣樓櫓河堤橋梁竊自念曰朝廷以一方民社畀之守臣而使傾圮至此

損朝命失政體其何以告無罪於職守惟是朝夕匪懈泰神勤民既而兩閱寒暑矣於時城堞門樓石堤廣陌麗譙欄盾行臺廨宇皆以次修治惟鐘樓爲最後今歲乙巳冬始克告竣因崖崇址甃甓爲階椽楹之朽者易之簷甋之鈌者補之筍業之蠹者壯之由是撤蔽豁望俯視堞垣河山一覽平臨千里閭閻撲地萬甍魚鱗一州之勝槩居民之繁密可點畫察焉若夫斜月初更霜天曉色鏗鋐遠震鏜鞳隨風昏旦之作息關門之啟閉夢覺之警動皆於是乎聆聲焉三十里外聞徹闔境玆鐘之神奇非獨飾萬石之華名也樓之北爲尚書街自

州治南百武外折而東下峻坂百尺棄筌不用久矣今則平治而甃甃之使趨徇者可拾級而登蓋從堪輿家之言以通一州之風氣爲斯民迎祥之兆豎以三坊表題璀璨自此氣脉疏暢崇飾冠冕與斯樓蜿蟺相接洋洋乎大觀也哉予叨膺分符奉職多闕雖抑强蘇困禦侮防侵日不暇給惟是兢兢爲民一念可矢天日一切工役之需菱橐不給濟以贖鍰不敢託言公費派取民閒絲粒此予之可少自慰者也蓋百年無不敝之景恃有同志嗣起之賢後之修葺是樓者因予之政不可不尒予之心工役公費不取民閒庶乎予惠愛斯民之意

可與斯樓並不朽也是役也捐地以拓樓基者樂鄉宦靈艮也捐尚書祖祠之餘地以通街者韓生員元亮也因並記

王復初禖祓神像考在東嶽廟

石像三幞帔而男者居中副褘而女者列左右皆趺坐像甚古無碑記可考舊扁曰禖祓之神五經要義曰高辛氏祠於高禖而生契禖祠也祠以求子之神也古有禖氏官因以為神也周之禖著於月令漢之禖著於本紀自是而魏晉齊隋代有祠焉晉元康六年高禖壇上石中破從束晢議埋而更鐫焉禖之主以石有自來矣

然亦未審何形也三石像而題之曰禖然歟否歟禖天子之祀非天子則不得而祀之人間何得有像豈嘗曰鼎革之際流落民間虔祠者廟而置之歟祓除惡祭也詩云以弗無子弗祓也祓無子也平原厭次有漢大中大夫東方先生廟揑素爲形像二細君侍焉以觀今像似又東方先生之像焉武帝令先生作禖祝豈後因人作祝而郎以禖祀如古者勾龍配土元冥配水之類歟今像前更增以像多侍衛恐傳之既久並所謂禖者不得而知也未免雌拾遺而蠲宋祖也謹記之擬書石以俟博洽者詳焉

常貞吉重建禹廟記畧

禹王廟在南門東規模狹陋順治壬辰汾水暴漲浸灌神像剝落不堪頃三韓劉公行春汾湄見而惻然起繕葺之思公自莅任以來無廢不興矧夏王大聖功在萬世生民所當急爲廟祀乎當年雲容授書乘龍闢禹門巨靈劈華山使庚辰制鎖無支祈設非聖而不可知之之神安能以尋常才智洒沉澹災而奪生靈於龍蛇之吻而判人羣於魚鼈之宮功垂萬世而稱神哉儒者雅重立訓罕於事涉非常則姑畧之懼啟後人之疑故紀禹者僅如夏書所云今觀河津洒州諸聖蹟誠有不誣

則令之重新廟貌而祀之又烏可已耶公捐俸勸衆擬建正殿四楹左右廊廡各三楹規模雖未必閎敞然於聖神之體或可不至瀆亂特甚矣

孫錫齡救荒協義傳

歲有凶歉何代無之明崇禎六七年間頻年荒旱至十四年而極眞所謂野無靑草市絶粒米亘古未有之大厄也若非仁人君子賙恤於其間周餘黎民靡有孑遺不堪再咏矣其時所賴有好義鄉紳士民蠲輸數千金分坊置首簿著貧民名數每五日點名散給計口授粥又立東生院煮粥哺饑窮民賴以全活甚衆擧其首倡

勸賑者則有韓鄉宦雲兄弟閤州衆鄉紳咸有輸助獨
雨公先生霖捐五百金券貸三百會借二百生員李思
誠李思敬兄弟輸三百金生員楊宏業輸一百金各坊
首事者輸勸有差時則有若鄉宦王朝麒梁肇宋韓霞
馮憲章王育民生員李橋楊文章馬雲騰梁涇梁體晉
段世慶孫延齡李國定馮繡章陳廷獻梁體貢鄉耆楊
登應募輸資者則有生員康丕承許永達陶世徵鄉耆
段世選段世德劉應科劉應詔段階段世雲輸資者尚
多姓氏不能悉記今就傳聞所及錄而存之蓋天時告
變人宜警救若乃擁高廈厭腥肥而坐視鄉鄰親故之

痛痛漠然不動念甚非所以答上天厚我之意也出其宴會歌舞之餘便可爲膏枯肉殍之用一時行之稱爲高義數十年以後相傳榮名子孫揚其前徽而襲爲餘慶閭里矜羡州乘記載而誦爲美談當年撫按兩道各有旌扁一以爲勸義救荒一以爲任恤可書千秋爲烈姓字猶馨嗚呼休哉彼鏑而守之滿而撲之卒滅没於牛羊邱隴之際者覩此之芳聞不朽其高下之相去爲幾何也

陸隴其與范[illegible]西書

僕浙西鄙人夙聞山右辛復元先生之名而未見其書

承乏恒陽幸與山右接壤則又聞先生今之辛復元也且盡刋行辛書因托人私訪之未敢通姓名於左右者誠欲得先生之書讀之然後當竭誠求正也乃蒙不棄辱示手教且示以理學備考諸書展卷讀之元元本本議論所及皆足發明先儒之蘊奥且三錫集居喪草具見出處不茍守禮謹嚴蓋非徒言之實能行之有功於世道何如哉不敢私諸篋笥將攜以南歸徧告鄉後進俾知太行之西龍門之東復有大儒出其閒王仲淹薛敬軒之遺風未墜相與討論而傳習之其爲惠不亦多乎徵有商者備考中薛胡王陳兼收並列無所卬乙取

朱子名臣言行錄之例而不取伊洛淵源錄之例曰以待後之君子甲之乙之此誠見先生虛懷若谷望道未見之心然僕謂亦有不可不甲乙者譬如適京師者必先辨其孰爲坦途孰爲險徑然後可以命駕倘並舉以示人而不告之以坦險之分萬一有悮入荆棘者吾心安乎況王陳之爲險徑薛胡之爲坦途前人論之詳矣非吾敢甲乙之也以前人之甲乙者告後人何礙其爲虛懷乎至備考序中謂學問只怕異不怕差此又有說學當互相發明小有異者不害其爲大同此但可以言聖門游夏之徒大同而小異者若王陳之與薛胡則非

直小異也是大差也即其一生言行豈無可取然豈可以其小醕而並取其大疵每怪世人以陽明之功業焰赫遂不敢議其學術不知管仲墨翟非無功業者也何以見譏於孔孟其中曲折非一二語可盡嘉靖中粤東陳淸瀾先生有學蔀通辨一部備言其弊不識先生曾見之否近有合親刊其書謹以呈覽又有大輿張武承著王學質疑一編言陽明病痛亦甚深切著明僕新爲刊之今幷附呈區區之意非以效世儒之聚訟也但不分別蹊徑恐學者不知所取舍不識先生以爲何如辛先生書尚有數種欲訪求者別楮附懇拙𣲖並正統希

垂鑒不盡

魏象樞辛復元徵君贊并引

先生名全字復元絳州人明徵君以布衣設教河汾著書三十六種尚書李日宣特薦不仕贊曰正心誠意希聖希賢言與行顧行在言先羽翼洙泗庶幾眞傳秉彝同好師厥遺編

楊作楨馮白石先生臆解序

事業者文章之實迹也理道者文章之本源也人能於理道澄徹則發於言而爲天下之大文章措於行而爲天下之眞事業此固大用之而大效小用之而小效者

也吾絳馮白石先生歷官兩庠司訓耳乃能舉聖經賢傳之奧義明體達用之全功以及應事接物讀書博物之典要摘其純粹以精者彙爲數條日進多士而提撕警覺之迄今作人之澤膾炙士林而先生之事業偉然與古人同蓋由先生之於理道眞知實踐非託諸空言比也今觀其心裁一書如天地鬼神三教理學生死諸說紛綸同異迄未定其指歸先生則援古證今窮源竟委確然有以自信至於居鄉訓蒙醫學之餘亦莫不撰之理驗之情而折衷於至當要皆自得之見而發先儒所未發者也其文章關係詎淺鮮哉人咸知先生數十

年來留心於詩古文而不知其於聖賢之學業已真知而實踐之有如是者也後之學者讀先生之解以考先生之行知天下之大文章在是矣天下之真事業在是矣

王震亨絳州丁村社學記

己亥之夏予始捧吳興之檄過里道於絳西二十里兩崖對峙一水環映樹木陰翳菱葦叢茂不知其何許佳境也路漸深境漸逼見夫廬舍交錯烟村數十家雖無桃花浮來幾欲覓漁郎而問津焉比入其東北隅有館舍一區喬木十章清流遶戶翠竹鮮花映於其中對牖

聯几襟袖接連生徒肄業於其內琅琅咿唔之聲似與泉璆地籟迭相和答予爲低徊流覽者久之竟亦不知其何許境界也謂必有高尚隱君子者流出於其間乎行數里至小杜庄過所知楊茂才而問焉曰此丁村楊處士之義社學也學有舍處士庀材鳩工建舍十數間學有師儒處士捐沃田若干畝歲收其租入爲塾師館餼於是乎比屋之童蒙貧而無資者皆得就學而肄業一方之文教由此蔚然而興且處士素業耕讀事母以孝聞荒歲爲糜粥以活里人之饑者給行旅漿米不厭其煩贖鬻賤之良家子而不受其償里有紛爭開誠解

釋是殆嫺睢任恤好行其德之君子守昔仲淹王氏設教河汾閒一時人才蔚起處士雖未身親設科而以文學養育後學其功當不減於王氏異日或有由是學而振起者立業成名安知無公卿將相如昔日之河汾閒乎予美其意而爲之記處士名櫝字柱玉丁村人

常貞吉絳州明倫堂火光夜見說

予弱冠時甫入庠拜鄉賢祠見居中者爲魏伏波將軍楊擲心竊訝之自念絳爲晉舊都而晉賢大夫無一見焉九原山在州境內爲晉大夫葛里今山麓尚有數大塚予意其爲當年佳城之存者而志中無考何也或謂

今州城建於隋開皇三年晉舊都在州北三十里外城郭遺址依稀可覩今州城自玉壁徙來人非其地則不書及覽舊志獻公以前世系併列獻公以後諸公俱載焉以爲人非其地弗書則晉國諸君實未居此公然紀於卷中而諸賢大夫名氏不列於傳則又何也以爲人非其地則弗書今九原山爲晉大夫蒿里載在經史趙文子故里在蘇村羊舌子故里在西關荀氏邑又在絳又非若晉諸先公實未嘗居其地也而或書或遺誠不能起九原而問之也恭遇州父母三韓劉公治絳有聲起廢興衰今歲己酉爰有修志之役乃得鄉先生遵仰

孫公爲鑒裁於時參考經史蒐緊補遺增入晉賢大夫若士會荀林父韓厥韓起羊舌大夫荀吳府志特著其名新志附林父後師曠董狐羊舌子羊舌肸羊舌赤郤穀趙武凡十三人之數賢者名蹟著於經史雖不假州志以傳然州志獨遺豈非屢代之曠典歟歷二千餘年後獲歸附於鄉里九原可作應爲之一快也修志自正月起至五月告竣六月十三日夜漏甫二下儒學明倫堂有火光如盂自西南來著於堂之西楹梁棁閒半晌而隱見者駭異羅拜相傳以爲徵應必有異予竊因修志謬爲應說曰此晉先諸賢之精光所發見也凡夜閒星流火降無日

無之此天地日星之餘發爲精光時爲聚散諸賢禀天地之精英千古常存其能發爲精光理有固然自古戰血餘氣尚能夜吐青燐照燭曠野而況諸賢萃天地之精英隨時昭著詎不能爲之發其精光乎按白虎通六月律中林鐘林者衆也十三者賢之衆有十三人也西南鄉賢祠之方也堂西楹鄉者之位也位以鄉著見諸賢之樂歸於鄉以德不以位也二千餘年後歸附其鄉州庠明倫之堂爲有光矣諸賢之稱快九原自吐其光而天地亦因以其餘氣爲諸賢發光此實理之固然又何足爲怪乎時人好爲占驗之説如眭孟京房之術曰

京占必應其事蓋天事萬變幻而難憑予所不樂道僅以修志之已事實之以俟諸格物窮理者辨之

王復初婚葬減鼓吹說

吾絳婚嫁親迎儀仗音樂塡咽里巷至於葬事選伎徵歌必極秦豫名倡緣竿走解百戲叢集競鬬奇巧勤逾旬月所費不貲民閒互相效法甚且逋租不顧而以音樂不備爲耻一娶之費稱貸數家一葬之資至於破產明季士民之家有滯喪數十年而竟不能厝士者女怨夫曠悔親別醮以至於速訟往往而然皆鼓吹過侈爲之累也頃民閒有爭婚訟者三韓劉公察得其情斷歸

原壻郎日捐備奩裝鼓樂送歸壻家是日里人傳誦來觀如堵咸謂鴛譜之合騶叶於鼠壖樂只之聲接響於桃天乃公雅意謂成美固不止此也尚思反世祿之敝俗而定其制辨貴賤之等級而使以節音樂踰制者有禁奢靡無度者有禁儀儉則事易舉數省則禮易成自茲以往所作合而曲成之者豈僅一士之鰥曠一女之仳傐已哉化成於上俗美於下裁舊習之鄙陋歸昭代之醕風其或有賦朝雉而興差望馬鬣而嘆無資者蓋亦鮮矣書之簡册不亦光乎

王復初憲綱册孝子紀畧

孝爲百行之原一行有玷即爲虧體而辱親吾絳稱孝子者多矣州志有記憲册有旌政事文章務歸畫一第人情多變品有中移或節敗於名成或行衰於末路致令家人之間言遂滋鄉里之遺議是不可不慎也如陶都馮經王順正薛崇正其人者憲册著名里黨傳誦若欲青史爲光尚俟諸百年論定以爲聲實之副蓋憲册有旌所以勵之於始志書有待所以玉之於終克底芳修勤恪善後是惟諸人之勉旃今又有周炫炫董大成鄉愚至性毫無緣飾美食必供恪周晨昏雖後來之芳聞實媲美於前輩聽於後賢之玉管允風敎之有俾爾

王復初德政序畧

計口食鹽按丁繳引此鹽法之常規邇者累奉

嚴旨部文戒飭長蘆淮浙等司所共遵爲畫一之條者也辛

丑壬寅之間差役頻繁民不聊生猾胥緣以作奸鹽政

用是大壞憲例蔑如引額告逋乃始僉報小販不應者

破家求免應者賣妻鬻子因而流亡相踵擾若沸羹數

年閒里巷蕭條漸失生業自三韓澤遠劉父母莅任以

後目擊斯狀不忍見聞乃始遵奉

嚴旨復招商完引之舊例小販一槪停罷且雜派不取民閒

始得休息數年以來化日舒長春臺寬裕風已丕變矣

且勒之石以告後之爲守者納引之方有吾之成法在

馬恕絳民疾苦記畧

絳古唐地舊稱土瘠民貧迄今地狹土燥民無可耕俯仰無所資迫而履險涉遐負販貿遷以爲謀生之計而已形似富庶其實家無擔石之儲一遇荒歉則相率而爲溝瘠崇禎間其明徵也今者虛名受累誅求四至采杜若於芳洲鶩野鷹之鎩翅使檄旁午歲不暇給甚至商無所售工無所役束手興嗟展轉流徙賣妻鬻子無時不有民窮矣而士尤窮閭閻窮矣而官之株守者亦窮城市中廛舍鱗次酒帘搖曳止以點綴闤闠之色究

亦何益哉邇者三韓劉公顯第軫念士民於時民之窮者籍而賑之煮粥而食之歲三百餘人士之窮者李正芳等籍而賑之墾學田而育之歲七十餘人民之鬻子女者遇而贖之比歲七八口優獎社師唐虞治等館而致之者二十五人他如夏同知瑚旅櫬蕭然負民閒食貨價至數百向非公爲代償死生之相筦又不知當何如也馮廣文之歸裝空澁向非公贈五十金羈旅之淒其又當何如也窮巷小民委骸不能歸土向非公捐施村木時爲殮瘞四郊之胔骼載塗又何如也由此觀之懸磬之家晨夕少有所資則鵠面鳩形不載於路畝宫

堵室苟得升斗之需則俯仰無累而蕭條之景色不彰今之談郡邑殷盛者輒曰絳也絳也而豈知良牧之支撐於其間形豐而内則虛名雖存而實不相副而且驕謟成風有無相軋自茲以往吾不知絳之爲絳將何如棲泊也噫

臧爾心改建試院碑

國家興學育士函濡煦蒸日新月異蓋將百年於茲矣我

皇上登極以來愈加意人才元年即設恩科二年二月朔親率王公卿大夫臨雍講道其秋禮闈揭曉正額外仍搜

取進士九十餘人揀選舉人分發各省攝縣事者八十人餘則量地遠近給資斧有差力疏正途剔絕旁徑猗歟休哉士生斯世抑何幸與然則道揚德意輔理文教凡我臣工俱不得辭其責矣絳地爲郡爲州歷代沿革非一

國朝附平陽府而府屬遼濶管轄頗難且士子考試不無困於跋涉是以大中丞諾公爰建議分府爲直隸州五絳居其一太稷河襄皆隸焉維時涖州治者則爲江西萬公公以世閥鴻才來司茲土下車之日嚴肅明愼內外澄清愛民禮士皆有實效分州之始五已率屬飭

紀振綱崇正黜邪風移俗改凡一州四縣之人莫不喁
喁然有口碑之載時值歲試各屬上其所取童子於州
公曰此雖小試乎然國家掄才實權輿於此其可忽諸
矢公矢慎較覆再四詳審精確務期得人本州向無督
學使者行院或調校士時仍暫赴平陽爲便諸州皆然
公作而曰大中丞之所以奏請
聖天子之所以報可者其意安在而顧因陋就簡其何能無
負於是相地度勢鳩工庀材公堂私室左右位置刻期
告竣大小咸理士子至期聞聲齊集不畏修阻不慮曠
廢於是五庠之士舉手加額或曰明達治體知所先務

緊公之智或曰培養士類體悉周摯緊公之仁或曰人才國之幹也誠心體國儲才待用忠之盛也孰如公或又曰凡地方所宜不避勞勩不少因循及時舉行斂之至也孰如公嗚呼此一事耳而公之盛德蘊蓄致治修明於是可想見矣凡茲多士其孰不洗心滌慮爭自濯磨以仰副文明之化耶異時人文蔚起奕過鄰封皆我公之植也乃歌曰國有與立無競惟人作霖作礪視爾陶甄士氣之培自郡邑始長育涵容不宜有弛誰其知之緊維我公體恤士隱寤寐與通煌煌試院今日所貽不遠伊邇不藉車騎菁菁者莪在彼中沚既見君子我

心則喜奏績大廷公應第一公不久留用襄密勿公諱
國宣字曰三江西建昌府南昌縣人

張爾毅試院增修號舍臺座記

絳州立試院俾人才蔚起文風丕變科甲蟬聯相接續自前太守萬公始悉別碑茲不復贅絳初設爲直隸州所轄太稷河襄凡四邑既復更其屬稷河聞絳垣五邑業立試院
聖天子宏文造士恩廣郡邑進學額遇試期屬邑士子挾策畢萃肩相摩踵相接猗歟盛哉顧試院初設號舍尟少座次偪仄士子風簷寸晷擄思搆文舒臂維艱太守顧

公覩此惻然因鳩捐於州之紳士暨所屬之邑而廓大之紳士踴躍奮興以襄厥盛事初號舍限於地僅二十八楹今撤儀門以拓其址增爲三十有二楹初臺座用土坏今盡易以甓而舍地則以甓布之至臺面另用鉅甓長二尺有二廣一尺有五厚則二寸强半下横以不防甓泐也毎楹計號三毎號計座十通計號九百有六十中通南北一道依桯閒以爲出入外殺大門三楹及官廳昔之大門則改爲儀門焉較前煥模壯麗氣象豁皇登堂而望南山在案廓如也工以人計凡三千有奇材以甓瓦計凡十二萬有奇木以槫梁椽杉料計如人之

數之半灰石毛藁麻鐵諸材稱是所糜金以兩計凡六百有奇率得諸捐助於雍正辛亥迄壬子而工始竣余與諸公襄厥事因志其端委並勒輸貲姓氏於後俾來有所稽

童紱開設書院詳文

絳州詳爲推廣聖教事竊惟絳州城內明季建有天主堂前係廣東澳門人何天章居停雍正二年欽遵

諭旨查禁將何天章咨送澳門安插而天主堂即經詳明改爲東雍書院然自改書院以來門庭闃寂苔蘚盈堦迄今徒有書院之名而究無士子絃誦其中且將書院房

舍竟歸遊惰之人管用以致名存而實去非所以砥礪
士風也伏查東雍多士仰荷
聖主振興文教加意作人并蒙憲臺仰體
宸衷整頓學校飭令設立義學造就人才而呫嗶之儔莫不
聞風興起深懷映雪囊螢磨礲攻錯之思第或因家業
式微無力延師或因絳帳未施末由負笈往往半途而
廢上進無階殊爲可惜卑州身任監臨何敢膜視茲查
有本州于子科舉人閻廷玠文理頗優儒林推重特捐
養廉延入書院爲師將州轄各屬中堪以造就生童皆
送書院肄業復將書院舊存房屋等項逐一清出除作

書院外其餘聽憑民人賃居每歲租金盡爲寒士膏火之資庶執經論道者日衆將來多士咸沐
聖天子棫樸菁莪雅化而文風蔚起矣理合敘明原委並將清出房舍造具清冊詳送憲臺鑒閱立案再照卑職昨年到任即捐資設立蒙童義學四處延師訓廸合併聲明除詳院憲外爲此備由另冊具申伏乞照詳施行

郜其德補修文廟祭器碑記

辛酉秋予自史館奉
命牧絳旣涖任謁
先師行釋菜禮維時畧考其彝器而亦未暇致詳今年

春丁祭届期予敬承祀典滌爵奠斝以冀無隕越愆而謹視几筵尊鉶籩豆之屬半皆易制失古心遂怦然爲動夫祭以致敬器以成禮禮器不備其何以將對越之誠乃亟籌所以整理之者嗣因公赴會城馳驅幾及兩月轉盼而秋祭届期仍復缺略爰集師生而謀之有段生名繩彭者謂其父州同玿請任厥勞予惟士子名列宮墻從事祭典制殘器缺何莫非弟子之羞而人之漠不相關過而不問者吾見其自棄於門墻倍義甚也若段生者倡善捐資引爲已任非好義之士其能幾於此耶予嘉其意而董行之復有李生之嶷閻生延璣協

力以成其事而月之朔籩簋聿新尊彝燦列祀典於茲生色矣段生告予曰是舉也非止一人之功皆縉紳士夫之力因呈册二本一載祭器數目一載紳衿捐助姓名請爲之記夫事之將興也必得有力者爲之先以幾於成段生之前非盡無慕義之徒也莫爲之先而事弗克舉過此以往歷數十百年後之好義君子以茲州祭器爲念思嗣美於今日者將毋以段生爲先事之準哉予特貞生與薦紳之名以重有望於後起也是爲記

李高絳州修學記

古者學校之地聚州邑之才雋習以倫物博以經藝而

幷游之於射御書算一切之務蓋欲其講明熟貫將以材之官而爲國家更化善治興廢補弊計也今衣冠而學處者皆曰師孔氏孔子之道尊並天地故學孔子者亦知自尊而奴視世之爲浮屠者然浮屠之廟被四海皆其爲之徒者崇信其道而穹宫奥寢以奉之苟意有欲爲則雖起自蓬藋之際而能徧募民閒擩摭纖悉卒以及於嚴嚴翼翼之觀而爲孔氏者不聞若是或視其師之宫不治則如秦越人之不内感於其心非然則如築室而道謀費已糜而成無日何也豈其學孔子之道當專於内而不必如浮屠之外飾其門闥殿寢歟抑以

志不如彼之堅行不如彼之果居聖人之宫而矯貌僞言不能實奉其教以至於斯也余以學孔氏之學得吏斯土初謁廟見環宫之中多漫漶不鮮或漸就傾圮而兩坊尤甚余惻然思葺而地方凋瘵簿書塡委旣未能速厥役而又計費不貲捫橐蕭然不足以給之用是日夜内壓諸心於是諸生之中有朱君璫章郭君世芳者起而爲余謀謂是役也必集腋治之不足則貨廟柏以濟旣而以貨柏非計且貽學患遂遴士之賢者而付之以經營庀鳩果也不斬伐而用足不糜年而功竣括其費止三百奇計其成不惟兩坊飛且棘而魁樓經閣雲

路土祠與觀德之所皆次第完理至其兩廡鄉賢名宦西線墻黝堊猶其餘也噫費省而功夥何其能也或曰之珞陳君善選材維信吉君善醵金蔡光楊君善會計紹泌李君善鳩工四君各出其材故能有濟余曰四君之材良固然然非其學孔子之道實能崇翼尊奉志之以必堅行之以必果而有干城聖道之思則世之居孔子之宮而嬌貌僞言曾浮屠之不若者豈其盡無材也哉吾聞諸生言物行方而又篤於學他日由孔氏之門材諸官而丹青乎巖廊之上亦未可知實余所厚望也故爲之記

陳世倌重刊朱子儀禮經傳通解序

余昔繫官京師及門于生振翀以道統淵源一編寄余乃古絳梁君敔後尊人所譔述也退食餘暇從容尋繹竊嘆古今正學相傳如山有岱如水歸海千古道脈萃於是矣年來息影衡廬精力銷耗久絶文字因緣而梁君不遠數千里特攜所刻朱子儀禮經傳通解定本就正於余余惟聖人之道蟠乎天而際乎地者非空虛遼廓無可指名也萬物芸生於天地閒非道無以長養而成遂之而長養成遂者亦非虛渺無憑也聖人因人性而制禮極之三百三千而無一節之不備天下之人率

而由之乃得各全其生各保其命而不至相爭相害於其閒故記曰有禮則生無禮則死道之發育萬物者皆禮爲之彌綸布濩而人在道中猶魚在水中道不可須臾離禮不可斯須去也昔者周公作周禮以建王道之規模而其儀法度數備於儀禮一書與周官相爲經緯正倫理定太平先聖之神明寓焉自遭秦火經漢晉諸儒補輯卒無全書迨宋朱子成經傳通解二十三卷家鄉邦國王朝之禮已備而喪祭二門屬之勉齋黃氏甫屬草而黃氏没其閒注疏與經義相謬戾及掛漏者不勝縷指梁君本其尊人遺藁復加討論編次朱墨𠴨嘎

中蒐羅宏富決擇精嚴竭數十年之力凡三脫稿而後
成洵可謂先聖之功臣紫陽之嫡派矣余因是重有感
者丙辰之秋亡友方望溪先生以所著周官餘論周官
辨儀禮或問屬余訂正戊辰冬復惓惓致書云修明絶
業後死攸賴公亦宜早爲料理殆以余爲差足語此者
無何而老成凋謝遺墨猶新今讀是書中望溪先生之
遺說多採錄焉顧余浮沈南北素髮披領迄無一就梁
君乃克承先志俾先聖損益三代之制燦然復明於天
下後世而禮以載道道以綂禮宜乎道綂淵源梁氏世
敬承之是梁君可無負於望溪余獨長負良友於地下

能無對梁君而汗下乎因答梁君之請而并志余愧云

趙執信兩馮君家傳

兩馮君者絳州人兄弟也其鄉賢大夫目爲東雍兩君子云長君席字上益次君永字石公曾祖乘雲仕至武昌同知祖憲章鴻臚序班世以積善孚於邑里明末流賊大掠河汾間獨不犯馮氏父繼祖由明經歷榆次平定二訓導有學行時稱白石先生敎二子務斥俗學爲擇名師友以是兩君在流輩中文詞卓然有以自立既屢躓場屋長君循例爲懷仁教諭進國子學正次君選拔入太學晚除壽陽敎諭皆不赴並年七十餘而卒兩

君所最著者孝友長君兒時與兄弟食果恒使不足者
在已得鮮衣必推與弟長從父遊避寇邃村母以有疾
別居山洞往來省視出入榛莽中日數返無所憚母疾
沉篤偕其弟奉事勤至延醫徧南北母有言動輙書於
册循其曆忘檢必得之承順無方竟延母壽十年既執
喪毁瘠骨立及侍食於父未嘗不强飽也父年高好與
朋舊偕君常在側宴遊所須不戒而具父每語客曰吾
乃今知有子之樂矣居父喪年已六十毁如昔愛其弟
終身如一弟嘗病癰癰不可觸君手爲舉食者十餘夕
弟既受室即以家政畀焉曰爾能是以代吾親勞也其

後父欲爲析產則泣而辭竟無所問學使者援士於鄉君侍母疾不行而以父命趣弟往遂得售晚歲以花竹泉石爲娛良時觴詠兒孫滿前怡然共適未幾弟歿君慟甚爲之狀萬餘言踰歲亦逝次君五歲時賊陷州城方避從母家樓上聞之驚呼曰我祖父危矣我不如死遽自投下從母持之得不墜弱冠綜家事事咸當父兄意既入太學則爲兒入貲授職懷仁又念苦寒地非兒所宜久旋爲致遷改始生子宜中以兒尚未有子也請於父以爲兒子後宜中不祿復以子宜輿子焉侍母疾執二親喪從於兄循循若孺子及經營勞瘁則身忘以

之無少疎簡尤能體父之志以成其盛德鄰屋爲故高祖時宅族人鬻諸他姓君重價購得之規爲先祠父喜爲之記歲大饑君築亭榭於屏山奉父爲遊憇地工役繁久人藉以存者頗衆父又益喜記之最後闢園於郊野以娛其兄恭謹親愛老而彌篤焉于宜春宜家宜亹

贊曰經以孝弟並舉今人大抵視爲孝至於兄弟之際噫難言之矣夫愛親者不惡於人敬親者不慢於人世顧有慢其兄惡其弟而能爲孝者哉若兩馮君之至行不可及也益可慕也次君本先世之善推而行之所爲德於其鄉者甚大絳人賴之至今然非長君委以家政

其奚以有爲余以謂皆孝友之餘也故不備書嗟乎長君上德不德君子猶將愧之若夫天下後世之愧於次君者又多乎哉又多乎哉

孫嘉淦潛德碑文

晉用之南汾水之濱有刻意命儒者曰梁君萬方字統一別號廣菴絳之桂林坊人也先世歷植德祖父尤有愛於州嘗因歲歉興役以活餓者適屋落成而廣菴生絳人以爲德報云廣菴君生於豐而不自馳騁帖帖善下自少嗜學博極六經旁通諸史年十五朋試於有司即首雋其爲文章眞切簡要屏去靡曼無鈎棘狀而君

則不以詞章顯亦不爲科名計方幼時汾水暴漲壞城中屋舍家人盡高徙母不能從君相依左右不離頃之水益上始奉母從樓窗中出旣壯遊太學纖屢樹旋以期滿試吏部得州佐秩遂歸里值母病纏綿六載侍湯藥無一日懈父儒林公春秋高結社聯飲惟其意適無違日居憂則極慕盡哀十餘年猶於寤寐中慟哭是固其天性不羣抑亦其學之充養敦篤而然也初絳党氷壑先生潛心理學排觝羣說得儒先之眞傳講道汾水之上爲一時學者宗君朝夕從遊日與討濂洛關閩河津之旨而究極其閫奧每云吾年二十後卽用心於內

一義未解必積日思之又慮自漢以來百氏雜家與聖人之道并出乃手錄道統淵源上自二帝三王下及宋明諸儒各爲一傳俾有志正學者瞭若觀火而不離其宗書成終日危坐儼與晤對遇事則以所得者致之日用施行之閒先是君父造舟於汾以濟涉者君嗣事弗輟至今賴之壬申辛丑歲大饑君前後出粟以濟全活甚衆衣藥之施歲以爲常而尤篤於士類馮逵菴絳之典型也君與同立義塾俾窮子弟講學其中多所成就絳改直隸州學使按臨值隆冬君施屋延寒畯而給其薪燭此君濟人利物之大者其他不可遝紀以君之事

合君之學其所爲儒者之道不假名位而隨力所濟能爲功業耶雍正三年卒於家絳之人思其德求崇祀於州州守上其事與父儒林公前後並列鄉賢云

合河孫嘉淦曰余讀梁君道統淵源錄嘉其志慨然想見其爲人夫自正學衰而功利熾學術雜而習俗溺世之被褐鼓篋而學者自號皆儒也而叩其趨不過詞章訓詁爲聲律之工弋取科名而止而多財自雄者尤狃於驕侈其能折節讀書急難好施與者蓋亦希矣而况有志於聖賢之學者乎梁君席豐履盛不惟謙謹好學不以財自累而窮極理要涵茹道眞能屏棄俗尚而從

事於修心養性之功觀其書雖亦未大抒精蘊而窮源導委開益來學使不泛濫於諸家而其篤行體道直欲步趨古賢於數百載之下蓋褎然以儒自命者也以之俎豆芹宫不亦宜乎

王步青馮氏貞節録序

余山石同年楊黄在之友馮遹成慧而早死其妻陳氏抱一歲之孤履霜而茹檗卒能以長以教玉子於成立噫何其難也古之稱節者二曰死曰守世人好矜奇是殉死者烈矣然死而完璧於一身何如守而延祚於奕世兼功而論節則難而易易而難之際必有能辨之者

蓋死者一時之氣激而守者終身之磨礪晝永宵長風命雨淒皆苦境也非骨性天植其能念兩髦之儀而不變其操克衍嗣續之傳者吾見亦希矣如氏者可不謂難耶黄在又語余曰馮氏絳之詩禮家也閨教世守自氏以前即有稱完節者余不禁慨然嘆也古者王化之興起於閨門而達於邦國故二南爲房中之奏而女子未及笄以前即有師傅保姆之廸日告以婉娩孝敬從一無違之義共姬無傳而火死雖其守正昧權亦非大道所許而先王教澤之深能使婦人女子節義自閑則學豈可少耶氏爲婦馮門耳濡於舅姑目染於娣姒已

久矣則其撫一歲之孤以玉於成而能為其難也固其性然耶抑亦其學然耶余退老林居已無珥筆之任而如氏之苦節自貞功在後嗣終不忍使泯泯已也他日當以授吾同人之為史者

汪由敦節孝馮安人傳

昔王蠋例婦烈於臣忠而趙客又有死易存孤難之說則烈之一言非盡捐軀殉死者於地下也獨許馮子適成亡時安人纔十七齡耳士即束髮受書當成童血氣未定靡所適從非父若師百計牢籠無以別黑白歸於一是至於矢志守貞又非父母舅姑能為之所也矧年

未及笄而早寡遺孤煢煢未卜何若當此之時目擊則莫不痛心逆計則屈指變色亡人之有後蓋以一髮引千鈞危已甚矣廼安人從容就義獨能權輕重於死生之際余乃今而知心之堅如金石者其感應有若神明焉以遺孤託之能成立成立矣而又能光大其先人天固於一弱女厚其報而作之則耳至其能得嚴姑之意旨克供一慈父之就養又其大節中至誠感發連類而及者憶有安人之幼而能知大義士之皓首窮經而顛倒剌謬幾無男子之氣對此不知幾汗顏浹背矣

沈德潛王姑旦先生傳

輿地記稱平陽居兩戒之首襟山帶河形勝冠三晉代
有名賢王文中教授河汾裴守約討平突厥備文武才
其俗敦樸好義尚文學而重功名今觀絳州有王始旦
先生而知千餘年來流風未泯云先生諱墩字始旦少
倜儻有大志慕陳同甫之爲人以爲士不兼文武不足
以任天事學古孫吳兵法註武侯八陣圖凡韜鈐之有
裨實用者皆爲論釋人比之老泉之權書尹師魯之叙
燕戊戌時三逆叛萌已兆先生乃補平陽武學生匹馬
登太行雁門諸山歷井陘大慶甯武諸關險默審形勢
可戰可守考閱廣輿圖志河塞曲折出沒險易未幾

吳三桂反正思請纓天兵迅速三逆授首乃慨然曰陳同甫有言堂堂之陣正正之旗差有一日之長研窮義理之精微辨析古今之同異原心於杪忽較禮於分寸於諸儒不能無愧焉遂上下三千歲考其合散發其秘藏著書垂後今四海奠安非用武之日盡返而讀書乃從党冰壑先生遊知天人性道之原不外孔孟四書有宋諸儒深識本體闡發明粹羽翼孔孟因舉濂溪太極横渠西銘朱子近思錄反覆探索成四書要言又知孔孟之學體驗於心躬行有得非僅托諸空言故一舉一動務循古訓臨殁猶據家禮作喪制貽諸子令毋效時

習奢靡失儉戚之意平時以之自學即以之教人曾經指授咸恂恂有儒者象望而知爲王門弟子事父母委曲承順撫恤幼弟䎙堂弟天光養之教之迄於成立代族人創基償官逋賑絳州凿荒傾橐無吝昔陳同甫家僅中產畸人寒士衣食之久不衰人謂先生盖始終學同甫者不知孝弟爲爲仁之本親親而仁民此先生以孔孟之學體驗於躬行有得也歿年七十有四

贊曰先生慕陳同甫之爲人而出處與同甫異同甫當孝宗時上封事欲命以官不就辛棄疾羅點並高其才光宗擢進士第一寧宗在東宮聞之而喜受知三宗先

生志存經濟雄才未試在朝無援較同甫爲不平然同甫三入詔獄受困酷吏投官一夕而卒史僅列之儒林先生優游田里壽考全身鉅公稱之爲正儒士林登之於俎豆較之同甫不大幸哉

王瓛三書集註序

經緯天地之謂文戡定禍亂之謂武自古未有不兼斯二者而稱聖人者也歷觀虞夏商周之世戰伐之事往往多有舜誅四凶禹征三苗湯伐有夏文王伐崇武王伐殷周公以制禮作樂之才而討武庚誅管蔡孔子以章甫縫掖之儒而墮三都卻萊兵大聖人之才兼文武

尙矣漢高之興良平定策於內韓彭戮力於外文武並重厥任維均然而運籌帷幄卽以決勝千里其才又未始不相兼也至唐崇武功圖勳臣於麟閣且彷文廟遺制立武廟以祀太公配以張良孫武等而文武之途判矣宋元以來制科取士文學武勇其名不一前明定為文武兩科文以四書命題武以七書發策而學者之習為文武者遂各有專經我

朝定鼎以來因之不變

御極之五十二年萬幾之暇與侍從大臣從容講論以七書所載唐李問對尉繚韜略多權謀術數之言鮮主

者仁義之道
特命嗣後鄉會武試以及小考皆從論孟二書出題一道孫
吳司馬三書出題一道餘皆棄去是以文武兼備之學
厚望天下而三書之在今日所繫有尤重者余幼業儒
弱冠習韜鈐叨列黌序然而孔孟之書心終不忘閒從
冰壑党先生朝夕講究論孟之書粗識大旨誦讀之暇
集成四書要言一編近於家塾講說武經又纂集孫吳
司馬三書註釋一編以授兒輩俾之便于記憶余維四
書自朱子集註學者宗之萬世不易真所謂游夏不能
贊一詞者也孫吳司馬之書雖前人各有箋註不無闡

發而指歸不一遂使習之者歧路莫從余自操觚以來私心病之因不揣荒謬採集羣書并據已見於文義之深晦者抉之使明句法之艱澀者疏之使順前人之所未發者抒已見以發之且於每篇則提其大綱每節則摘其要義字爲之訓句爲之詁務使學者開卷瞭然津梁在望雖不敢比擬朱子爲後人不易之解而値此

天子加意作人之世或少有裨於學者使俺儒碩士盡屬兼才克配唐虞三代之隆則管窺蠡測可告無罪於立說著書而壽世之久長學者之宗主與否固非所望也亦不敢必也

李生光戒扮演粉戲說

梨園子扮演傳奇相沿久矣然舊日所扮者大率忠孝節義作善積德故事亦古者勸以九歌之遺意或賽廟或宴賓和悅神人亦不甚礙不謂晚近世風偷薄人心澆漓好事者首作之俑編成種種豔異風流戲本梨園子謂之粉戲爭尚新奇而學之或遇廟宇脩祀之際喜慶張筵之日無知狂徒多令扮演褻瀆　神明不惟不享反取罪咎且令少年浮浪子觀之觸起淫心挑動邪念傚傚妄爲敗壞風俗莫此爲甚甚至生事惹禍爲害不淺更有　關聖帝前卽扮出　關聖帝者祈福耶作

孽耶余素不然之奈人微言輕其誰聽從安得顯達除重或老成耆碩德望服人之君子過有犯前弊者極力救正而止之也

曹仁三要續錄序

士希賢賢希聖聖希天古人爲學之次第也至於後世而學不堪言矣清者爲名濁者爲利相擾於庸俗之中無復以道學爲意宋儒道學之禍結於朱子邪人害正淆亂是非猶曰生同時者論尚未定耳迄今數百年是非昭昭而談及道學鮮不笑其迂且拙此世風之所以日下也夫道學豈在容貌詞氣間哉宏功偉烈日用行

習無非以身爲本而心者身之主也心有所私事縱成而瑜瑕難掩心依於理事卽敗而金石可銘況以是而成以非而敗者什之七以是而敗以非而成者什之三人亦何憚而不希賢希聖也彼釋氏之成佛道家之作祖其說誕妄不可爲訓若吾儒四書六經之教如日月之照天如江河之流地如飲食衣服之莫能離自天子以至於庶民何人不當步趨何事不當遵循哉孔子集堯舜禹湯文武之成而爲聖人之至有宋諸儒發明道統無非洙泗功臣而朱子生周程之後折衷羣言又於諸儒而集其成允有宋之一孔子也其不得志於時與

孔子同其好古敏求述而不作與孔子同其經世大作用見於春秋書法之綱目與孔子同今之學者讀聖賢之書而有志於古人之學微朱子將無所問津矣愚賦性鹵莽動輒招尤呂伯恭變化氣質朱子稱之愚竊慕其自治之勇奉為模楷無如隱微痼癖鍼砭難除惟危之人心不能安惟微之道心不能顯俯仰跼蹐曾不如鳶魚之自適愧也何如嘗觀良醫療病必投對症之藥愚病在心愚自知之愚恒自醫之而對症良劑披卷輒遇但道味之淺不敵世味之深泛泛以求無要可扼彼藥雖為甚良而隨求而隨得亦頻得而頻失也無已仍

於朱子求之乎朱子白鹿洞書院學規有脩身之要焉有處事之要焉有接物之要焉守此三要非即端木氏恕之一言終身可行者耶因敬錄一紙置於座右朝夕省覽庶指南有車不至如瞽者倀倀乎其無所之也雖然靡不有初鮮克有終學者之患又在乎是愚深以爲懼因分類爲三於凡誦讀所遇有簡切易曉足爲脩身處事接物之資者或心之所之發而爲言與脩身處事接物之理偶有所合者即摘錄之各附於其類中立三要以爲干集散收以爲支總期佩韋佩絃時時自警隱微痼癖賴以漸消也命曰三要續錄豈敢竊道學之名

惟於道學之實不敢笑其迂且拙也云爾

桑拱陽題儒教辯正序

古絳李闇章道丈吾友辛復元先生高足也其醕學定力實踐躬行夙爲師門見穪居絳之三林里講學淑人維風善世獨以名教綱常自任每過余商訂所學歷有年所竊謂篤實沉靜如闇章載道有餘而又能潛心徹入進脩若此辛門統緒端必賴之偶讀其儒教辯正錄洋灑數千言歷敘帝王聖賢復性敬天之學忠孝倫常之大反覆開陳使知西學之不可入中國事天之不可別穿鑿若緇素判然讀者當知闇章一片苦心非以相

角也爲儒教辯正也辯之正則南鍼一定九譯長途可
無謬矣錢塘葛屺瞻老師有云尊事上帝屢見六經何
待彼來闡發且上帝最重忠孝及好生彼謂祖宗不必
祀禽獸應殺食敢於誣罔是豈能知天道者哉葛師此
言可謂千古定論大宰吾儒道理中庸易簡其言天言
鬼神如日月星辰山嶽河海之昭明而究極功力總括
於終日乾乾對越上天之一念故曰天心性是天形骸
是天日用倫常是天吉凶禍福夭壽窮通是天夫上帝
既以沖漠爲萬靈主而以爲更有主天者則荒謬悖理
之極也其於中庸易簡之理相去遠矣闇章既已辯析

分明可無疑於南轅北轍第儒一也其俗儒小儒不必論而吾儒中亦有真儒醕儒大儒之辯要在立定腳跟徹首徹尾著力造去繇其眞者醕者而進於大則儒教之正其斯爲至乎請與闇章初終無懈作共勵之程何如

閻廷玠跋儒教辯正

從來異端無不息之日正道無不伸之時楊子雲云楊墨塞路孟子辭而闢之廓如也漢唐而後世人多惑於佛老之教言彌近理愈大亂眞賴韓子原道諸篇相繼而作撥亂反正之力學者以配孟氏前明萬歷間西洋

邪教流入中國謬稱無夫童女生耶穌爲天主名曰敬天實以褻天言之支離怪誕卽楊墨佛老之壞人心術不若是之酷且烈也一時好異之徒靡然向風且掇拾吾儒言天言性之緒餘潤色其文舉而加諸先王之教之上以惑天下此闇章先生所以不容已於儒教辯正之作也莊誦之下覺見眞得[illegible][illegible]正詞嚴未嘗不言天但言之有據非彼所謂天[illegible][illegible]後約四十節反覆辯駁使西洋人無從置喙先生衛道之功幾堪與子與昌黎鼎足而立維時名儒辛亥蔡桑松風及晉撫蔡雲怡俱爲許可欲雕梨行世以闖變未果今猶藏之名山未及

刋布豈非一大憾事哉或曰近世信奉西教多有權力是書一出恐招禍尤待若輩少息傳播未晚噫若輩已息安用是書爲哉儻令是書大傳天下復歸於正雖賈禍危身非守道君子之所懼也況天地神祇臨之在上萬無是理抑又聞之朱子云邪說害正人人得而攻之如春秋法亂臣賊子人人得而誅之茲遇廣東碣石總鎮陳公諱昻奏天主一教招集匪類惡心叵測伏乞嚴勅早爲禁絕幸我

皇上聖明通行各省欽遵先生之孫號甲先者慮人心陷溺已久易惑難曉因取是書決志付梓流布四方知者鑒

之罪者聽之若先生節義文章皆可法可傳見於諸刻詳矣予不復贅

閻廷玠婁莊夫子廟記

吾鄉薛文清公曰三教之說其來久矣使教有三則天地之化亦有三矣又曰本朝祀典極正以不雜於佛老然明季聖學失傳好事之徒既奉佛老以招引愚民復藉至聖以籠絡儒士到處有所謂三教堂者其位次佛踞中至聖老子互相左右其住持則緇流羽士兼有雌僧者男女以時拜禱穢媟殊甚恬不爲怪閒有心知其非者亦莫能阻乾隆甲子河南學政林枝春條奏禁止

禮部會同九卿題覆奉　旨依議飭行各省凡建設三教堂之處卽將聖像移奉書院義學或潔淨公所其祠改稱寺觀三教額碑一並撤去若向屬公地管領無人卽聽别寺觀僧道移奉佛老諸像其地改爲書院義學專奉聖像後有倡建三教堂者嚴爲究治猗歟休哉郡左㶊莊艮隅舊有此堂紳士耆民遵　制酌去他像恭妥至聖整頓廟貌且倣澤宮設四配十哲暨兩廡諸賢儒位約費朱提半百工竣庠友王宗淹張鴻琮請記竊謂道之大原出於天要不外仁義禮智信之性與夫君臣父子夫婦昆弟朋友之倫堯舜禹湯文武周公孔孟

所遁爲傳之而無容加損者也道惟其一安得教有其三大抵天下之勢正者無待依傍邪者必資倚託二氏見吾儒拒之者嚴反側而無以自安思援儒而入於彼推彼而附於儒遂肇爲三教名色言彌近理愈大亂真塗生民之耳目溺天下於汚濁其禍有烈於楊墨者唐若昌黎原道宋若盧陵本論諸篇極力排斥然猶不足窮其底裏而折服其心惟濂洛關閩數大儒辨其虛無寂滅之病無所不至何世之匍匐於二氏之奴隸者不乏其人今茲之舉其除正路之蓁蕪闢聖門之蔽塞而爲入道之一機乎尤望爲徒者以問其名則是校其行

則非爲鑒因其性分之所固有職分之所當爲而益致其真知實踐之力使親疎之殺可得其情貴賤之等各盡其分恭敬辭讓之節文據而不失是非邪正之端委別而不差而一貫之以誠庶聖人仁義禮智信之教無不明不行而可以徐收擢陷擴清之功躋一道同風之盛斯不負崇祀夫子之意夫

閻廷玠永革里長收糧碑記

癸亥之秋山左李公由保德調守茲土下車以來體

聖天子加惠元元至意有利必興無害不去四境之民如坐慈母之懷如飲慈母之乳而其痛念民瘼令積久弊端

一朝頓絶者莫若里長上櫃一事絳本五十二里後以戶口消殘并為二十五里一里十甲輪充里長先一年冬、選報殷實老成者數人本年二人上櫃收糧餘下鄉催納悉仰食於本甲花戶司收者於六房中點各里櫃書一名大里或二名但為出串稱算重責仍歸里長間有預為鑽營惟恐不獲一點不獲上里者一歲用度皆里長是問朔望犒勞夏秋收掠節外生枝又不待言多一日之拖欠享一日之供給甚而朝廷正賦限可少寬若輩口食刻不容緩反以遲納遲完為得計一年約費數千餘兩以此完納正賦不少數千餘兩之拖欠乎憶雍正癸卯間荒旱異常新逋舊欠積有四年闔州二十五里里長之外櫃書曾滿百名或一人新舊兼辦將一里肥囊一里飽煖災黎剜肉醫瘡苦難殫述有一月所收之糧不敵一月供給之費者尚有暗爲賠納不敢索償者故里長一膺而蕩家破產流離失所者不可勝數我

朝錢糧吏收官解不累百姓絲毫煌煌定例萬邦爲憲誰司民牧詎無痌瘝乃身之志而忍血盡毛乾之殘喘聽若輩狼吞虎噬耶只緣相沿已久習而不察或因仍苟且曰此非肇自我或小廉曲謹而不克奮發有爲力行

禁革所以苦累至今告訴無門乃公創設滾單照錢糧分數挨次辦納不用門頭候比遂盡革里長經收謂書吏既入公門宜辦公務五年役滿例得考職房科各起爐竈一切用度畧不取給里長大門外櫃舍嚮擾擾如市者茲忽寂無人聲不知有里長名色四野爭先輸賦罔敢後時儻所謂上好仁而下好義者非歟當其始衆猶駭異行之數月靡不舉手加額歎爲從前未有之洪慈也維吏亦曰我等亦民耳十年一遭共沾實惠反德爲怨豈復有人心哉小民謀勒貞珉爲入志地公堅持不可越丙寅秋杪公辦　皇差北上輒秘圖運石及歸

復固御日勤恤民隱吾特行吾心之所不忍奚以名爲況立碣尤　功令所忌勿庸民交口質曰此非爲公立爲後公者立也非爲後公者立爲百姓自立也公誠善爲百姓計甯不許百姓善自爲計乎願以千載樂利之休甘負一時妄言之罪余聞而並嘉之不辭固陋援筆以答衆請後來者誰歟俾公良法不移如山百姓省一分之閒費早輸一分之正供國計民生實式賴焉公諱高庚戌科進士高密縣人

黄洽字紙會記

文昌閣敬惜字紙會舊捐銀百九十一兩寄耿偕義生

息券存薛吏目諱君培順天密雲縣人始末條例已誌之石越嘉慶辛酉耿議歸銀薛失券詳牧令查覆經理者憂之券之失無論矣銀無息則此舉廢然營之不得其地則本並擬經之苟非其人則弊叢生廢盜速收日銀可耗地不可變也令耿悉其銀置三林鎮水田三畝四分五釐有奇歲取其租爲惜字費地三契牧日歸庫地有課牧日歸字會無里甲附閣之坊然地不變人易謝司者難之或請歸學師牧日字田非學田也且師長也不可以理然惜字學者事也宜歸學之居首者因移學飭頂廩者遞司之歲稽其事並立案出示全其舉此易窮變通

久之謂乎宜另石詳其事牧者誰滄州葉汝芝也記者誰黄洽也立石者誰耿映奎也

胡瑞瀾重脩絳州學宮記

絳晉名都也舊有　先聖廟在城東北隅歲久浸圮呆桷腐橈無以光祀典已酉夏刺史張公權守是邦與僚屬倡議募脩而州之士民咸欣然捐資助之於是鳩工庀材次第脩葺越三年乃成首夫子廟庭尊　先聖也次鄉賢忠孝諸祠勸節義也闢齋舍以爲息游之室擴亭圃以爲講肄之堂階序內列垣墉外周蓋規模於是復古而廟貌已赫然一新矣夫學校之設非徒陳俎豆

奏鐘鼓已也將使諸生歲時釋奠仰瞻　先聖識道統之淵源敦本茂實競相砥礪以勉爲異日有用之才而爲之官師者培植之鼓舞之使風化之美延及齊民所謂師道立則善人多　國家建學之意其在斯乎其在斯乎余旣嘉州人之知所崇奉而願其克副建學之義以相與有成也遂書以誌之

王世俊禱雨說

州縣爲親民之官國家所賴以牧民者也當大旱時坐視荒災而不知竭誠祈禱固有愧牧民之職然徒知竭誠祈禱而不思自責以格天則雨終不可得猶未盡牧

民之心也昔成湯之禱於桑林也咸謂大雨滂沱矣抑知其以六事自責者悉出於至誠乎請卽以六事爲州縣言之政何以不節或一事而有傷民財或一時而偶縱已欲皆不節類也民何以失職或擾於催科不能安業或牽於久訟不暇深耕皆失職由也崇不必專在宮室也衣錦而不念民寒飫甘而渾忘衆餓此中已自難安而況驕奢極而自謂養尊供億繁而亟不發價者乎盛不必專謂女謁也計善逢迎紳士或挾私請託胥懷鬼蜮吏胥且搖尾乞憐此鬚眉而巾幗者非女謁皆女謁也親而狎之而小民之冤抑無由伸矣至苞苴之行

誠不足為循良慮然或來往不皆端人使令更多惡僕偶不及察而招搖撞騙有甚於賄賂公行者其責究安歸也卽讒夫之昌亦豈能自昌哉乘間而言拒之不忍相機而進聽之不疑將見詞訟不難於顛倒疾苦必壅於上聞矣則讒夫之貽害尤非淺鮮也之六者一有不謹皆足干天地之和而召旱魃之虐賢守令歷歷數之當必有不能釋然者心知其罪而力改其非至誠感神天意或可挽回雨膏或可疊沛耳不然我有愆而未省民有冤而未伸而惟勞勞焉免冠徒跣奔走炎日之中以冀彼蒼之垂憐而施澤也亦徒自苦耳奚足以感召

天和哉

衛仁豐潤西創建炎帝祝融祠碑叙

造化元氣水火交會之氣也有氣則有精有精則有神精則水也神則火也陽之神烈爲火陰之精澤爲水諸火之神皆聚於日諸水之精皆聚於月故五行一陰陽也陰陽一水火也水火一日月也火不得水則散水不得火則滯元氣之流行皆火爲之也水以濡之火以蒸之水得火而元氣不竭生養不窮水不得火而元氣或幾乎息矣萬物之生也水爲之滋火爲之養水爲之質火爲之神故乾坤之生生坎離其大用而離又生氣之

柄也其在人也五官各司用而心火則天君也人於日用間褻天君實多其用火屑越亦實甚有不干天取咎者哉古有司火之官所以節宣其氣而調四時也故祝融世爲貴官後世祀爲貴神而呂氏月令著夏之令曰其帝炎帝其神祝融夫炎帝非專以火爲政也意者乘火德而王故配火行而帝則司火政者炎帝其主而奔走宣力者祝融也周禮有司爟氏其出火入火之法制禁令春秋已失其傳其曰火流火覿僅以誌農事早晚之宜延及後世鑽燧易而爲敲石柔和變而爲暴烈不節不時而火之用乖矣夫火之氣鬱而不宣則陰闕之

而奮擊錯而不調則陽亂之而焚烈固有干太和而潛受其咎者於是乎積而爲水旱癘疫悖而爲盜賊兵戈古所謂蕃祉老壽者果遵何道歟是不得不黙禱於神以祈天而爲民請命矣而巫覡之說又皆荒誕不經熒惑民聰是不得不據經以正之潤西村舊無火神祠光緒元年村人建炎帝祝融之祠以爲禱祀祈賽之所工竣渠君虞廷鳳儀素台維均屬叙於余余謂曰公等之意善矣自茲以往爲農者因天時用地利釜甑烹爨孝養父母此農之所以敬神也爲士者雲衣霓裳日相往來挹取炎精發爲文章此士之所以敬神也豈止拳曲

拜跽之區區乎哉

郝名高墨洞記

予寄居家祠左側窰中濶不二步深可五步中安一榻兩几兩椅一爐書數十卷餘地僅足過人壁爲煙火所薰黝如也窰端開一窗一戸窗小而不明戸狹而常閉助其黝矣予初居時意甚不適繼而漸適久則大適且戀戀不忍舍焉思欲題一佳名未有屬也適有莽客來曰噫嘻此黑墨洞也子何以居之予笑而不答既去而思客言乃恍然曰此真切題文字也欲名是室無愈於墨洞二字矣將浼友以題之有客問曰子以墨洞名是

室也亦倣於墨林墨池之說乎予曰否否墨林墨池皆以翰墨爲名予不敢倣且如東敬八景有所謂墨洞聞香者隋文中子讀書處也予又何敢倣予以墨洞名是室者卽取其黑焉耳客曰黑何取義之有予曰予自有取於黑耳蓋黑則目光不外奪黑則耳力不旁分黑則心精不耗散且老子曰知其白守其黑於此得持身之道焉人皆辨我獨嘿於此得涉世之道焉進而上之不欺暗室不愧屋漏於此得脩省之道焉有此數得饘粥之餘可以栩栩然入黑甜鄉矣此皆有取於黑故以墨洞名也客曰審如是也更爲子衍之昧爽丕顯以此室

爲常昧爽也可火滅脩容以此室爲常火滅也可第不知授徒於此果引入黑鄉否耶予無以應客去爲之記

郝名高勸募義學疏

古無義學名也至後世始有之古無義學古可以無義學後世始有義學後世斷斷不可無義學何以言之蓋古者自天子辟廱諸侯泮宮以及鄉黨閭巷莫不有學爲之師者自大樂正大胥小胥卿大夫以及黨正族師閭師類皆有位於朝有祿於國而又計口分田人無甚富亦無甚貧故無資用之憂而人人皆得入學也後世則異是　國家設學固無不徧第爲師而有祿於國者

惟是成均大學以及各府州縣之學並各處書院而已外則聽民自爲師自爲學焉爲師者率以筆舌爲耕耘爲弟者必以膏火先自備於是乎富者能學貧者不能學尤貧者愈不能學夫人富少而貧多尤貧者更多不能學者焉得而不多以一鄉一邑之中人多不學所關於天下國家之盛衰者豈淺鮮哉予鄉舊有義學久而湮廢予大懼斯民之漸多不學也欲糾合鄉耆紳士興復斯事但村小力微志不克舉伏祈有志斯文之君子量力解囊共襄盛舉能使一人得學卽是一人受賜也推而行之一村如是村村如是合天下皆如是則是天

下之人無論富者貧者尤貧者皆可入於學矣天下之人皆入於學世道有不返於古而世運不日蒸蒸日上也哉願仁人君子勿吝焉

裕彰重建東雍書院碑

書院爲英才會萃之區自昔鹿洞鵞湖人才輩出豔稱一時我

朝文教昌明各直省府州縣衛均建設書院甄陶士類俾寒畯子弟皆得藉資膏火絃誦其中所由教化興而人才盛也州治城內坎方舊有東雍書院咸豐辛酉爲異教攘奪當經前　州牧李稟明　撫憲英邀集紳耆公同

著議出前修文廟餘金四百有奇購地於貢院之東鳩工庀材先建正殿三楹恭移
聖像供奉於斯嗣據任永興捐銀一千增廓地址講堂齋房得以次第經營越癸亥冬工告竣經前　署州章會同勘驗工堅料實計房舍五十八間益以續購南院共八十餘間夏屋渠渠洵爲造士勝地惟是經費闕如　李章兩守牧已曾先後給簿勸捐正費周章適余捧檄來此下車伊始即以興教籌費爲己任爰爲續出捐簿仍查照舊章廣行勸募現約得金四千餘已於三月中出紋銀二千六百經紳士手發當商生息以備山長脩膳

之用至諸生膏火容俟勸捐蕆事再計貲所入酌定章程務期垂諸久遠余惟文教與武備並重當此烽煙未靖守土者率皆講求武事無暇修文不知孝弟忠信乃效力用命之本子路之有勇知方衞文之敬教勸學於國勢艱難之日用民力先固士心所見誠爲遠大余以書生曾參軍務深知禮義可爲甲冑故欲實行團練特先敦崇禮教蓋修文正所以講武非敢緩其所急而急其所緩也抑余尤有進者書院落成延經人師來主講多士幸際斯盛尚各勵志潛修行見名儒名臣門牆接武是則司牧者之所厚望也夫

李煥揚補立南關東雍書院碑記

書院之名肇於濂洛關閩所以黜異端而明聖道與學校相輔而行者也厥後人文聿興府州縣衛先後建置或隸於有司或董於紳搢月有考課以激勸之歲有膏火以養贍之蓋猶是上舍中舍下舍之遺意所謂師道立則善人多者此也東雍之有書院據舊志所載本前明王府舊業西人據爲教堂者也雍正二年知州事萬

公奉

旨逐回西人瓶立爲育才之地已閱百餘年矣咸豐庚申西夷和議旣成謂絳州書院爲法人教堂故址當事大臣

欲柔服遠人遂檄令還之州之人爭之不得大懼聖道
之爲異端所擠也乃鳩資相地於城內盧家巷别爲經
始而南關附貢生劉君國銓慨然發憤願捐其先人之
舊園以立廣廈以公多士於是肇基分建遂有南北兩
書院焉而事歷一紀碑記未立恐日久湮沒無以彰劉
君好義之心今年夏奉
宫保爵憲札飭令脩州志既載書院興廢之由而南院董事
者以補立碑文爲請竊以書院之設黜異端而明聖道
造就俊英以備
國家楨幹之選也書院既倍則造就亦倍矣溯古者黨庠

州庠無地無學州之人果有志於聖道薰蒸陶冶蘄至於古人六德六行六藝之本將見奇衺之說無隙而入書院之地可移而向道好義之心終不可移也斯則異端之所不得而爭者矣其地基廣狹並續捐田畝市房具備案卷茲不贅

李煥揚兩書院碑記書後

嗚呼異端之顯與吾道爲敵蓋至今日而極矣古之所謂異端者楊墨佛老已耳楊墨猶依附仁義以立說佛老則以清淨寂滅之旨自治其身與儒道不相妨也明季有利瑪竇者越七萬里之重洋以治歷得入京師於

是擇中國要害之區立教堂三十有二以行其不經之說絳其一也我
世宗憲皇帝聰明神武斥其教逐其人地盡入官而改爲書院者極多所以正人心而明聖道也至咸豐之季中西講和
廷議悉以故地畀西人絳之搢紳學校士爭之不得見至聖神像擯棄於不潔之地乃購地募財先立大成殿以妥聖容而以次興工遂創今書院焉南關好義者亦聞風施地具詳上請於是城關兩書院巍然並峙夫書院何爲者也非所謂正人心而明聖道乎卽象教之設亦

非吾夫子之所知然而有其舉之莫敢或廢於此見絳人尊聖之心馴而進之於仁義道德無難也彼不經之教何如乎誘之以貨財蠱之以聲色炫之以奇淫之技痼之以酖毒之媒雖其地既得矣僅聚奇衺之男女數日一禮拜焉正人君子無一投足者行且見其地之鞠爲茂草而兩書院人材蔚起蒸蒸日上於此見人性之善人心之同而聖道之如日月經天江河行地者決非爝火行潦之所能爭也

記孝女行氏驅狼救母軼事代直刺作　李劍秋

且勇能捍患即烈士以猶難而孝可通神在彼姝爲尤

巽誠以孱弱者其質娩婉者其容而能大難不驚隱竭
烏私之報至誠有格潛消狠戾之災此真識邁鬚眉愛
深骨肉非特振衰世傾頹之習實足覘
熙朝德化之隆也則有孝女行氏者絳州行雲莊人也歲僅
及笄年逾織素肫篤成乎本性婉愉表以嘉儀慨昔年
堂竟萱摧曾飲孤兒之泣幸此日陔猶蘭採能承異母之
之歡惟是生自農家產非士族藝黍未嫌食力牽蘿豈
免居貧形難跬步之離相依惟母餐鮮服勞之奉自惜
非男而其繼母李氏者亦復玉屢心憐珠惟掌愛隴畔
許牽裾而戲田間呼負耒而隨何妨亦步亦趨宛轉盡

膝前之樂豈料或耘或耔倉皇來意外之虞爾其跛尾肆驕磨牙怙焰迫人於險糾類爲奸率羣醜以紛來欲並驅而乏術豈果慈能飼乳命延昆莫之兒何堪痛欲攖心勢窘黃張之婦危同累卵急甚然眉命惟呼吸之存猛孰忽然之禦而孝女挺身以鬬振臂而呼災近剝膚恨深切齒驚逼人之太甚念鞠我以云何拳僅空張置此身於弗顧背先欲裂忍將母以不遑明知恃彼猖狂異類焉能力制或幸飽伊饕餮慈親藉可全生而卒也此則弱肉之甘旃彼則野心之黠化凶翻帖耳暴忽潛蹤智同馮氏之當熊膽眞斗大憤等楊香之搤虎身

竟甌全於戲孝本非愚冒死何曾竟死災仍無恙全生足報所生固足昭赤子孺慕之良亦足見母氏劬勞之善已顧或謂鈎吻橫張弱質焉能禦暴錐牙密厲髫齡豈足捍災以彼駑僅能描雞猶難縛而顧勇同暴虎壯甚剸犀履險若安化凶爲吉難免傳聞之互異保無附和之苟同而不知天性之真明神可眷永錫之類冥漠所嘉豈真力可搏凶全仗纖纖之手良由誠能感物潛禠逐逐之威卓爾其人奇哉此舉足壯裙笄之氣堪增綽楔之光嗟夫一死艱難失腳每差於轉念居平慷慨臨危或負其初衷以視夫質囿蛾眉而孝思不匱凶攖

虎口而至性難移者能無仰止以心維赧然而汗下也
乎僕博參衆論細縷奇聞芳留彤管之嶶萃拔青閨之
類風化關乎一代巾幗堪師馨名動乎
九重輶軒定採所冀奇芬遠播用彰帷鬘之賢餘絢高揚並
起冠裳之懦云爾

舊志序 總附

王珂絳州志序

史志志事志人累多實載不失繁簡珂珍焉正德辛巳夏南屏李先生治絳四年命珂作絳志志成曰豈自信哉蓋將俟天下之裁取者以上續史志夫觀兩戒則愼分野作天文志疆理城隍山川田賦古蹟陵墓皆地理事作地理志民惟戶口徭役物如土産土貢各任徵庶者作民物志歷世沿染備觀風化作風俗志始建經畧以率民如公府廨舍作建置志監往省後而注政作官司志邦之先達知善貞守者作人才志州有王藩食下

邑作封藩志復慮渙無統紀取邦畿內外之說而釐之以州內州屬書凡七卷總曰絳州志志中采擇未嘗考閱未精事理缺謬而文例訛舛者補而正之尚賴後之君子云

孫光祜絳州志序

絳在昔爲晉都稱莫強子犯謂山河表裏是也古典具存人材輩出苟志有不備雖盛莫傳將太史歲月察四方曷採焉昔州太守貴溪李公慨文獻無徵屬上虞顏君爲之未果繼聘蒲坂王君撰次而絳志用成迄今五十年所守畫渺沒多不堪讀永甯山公以中州豪儁舉

名進士選御史擢憲僉左轉以至今職余莅年政化大行士民允懷暇閲舊志欲加修輯會大計當入覲乃訪諸鄉士夫中得嶧山趙君以志托焉君連舉進士令富平乃不肯折腰而歸優游林下者幾三十年居恒吟嘯自娱著述正其所優爰考職方參輿圖舊志繁蕪者删之未備者增之旁摭故典時加裁酌自己卯冬至庚辰夏始克成編首之以地理終之以文藝凡山川之險夷物産之豐嗇民俗之好尚賢才之顯晦政治之臧否昭然如指諸掌君之用心於此爲大而太守公之所以嘉惠後人者與前人之聲頌並不朽矣

方立誠絳州志序

余自丁未春來守是州州故有志閱數過質以耳目覩記及史傳諸書閒有未合且不無闕遺烏在其足以張絳也會當路謀修通志檄蒐舊編兼附時事蓋備採覽云余乃集師儒徵耆碩遠稽近考綱總目分脫稿盈尺計二十餘萬言以俟修通志者取精焉可也若遂執爲一州成書體裁謂何余疲於案牘不及删姑置之耳居二年拮据稍就緒暇與廣文黄君共繙向所脫稿如人物藝文删其今者十之三存其畧者十之七文極簡
事未嘗不核也夫晉自古蔫城絳歷世都之董狐稱

史無亦以實錄有裨於風教乎志非史也而實錄具在不可謂非風教一助也豈直足以張絳已哉

劉顯第絳州志序

志亦史之一例耳晉平陽相乃舉而命史史可云志則州郡之有志誠如國之有史言事著而人文昭何可一日無筆記也我

國家化洽重熙爰修文治議制之餘聿命纂集舊章予躬承

聖治割有茲土一方文獻責有攸屬安敢使化成之風猷不普徧於方州乎受事以來補隙苴漏起廢興衰日無遑

晷已五轉星杓矣間嘗簿領餘閒遊藝翰藻取州志讀之竊念志修於萬曆己酉至今歲己酉天運一週此變而當華之時鼎而新之固其宜也迨一再披閱篇目錯亂增贅雜穢殊非當年舊本乃購求於故老之家前己酉所纂原本始獲一寓目焉雖體裁整飭燦然有章然闕畧譌舛間亦有之如紀晉君則叙懷惠而遺景厲諸公書晉君而遺晉臣羊舌子趙文子絳有故里在焉而曾不一見揚攦譌爲魏人共父譌爲貢父潘騁馬棊勤法帖而不一著姓名若此者皆闕典也思欲修飾久矣今歲乃始謀之侍御孫公及諸鄉紳辟求文學之士蒐

集故實考訂羣書名賢鉅公孝義節烈皆據實而詳書之詩賦篇章約收其最舊志前賢之逸者補之世代姓字之譌者正之諸目之畧者增之歷年之待叙者編次之其他所不可考不能知者亦姑闕之以俟博雅之君子考訂焉是役也始於己酉正月明年庚戌三月始克告竣雖未足稱爲善本然芟其雜冗正其淆亂譏肆之目吾知免矣或曰兹之所志晉國之雄風霸圖之餘烈耳以之敷宣聲教助流德化無乃非醢則乎予曰予獨不聞唐風晉問之所陳乎今茅茨遺野耕鑿舊壤不猶是古帝葦轂之地乎銅鞮諸人譽著名卿不猶是尼山

之所品藻乎訪勤儉之餘思弔夾輔之遺烈亦曰地在
則然耳吾且與子上溯乎采椽土鉶之度溫恭克讓師
錫疇咨之道仰觀乎於變時雍之美與夫昌言儆戒之
訓無為不言垂衣裳之化則即今之儉讓深謀和戒而
恬以愉者不穆然見其餘休乎予恭逢
聖化春暢文治蔚存典獻以為潤色太平之萬一舉帝堯之
所理上之以翊
當宁舉晉國之風以一諸天下如是而已矣其或我
朝創興之注錄有績一統疆域之書告成詢及下邑采
采芻蕘將此斗大一區之紀載未必非金匱石室之一

資云

孫錫齡絳州志後序

絳志何昉乎昉於正德辛巳州牧貴溪李公文潔睹絳志放失辟請蒲王文鳴孝廉珂之所作也前此見於一統志山西通志附其畧而不能詳舉其綱而未振其目經文鳴之載筆而一州乃有專志自後至萬歷庚辰而再修州牧永甯田公子成式請嶧山趙公桐之所撰次也至於萬歷己酉而三修州牧太平方公立誠與廣文黄公一中文學韓公雲之所仝纂也歷世相師燦然明備人文積而日盛篇帙累而彌光然因陵爲高冰寒於

水不厭後來者之居上矣客歲己酉予
欽假居里州大夫三韓劉公乃以修志詢及芻蕘予竊以公居官行政實與貴溪永甯太平三公異地同軌而起弊維衰百廢具舉又不啻棓蓰過之蓋見之於事則咸被爲實政筆之於書則永傳爲信史敢謂文墨小技而唐突以應之乎夫志以紀實也天星地絡之精研入文物華之采選此博雅君子之事也至於綜政理之醕駁察風俗之淳澆鑒人倫之臧否周生民之利病辨理道之邪正上之而連類性命卑之而注釋蟲魚則又非幾於道者不能也又何敢視爲文墨小技耶既幸叨執簡之

未獲與同里二三君子共襄成編載筆從事乃得山暄陶子用曙用是遡前代作者之源流而相訂以心法則文文之相續卽是爲心心之相印矣微顯闡幽推見至隱因以表章而不忍沒者爲懿好之同仰企樂道人善之休風可不謂道之在是耶由是敷文颺化拜手以報
淸時亦道所固然爾於是乎序其先獲兩與纂修者鹺丞陶公登文學陳公九功也啟予愾然聿修之思者予從伯祖中丞光祐也奉揚前徽而樂得青雲之附予與陶子共之

沈栻絳州志序

絳州介平陽蒲坂間土隘而人稠
國朝陞直隸州領縣五其境跨越大河之西南西境河津
隣於秦南境垣曲隣於豫又聞喜當秦蜀往來孔道事
益以繁絳縣稷山雖非衝途均號難治乾隆庚辰歲余
奉
命觀察河東時州守張君蒞絳有年矣張君蒞任秦中州縣
所至有聲及來絳治法如在秦時清淨甯一獄訟不擾
以絳志久不脩無以備掌故爲憾且州自雍正二年升
改直隸沿革異宜未便抱守殘闕適大中丞和公暨彰
公後先撫晉澄飭吏治各郡縣志有殘闕者皆脩輯明

備用垂法戒張君悉意蒐討稿成質余余考絳自晉設
都後世稱要地西魏後周屹然重鎮唐置總管府復列
絳爲雄郡五代宋爲雄州防禦金爲上州又置絳陽軍
節度使又升爲晉安府總管河東南路兵馬元置絳州
行元帥府河解二州諸縣皆隸焉非以河汾間一大都
會爲河東全境之中軸乎牧是土者宜何如懍懍也今
張君既優於政所成新志又記載詳核不濫不支庶幾
披覽者穆然想見山樞蟋蟀之俗俾民無忘勤儉慨然
慕韓宣叔向諸賢賦詩贈答俾民無忘禮讓以仰副我
國家教養斯民之意並無負上官委重要地之心則是志

也其非記載空談也夫

張成德絳州志序

絳志始於前明正德間州牧李公文潔州於是乎有專志一脩於萬歷間田公子堅再脩於方公立誠至

國朝康熙九年劉公顯第即舊志增刪之頗有釐訂迄今幾閱百年其間官師政治之明備與夫人物文章之積而日盛者不知凡幾且自雍正二年

奏准改州爲直隸管轄太平襄陵稷山河津四縣又自雍正七年

奏准將襄陵太平改隸平陽府而以解州之垣曲平陽之

絳縣聞喜改隸絳州變更者屢矣倘紀載弗詳俾我
朝良法美意日入茫無以考非守土者之責而誰責歟況
絳居兩河間稱劇郡土狹而人夥士食舊德農服先疇
風俗素近古而自雍及絳汎舟可達商賈填集人習奢
靡漸以多故余守茲土十餘年勞心撫字恐弗克稱職
而志久不脩六十餘年來文獻無徵無以備掌故稽善
敗適承上官命以脩舉廢墜爲汲汲因聚州之士大夫
謀所以脩之者咸願踴躍襄事其康熙九年以前就劉
志重加删訂自康熙九年後以至於今悉心採輯統加
編次雖卷帙倍增而去蔓存真未敢從畧其間或不無

遺漏沿訛之處尤望後之君子考而正之並檢閱所屬
五邑志歲久殘缺各事第脩先後告竣剞劂然詳備余既
欣諸同事之能盡厥職而又幸州志之成俾我
國家明備章程得所考据以勉副上官脩舉廢墜之盛意
倘亦兢兢供職之一端歟是爲序

直隸絳州志卷之十八

藝文第五　詩

周

唐風　不能備登止載首篇

蟋蟀在堂歲聿其莫今我不樂日月其除無已大康職思其居好樂無荒良士瞿瞿

蟋蟀在堂歲聿其逝今我不樂日月其邁無已大康職思其外好樂無荒良士蹶蹶

蟋蟀在堂役車其休今我不樂日月其慆無已大康職思其憂好樂無荒良士休休

北齊

高歡敕勒歌 有引

北齊神武攻周玉壁士卒死者甚衆神武恚憤疾發周王下令曰高歡鼠子親犯王壁劍弩一發元兇自斃神武聞之勉坐以安士衆悉引諸貴子使斛律金唱敕勒神武自和之歌曰

敕勒川陰山下天似穹廬蓋四野天蒼蒼野茫茫風吹草低見牛羊

北周

冊巖為斛律光作 有引

韋孝寬參軍曲巖頗知卜筮謂孝寬曰來年東朝必
大相殺戮孝寬因令巖作謠歌曰
百升飛上天明月照長安

唐

民謠爲張元作 有引

絳州正平令張元有治績時有韓甫王兢治河内皆
有幹能而元差不及故縣民爲之謠曰
西山至河岸縣官兩人半

杜頠故絳行

君不見銅鞮觀數里池城已蕪漫君不見虒祁宮幾重

臺榭亦微濛介馬兵車全盛時歌童舞女妖艷姿一代
繁華皆共絶九原惟望塚纍纍
岑參驪姬墓
驪姬北原上閉骨已千秋澮水日西注惡名終不流獻
公自耽惑視子如仇讐此事成蔓草我來逢古邱蛾眉
山月落蟬鬢野雲愁欲弔二公子橫汾無輕舟
耿湋送絳州郭參軍
遠事諸侯出青山古晉城連行麹水閣獨入議中兵夜
雨新田濕春風曙角鳴人傳公府政記室有參卿
盧綸送絳州郭參軍

炎天故絳路千里麥花香董澤雷聲發汾橋水氣涼府趨陪宓賤野宴接王祥送客今何幸經宵醉玉堂

劉禹錫送河南皇甫少尹赴絳州

祖帳臨周道前旌指晉城午橋羣吏散亥字老人迎詩酒每閑樂别離方見情從茲洛陽社吟咏欠書生

韋莊絳州過夏留獻鄭尚書

朝朝沈醉飲金船不覺西風樹滿蟬光景暗消銀燭下夢魂長寄玉輪邊因循每被時流誚奮發須由國士憐明日客腸何處斷綠槐風裏獨揚鞭

黄滔獻絳州鄭尚書

旌旗日日展東風雲稼連山覆双空剖竹已矜垂鳳食摘珠何必到龍宮諫垣虛位期飛步翰苑含毫待紀公誰謂唐城諸父老今時得見蜀文翁

權德輿酬馮絳州早秋絳臺感懷見寄

亘牧閑無事登臺悲渺然六條縈印綬三晉辨山川洗幘謳謠合開襟眺聽偏秋光連大鹵露景下新田葉落陘庭樹人歸曲沃烟虎符須美化亥字訪疑年經術推多識鄉曹亦累遷齋祠常並冕官品每差肩接郡寄緜騎裁詩白露天知音愧相訪商洛正閑眠

岑參虢州後亭送李判官使赴晉絳

西原驛路掛城頭客散江亭雨未收君去試看汾水上
白雲猶是漢時秋

周曇詠古

門人曾不有提彌連嗾呼呵孰敢交臨難昔教無苟免
亂朝爭那以葵爲　趙宣子

陳欒無權望在隅宰臣懷智有微謨苟非成子當明哲
誰是仁人可託孤　郤成子

失水枯鱗得再生翳桑無地謝深情朱輪未染酬恩血
公子何由見赤誠　靈輒

重祿存家不敢言小臣憂禍亦如然明開諫諍能無罪

祗此宜爲理國先　叔向

滅虢吞虞未息兵秦敗楚霸威成文公徒欲三强服

分晉原來是六卿　晉文公

覺病當宜早問師病深難療恨難追晉侯徒有秦醫緩

疾在膏肓救已遲　晉景公

宋

歐陽修守居園池

嘗聞紹述絳守居偶來覽登周四隅異哉樊子怪可吁

心欲獨出無古初窮荒搜幽入有無一語詰曲百盤紆

孰云已出不剽襲句斷欲學盤庚書荒烟古木蔚遺墟

我來嗟抵得其餘柏槐端莊偉丈夫蒼然鬱鬱老不枯
觀客新麗一一何姝清池翠蓋擁紅蘘胡鬅虎搏豈足摹
紀錄細碎何區區羲氏八卦畫可圖禹湯皐陶暨唐虞
豈不古與萬世模嫉世姣巧習卑污以奇矯薄駭羣愚
用此猶得追韓徒我思其人爲躊躇作詩聊謔爲坐娛

梅堯臣守居園池

老柏麝不食古色侵青冥淺沼龍不入秋水生浮萍屋
屢圬至幾太守壁上彪蔚遺丹青黑石鐫辭澁如棘今
昔往來人不識酸睛欲扶無聲形既不可問不可聽懸
泉瀉寶晝未停飛玉貯藍光入屏苞潭深島甲癸丁蔓

刺交綴垂組緌蒼官贔槐朋在庭風蟲日鳥聲嚶喤丹葩木果粘枝條集臺脫熱昏痾醒樊文韓詩怪若是穊取一二傳優伶仍寄河東薛太守更與斟酌無閒情

歐陽修嵩巫亭示同行者

羣峯擁軒楹竹樹陰漠漠公胡苦思山規構自心作惟予愛山者初任卽京洛嵩峯三十八終日對高閣陰晴無朝暮紫氣常浮泊樵然九州中氣象壓寥廓亦常步其巓培塿觀四岳其後竄荆蠻如識峽山惡長江瀉天來巨石忽開拓始疑茫昧初渾沌死鑿神功夜擠就萬仞成一削尤奇十二峯隱見入冥寞人蹤斷攀緣異

物冥所托顧瞻阻徘徊想像逢綽約嵩山近可愛泉石
吾已諾終朝友幽人白首老雲壑

李垂觀德堂

園池氣象明池沼春波平東匯有朝勢北源無滯聲臨
流好鼓瑟待月堪浮觥濯足思餘綠洗心田雪消篆溝
合遠泒布實垂高城我願化飛雨使君將勸耕

范仲淹居園池

絳臺使君府亭閣參園圃一泉西北來羣峯高下擁池
魚或躍金水簾常布雨怪柏鎖蛟龍醜石鬬貔虎羣花
相倚笑垂楊自由舞靜境合通仙清陰不知暑毋與風

月期可無詩酒助登臨問民俗依舊陶唐古

歐陽修送賈推官赴絳州

白雲汾水上人北雁南飛行李山川遠風霜草木腓郗齋賓榻掛幕府羽書稀最有題輿客偏思玉麈揮

司馬光故絳城

文公恢霸畧征討輔周衰奕世爲盟主諸侯聽會茲山河表裏在朝市古今移欲訪虒祁處鄉人亦不知

無可客中聞從兄島遊蒲絳因寄

迢遙行李心蒼野入寒深吟待黃河雪眠聽絳郡砧差期違鈌月訪信出空林何處孤燈下只聞嘹嚦禽

富弼寄裴士林

渤澥宣和旅翮飛不堪朱邸負前期東城曉騎思行樂南浦春波怨別離對竹豈能忘舊主折麻方喜遇深知冕旒正注方臣重應許州人借一朞

富弼嵩巫亭

平地烟霄此半分繡楣丹檻照清汾風簾暮捲秋空碧剩見西山數嶺雲

金

石玠絳州道中送鄉人

有淚欲不洒恐傷真性情有淚欲狂洒又非丈夫行展

轉意如何屈曲腸寸縈西山萬丈高潑潑當前迎山靈
知別難向我相慰盟吾子乃王使年質方妙英爲朝廷
耳目作稷契公卿望霖雨天下求舟楫蒼生軺車一相
過河嶽需澄清顯親揚名事有在安內攘外責匪輕今
當此別離何足爲重輕君不見大禹當年任治水八載
於外惟經營又不見班超萬里思封侯至今邊塞咸推
稱古來聖賢盡如此丈夫勳業豈苟成俛首聞至言再
拜謝山靈感激少自奮離思即清平去去西邊深致力
期與傑士同光聲它時如負教赫赫有司盟
元

靳柱鼓堆山古意

登彼覆釜堆遠瞻覺濤適西山石腋開遥遥倚天碧黄流俯東來渺焉如一粒乾坤古今間不知幾陳迹神堯昔封疆士蔿舊城邑民俗儉且勤食力無甯日兩泉溉萬田寸土千金質祠神雨亦靈雞卜時告吉絳郊不壘年芳草翠如織我勞思古人叔向未及識悠哉天外吟何得復何失

僕玉立居園池　有序

乙酉之秋七月既望余自河中讞獄還可過絳登守居園池昔日亭墅悉已湮没獨涸漣亭花蕚堂復構

以還舊觀流泉蓮沼猶仍故焉堤柳陰翳逕花鮮妍
庭竹數竿淸風冷然有塵外之思卽是賦詩曰
絳邑舊名藩牧守優鴻儒逶迤山水中曠達園池居雄
弁歷晉魏揖讓隆唐虞世遠民俗漓訟劇古道疎環列
多館墅莽蒼變邱墟慘惻歲年深寥落兵燹餘洄漣復
亭構花蕚懸堂虛祓禊引流觴賓筵聞鼓竽錦香綴逕
蹊琅玕繞庭除公暇寡接交游觀足淸娛緬懷前哲人
冠蓋秉鈞樞遺愛勤琬琰淸風生坐隅卉木均雨露藪
深樂禽魚端來濯塵纓詠歌登舞雩夕陽明翠巘秋色
淡紅渠鄉關動離思雲烟隔荒蕪繡斧倦行輈霜日烈

修途故園有松菊盡用還畱畬

王惲法帖歌謝張元禮兼呈按察先生

君不見晉人九京吾莫與天遺元精畱網楮絳州一帖
天下奇要以鍾王爲藝祖內家中秘無雜收餇問等書
爲世取固知尫汪覰天巧虎卧龍跳照今古嗟予嗜書
眯所守集古無由似歐九玉城陸海幾燃犀下照光怪
駢萬首管窺雖得見一斑隨即遺忘非我有承君惠此
石本佳銀字模糊眞興帚奔蛇走虺幾千丈詭狀奇形
驚戶牖手追心摹日有得顔氏服膺承善誘明窻一日
百回看什襲深藏重瓊玖孰云好奇家四壁破屋潤餘

豐且蔀三杯適喜徑醉眠墨池濡首追狂顛覺來捉筆便揮洒往往逸興驚蒙顓斐旻劍舞凌雲烟作詩問君君豈然一笑乃父中令前

郭元屐絳州懷古

東雍城端步綠苔更堪千里暮雲開西山鳳舞天邊去北水龍飛掌上來池沼盛隋餘瓦礫綺羅全晉變蒿萊興亡欲問無人語滿目秋風野鳥哀

靳桎鼓堆山

高似崑崙十二臺半天擁出錦雲堆碧山不盡酒深淺芳草又生春去來登眺每知塵事遠從容常把道書開

淸泉且莫將纓濯寫向詩人白玉罌

王惲讀居園池記

周孔文章載道輀定删元自典謨留不知魋紀操觚意

地絶天通孰與儔

其二

樊守文章未易窺艱深宜被後人譏一言能盡興衰理

愛煞當年李格非

王惲晡餟坂

血肉熬牙白晝寒挾車來脫趙卿難悠悠鶴蓋陰中子

高揖淸風恐厚顏

釣得華名世有人微勞高與太山勳此心報德誠堪尚
其二
事了身名兩不聞
其三
晉國平時有殍夫趙宣爲政果何如哺饑坂下重回首
一飯酬恩實起予
宋克篤馬首山
馬頭山望紫金山中有仙人自往還多少塵緣消不盡
謾勞魂夢翠微閒
明

劉理順送辛復元先生歸河汾

閒氣中條集河汾泗水連著論尊中說微言藉以傳大道隆昭代文淸振其前鉅儒忽茲起兀守矻窮年折毫酣理窟譚非闢野禪異世二文子鼎立允如椽當亡誠求治相將道化洽殿陛徵申伏箋疏陋漢編廷獻逾三載明經落一𨌺趣躭經誦樂春風桃李妍長安欣托晤文從悵西旋片言爲祀軷履道月仙仙輪幣行須下無曰隱且堅

沈鍾臨淸亭題壁

絳州城枕汾河畔四面好山靑不斷分司連宿三四宵

二月春光已過半後園野鳥鳴聲諧急走開門試披玩
別有軒居三四間苔色玲瓏樹陰亂軒前鑿出兩小池
泉枯欠有波漣漪誰人好事爲疏滌茲軒畢竟尤增奇
壁閒舊有人題句大都只說軒之趣人空有句爲軒題
軒卻無言歎人任倉皇走筆强續貂行李匆匆出門去
明朝曲沃盼夕陽茲軒正在烟雲處

林魁和前韻

溪聲忽起珊瑚畔驟雨驚濤來不斷久別江南無此聲
徙倚亭橋夜將半勢絕殊驚海眼高情幽飽慨詩勝玩
鈞天髣髴金石鳴人世徒煩絲竹亂須臾聲歇成方池

天光雲影涵漣漪天耶雲耶不復識人與景象相忘奇
書懷未合輕排句有筆難描詩外趣裴叟開莊緑野前
杜陵結屋浣花住摩詰生涯畫裏來孤鴻踪跡風前去
更有人心不老池源頭活水當尋處

鄭毅題韓公白雲莊

乾坤毓秀山之西英豪氣吐虹霓低凌雲自是平生志
翹然早上青雲梯從龍變化神功溥閶闔排來天尺五
看來富貴等雲浮人情翻覆無時休故山自有白雲在
早築莊居山上頭莊前莊後雲相逐不管人間榮與辱
有時淡淡隨輕吹暖蒸花柳酣尤媚此身欲與化工遊

一任春衫濕空翠有時奇峯高峩嶻天邊削出芙蓉多
綠陰尋得根頭石坐聽滄浪一曲歌閑閑秋影方塘映
萬頃清虛涵一鏡了無半點塵寰愁只看源頭水流斝
吁嗟此莊四時好白雲變態堪怡老世人知進不知止
朱門空鎖雲山裏介石惟公早見幾淋漓爲洒兵淞水

王九思張節婦歌 有引

節婦陶氏者大司馬逸菴公之女也夫亡乃不食死
予聞而異之爲作此歌

威鳳死丹穴孤凰寗獨生不飲不啄餓即滅長與威鳳
遊紫冥吁嗟孤凰爾雖逝遺雛落落風雲氣千百萬年

名在世

三九思南城子歌

南城薛子晉之獻南遊吳越西秦甸江湖鷁舫泝巨濤
漽洼龍駒帶長劍對鏡漸看鶴髮生投林自覺鳥飛倦
相邀九老會耆英談仁行義鄉閭勸不學竹林曠蕩遊
仰思洛下真率宴汾水魚蝦佐酒尊行山笋蕨供餐飯
陽春白雪有謳吟明月清風無係絆

張克儉題倣六一居士畫舫

用公胸中富邱壑才思高華神澹漠扁舟幾度江南遊
山色湖光貯囊槖歸來寫劵買青山山外烟嵐嵐外閣

泉聲漱玉鳴天風雨水高從碧峯落瀠洄環抱忽奔流萬頃綠天風景廓爽岸青松野色蒼老竹千竿隕新籜澗芷林花歕異香客去酒闌魚鳥樂中閒亭子邃且幽髣髴江南江上艭雨公築此謀於心詎云蹈襲前人格小榜親題畫舫名月痕風影互相錯圖書滿牀詩滿囊文藻風流氣磅礴雨公應是廬陵公誰謂今人不如昨

倪公薦前題

自度太行山鮮矣舟與水揭來古絳泪泠然令人喜汾澮環流浸雉堞風起湍急聲澿澿猶憾中無片鷁飛柳眉寂寞窺行客一人高齋意也消狂來便欲擊蘭橈諫

櫺鋪月疑尋鬒翠竹敲風似暮濤左載圖書右浮茗一啜一卷思入冥有時命酒來吾徒不用汾頭呼小艇羨君清才真奇絕世上齷齪渾不屑去年一棹下三湘木屐踏遍匡廬雪飽吸飛瀑胷沆漭卧遊旋開陸地舫顏者其誰米元章云自六一居士倣六一一去幾春秋君今無乃嗣風流吁嗟乎君家老韓開山始六一似續推後起須知此道今屬君文章堂構應如此不信喚起歐陽子

陶世徵紀行歌瞻陶都黃太音勒諸石

蟋蟀疆中舊遺俗眷闡恤里誰堪錄孝芝塍嗤自吾家

承厥源流推君獨里門久已懸旌文馨聞將來垂簡牘
頃者臺駘灑怒波浮桑嚙柏浸原陸誰家荒墳塚纍纍
洪濤摧蕩如百谷豈無族子與孫枝俯仰不贍空慘目
賴君高誼慨蠲金馬鬣重封依幸木百行總修惟孝思
永錫不匱聲相續作歌紀行傳後來推恩掩骼追芳躅

姚希孟　次韓雨公燕市和歌韻

相逢一會真非假弄爾琵琶鼓自打嶙峋雙劍斗牛寒
淋漓續水瀟湘寫痛飲高陽問酒人鄴中誰有能詩者
結客多從年少場羣彥紛紛逐高下文壇牛耳嚴律令
未許哇聲辜大雅我昔荊山曾見刖天工百鍊歸爐冶

此際徬徨泣路歧迷離七聖襄城野感君乍見卽相親
一似目成不覺舍才名高與王屋齊珠璣噴薄洪河瀉
霜蹏亦復滯鹽車淩雲未奏傷司馬傾罍爲爾解金龜
留向燕臺開白社蠻觸蟭螟古戰場何似當歌一醉也
更拈險韻賦新篇務令醜怪成瀟灑君歸不必繞朝鞭
錦囊驢背詩堪把

韓霖次余望之韻贈司馬堯夫

嘗聞永叔歸田錄語言訛謬無如打世人讀書不識字
點畫聲韻隨意寫篆籀更爲字之源嘐嘐誰是慕古者
李丞相去後無人陽冰夢英風斯下禹碑宣鼓尚巋然

今人何難反古雅俗儒祇認字半邊翻笑好古爲躐冶
萬歷以來尚篆章惡泒紛紛俱狐野豈知金石有餘師
松雪子行亦姑舍蝌蚪古文識字多以刀爲筆一傾瀉
千載何人繼子雲吾晉涑水小司馬司馬三長有祖風
兼主詩壇與酒社繡虎高名世所推雕蟲乃其剩技也
我將别君向汾干中田有廬聊掃灑君肯策蹇從我遊
嵇阮竹林臂可把

倪岳題一閒軒

解組宦情淡入關歸夢頻鏡中雙短鬢林下一閒身陸
海風波定家山草木春書香仍有託文采鳳毛新

秦金題孝感瑞芝之區

子也能終養家因產瑞芝貞符昭地既純孝感天知花韡金風細莖含玉露滋披圖看不厭翻動故人思

溫如璋鼓堆山

遠出金臺路同登石鼓樓山川唐世俗人物晉風流檻樹斜紅日汀沙點白鷗停杯劇歌舞欲去幾遲留

其二

危樓旋百磴笑語在晴空山色青天外人家綠樹中論文賡郢調送酒得巴童坐久清香入風吹菡萏紅

邢化前題

偶因庭訟簡携酒泛湖亭詞客停吟棹雲林列畫屏飛來一鳥白點破數峯青景到忘言處無勞問醉醒

陶滋八景詩

坐對層臺月天空爽氣多玉娥光皎潔丹桂影婆娑懷古興長嘯停杯發浩歌歸來將夜半寒露濕藤蘿金臺夜月

頹基苔蘚合微吹起蒼茫井畔飄梧葉雲邊斷雁行秋聲來澗壑爽氣襲衣裳幾度遊歸去長歌學點狂玉壁秋風

山寺晨光動疎鐘數杵連松巢驚鶴夢竹院攪僧眠敲落千峯月聲殘萬壑烟卻思金闕下環珮正朝天佛龕晨鐘

老柏挺蒼幹離奇梵宇前託根應得地閱世不知年風

淸和磬籟雲破現龍纏莫辭霜雪苦擬結歲寒緣龍興古柏
嘖嘖來賓日長空字幾行避身戲繳外寄跡水雲鄉斷
陣迷寒雨輕翰帶晚霜蘆灘渺無跡景色勝瀟湘亂錦飛鴻
天際千峯出崔嵬欲萬尋雨晴濃潑黛雲破遠攢簪仙
去丹爐在龍歸石洞深何當登絕頂舒嘯散塵襟姑射晴嵐
芳草橋西路尋春二月時人家依綠水村舘漾青旗花
柳園行幄光瑩照飲巵何時成小隱此處結茅茨三林春曉
故絳山多麗東南控碧岑孤峯眞倚劍列岫欲堆金殘
霞凝春旭狂飆作晝陰昔人曾此覇入望白雲深紫金積雪

張以誠題虛舟閣

有閣如仙鶴凌虚迴若無簷前雙澗合窓外片雲孤泯宅尋三磴浮家近五湖焚香天宇澈直欲問蓬壺

鄭恂過克廣王年兄玉蘭園和韻

何年開別業近訪識前支架篠張花幔通池漲縠紋美山連宅近沽酒向隣分七世松苔古流香似吐芸

王臣直澮水秋興

無事郎高隱烟霞誰主盟相看雲没際携手月同行停牟續殘夢攤書合懶情閑翻秋水賦不是學莊生

王臣直寄二弟洞九

爾性幽而遠歸惟松菊鄰飽霜知耐老讀孪是安貧癖

但存康意顛不認米真客來詢姓氏姑射山之人

陶滄姑射晴嵐

山光何所似試問畫蛾人霽色呈微笑烟霏見淺顰雨餘濃掃黛空翠遠浮春彷彿水雲外親逢冰雪神

陶滄紫金積雪

紫金千嶂列皆爾玉璘峋向晦深遮翠初暘半露皴層巒天外畫當戶望來真祖腳一登嘯清寒羨古人

陶機亂錦飛鴻

南浦春如錦沙明雁北旋聲聲遵綠渚陣陣背霞天隱約機中字迢遥瑟上絃幾行歸宿處花落滿前川

封疆余有責名教子任躬月靜河汾夜霜嚴鎖鑰功憂
　王臣直懷幸復元
時雖地異報國此心同學問眞消息全存屋漏中
　王之翰獄中見子來京
痴兒何事撲京塵錯把禁囚苦認眞樽酒情槐吾自樂
長途衰柳爾何辛一官牢落君臣義千里奔馳父子親
忠孝芳名靑史上肯將心事負輿論
　陳於庭因淸河王公忤稅璫被逮竟死於獄天啟
　　癸亥詔贈卿仍諭祭廕子感賦
東望曨曈瑞色開喧傳鄉旨自天來生前臣節凌霄漢

死後皇恩賁夜臺滿道騰歡舒舊恨一家追憶動新哀
赤心到底還須白忠孝好爲勿替哉

顧登題壁

綠髮相從今白頭百年世事幾沉浮秋風埜寺愁中醉
春水湖船夢裏遊知我故人惟子在似君高誼有誰儔
閑軒坐挹蛾眉秀奈此汾河不盡流

唐溥次顧登題壁韻

華髮蕭蕭欲滿頭世情堪嘆似雲浮百年勳業憂勤誤
千里河山汗漫遊詩酒故人深可羡文章太守孰能儔
何時公暇陪清話坐看洄漣新水流

薛瑄贈王汝績增修儒學

先生爲郡冠諸公興學由來有古風青史無勞稱魏颯黄堂今復見文翁化行古水絃歌内道在金臺俎豆中老我汾河遺教遠相思應與此心同

楊一清贈陶都御史征南

璽書遥向日邊來繡服横金亦壯哉一道兵民歸重托百年文武見全才龍沙地與烽烟静虎帳春隨律管迴最是同心歎離索使軺西望幾徘徊

楊一清鼓堆

子野遺音寄鼓堆九原不作吾誰歸嶺邊有草埋妖姬

桑下無人哺士饑香滿東郊龍巳去錦殘南浦雁空飛
等閑俯仰成千古可奈汾流送落暉

其二

躡蹬迴岡幽復幽淩晨颯爽類新秋背岩茅屋烟初動
過雨沙田秫自稠雙竇飛泉珠氣合千章巍樹翠雲浮
清狂謝眺仍豪興竟日追陪高適遊

許用中鼓堆

春入平蕪帶石泉一泓雙澗曉生烟蒹葭人倚滄浪渡
楊柳風寒雲夢天原埜氤氳還此夕乾坤開鑿自何年
登臨不盡濠梁興落日長吟秋水邊

劉庚登石鼓山樓

倚枝危樓俯大荒望中雲樹迥茫茫四圍列障峯常翠百頃鋪茵稻已黄觀瀾此日還如孟行水當年卻憶梁獨把一杯霄漢上乾坤容我縱清狂

劉庚望馬首山

馬首諸峯高裛天朝曦光映轉鮮妍白雲低抱山腰合綠野平趨谷口連有分盛遊供客與無心薄宦乞人憐藐姑仙子今何在遲我留攀一醉眠

彭永斺佛窩晨鐘

巍巍古刹歷前朝布地黄金隔遠囂松徑鶴醒殘月下

蘿村鐘度宿烟消塔分曙色諸天出城接寒聲數里遥
更有騷人聽欲起幾回吟咏思偏饒

龍興古柏

梵宇庭中柏一頭虬枝冉冉幾千秋擎天直幹憎鴉集
傲雪貞心許鶴投半畝陰濃封帝座九泉根植護龍邱
此生誓與乾坤老總有公輸不許求

黃一中 龍興古柏

聞道菩提樹一頭大年無復計春秋枝如虬偃常邀鶴
幹似龍蟠可蔽牛謾向芳華論歲月幾經霜雪傲林邱
離奇若早逢知巳根柢猶堪萬乘求

黄一中亂錦飛鴻

桃花隔水映斜暉遥望滄洲滿地緋大將臺前疑虎踞美人夢裏見鴻飛秋風送得雲中唳春色迎將塞上歸行陣莫令驚繳弋且從海上學忘機

毛效祖中秋登啟光樓

高閣嶙峋敞素秋孤城環帶俯汾流蒼茫雲樹驚新眼淪落風塵嘆敝裘玉鏡有情飛客座金颷無主度林邱豪歌對酌山花放醉倚欄干愧野鷗

趙桐白水寺　迴文

平橋小岸接林幽古寺松門傍水流城暮帶烟蒼漠漠

淸寒飛鷺白悠悠淸陰竹逕斜通院翠色雲山遠對村
名姓問僧逢酒醉埼川野渡晚橫舟

王朝麟悼章節婦

一片氷心六月寒相逢可剖藁碪看義高肯使生爲累
目瞑方知死是安衰草長円雲色慘荒苔短碣雨痕殘
維風範俗憑靑史幾度編摩欲罄難

王翊濟玉壁故城

玉壁空城隱暮笳勛君曾此建高牙鐵騎戰後餘秋草
金鏃拾來半土花落日斷雲歸古堞西風獨木噪寒鴉
當年勅勒歌猶在眼底興亡更幾家

王崇古　窺姑射山

大谷名傳姑射山瓊宮仙宇隔塵寰澄潭淼沆蛟龍窟
秀嶺逶迤虎豹關樹色晴連山色好鳥聲幽并水聲閒
坐來蒼翠侵人骨思向山靈共解顏

陳繼儒　處舟閣

松風洗其耳溪流漱其齒雲藏百尺樓誰識巢居子

黃一中　弔王清河三首絳楚事忤中貴被逮死

君宰屈平里還摧屈平謗死不怨懷王吞聲鄙靳尚
累繫十旬餘君恩未肯紓甯嘔亞夫血不上鄒陽書
捐生三木囊埋骨九原野啾啾孤忠魂徘徊丹闕下

韓霖綠影軒

綠影搖金波天風吹竹笑憑誰喚文同爲此君寫照

段宗吳文石居

女媧補天餘磊落幽澗裏怪幻有文章授與宏成子

韓霖聽秋齋

不須問淅瀝偶爾愛嘉名素琴彈靜夜亦解作秋聲

韓霖廣莫亭

逍遙遊廣莫風來四壁虛月月初上先到野人居

韓霖寓菴

一菴躬掃除寓於我何與後來者誰歟知余昨宿處

韓霖二君子堂

小弟共漁樵恥獨爲君子雨紅風翠間庶幾繹斯旨

文養蒙春水舍

伊人渺何許狎與鷗相識舍在春水南舍在春水北

韓霖空行梁

尋常雙不借愛此橋上行人在氛埃外水學流雲聲

韓霖宛閣

結宇縹緲間人語在天半彷彿登層樓溪山來枕畔

韓霖飛玉檻

憶遊三疊泉孤筇陟絕巘宴坐玉花飛誰謂匡廬遠

王大武借秋亭

炎歊溽如酒探幽如啖蔗陂塘生晚凉誰知秋可借

王大武連林步

幽林有畫意繪藻欝芊眠晚來濃着墨一抹隔溪烟

文養蒙喚渡

好山行恐盡臨水想招招北源得意處何不添小橋

簡顯一閒軒

春水林塘泛野鷗楊花吹滿釣魚舟醉來一曲滄浪咏

不管東風颺白頭

周尚文金臺夜月

誰築高臺傍碧濤烟蘿無復見黃金夜深惟有寒蟾皎
照見河汾千載心

周尚文龍興古柏

劍戟森森鏁梵宮烈風彷彿錦屛東可憐才大難爲用
偃蹇荒烟夕照中

李文宣亂錦飛鴻

蓼紅蘋白舊荒臺雲水相涵錦繡堆無限春華與秋色
亂鴻影裏過還來

梁綱爲王清河賦 有引

公諱之翰別號清河以癸酉之捷筮仕膚施再補棗

陽會礦事起復戾中貴逮及都門再補崇信復被逮竟死獄中是可哀也爲賦以弔

兩從華縣見風欸一觸天閽便見收相逢多少傷心淚灑向滹沱咽不流

其二

風物蕭蕭不可留柏人廹處又逢秋寒深易水悲燕士目擊南冠泣楚囚

文養蒙亂錦飛鴻

古渡晴沙十里灘征鴻似戀蓼花灣霞天藨水明如錦亂點斜飛畫裏看

文養蒙龍興古柏

鐵幹虬枝橫半天潮風幡日撼蒼烟金粱粉蠹石幢泐

蔭黛霏流馨莫問年

王士俊姑射晴嵐

重重黛色倚高冥雨後鮮濃列畫屏何處深藏氷雪質

城頭只羨萬峯青

文養蒙玉壁秋風

白獄依然矗數峯捫蘿無路蔭長松入門方苦炎歊熾

早放淸飈送祝融

文養蒙石鼓神泓

淸泉澄影濁泉泥流向前頭共一溪酌水溪邊誰復辨
源頭各自樹高堤

直隸絳州志　卷之十六

頁

直隸絳州志卷之十九

藝文第六　詩　法帖　著述總目附

國朝

傅山惜文正之老友二首

文子實狂士其狂在謙下是甚不自有老蠢受人罵不遇可與言終年如無話半醉乃不禁缺齒懸河瀉博六賭大斗醉死不復怕高譚辟滿座深情動人訝因此似狂者反爾疑其詐

龍門有辛子自是操守士信從與誹謗各不得其是文生遊其門淑人爲衷只不必樹標幟實不負桃李

弱冠遊錫山受教素修老時文領精義復得聞聖道昔之禍作時共疑崖岸埽患難畢從容門牆益定保坎壈而窮終竟能不潦倒不然以其才肯朽衡門草况吾諗之子心計足論討

常貞吉輓節婦嚴氏

烏衣門第澄秋水純質冰心颺彼美胭脂恐污臉上霞露浣霜濯瓊瑤蘂齊眉藁砧擬光鴻壼儀豈復誇姜子一朝陵谷變桑滄臂弓腰刃闖闖房鴻驚燕掠出門避光耀無計可深藏繡蓮躄躄不成步接踵追搜盡虎狼倉皇女牆近可望翩然隨風陟其上下臨百尺懸蒼崖

璧抵珠投殊非諒誰知輕軀如躡雲墮地不死氣愈壯
落日霜寒鬼嘯林肅颯黃葉滿枝吟天愁地慘無人影
尚慮猙獰重相尋匍匐數武逢穽井更作銀瓶斷緪沉
須臾賊去還引綆古甃重見元顏出已向重泉得回生
豈期餘息僅三月投崖赴水古來難萬難至斯何當悉
吸風飲露神人山翹首孤峯咫尺閒貞魂千載應不没
明月深秋共往還白石青松留仙跡至今常有氷雪寒

閻調鼎輓節婦謝氏

絳山之隈有貞凰歸熙合唱吹文章一朝鎩羽摧其侶
撫雛矍矍影徬徨醴泉枯竭竹不實群羊與歌空咮泣

崑山採碧不食汙拂拭羽毛六月息松蒼玉岡耋高年
丹穴同歸身妳全九苞煇煌羽毛鮮御書會待九重天
虞廷瑞儀光燁燁擊壤家聲永無斁

馬恕追贈段處士祥吾

鬖頭蕭颯誰家嫗赤足踏霜丐行路旦暮饑寒鬼作隣
人情肯向問親故一旦寒谷生陽春新襦袴襪重綿絮
閭閻嘆息頌高義皆云段君為捐布段君好善本性生
細數眼見與耳聽南渡橋梁濟寒涉幾處義漿潤炎稍
解衣推食崇親故唾手傾儲一芥輕伊昔亦嘗困囊澀
豪家收責坐相逼意氣從來薄鹵錢依然務施戚索[illegible]

胡爲成龍浩然去里中父老皆行泣自此施仁成絕響
高風猶如華胥國昨日逢人聞所聞陰伏狺狺翻白黑
歸來怦怦對陽秋作歌以成三代直

張念祖送孫澄仰秦中迎母櫬

秦之原洛斯洳同州有母生相遇秦之原堯門秀三原
有母歿歸柩歸柩歸祔先人穴三十年中夜啼血啼血
愁聽反哺烏克襄大事一錢無千里覊魂勞入夢月冷
霜白苦讀書今歲公車成進士曲江春讌花如綺天子
親臨明光宮三千禮樂龍顏喜簡爾名郡試明刑傷心
捧檄先陳情假臣半載效子職臣竭餘年報聖明秋風

八月汾水暮波聲夜冷黃河渡榛棘蕭然聽無際遥望
孤墳在何處孝子呼天天徘徊深目而髯渺何許此行
不必卜秦誚幽隧定知逢神鼠九原之南古水邊梓里
佳城氣蜿蜒吁嗟慈親安厝此安得藕公作歌垂萬年

陸啟宏題韓雨公圖書府

三晉有奇士載書過壘子出既富擔橐歸乃付藏史腹
笥本便便不石倉信亦美古味醰蠹魚豈獨三吞止緬仰
郭林宗五千實累累

閻調鼎唁馮孝子歌

母病不可起人子當何爲參苓如有効千里延醫師醫

師曰接踵無能一救危萬呼天不應千禱神何知眼見須臾閉終天成別離碎心恨計短捐軀藥所施一氣隔異體生死路分岐有母不能留昔年空生兒投地莫致身泣血復相持子職恒多缺負愆安足辭展轉不能寧詎忍坐聽之揮刀一剌臂取肉佐饘糜萬一病可療痛楚敢遲疑傷哉孝子心懇篤無已時我聞于此舉涕淚横交顧昊天哀罔極夢寐懷先慈苟獲一日奉豈惜徧身肌悲哀復悲哀此意將語誰奈何非孝者郭巨反見訾

孫有恒領單州牧

桐葉剖新符疲煩借大儒閒勞及亥首分野撫參圖義
問鱷流避仁聲鳩杖扶肩原猶改色何地不康衢

魏象樞贈絳州馬季常先生

霍下披裘矚太虛從來絳縣有仙居堂前草色垂新帶
帳外經聲接素閭湖海但容高士卧煙霞眞滿異人裾
生兒已自承家學猶勝柴桑不讀書

李復泌謁陶恭介公祠

先生之德竟如何恭介芳名永不磨自有衣冠留古貌
應從謦欬領薰和春秋佳日瞻雲棟汾澮淸音樹玉柯
最是高風難肖像於今展拜仰思多

謝丕振題明倫堂朱子書八字勉庠友

孝

父母恩深罔極天及時盡養莫遲延知年竭力年多莽
愛日承歡日已遷虞舜解憂稱大聖曾參養志號名賢
人能門內行追古令譽千秋許並傳

弟

同氣連枝一體生兄須愛弟弟恭兄詩章誨我歌棠棣
物類感人泣紫荆寄味揚津知大義問衣司馬篤眞情
衞身手足難多得財產區區莫與爭

忠

文武懷才慕對揚不忠何以事君王愛錢久必爲貧累
惜死終須抱愧亡直節包公廉海瑞鞠躬諸葛烈天祥
漫言世遠人難覿萬古丹心日月光

信

伐木丁丁自古吟友朋交好總憑心夏潘連璧情何厚
管鮑分金義更深期許須知天地鑒踐行應使鬼神欽
有車豈可無輗軏聖戒誠爲世俗箴

禮

聖賢禮教煥星雲三百三千經曲分喪祭盡誠兼盡敬
冠婚存質亦存文尊卑整肅羲公緯男婦順恭藹孝芬

往哲齊家儀節備遵行何事不多聞

義

重利都將義看輕義中利大不知營麥舟濟困千鍾享

書院周貧五桂榮縱使好施纔厚報亦當修德立賢名

有心無力心生力善事從來要勉行

廉

童叟勞勞今古同貪求無厭望財豐肥田四百終招議

寶櫃三千總籍空暮夜卻金誇伯起海濱辭璧羨崔公

一時雖見無多積萬世清名北斗崇

恥

涉世休輕量淺深時時舉恥問中心常存可許爲賢聖
偶失須防入獸禽元亮惜腰輕五斗仲連開口笑千金
大廷對衆無慚色行寢甯教愧影衾

孫錫齡追贈韓雨公

一時酬唱沸都城誰氏陽秋是定評詩卷兩牛悲涸叔
園池三徑聽蛙鳴侯芭負土墳初起宋玉招魂賦未成
悵望九原如可作肯將蜍志羨餘生

黃希聲有懷孫伯牧

燕市春風忽十年每因索問欲潸然天涯阻絕兵戈後
夢裏依稀几杖前卷掩匡詩誰爲說影孤蜀鶴不知還

于今慰我儀型在惆悵何時更執鞭

吳璵題文中子讀書處

廢洞依稀石麓陰山靈招我一來尋泥橫殘篆碑猶在
門掩蒼崖鳥亂吟獻策緣知非釣主退耕何事已違心
浮沉千載誰能識房魏區區尚古今

傅淑訓題倣六一居士畫舫

繩床茅屋竹爲樓中有幽人此卧游六一嘉名標畫舫
尋常身世任虛舟到門祗許求羊過載酒偏宜李郭留
我亦藐姑曾作長欲添山色在墻頭

張鳳羽追贈韓雨公

科第繁興憶舊言清時髦俊盡師門預知禮樂非房魏
不謂山林老綺園盛代應求司馬草振家宜有朗陵孫
皇唐將相勳名著自是河汾道尚存

閻調鼎書李國定旌孝錄後

漢家舊有孝廉科哲士雲蒸蔚太和甘露如飴馨寢膳
神魚出水熤山河事生但誦純其黍追遠誰云蓼者莪
欲起先生光四海祇祈聖代禮爲羅

劉日光頌王士俊母

彤史他年作傳稱風高碧落美崚嶒春鳩載喚擣桑墻
秋蟀凄吟夜杍燈萬里征衣雙淚線百年幃榻一天冰

九重榮耀貞心映銀漢金波一望澄

常貞吉輓段世命妻楊氏

臾帝妖槍沴太冥霜鋒映日擁中庭抗顔封淑頭從斷懸户安康骨自馨勁節難磨終化玉芳魂爍列上爲星墳前松柏銅柯古振拔坤輿雪裏青

蔡芳煜頌楊民戴妻貞節

鬉紒當門四十年壼儀作訓子孫傳燕依故壘終無偶心似寒灰不復然半水擢英隣自邇兩臺彰善榜相聯蘋蘩清白先靈在賴有笄衿振象賢

王懋官頌許王氏割指奉姑

晨飧氷鯉舊家聲秀出蘭房著孝名勤侍姑闈躬執匕
慨捐指笋冀囘生忘身壯節誰男子似舅芳閒得女甥
舅憑經割肉　習見時流難逮古只今芳淑萃閨英
奉親見旌

洪士銘咏絳州王澳園雙檜

市隱由來不近名鈞天籟爽擅雙清朝笻自許飛霞繞
晚斡簹貧過雨迎徑滿梧陰堪駐鳳庭空柳浪亦聞鶯
蒼蒼奻向高門發映取珠光夾日明

薛孕昌題王雲將超然臺

胸無一物便超然更有淩空百尺懸縱目閒雲歸遠岫
曠懷幽鳥舞寥天難抛月白風清後長寄山青水綠前

何必坡仙非倣我登臨千載胥相連

孫繩武漁園流水

一練飛泉玉壁頭瓊珠萬點濺芳洲天空銀漢盈盈注
春中桃花片片浮旁峽斜分沿燕尾方塘涵碧滙龍湫
濯濯白羨滄浪曲把盞臨清興未休

湯調鼎漁園猗猗堂

琬香亭院繞琅玕翠幹摇風灑葛冠鳳食秋肥黃葉雨
龍孫春脱錦苞寒藏烟不辨王猷宅垂釣應裁呂叟竿
肉相已空清夢穩西堂常得報平安

王復初題韓雨公圖書府

名山多藏書問誰一一讀富哉鄴侯架未若主人腹

趙世福題恰受航

乘二八夜月棹兩三人船撥盡荇藻影來游水底天

余儼題柳巢

不愛風前浪不愛水邊舞愛結一巢居悠然遊上古

余儼題宛閣

結茅依懸崖盧無宛相託逍遥類曠深是閣還非閣

馬御輦題偎蘭亭

蘭亭應不異今古感情多風物今修禊山川古永和

馬綌題中田廬

朝行東南陌暮行西北阡老農家不遠只在此山中

張念祖題二君子堂

堂前蓮一池堂後竹萬竿不比繁華子只解種牡丹

魏象樞得辛復元先生遺書語錄十三種展讀有

賦

汾河設教又河津羽翼尼山一派真千百年來誰繼續

絳州夫子是天民

其二

遺書遠寄自平陽司李重封墨幾行獻罷椒花開卷處

上元別是一春光

其三

布粟從來意味長三更續火復燒香守先待後人難見

彷彿當年坐講堂

其四

宗社安危話不虛廟堂束帛意何如可憐扶地撐天手

空付江西薦士書薦先生者吉水李公日宣

魏象樞贈李太史則叶歸絳養親

雲擁青山太史廬萱堂菽水樂何如春風秋月承歡暇

惟有安貧與讀書

郝璜珍佛窟晨鐘

林外鐘隨曉籟鳴松風謖謖散餘清有時花向龍宮發
恍似春朝長樂聲

周之屏金臺夜月

月上高臺水復清耀金浮影漏空横家家此夕同看肩
幾處登高萬里明

閻如珆紫金積雪

玉積崑岩擬豈非同雲初霽見晴輝尋常愛看青山色
況對瑤華洗翠微

閻如珆三林春曉

二溪環匝綠兼紅春樹人煙曉靄籠遥望酒旗愁水隔

花閒忽見一橋通

張念祖園池臺榭

十畝園池竹樹環公餘六月憩清寒亭臺建置今非昔詰曲奇文一展看

趙懃典謁韓司空祠

人臣位漸崇疏劾豈所悅飲醽無可言無乃曹公列瑕瑕合議論括囊亦豈傑緬懷司空公將事痛肝血累累千萬言衆中獨奮舌妃儀室溺情佛子遠還穴正直多中傷挺身劾閹孽萬一悟主心言言迴激切中外共欣然矣弟情所泄貂璫除未盡厥蛇竟見齧見齧復何悲

朝政堪哽咽至今三遺疏血氣猶凝結家貧未請謚襃宇自思烈桑梓恭介公高風與之頡瞻仰入崇祠風栢幹如鐵飛塵鼠跡中顏色如嶙峋起部慚爲郎欽公忠轉熱拜罷一長吟庶揚大臣節

張成德州志告成喜賦

絳陽古晉都繁劇河東最錯繡參平蒲潤野流汾澮所轄縣維五幅員亦稱大務農雜賈商貽朴漸侈汰我來守是邦愧乏湛恩霈撫字周一紀民生慶無害州志久鈌殘寓目嘆睉眛於今不加修芝蘭混蕭艾掌故積久多蒐羅燦若繪衆舊新不遺支分滙川澮前人草創者

無譏同自檜我昔宦遊秦名志稱蔚薈對山與涇野載筆奉蓍蔡我離鉛槧久日與簿書會公餘事編摹青管陸陋丐敢詡攙前賢庶幾刱懲頼

聖朝崇史館採風促行軑姑射聳神居兩河縈襟帶沮洳翳桑蕢尹姞畱衣稽首登風俗書舞抃共清泰

李友洙　禱雨龍王廟

密雲天不雨汾流若一線未覩秋禾興但有炎風扇側聞關隴南靈需灑芳旬如何東雍境未得甘霖徧慚余德已凉位卑託末椽閶闔高難攀豈能倖天眷顧此夏畦苦中夜煩輾轉仁愛本天心何以慰農佃焚香告龍

祇願遠驅雷電大雨勢沛然禾苗發葱蒨作歌慶有秋
朝野交懽抃

李友洙隨州守張公禱雨有應和陳山長葯園韻

大守虔祈澤邦人喜用誠火雲藏遠岫烟霧起深巖方
澤贍汪濊圓穹仰蓋函龍津初漲浸鴨爪乍抽穇山果
都離甲河魚欲飽饞烟凝黃犢箇泥劚紫芝鑱百世歌
萋渰千村詠柞芟膏應流召蔭羅不藉秦帆續席開新
潤鴻詞首發凡探奇神欲莊展讀口徒緘久愧塵封案
還輪冰作銜汪洋懸墨瀋志喜勒巉嵒

甘延年暑月登星漢樓

高閣淩霄漢坤輿縱眼寬八風都入座三夏亦生寒鼓
水清如鑑荷香味似蘭平生有靜癖永日此盤桓

甘延年東雍懷古

汾流南繞絳城偏千古興亡在眼前魏國山河雲淡淡
晉家社稷草芊芊數行歸雁橫秋水一帶斜陽亂遠烟
消歇霸圖何處是空餘壁壘說當年

閻廷玠送靳生赴任

少喫一隻雞可買五日菜少穿一疋紬舉家有鋪蓋自
幼聞是言於今猶深愛惟儉足助廉粗糲勝借貸頻見
貪財儔天理置度外敲骨兼吸髓逼令衆無奈但知肥

槖囊那顧將人害毒刑幾身遺子孫作乞丐金錢轉眼空惡名傳後代君去只一清留得良心在安貧久忘貧升沈且自耐況鍾與徐晞焉知未能再

祁臺魁慈輿來署喜誌

慈雲望縹渺白華念杳杳安迎板輿來定省便昏曉滿堂喜氣添靜無一塵擾缾移花影芳鼎爇篆烟裊雨晴春晝長好音聞唬鳥家人共笑談刺刺語不了乃知菽水中滋味正不少此身守寒素官卑責亦小

周履豫槖舉節婦事竣

漫言閨闈少完人採訪幽貞不厭頻寒逼冰霜知志苦

慘經鋒刃見情真憐渠巾幗能全節顧我鬚眉肯染塵
委曲圖成公事畢敢將清白告天神

彭頤壽頌陳州尊三界莊除匪

民瘼關心不及餐角聲催起士桓桓雞鳴早向雄關出
馬到羣驚雁陣寒法約三章千戶閉距莊二里許先張示安民魁殲
二豎一州安從今定有甘霖沛時方祈雨感召天和在勝殘

石刻 附

宋李垂夫子廟記集右將軍王羲之書文見前

王世貞曰絳州夫子廟記宋八集右軍書聖教序猶
是真蹟中集者此又從序書及它石本摹刻形似之

外風流都盡矣雖然記得朱紫陽好曹孟德書劉共
父好魯公書朱以時代譏之劉答曰固耳吾唐忠臣
若漢賊也朱乃屈笑此夫子廟記不當勝作裴師序
耶吾姑爲此石解嘲耳
碧落碑石刻在州儀門內碑陰刻唐鄭承規釋文遭宋
元兵燹缺裂譌謬有後人新刻一碑僅存形似郡人閻
滋亦有釋文未及刻本文見前
明仁孝皇后勸善書曰絳州碧落觀有天尊石像高
丈餘於龍朔中刺史李諶爲母氏大妃追薦所造也
上有文未刻字前有二道士來爲使君篆刻其文云

我二人天下名篆也約殿內四面封閉不得人窺只我二人在中候三日卽畢使君從之二道士挈一布囊入自闔其門至三日開之只見白鴿一雙自門飛出及視篆文已畢餘一及字但有一畫不成而去使君神之

宋濂云絳州碧落碑唐高宗咸亨元年庚午歲韓王元嘉之子訓等爲其妣房氏造碧落天尊像于龍興宮而刻其文于背故以名碑不知何人書據李旋之玉京宮記以爲陳惟正李漢黃公記以爲李訓之弟譔殆莫能定而翠岩龔聖予則又以爲宗室璀其或

別有所考耶吳獻張天雨讀卯爲喧爲曜者非當以釋文鄰字爲是俞希魯辨卯作叩亦大佳而釋文則又訛矣蓋此碑雜出於鐘鼎篆籀諸文其亦戛乎難知哉從水從人說文中音乃歷翻弱則音奴弔翻釋文今借休爲弱亦恐非本字之義而其它可疑者甚衆考禮之冗未暇及之姑識其後俟博雅君子正焉

王世貞云絳州碧落碑篆書在石像背州將以不便摹榻別刻置廟中今本乃別石耳李旋之輩以爲陳惟正李譔李瓘書不可辨按洛中紀異錄稱刺史李諶爲母房太妃追薦造像成忽二道士來云君刻石

須篆書乎我天下能篆者李巽之聽所爲則扃戸三
日乃開化二白鴿飛去篆文宛然像背矣此涉誕妄
不可信然李陽氷覽之七日而不忍去習之十二年
而不得其妙如此豈惟正譔瓘小子所辦乎字書雜
出頡籒鐘鼎欵識以故與斯體小異即識之以俟知
者

吾邱衍云字體雖多有不合法處然佈置美茂自有
神氣當以唐碑觀之世傳陽氷卧看三日毀其佳者
數字又言道士寫畢化鳥飛去後及字欠一筆尤爲
可笑不知古文正當如此耳

西墅紀譚有云絳有碑篆千餘字李陽冰愛之其中有碧落二字因謂之碧落碑後有識者云有唐五十三祀龍集敦牂哀子李訓等爲妣造道門尊像

宋絳帖

絳本舊帖歐陽公集古跋尾謂近時有尚書郎潘師旦以官帖私自模刻於家爲別本以行於世又云潘師旦者竊取官法帖中數十帖自刻石以遺人而傳寫字多轉失然亦有可佳者觀此則絳帖是矣此帖世稱爲潘駙馬帖或又稱絳帖豈潘氏世居絳郡耶帖凡二十卷其次序卷帙雖與淳化官帖不同而實

則祖之特有少增益耳已別注絳帖字鑑茲得以畧

譜系
雜說

單炳文博雅君子也其論絳帖至爲精密頃刻石襄州有云淳化官本法帖今不復多見其次絳帖最佳而舊本亦已艱得嘗以數本較之字畫多不侔璉家藏舊本第九卷大令書一卷第四行內面字右邊轉筆正在石破缺處隱然可見今本乃無右邊轉筆全不成字其面字下一字與第五行第七字亦不同又第七行第一字舊本乃行書止字今本乃草書心字筆法且俗以此推之今之所見多非舊本臨江帖大

率與舊本同其間此一帖尤不差但字體頗肥不逮
絳帖之遒勁也同上

余既獲見炳文絳帖辨證然後知近世所藏二十卷
帖多非舊物每恨未識真本而襄州所刻第九卷大
令帖亦毁於王旻之變慮其遂至泯絶因以舊所藏
本摹刻於家頗傳諸好事者湻熙甲辰自雪川官滿
得闕遣歸假道三衢始獲觀真帖於滄州毛監丞所
不獨第九卷與單說正合而二十卷首尾俱全亦可
謂珍玩矣且云得之金華潘氏殆師旦之苗裔耶其
帖之異同大畧條列於後總二十卷元無字號及毁

眼數目第二卷鍾繇宣示帖第一行內報字右邊直畫勾起向左畔第二行菱字內下面夕字上畫微仰曲第五行名字右腳微有一點第十行當字上三點全旁有微損腳左空處已欲日帖腳下有斷石紋此卷內第一段與第三段石並缺右腳第九卷大令帖正與單炳文襄州所刻石本纖微弗差故家所藏未有其比右潘氏絳帖二十卷紙墨字畫模印皆與今人所藏本不同而第九卷顯然可見自非單公炳文表而出之亦將泯於無聞矣北方所刻諸本往往南渡後北人轉相傳模無足深怪但武岡舊刻未知始

於何年亦止用新本模刻爲可恨耳東庫本世傳潘氏所居法帖石分而爲二其後絳州公庫乃得其一於是補刻餘帖是名東庫本第九卷之外誤蓋始乎此今好事之家所藏絳帖率多此本字畫精神遒勁亦自可愛而衛夫人一帖及宋儋帖頗多燥筆有如蘭亭叙羣字落筆之精此稍異於諸本其所以不及舊帖者以第九卷大令書石不破缺而炳文所論三字已誤且逐卷逐段各分字號以日月光天德山河壯帝居太平何以報願上東封書爲別此又異於舊帖也亮字不全本帖與東庫本絕相似或另是一石

但庾亮帖內亮字皆無右邊轉筆蓋避逆亮諱也新
絳本一帖二十卷首尾規模段眼字號並同東庫本
獨衛夫人宋儋二帖無燥筆又字畫較東庫本微局
促墨法雖東庫本同然實是兩石吾家與毛希元皆
有之同上
太宗朝搜訪古人墨跡令王著銓次用棗木板摹刻
十張於秘閣故時有銀錠紋前有界行目錄者是也
當時用李廷珪墨拓打手揩之不汙手惟親王宰制
使相拜除乃賜一本人間罕得當時每本價已百貫
文至慶歷間禁中火災其板不存今所見閣帖多乏

精神焉有絳帖以閣本重摹而秘閣反不如絳帖精神乎則此可以觀也絳州法帖二十卷乃潘舜臣用淳化帖重模而參入別帖然比今所見閣帖精神過之舜臣事力單微而自能鐫石雖井闌堦砌背徧刻無餘所以段數最多或長尺餘者舜臣死二子析而爲二長者負官錢沒入十卷於絳州絳守重模下十卷足之幼者復重摹上十卷亦足成一部於是絳州有公私二本靖康兵火石並不存金人百年之間重模至再慶元間予官長沙嘗見舊宰執家有南渡初親自北方攜得舜臣元所刻未分析時二十卷其家

珍藏非得千緡宫陌不肯與人乃北紙北墨精神煥發視金人所摹者天淵矣洞天清錄

世有絳帖潭帖臨江帖此三書絳本已少惟潭帖爲勝者以錢希白所臨本也希白於字畫得佳處故於二王帖尤邃若臨江則失真遠矣又淳化帖大觀帖當時以晉唐善本及江南所收帖擇善者刻之悉出上聖規摹故風骨氣象皆存在識者鑒裁而學者悟其趣爾翰墨志

正覺寺碑

唐貞觀初建進士靳柱撰文

南極老人石刻

唐吳道子筆在州治內今僅存半

宋梁令祠碑文見前

在鼓堆州人尚書比部員外郎薛長孺撰文治平元

年閏五月七日立石

宋龍武將軍薛睦墓表碑文見前

歐陽修撰文

元郡守李榮祖政績碑文見前

至正初尚書王沂撰文

元人朱好古筆

在鐘樓千部二寺壁間

元賈魯書文廟鼓樓二記文見前

魯書取裁於晉而氣骨蒼穩絕去近世佻巧之態昔人謂元人書法有復古之功豈不信然惜其碑爲風雨剝蝕日就湮滅好古者不能不爲之動念

絳之藝文以帖爲重以宣德間石移晉宮久而湮沒竟使好書者懸千金購之而不可得惜哉所餘者蒼頡史籀諸刻尚矣他若碧落傳雙鵠之釉泮宮副右軍之墨當與名公鉅卿勳伐有銘忠節有傳者並垂不朽矣

璇璣圖石刻附紀

晉書竇滔字連波扶風人右將軍眞之孫朗之第二子苻堅時爲秦州刺史謫戍燉煌妻蘇氏織回文璿璣圖以贈廣輿記蘇興平人名蕙字若蘭或曰陳畱令武公蘇道質第三女年十六適滔滔以安南將軍鎮襄陽携寵姬趙陽臺往蘇不與俱後自悔恨織錦寄滔縱廣八寸橫豎反覆成詩三百餘首又一圖八百四十一字以三四五六七言讀之成三千七百五十二首圖心云始平蘇氏璿璣圖詩晉始平今興平也滔覽感激迎蘇氏情好如初

圖文

愁多啼紅淚夜着衣知腰細結朝靭如珠淚不
心下夜樓上束泣盡拭

織成錦字書難寄路夜夜遠易流相憶淚恓書傳恓遠道心先碎笳動

怨結臺前嬾畫眉朝擣練朝河邊覺力微抛歲歲梭長攢似月眉休匀

月出銀河影亦微蟾朝朝光難展鎖愁眉空怨入自深閨夢已微蛩吟

鴻雁不能傳錦字有春去心秋來花落砌眼沙塞看有心通遠字何入

秋深注日裯磋砌豈月中謂不見飛鴻字念哀哀妾離恨還相憶萬里

夢魂那解送寒衣無征夫信難望及時歸不金風見無信送寒衣誰念

落日天寒恨不歸蹉塞外跎那知挂鐵衣憐寂寞君丰姿又不歸今年

此圖舊有石刻在絳州官莊里今已不存據舊志

僅得一百六十四字薛天山氏補一十六字改十三字

縱廣未合今訂補三十六字共成二百一十六字

而是圖以完

讀法

七言八式共九十六首二千六百八十八字

愁多心下啼紅淚怨結云云相間讀至送寒衣囘文爲二首織成錦字書難寄月出云云相間讀至恨不歸囘文爲二首如從落日天寒起依前式反讀亦如其數下皆倣此

合全圖共十二首三百三十六字

愁多心下啼紅淚織成云云一順讀至恨不歸囘文爲四首

愁多夜夜啼紅淚怨結云云相間讀

愁多夜夜啼紅淚織成云云一順讀

夜夜心下啼紅淚朝朝云云相閒讀

夜夜心下啼紅淚路遠云云一順讀

心下夜夜啼紅淚臺前云云相閒讀

心下夜夜啼紅淚錦字云云一順讀

以上皆成十二首三百三十六字

五言六式共七十二首一千四百四十字

夜夜啼紅淚朝朝云云相閒讀

夜夜啼紅淚路遠云云一順讀

心下啼紅淚臺前云云相閒讀

心下啼紅淚錦字云云一順讀

愁多啼紅淚怨結云云相間讀

愁多啼紅淚織成云云一順讀

以上皆成十二首二百四十字

九言八式共九十六首三千四百五十六字

愁多心下夜夜啼紅淚怨結云云相間讀

愁多心下夜夜啼紅淚織成云云一順讀

愁多夜夜心下啼紅淚怨結云云相間讀

愁多夜夜心下啼紅淚織成云云一順讀

夜夜愁多心下啼紅淚朝朝云云相間讀

夜夜愁多心下啼紅淚路遠云云一順讀

心下愁多夜夜啼紅淚臺前云云相間讀

心下愁多夜夜啼紅淚錦字云云一順讀

以上皆成十二首四百三十二字

按薛氏以七言讀之五言回文各五首止得二百四十字今總二十二式二百六十四首七千五百八十四字（又法止用大字如前式以三言讀之亦成十二首一百四十四字）逆而討之又增一倍見無窮之義焉

著述總目 附

薛簡肅公文集

狂愚集

李愈著

如線集

少石吟摘

垂麻録

忠孝節義録

世吟集

石鼓文正譌

五世登科録

百遊草

待漏院記帖

以上陶氏著

武德內外編

農書勞人草

以上韓雲著

守圉全書

救荒全書

鐸書

萬菴集

燕市和歌

絳帖考

二老凊風

神器統譜

砲臺圖說

俎談

士範

以上韓霖著

四書五經通鑑性理音義字考

席珍著

養心録

四書說

五經管窺

神京偶記

衡門芹

聖諭解

孝經闕疑

養正集

易象發明

周易說

易象歸元

易約

經世石畫

孝經翼

存親編

治平野謀

救急單方

樂天集

存烈編

伊雒淵源續編

以上辛全著

涇淵雜誌

夜告亭草

以上王臣直著

忠孝節義詩集

觀濤記疑

以上陶用曙著

醫書推愛堂

薛自脩王問德集

四書正音

詩叶糾譌

絳守居園池記注

篆訣分韻歌

以上趙師尹著

四書彙講

尚書譜

關聖類編

東雍士女志

閒園集

以上黃希聲著

脩真直指

王曰善著

玉田政畧

渙園詩集

以上王復初著

絳守居園池記註釋

孫繩武著

學庸譫言

學庸學思録

致知階畧

朱陸異同書

以上党成著

天地窩詩藁

文養蒙著

儒教辨正録

喚羣夢

友于集

三善集

西山擱筆

以上李生光著

訓幼切言

梁園訓幼語

以上王桓著

迂齋集

思齊録

純孝編

東雍野史

闡幽集

燕居録

以上王樸著

弟子規

四書正譌

四書字類釋義

學庸發明

讀大學偶記

宋儒大文約

水仙百詠

以上李毓秀著

三書集註

四書要言

握機經解

八大國紀畧

步天歌正韻

以上王曒著

道統淵源

增訂朱子儀禮經傳通解

以上梁萬方著

三要續録

易學心功偶得記

以上曹仁著

河汾淵源

事賢録

友仁録

考亭遺矩

儒林楷模

東雍耆舊傳

以上謝丕振著

廣小兒語

郝增漢著

四書質疑

温故録

論性理解疑録

一樂録

愛日録

自致録

周易尊聞録

日記要言

自策篇

知行綱要

葬禮便行

以上姚吉士著

草書辨似輯畧
潘貢疇著
學庸便蒙録
因衍慶著
安遇堂詩文集
郝臺魁著
復初録
壹知齋記
以上郝名高著
增修五經綱領

讀書要録

訂正習用譌字

以上南士朔著

直隸絳州志卷之二十

雜志災祥

周

貞定王三年地震

考王八年彗星見

十三年無雲而雷桃杏冬實

威烈王三年有大火下於北方其聲如鼓

安王十五年大風晝晦竹書記年

顯王七年大雨三月魏敗韓趙兵於澮

九年彗星見

十年星晝墜有聲史記

二十三年絳中地坼西絕於汾竹書紀年

秦

始皇四年大雪

漢

景帝後二年秋大旱冬十月日月皆赤十二月晦日色如紫五星逆行太微月貫天街中

哀帝建平元年十二月白氣出西南從地上至天出參下貫天廁廣如一匹布長十餘丈十餘日去天文志

章帝建初五年二月戊辰木火俱在參古今注

和帝永元元年正月辛卯有流星起參長四丈有光色黃白古今注曰癸亥鎮在參

永元七年二月癸酉金火俱在參

晉

愍帝建興元年汾水大溢

北魏

明元帝永興五年三月戊辰月行參犯太白

宣武帝景明元年八月乙亥頻暴風霣霜

景明四年三月大風拔樹

孝莊帝永安三年五月乙亥太白在參晝見

前廢帝普泰元年十月甲寅金火歲土聚於觜參

東魏

孝靜帝元象元年八月東雍州獻嘉禾靈徵志

元象四年大旱

興和三年大旱

北齊

武成帝河清二年四月蟲傷稼遣使賑恤齊書

唐

高祖武德二十一年旱

太宗貞觀二十一年秋旱

貞觀十三年地震　乙亥又震

高宗永徽元年四月己巳旱蝗五行志

龍朔三年十月十六日麟見

睿宗景雲二年正月甲戌地震壞廬舍覆壓百餘人五行志

元宗開元二十年六月癸丑黃龍興觀池同心蓮一莖

代宗大歷七年七月芝草生

穆宗長慶四年蚜蝗害稼五行志

文宗太和六年秋旱

懿宗咸通六年正月大風拔木有十圍者五行志

十二月地震地裂泉湧泥出青色

咸通八年正月地震壞廬舍壓人有死者有傷殘者

僖宗乾符五年秋大雨汾溢流害稼

宋

太祖建隆四年六月旱

乾德元年二月辛亥饑宋史

開寶五年大水

開寶七年旱

太宗太平興國七年春旱赤地

淳化二年旱

仁宗天聖三年饑

哲宗紹聖四年州治廨新亭池産蓮一莖而雙菡萏

徽宗政和三年火

元

世祖至元二十六年夏大旱五行志

成宗元貞二年四月饑賑之五行志

大德七年地震

武宗至大二年七月蝗

順帝至元六年五月辛卯雨雹大者二尺餘五行志

十四年十二月辛卯州北方有紅氣如火蔽天元史

二十一年十月癸巳有赤氣見北方如火

二十三年六月丁巳白虹二道衝斗牛間

二十七年正月巳未夜天鼓鳴空中有戰鬬聲

七月丁酉星隕光耀如晝

至正十八年冬十月兩日相鬬

明

正統十四年冬十月文廟前柏樹下有二瓜同蔕而

生其狀如斗

成化元年二月彗星見在西北長二丈餘三月乃没

二十一年大荒有食人者

嘉靖七年荒

十三年大饑冬十月星隕如雨

二十一年七月朔日食既晝晦星見如深夜

二十四年十二月二十四日夜地大震覆墻壓人

有死者地裂湧水

隆慶元年天裂

萬歷元年天裂

十四年十五年大荒米價一兩四斗發帑金賑之

二十八年秋八月池水自溢

三十年六月初十日夜大水平地高一丈有奇漂沒北董等莊

三十二年六月大水地裂辛安諸村雷雨異常水深數尺無所洩忽地裂水注之水盡地復合又諸裂外隔而中通有穀麥陷於此裂者或漂出於他裂人墮裂中復從他裂出

三十三年五月城西雨雹如拳

三十七八九年旱蠲免秋夏稅

四十一年六月二十一日汾水漲溢入城民舍傾

圮

四十四五年蝗

四十六年彗星見出東南直冲紫微垣白氣長丈

餘五十日始沒

崇禎六七年大荒米麥價銀一錢二升發帑金賑濟

八年米麥價銀一錢四升五合

九年米麥價銀一錢二升五合又雨雹大如鷄卵

核桃

十一年蝗

十二年蝗

十三年五月十三日汾水竭

十四年大荒米市絶餓死者四坑皆滿

國朝

順治八年六月泮池水香如龍腦味月餘乃止

九年六月十三日汾水漲溢衝南門桂安兩坊水深丈許衙巷結筏以濟房舍大半傾圮西北諸村多遭漂没行莊爲甚

康熙四年彗星見

七年正月彗星見六月十七日地震

十六年雨沙
十七年秋九月大雨雹深數尺樹木皆折
十八年春正月不雨至夏四月秋淫雨二十五日
二十二年夏大水秋大旱
二十三年大有年
三十年夏大旱秋七月蝗
三十一年大饑疫
三十二年大有麥
三十三年大有秋
三十四年夏四月地大震數十日乃止

四十三年秋無禾冬桃杏紫荆花

四十四年夏大熟

四十六年十二月梁周熊妻一產三男

四十七年春正月地震

四十九年夏六月地大震

五十五年春二月地震

五十六年冬十月日重珥

五十九年旱無禾

六十年天鼓鳴歲大旱民饑斗米價銀一兩遣官

賑恤蠲免錢糧有差

六十一年冬十二月日有三珥

雍正元年大有年

乾隆元年秋大熟

七年春地震

十年七月滄河漲

二十四年二月旱至七月初九日乃雨民饑

四十年大水平地深丈餘范莊一帶更甚

嘉慶九年大旱饑

十年大旱饑米麥每市斗銀二兩

道光九年四月二十五日大雨雹如雞卵二麥盡傷

十一年冬大雪平地深四尺行旅人畜多凍斃者果木凍死幾盡

十五年歲饑

十七年六月初六日飛蝗入境不爲災

十九年六月初二至初六日大熱人多中暑斃者

二十二年六月朔日食既星斗見

二十六年夏歉收秋旱麥未種

二十七年秋大熟

二十九年十二月初六日天鼓鳴有光如火隕西南

咸豐元年大有年米麥每市斗銀一錢八分
二年七月天棓星見西方
三年正月二十二日雨土天赤如火
六年汾水幾竭乘輿可濟
八年七月彗星見自西過紫薇垣掃文昌
十年六月十八日大雨平地水深五六尺自澤掌
三泉水西一帶橋梁俱壞
十一年四月彗星見西北七月十五夜星隕如雨
八月初一日日月合璧五星聯珠
同治元年十月地震日夜三四次凡月餘乃止

六年旱無麥秋大熟

七年麥大熟

十一年三月寒甚隕霜殺麥旬餘復生不為災

光緒二年日有重珥六七月澮水竭兩次各旬餘

光緒三年四年歲大祲人相食甚有骨肉相殘者餓莩遍野坑坎皆滿村莊戶絕半八十斃六七米麥市斗銀三兩六錢四五月粟絕市草籽蒲根每斗銀一兩餘秋大疫九月初六日連雨十有八日汾水漲溢沖沒橋梁無數

五年鼠多甚食禾穗一夜盡數畝室內幾無完器

狼食人甚有及州城村院者

直隸絳州志　卷之二十

一

雜志兵事

周

靈王二十二年欒盈有罪奔齊三月晉將嫁女於吳齊侯使析歸父媵之以藩載欒盈及其士納諸曲沃四月盈帥曲沃之甲因魏獻子晝入絳范宣子奉平公如固宮范鞅用劍以帥卒欒氏退欒樂斷肘而死欒魴傷欒盈奔曲沃晉人圍之盡殺欒氏之族黨

北魏

太平眞君七年春正月戊辰魏世祖次東雍州庚午

圍薛永宗營壘永宗出戰大敗六軍乘之衆潰永宗赴汾水死

孝昌二年六月絳賊陳雙熾聚衆反自號始建王曲赦平陽建興正平三郡詔假鎮西將軍都督長孫稚討平之

東魏

薛榮祖鎮東雍州西魏建州刺史楊摽將謀取之乃先遣奇兵急攻汾橋榮祖果盡出城中戰士於汾橋拒守其夜摽率步騎二千從他道濟遂襲克之

沙苑之敗高歡徙秦南汾東雍三州入於并又欲乘

晉州遣家屬向英雄城薛循義諫曰若晉州棄定
州亦不可保歡怒循義曰若失守則請誅戮以循
義行晉州事循義在州擒西魏所署正平太守段
榮顯招降胡酋胡垂黎等部落數千口表置五城
郡以安處之時山胡侵亂循義追討破之進爵正
平郡公

北齊

天保三年斛律光除晉州刺史東有周天柱新安牛
頭三戍招引亡叛屢爲寇竊七年光帥步騎五千
襲破之又大破周儀同王敬儁等獲口五百餘人

雜畜千餘頭而還九年又率衆取絳川白馬澮交翼城等四戍除朔州刺史十年除特進開府儀同三司二月率騎一萬討周開府曹廻公斬之柏谷城主儀同薛禹生棄城遁取文侯鎭置柵而還

隋

仁壽四年漢王諒餘黨據晉絳呂三州未下詔左武衛大將軍周羅睺進兵圍之爲流矢所中遂卒於師旋平賊

大業十一年絳郡賊敬槃陀柴保昌等阻兵數萬汾晉苦之詔民部尚書樊子蓋進討於時人物殷阜

子盡禽惡無所分别汾水之北村塢盡焚之百姓大駭相率爲盗其有歸者無少長悉坑之擁衆數萬綿年不能破詔徵還十二月以李淵代之有降者淵引置左右由是賊衆多降

唐

高祖克霍邑進攻臨汾郡絳郡通守陳叔達拒守進攻克之獲陳叔達

武德二年劉武周偕僞西南道大行臺宋金剛總兵二萬人寇據并州遣金剛攻陷晋州執右驍衛將軍劉宏基進破澮州夏縣人呂崇茂殺其令自號

魏王以應賊隋河東守將王行本與武周合關中震動詔秦王督兵進討屯柏壁又詔永安王孝基與于筠獨孤懷恩唐儉等攻夏縣不克軍城南呂崇茂與武周將尉遲敬德襲破孝基軍四將被執敬德還澮州王邀戰破之於美良川敬德復與尋相援王行本於蒲阪王又破却其軍蒲州降上幸蒲津關王自柏壁輕騎謁行在金剛遂圍絳州王還屯金剛引退

上元初河中節度都統處置使李國貞治於絳壽加晉絳慈隰沁等州觀察處置使既至糧乏而所輸

陳潁民貧不忍遽斂上書以聞而軍中讙謗突將王元振乘衆怨紿曰具畚鍤以待役事衆皆怒夜譊牙門左右奔告請避之國貞曰吾被命爲將其可棄城乎固請乃逃獄中元振引衆劫取之置食其前曰食是而役其力可乎國貞曰爾等方討賊何事役爲正緣儲食腐儉已請諸朝吾何所負衆服其言且引去元振曰都統不死吾曹殆盡矣遂害之幷殺其二子及三大將有詔以郭子儀代之元振謂且見德子儀怒曰汝臨賊境而害主將賊若乘虛是無絳矣又欲爲功乎卽斬以狗

大歷中晉絳慈隰節度使馬燧討李懷光率步騎三萬次於絳略定諸縣降其將馮萬興任象玉遂圍援外郭守將夜棄城去將四千人遣李自良定六縣降其將辛戡收卒五千裨將谷秀違令掠士女斬以狥

中和元年代北起軍使陳景思行至絳州沙陀軍亂大掠而還

中和三年李克用代鄭從讜爲河東節度使從讜行黃頭軍以糧少刼其貲從讜閉走絳州方道梗不通數月乃達長安

光啓中李罕之攻州王友遇降之

龍紀元年李存孝攻州取之

乾寧中王珙王琮連兵河中珙厚賂王行瑜等攻王

珂珂求救於李克用西討王行瑜攻下絳州斬刺

史王瑶

文德元年春河陽節度使李罕之攻絳州降之進攻

晉州河中王重盈密結河南尹張全義圖之全義

潛師襲河陽罕之出奔專以寇鈔爲事懷孟晉絳

間州無刺史縣無令長田無麥禾邑無烟火者殆

將十年河中絳州之間有摩雲山最高州人壁其

地避亂羣賊往攻之不克李罕之以百人徑援之人號爲李摩雲

五代晉

天福十二年後漢高祖發太原出晉絳絳州刺史李從朗拒之親王城下諭之乃降上命親將分護諸門士卒一人毋得入

宋

靖康元年金兵破城巷戰三日既拔乃播遷居民而以郊居者實之

建炎二年夏五月金婁室自長安大掠而東時絳州

猶固守婁室還軍陷之

金

太宗天會時河東郡縣多叛穀英以先鋒攻絳州克之

興定二年十一月甲申河東南路隰吉等州聽絳州元帥府節制十二月巳亥朔升絳州爲晉安府總管河東南路兵降平陽爲散府河東路安撫使滿察婁室復取平陽晉安

興定三年十一月戊午元兵下晉安府行元帥府事工部尚書粘割貞死之

興定四年三月僉樞密院事完顏賽不奉詔出兵河北招降晉安權府事皇甫珪正平縣令席永珪率五千餘人來歸得糧萬石時河北所在義軍官民堅守堡寨力戰破敵者衆賽不上章言此類忠赤可嘉若不旌酬無以激人心乞朝廷量加官賞萬一敵兵復來將爭先效用矣上召樞密官曰朕與卿等亦嘗有此議以不見彼中事勢故一聽帥臣規畫今觀此奏甚稱朕意其令有司遷賞之四月遷樞密副使

興定五年五月完顏賽不引兵救河東戰屢捷復晉

安平陽二城遣使來獻提御史烏古胡魯劾其縱
將士虜掠上以賽不有功詔不問賞議亦寢
元光元年七月庚戌元將按扎兒以其衆屯晉安翼
州之境冬十月己卯元右副都元帥史天倪從木
華黎徇河東至絳州其團樓甃以石牢不可破天
倪命穴其旁地虛樓陷遂拔之以谷里夾打爲元
帥達魯花赤攻拔石隰州擊絳州克之

明

洪武元年馮勝克平陽絳州十二月副將軍馮宗異
攻州克之擒元右丞田保徐伯昌獲將士五百人

崇禎庚午辛未聞秦寇猖獗屢入絳郡蹂躪焚掠慘不忍言段家莊增生段袞率鄉兵張鵬翼單自成劉孟才史邦俊等與官軍逐賊劉峪澤掌閒奮不顧身籌畫多中機宜保全良多

崇禎甲申正月闖賊入城搜括富人及鄉紳財名曰納餉士夫慘加三木多遭酷掠死

國朝

咸豐三年六月粵逆自河南北渡圍懷慶八月掠絳縣曲沃寇平陽州人戒嚴汾水陡漲數尺賴以無恐

同治元年十二月初七日宋景詩兵變從西南境度
州城至北關平原村搶掠而去
同治六年十一月二十七日捻匪入境搶掠汾北村
莊蹂躪幾遍惟西北鄉爲更甚

直隸絳州志　卷之二十　六

雜志異事

周

齊侯改葬共太子秋狐突適下國遇太子太子使登僕而告之曰夷吾無禮余得請於帝矣將以晉畀秦秦將祀余對曰臣聞之神不歆非類民不祀非族君祀毋乃殄乎且民何罪失刑乏祀君其圖之君曰諾吾將復請七日新城西偏將有巫者而見我焉許之遂不見及期而往告之曰帝許我罰有罪矣敝於韓　左傳

晉文公時宰人上炙而髮繞之文公召宰人而譙之

曰汝欲寡人之哽耶奚爲以髮繞炙宰人頓首再拜請曰臣有死罪三拔礪砥刃利猶干將也切肉肉斷而髮不斷臣之罪一也援木而貫臠而不見髮臣之罪二也奉熾鑪炭火盡赤紅及炙熟而髮不燒臣之罪三也堂下得微有疾臣者乎公曰善乃召其堂下而譙之果然乃誅之 說苑

晉平公至澮上見人乘白驂八駟以來有狸身而狐尾去其半而隨公之車以問師曠對曰狸身而狐尾其名曰首陽之神飲酒於霍太山而歸其逢君於澮乎君其有喜 瑣語

晉文公出大蛇當道如拱文公反修德使吏守蛇吏夢天殺蛇曰何故當聖君道覺而視蛇則自死也張華博物志

襄王二十四年十二月庚辰晉將殯文公於曲沃出絳柩有聲如牛卜偃使大夫拜曰君命大事將有西師過軼我擊之必大捷焉左傳

定王六年獲秦諜殺之市六日而蘇左傳

景王十一年春石言於晉魏榆晉侯問於師曠曰石何故言對曰石不能言神或馮焉不然民聽濫也抑臣又聞之曰作事不時怨讟動於民則有非言

之物而言今宮室崇侈民力彫盡怨讟並作莫保其性石言不亦宜乎於是晉侯方築虒祁之宮叔向曰子野之言君子哉君子之言信而有徵左傳

敬王七年秋龍見於郊魏獻子問於蔡墨曰吾聞之蟲莫知於龍以其不生得也謂之知信乎對曰人實不知非龍實知古者畜龍故國有豢龍氏有御龍氏龍水物也水官棄矣故龍不生得左傳

貞定王十六年原過遇神人於王澤詳見古蹟

威烈王二十年五月有三大犬率犬數萬殺一犬於東方殺一犬於西方舊志

梁

天監三年武帝有疾使宦朱明月求甘露於九原山得之舊志

隋

汾陰侯生天下奇士也王度常以師禮事之臨終贈度以古鏡曰持此則百邪遠人度受而寶之鏡橫徑八寸鼻作麒麟蹲伏之象遶鼻列四方龜龍鳳虎依方陳布四方外又設八卦卦外置十二辰位而具畜焉辰畜之外又置二十四字周遶輪郭文體似隸點畫無缺而非字書所有也侯生云二十

四氣之象形承日照之則背上文畫墨入影內纖毫無失舉而扣之清音徐引竟日方絶嗟乎此則非凡鏡所得同也宜其見賞高賢是稱靈物侯生嘗云昔者吾聞黃帝鑄十五鏡其第一橫徑一尺五寸法滿月之數也以其相差各校一寸此第八鏡也雖歲祀悠遠圖書寂寞而高人所述不可誣矣古鏡記序

行絳晉呂三州諸軍事周羅睺中流矢卒於師遂柩還京行數里無故輿馬自止縶之不動有飄風旋遶焉絳州長史郭雅稽顙祝曰公恨小寇未平邪

詩節除殄無爲戀恨於是風靜馬行　隋書

宋

薛簡肅公知開封府時明參政鎬爲府曹官公待之甚厚以公輔期之其後公守秦益常辟以自隨優禮特異或問公何以知其必貴公曰其爲人端肅其言簡而理盡凡人簡重則尊嚴此貴臣相也其後果至參知政事時皆服公知人　歸田錄

薛簡肅公守蜀一見華陽范鎭愛之館於府舍俾與子弟講學鎭益自謙退每步行趨府門踰年人不知其爲帥客也及還朝載以俱有問公入蜀何所

得曰得一偉人當以文學名世鎮殿試第七十九人厚德錄

聶昌臨川人靖康中登政府出知絳州遇害紹興

張浚自北歸至絳見驛壁有血詩云星流一箭五心摧寃擘雙眸兩臂開車馬踐時頭似粉烏鳶啄處骨如灰父兄有感空垂淚子弟無知不舉哀回首臨川歸未得冥中空築望鄉臺時以爲昌之精魂所作

明

閻同芳字金峯三林里人居鄉以方直聞嘗募建本

莊神廟公正勤劬著有成績年七十微疾而卒入殮時已越三日身軀頓長面色如生重生鬚髯其長過臍以手捋之比常鬚爲弱柔釋之應手而舒郡中來觀者如堵莫不驚爲神異逝之日天色未曉鄉人王全文見其策杖而行入莊北廟中容貌服色辨之最眞初不知其旣没也舊志

右軍都督府都事陶石橋居憂於家維歲戊戌秋其庭桂間產芝一本二十餘莖如割脂鏤玉敷暢鮮潤士大夫觀者咸謂之瑞且曰此石橋孝感所致也

國朝

康熙八年六月十三日儒學明倫堂夜有火光如赤自西南來著於堂西間梁梲上丈許乃隱舊志

《山西文華》編纂委員會 編

山西出版傳媒集團
三晉出版社

山西文華・史料編

直隸絳州志

清光緒版 第一冊
卷首至卷六

清 張于鑄◎纂修

圖書在版編目(CIP)數據

直隸絳州志:清光緒版 / (清)張于鑄纂修. —太原: 三晋出版社, 2016.11

ISBN 978-7-5457-1425-8

Ⅰ. ①直… Ⅱ. ①張… Ⅲ. ①絳縣—地方志—清代
Ⅳ. ①K292.54

中國版本圖書館 CIP 數據核字(2016)第 268747 號

直隸絳州志(清光绪版)

纂 修 者:〔清〕張于鑄
責任編輯: 解 瑞
封扉設計: 山西天目·王明自

出 版 者: 山西出版傳媒集團·三晋出版社（原山西古籍出版社）
地　　址: 太原市建設南路 21 號
郵　　編: 030012
電　　話: 0351–4922268（發行中心）
0351–4956036（總編室）
0351–4922203（印製部）
網　　址: http://www.sjcbs.cn

經 銷 者: 新華書店
承 印 者: 山西臣功印刷包装有限公司

開　　本: 700mm × 1000mm　1/16
印　　張: 96
字　　數: 355 千字
版　　次: 2016 年 11 月　第 1 版
印　　次: 2016 年 11 月　第 1 次印刷
書　　號: ISBN　978-7-5457-1425-8
定　　價: 380.00 圓（全四册）

#《山西文華》編纂委員會

《山西文華》學術顧問委員會

（按姓氏筆畫排序）

李　零　李文儒　李學勤　袁行霈　唐浩明

梁　衡　張　頷　張光華　葛劍雄　楊建業

《山西文華》分編主編

著述編　劉毓慶　渠傳福

史料編　張慶捷　李晉林

圖録編　李德仁　趙瑞民

出版説明

山西東屏太行，西瀕黄河，北通塞外，南控中原，是中華民族的主要發祥地之一。中華文明輝煌燦爛，三晋文化源遠流長。歷史文獻豐富，文化遺産厚重，形成了兼容並包、積澱深厚、韵味獨特的晋文化。山西省政府決定編纂大型歷史文獻叢書《山西文華》，以彙集三晋文獻、傳承三晋文化、弘揚三晋文明。

《山西文華》力求把握正確方向，尊重歷史原貌，突出山西特色，薈萃文化精華，按照搶救、保護、整理、傳承的原則整理出版圖書。叢書規模大，編纂時間長，參與人員多，特將有關編纂則例簡要説明如下。

一、《山西文華》是有關山西現今地域的大型歷史文獻叢書，分「著述編」「史料編」「圖録編」。每編之下項目平列；　重大系列性項目，按其項目規模特徵，制定合理的編纂方式。

二、「著述編」以一九四九年十月一日前山西籍作者（含長期在晋之作者）的著述爲主，兼收今人有關山西歷史文化的研究性著述。

三、「史料編」收録一九四九年十月一日前有關山西的方志、金石、日記、年譜、族譜、檔案、報刊等史料，以影印爲主要整理方式。

四、「圖録編」主要收録一九四九年十月一日前有關山西的文化遺産精華，包括古代建築、壁畫、彩塑、書畫、民間藝術等，兼收古地圖等大型圖文資料。

五、今人著述采用簡體漢字横排，古代著述采用繁體漢字横排。

《山西文華》編纂委員會

出版前言

絳州爲山西古州。西周時，晉獻公「士蔿城絳」，以絳爲晉都。歷代變遷，至北朝後周明帝改雍州爲絳州，始有絳州之名。隋唐時，絳州爲山西雄郡大州。清雍正二年（一七二四）改絳州爲直隸州，故乾隆版、光緒版二州志名「直隸絳州志」。修光緒志時，絳州轄稷山、河津、聞喜、絳縣、垣曲五縣。

絳州有志，據司馬光《題絳州鼓堆祠記》所引，有佚名纂《絳州圖志》，應在宋嘉祐元年（一〇五六）前即予刊行，是我國較早的地方志書，已佚。明永樂十九年（一四二一）至正統六年（一四四一）間，修《絳州志》，已佚，成化《山西通志》有引文。明正德辛巳（一五二一），吕經、李文潔修，蒲阪王珂撰志，歷時三年而成。嘉靖年間曾補修（七卷）。萬曆三十七年（一六〇九），方立成再修（八卷），佚。入清，有康熙九年（一六七〇）劉顯第修、陶用曙纂本（四卷）以及乾隆三十年（一七六五）張成德、李友洙修，張我觀纂本（二十卷，圖考一卷）。以上歷代絳州志凡六次纂修，可見該州文化地位之重要。清光緒年間，絳州志第七次纂修，共二十卷，是歷代絳州志中内容最爲豐富者。

光緒五年（一八七九）版直隸絳州志，由知州李煥揚修，舉人、蒲州府教授趙城（今屬洪洞縣）張于鑄纂。其卷首有李煥揚序，編修人員，歷代絳州志纂修人員姓氏，以及光緒志凡例、圖考和總目。李序特别强調，本志的修纂，基於兩個背景：其一，山西省府要求全省統一修志；其二，太平軍、捻軍侵及絳州，而光緒大災普被山西之後，絳州受害嚴重，故所記特別關乎此二事。其凡例亦提到「殉義」、「貞烈」以及「紀恩」、「任恤」以作特別記載。隨後的圖考收録十八幅圖，分州縣、州城、州治、州學、書院、名勝景觀等内容，製圖精美，可見絳州作爲傳統刻書大邑的特別之處。

光緒直隸絳州志正文共二十卷，分目依次爲星野、沿革、疆域，山川、古蹟、風俗、物産，城池、壇壝、官署、學校，田賦、紀恩、户口、倉儲，封爵、職官，宦績，選舉，人物，孝義、殉義、任恤、寓賢、隱逸、藝術，列女、貞烈，藝文，雜志。是現存各種絳州志中内容最爲豐富者，也是古代絳州志中所出最晚者，故而概略可見出古絳州的全貌。其中職官分二卷、選舉分二卷、人物分三卷、藝文分六卷，可見出該志的記述重點。光緒大災和遭受兵禍亦是該志着力處，如有關太平天國及捻軍入晋，致使絳州數百人死亡，書中都有詳細記録。「任恤」卷，記録了光緒大荒中絳州的種種災難，是研究山西光緒大荒的詳細資料。同時，絳州作爲晋南文化底蕴很深的大府，有許多值得注意的内容。特别突出者，一是隋代園林絳守居園，二是宋代法帖《絳帖》。該志的「藝文卷」，對此多有涉及，收集了歐陽修等文人對園林的記述和傅山等名人有關《絳帖》刻板、流傳的記録、分析，有十餘篇，爲優秀古典文化的開發提供了綫索和資料。志中有關名勝古蹟的記述也多有可觀，如司馬光之於鼓堆、王崇古之於藐姑射山、陳繼儒之於虚舟閣，讀之都是令人懷想的。其他關於敬惜字紙、禁止淫戲，也都可讀。如王復初《婚葬減鼓吹説》云：「吾絳婚嫁親迎，儀仗、音樂填咽里巷，至於喪事選伎徵歌，必極秦豫名倡，緣竿走解，百戲叢集，競鬪奇巧，動逾旬月，所費不貲。民間互相效法，甚且逋租不顧，而以音樂不備爲恥。一娶之費，稱貸數家；一葬之資，至於破産。明季，士民之家有滯喪數十年而竟不能厝土者。女怨夫曠，悔親別醮，以至於速訟，往往而然，皆鼓吹過侈爲之累也。」（卷十七《藝文》）由此可知因志書而見風俗之初衷。

此外，本志修纂者在藝文中特别收録了正德以來各種州志的序言，對後學研究、參考州志，大爲方便。藝文中還記載了清乾隆州志纂修張成德的《州志告成喜賦》（卷十九），見出修志者的特殊情懷，應予以特别重視。

該志圖考原第五頁正面圖與原第六頁正面圖相同，原第五頁背面圖與原第九頁背面圖相同，現依原本影印，特此説明。

郭建平

二〇一六年十月

目録

第一册

第三册

第四册

續修絳州志序

州縣之有志其法殆權輿於周官丞黨正州長咸書其數任卹孝友悉著其行故自比閭族黨推而及於天下邦國其戶口田賦物產風俗無不可按籍而索

馬秦改郡縣此法不廢蕭
丞相入關得圖籍所以能
周知阨塞人民之數也自
時厥後與史並行一縱一
橫相為經緯絳州之有志
昉於前明正德時至乾隆
三十年凡四續修蓋年運

而往事變迭生其間之興
建改革月異歲更文獻可
徵纂輯亦易今又閱百餘
年矣兼之粵逆捻匪之擾
昔所未經丁丑戊寅之荒
民幾無遺亟宜紀載以昭
炯戒我

宮保爵憲中丞開全晉之志館
檄各屬之邑乘煥承乏此
邦爰取舊書綴以新聞延
請紳儒詳慎采訪星野山
川無改者仍其舊壇廟書
院易置者誌其由戶口田
賦敍述不憚其煩著人物

之凋攰以望臨民者之加
意撫綏也守節殉難紀錄
不厭其瑣表闡之行義
光望守土者之極力激揚
也而
國家恤下愛民拯飢善後泣涕
下寬大之

詔絡繹頒金粟之賑所謂以仁
厚培萬年靈長之基者亦
拜手而謹書之此固三晉
不幸中之幸而大力回天
自有維持調護者而不敢
以虛詞禱祝也書既成爰
撮其大旨如此

光緒五年十月知絳州事

鄭州李煥揚敬書

直隸絳州志

總修

直隸絳州知州李燠揚

參閲

絳州州判何大文

絳州學正李朝陽

絳州訓導劉步青

督梓

署絳州吏目葉道衡

署絳州吏目楚思孟

纂修
六品銜蒲州府教授舉人趙城張于鑄

協修
城內書院山長山西試用知縣舉人津門張祖均

同修郡人
舉人梁永春
歲貢生姚紹虞
廩生呂音泱
優廩生薛瀛
優廩生段雲錦

廪　生文錫誥
採訪郡人
附　生王　紀
候選府經歷附貢　生吕永和
附　生田　琳
附　貢　生郭維藩
歲　貢　生楊巨川
鹽大使銜附貢　生馬步鑾
增　生萬子誥
增　生劉文燦

附　生衞延祚

附　生王集瑞

廪　生王文煥

廪　生支遇隆

廪　生聶彭選

附　生因桂陵

輯錄郡人

優　生梁作舟

增　生左紹思

廪　生梁　琯

附　生姚天德

附　生和　懌

直隸絳州志　卷首

二

捐脩姓氏

高舒文　衛如珍　毛清佐　毛應宿

毛應彪　毛應箕　翟有桐　文監周

呂遇姜　范鍾瑞　尹可大　梁鳳儀

石志艮　段江鑄　梁登鰲　薛登第

李生財　左廷槐　張榜花　侯封桐

王茂桂　王蒨桂　郭維藩　任　潢

任宗海　王方桂　彭書麟　張思温

姚玉清　王俊英　段裔采　侯慶平

許從林　趙臨淵　郝德源　權集祥

藺夢魁　馬大章　光作恭　張廷桂

賈夢花　徐鵬捷　郝立劻　郝立志

歷修姓氏

正德辛巳

李文潔　知州貴溪舉人

王　珂　舉人蒲州人

萬歷庚辰

田子堅　知州永寧進士

趙　桐　富平知縣州人

因子夏　鞏昌府通判州人

陶　登　齊東知縣州人

王之翰　棗陽知縣州人

薛國民眞甯知縣州人

陳九功生員州人

萬歷巳酉

方立誠知州太平舉人

黃一中學正黃岡舉人

張與行重慶府知府州人

陶　登齊東知縣州人

張與化生員州人

陳九功生員州人

王朝麟臨洮府推官州人

韓　雲　徐州知州州人

康熙庚戌

劉顯第　知州東甯貢士

張　岂　同知江夏貢監

李調元　學正蔚州舉人

雷仕俊　吏目南昌監生

孫錫齡　通政司叅議州人

王復初　揚州府同知州人

閻調鼎　江甯府推官州人

孫有恆　袁州府同知州人

常貞吉　長泰知縣州人

馬中捷　安遠知縣州人

郝璜珍　貢生州人

陶用曙　貢生州人

乾隆乙酉

張成德　知州京江人

李敏學　湖北荆南道州人

王世治　刑部員外郎州人

梁思織　候選道員州人

梁以檀　白河縣知縣州人

閻廷玠　甯武縣教諭州人

彭士煥　舉人州人

李養亨　監生州人

續脩州志凡例

一舊志以四部爲綱分門二十有六可謂詳而有體矣但時事變遷有難以二十六門賅者如粤匪捻匪之竄晉捐軀殉難義烈可嘉或捍鄉閭而致命或遇擄掠而不屈或懼辱而先自裁或聞風而早自盡無論男婦悉激忠義應立殉義貞烈二門以慰幽魂又丁丑戊寅通省災祲道殣相望親戚殘食　朝廷軫恤民艱發帑轉粟有加無已生死肉骨民命藉留故立紀　恩一門以昭後鑒又有輕財好義之士不由官勸克廣德心或輸粟而賑村社或捐資以濟鄉里

人之好善誰不如我後之覽者庶皆興起故立任恤

一門以示激勸

一脩志如脩史其人見在者不書欲俟蓋棺論定防晚

節末路之有異言也然如捐賑輸粟諸公雖未邀

廟堂之奬亦實爲鄉里之光紀其實數不加論斷唯

此不以見存爲拘

一志中傳人必乎公論故凡立一傳愼而又愼不經採

訪之手者不錄所以杜標榜之弊也採訪此路而濫

及他路者不錄所以絕請託之嫌也或有懿行之可

述或有著作之可憑詢謀僉同始爲登載庶品望以

實而有據姓名以罕而見珍

一田賦一門舊祇載丁徭戶口而前任李公有革除濫收之碑今李公有永免里局之恩皆利民之大者又大祲之後丁口減少田畝荒蕪宜一一紀實以彰良司牧撫字之仁以志我黎民孑遺之苦

一死難者一死已著大節勿庸苛繩其素行

一州郡志與省志不同山西通志學校門備載丁祭配享從祀諸賢並祭儀樂章此全省通志不得不詳其大典若州郡志義取切要何暇及此泛然之辭今概爲節删

一風俗多抄歲時記從修篇幅茲惟採取列代言本地風俗者而附以本州土俗無取從同物產亦取其尤嘉而著名及他處所寡有者餘不羅列

一此次在局及採訪諸君均係書香誰無先德但知者以爲公論不知者或滋物議故援科場迴避之例凡與於志事者其上世嘉言懿行概不紀載雖足息小人之喙未免遺君子之澤世遠論定有待後人繼此續脩者考其姓氏細加甄錄潛德必彰久而益馨

直隸絳州圖總目

亂錦飛鴻圖

佛窟晨鐘圖

龍興古柏圖

仙掌疊翠圖

三林春曉圖

石鼓神泓圖

玉壁秋風圖

姑射晴嵐圖

紫金積雪圖

圖

州城
汾河
絳縣
聞喜縣
垣曲縣
黄河

州屬五縣総圖
龍門
河津縣
稷山縣
圖考
二

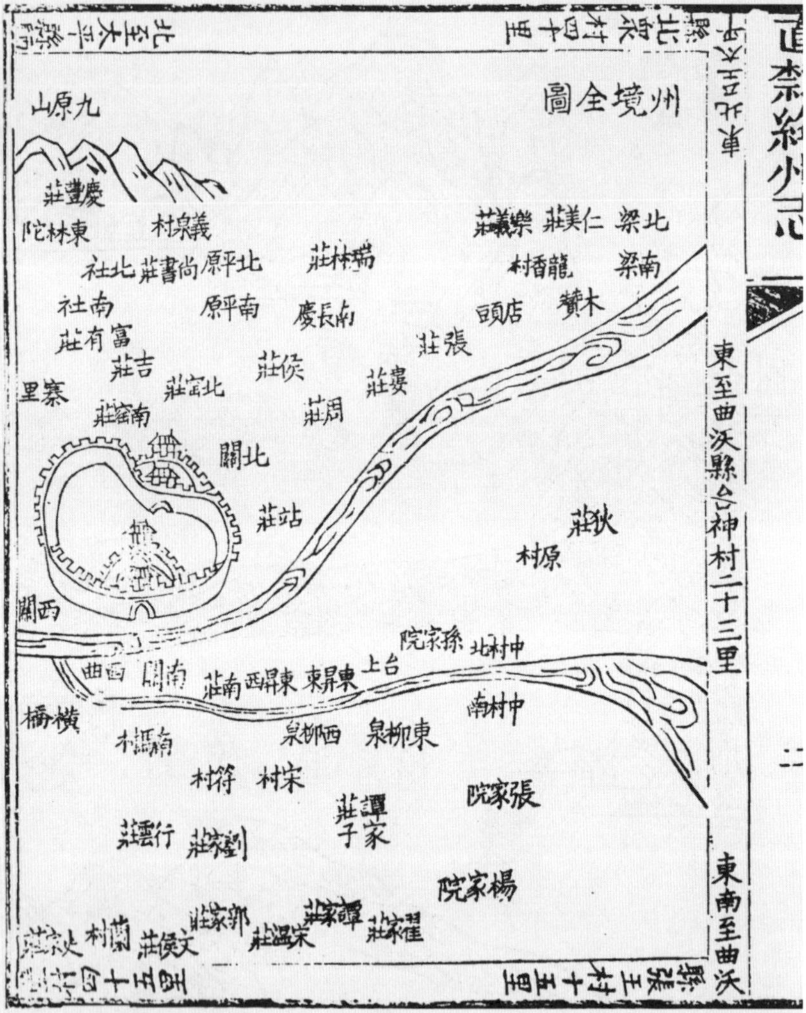
直隸絳州志 一
州境全圖
東北至曲沃縣北董村四十里
北至太平縣
東至曲沃縣台神村二十三里
東南至曲沃縣張王村十五里
九原山
慶豐莊
東林院
義泉村
北社
尚書莊
北平原
瑞林莊
樂義莊
仁美莊
北梁
龍香村
南梁
木贊
店頭
南長慶
南平原
南社
富有莊
張莊
吉莊
侯莊
寨里
北窑莊
南窑莊
周莊
北關
站莊
狄莊
原村
西關
孫家院
中村北
台上
西曲
南關
東昇東
東昇西
南莊
中村南
横橋
西柳泉
東柳泉
符村
宋村
張家院
譚家莊子
劉家莊
楊家院
郭家莊
宋溫莊
譚家莊
翟家莊
文侯莊
蘭村
史家莊

直隸絳州志　圖考　三

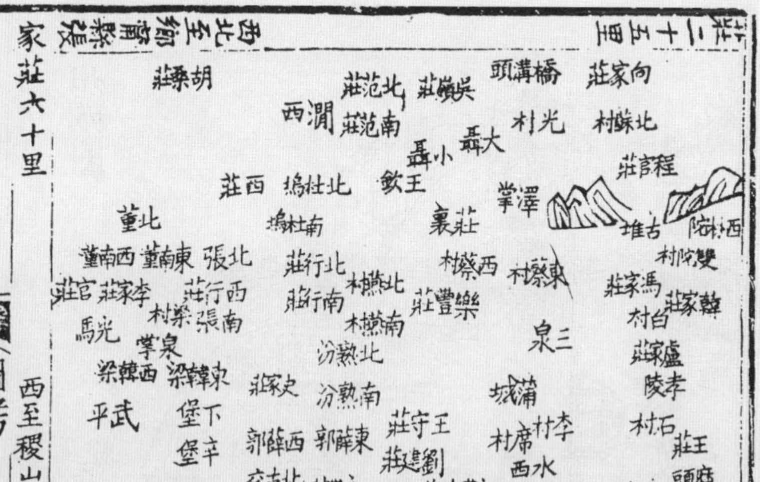

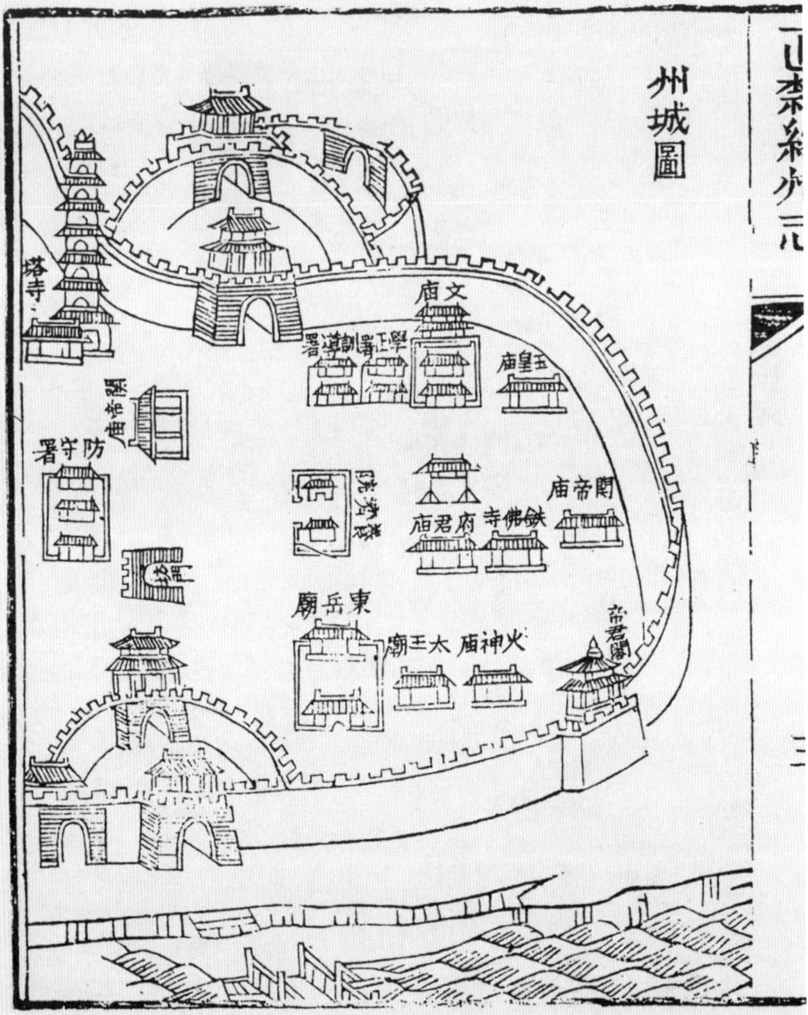
州城圖
塔寺
文庙
學正署
訓導署
玉皇庙
關帝庙
防守署
養濟院
關帝庙
鉄佛寺
府君庙
東岳廟
太王廟
火神庙
帝君閣

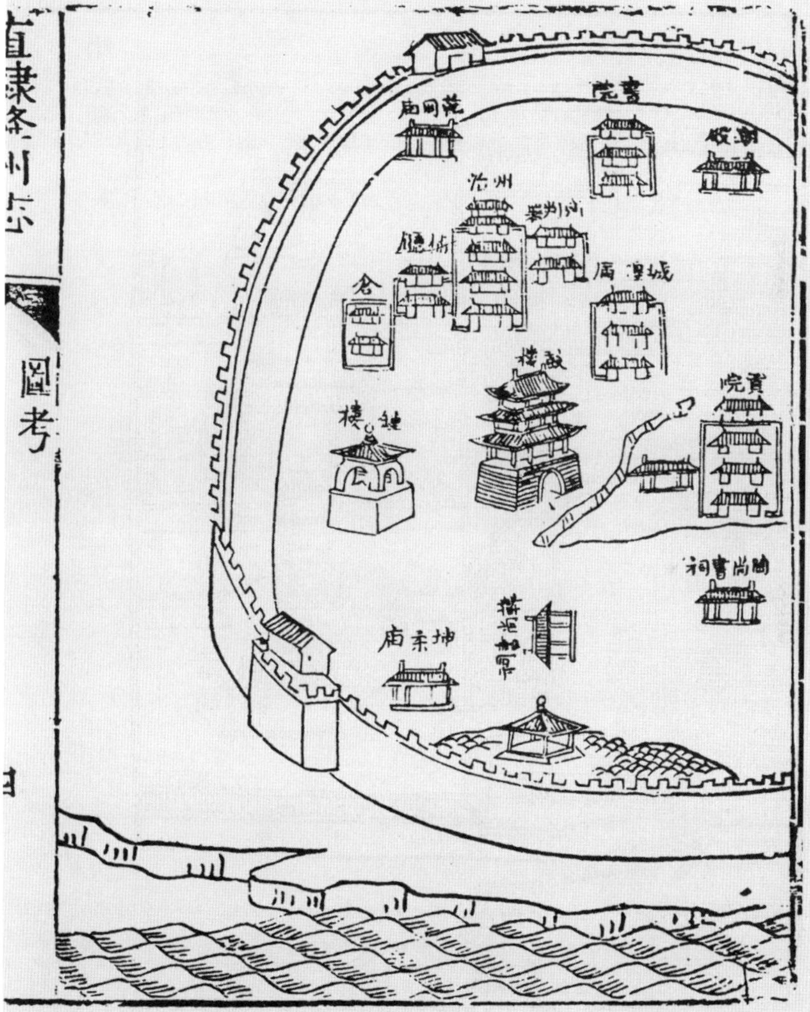
圖考
書院
城隍廟
鼓樓
鐘樓
倉
貢院

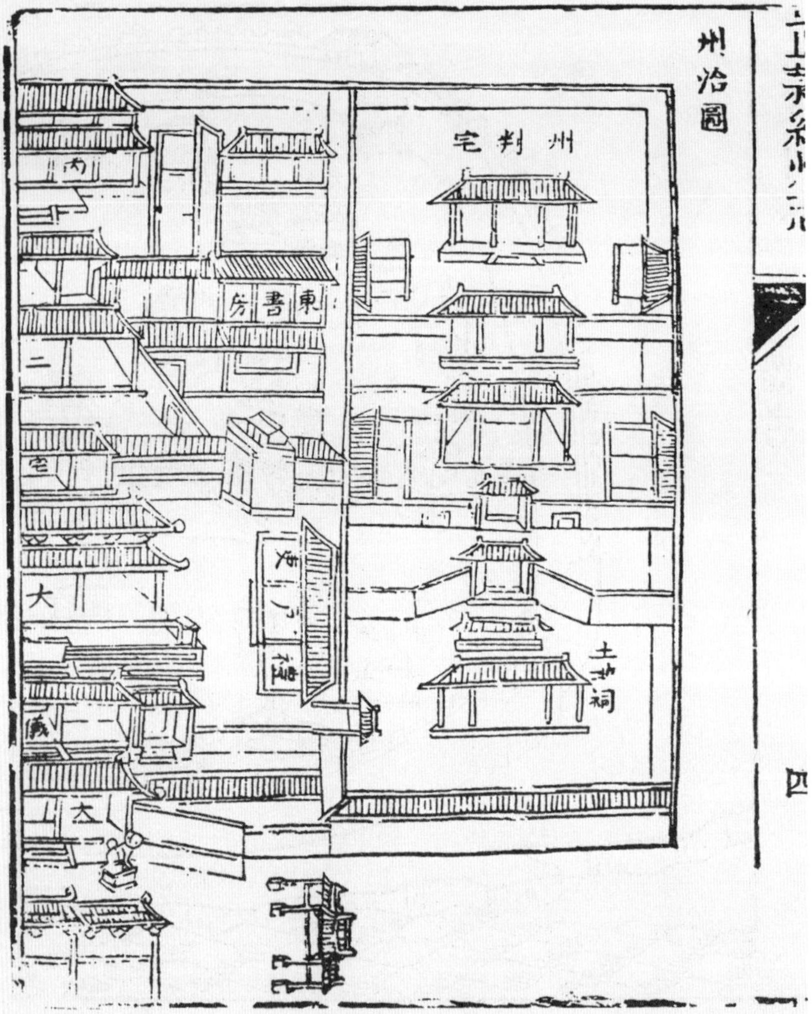
州治圖
州判宅
東書房
土地祠
內
二
宅
大
太

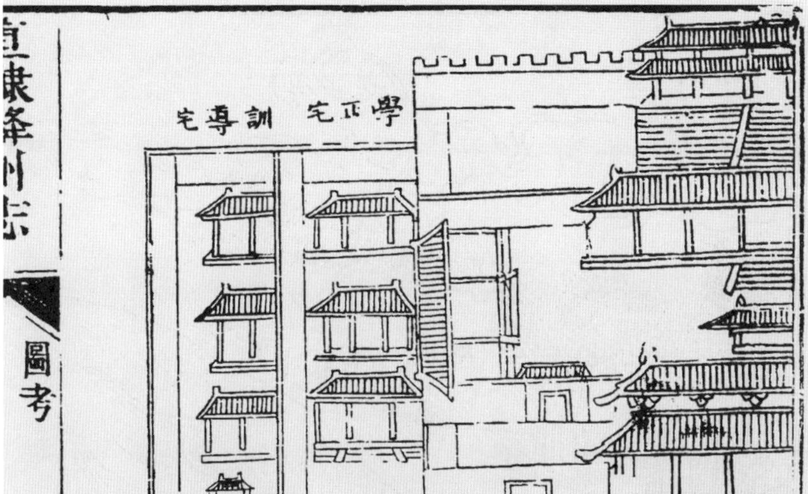

直隸絳州志
圖考
學正宅
訓導宅
射圃

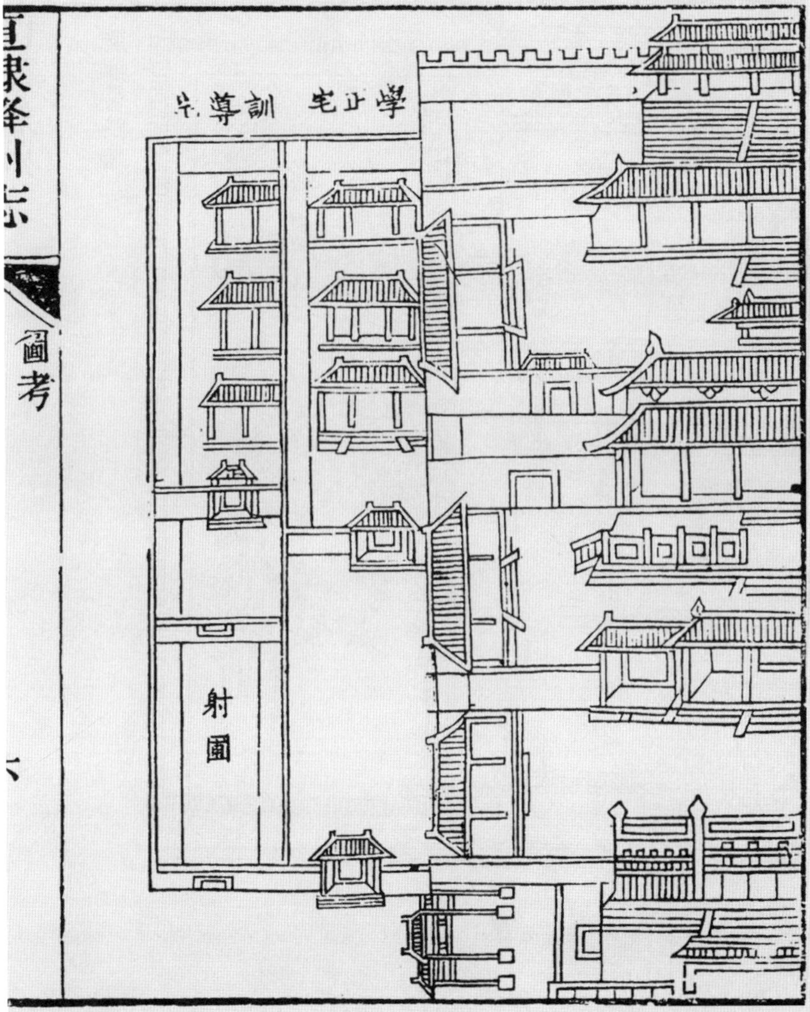
學正宅
訓導宅
射圃
圖考

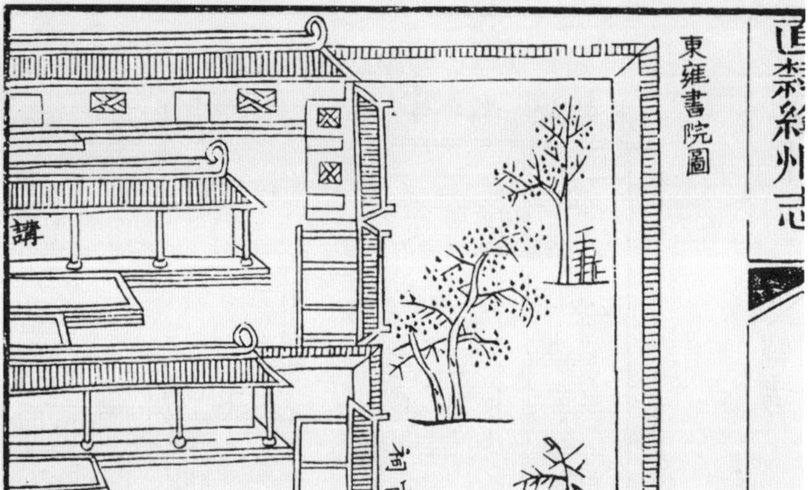

東雍書院圖

直隸絳州志　圖考　七

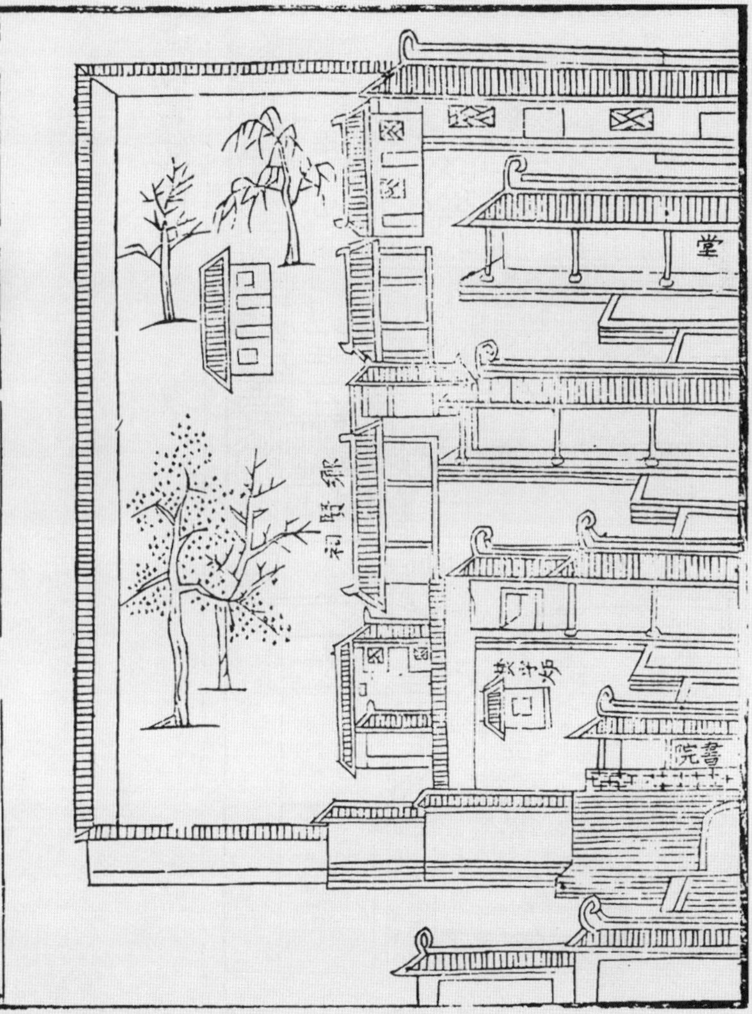

城内書院圖

直隸絳州志

圖考

八

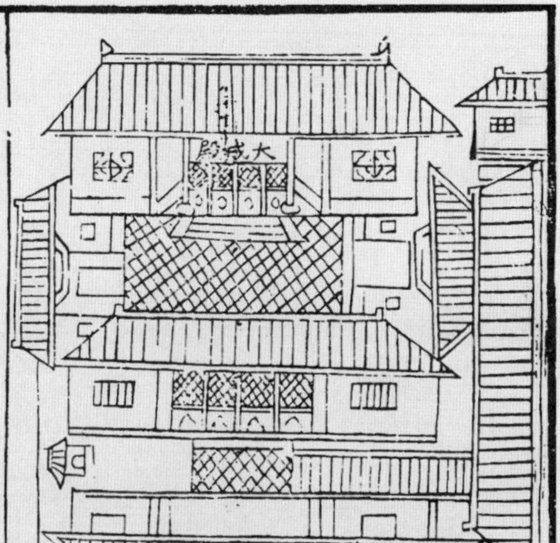

南關書院圖

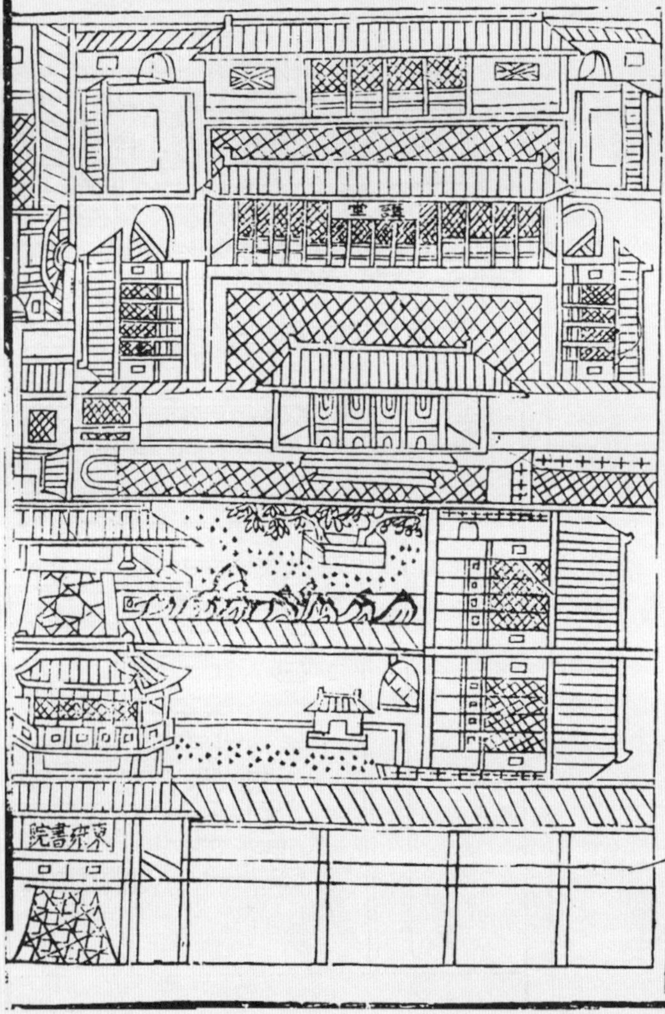

直隸絳州志

圖考

七

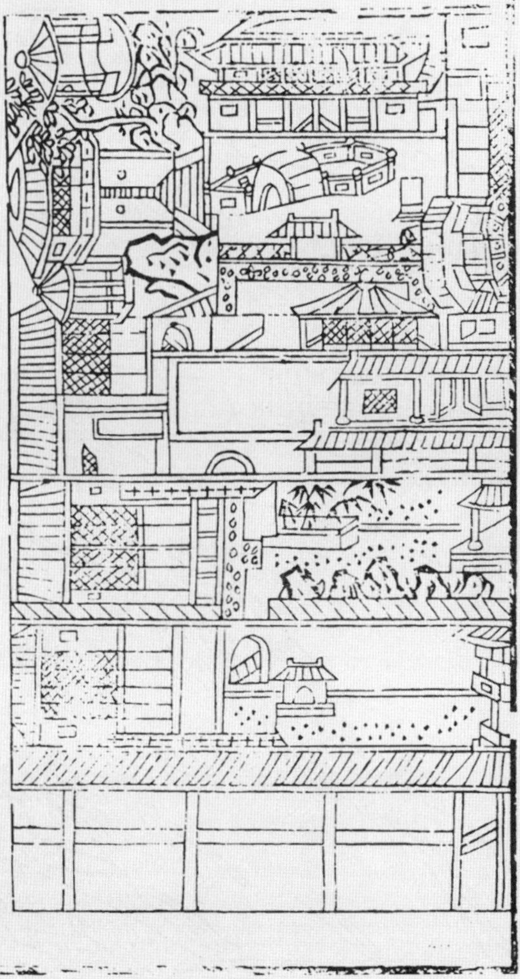

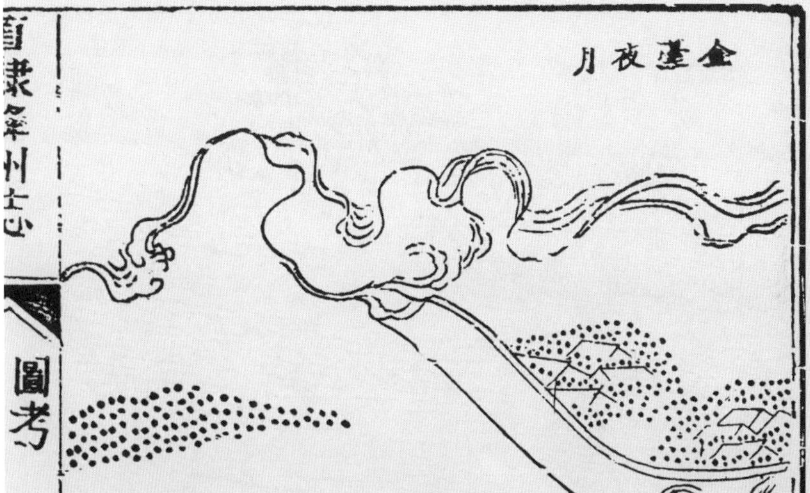
金臺夜月
直隸絳州志
圖考

亂錦
飛鴻
直隸絳州志
圖考
二

直隸絳州志

佛窟晨鐘
圖考
三

靈興古柏

圖考

直隸絳州志

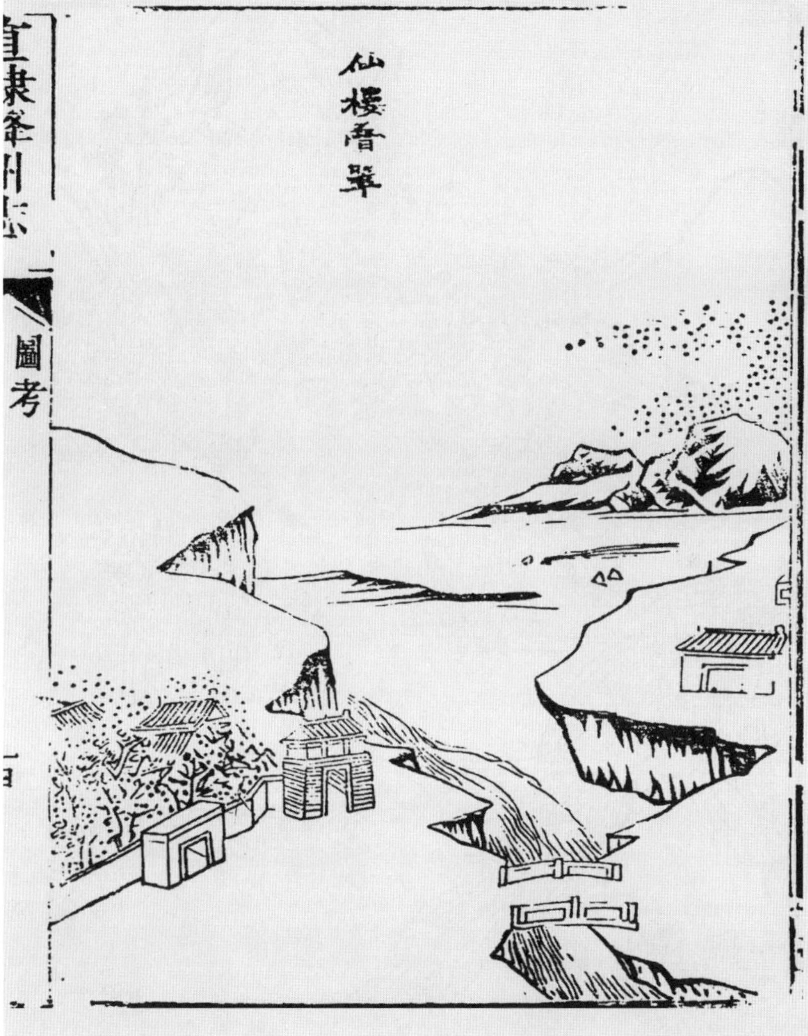
仙樓疊翠
圖考

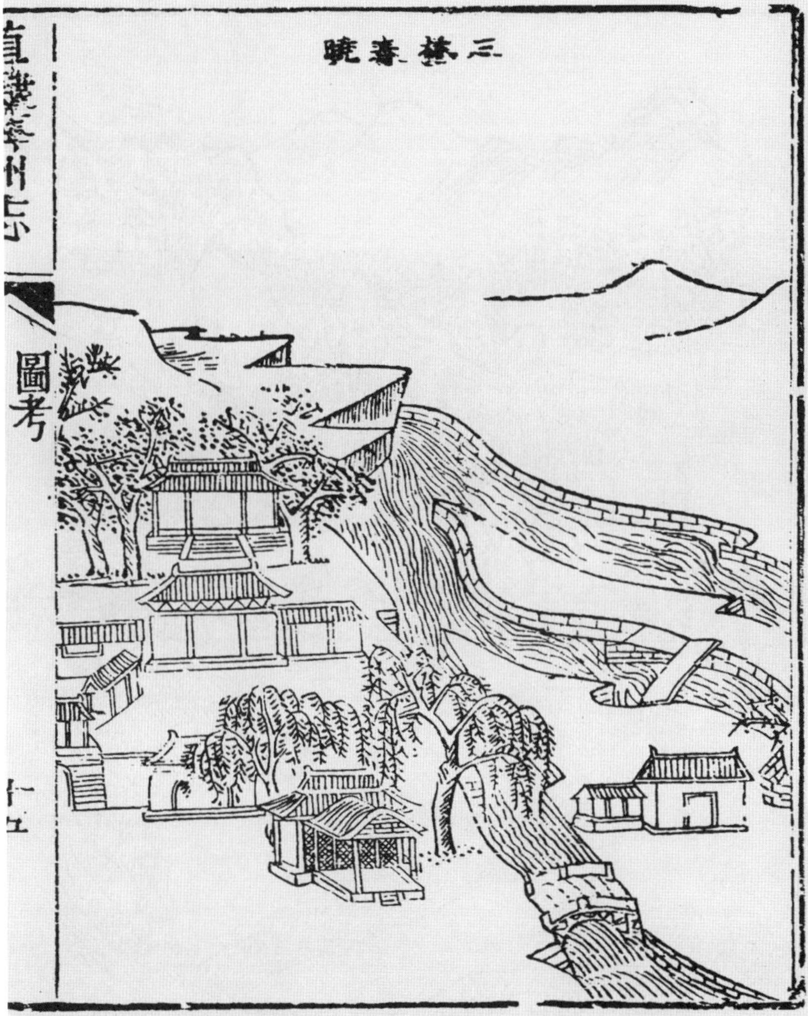
三林春曉
圖考

石鼓神泓
圖考

玉壁秋風

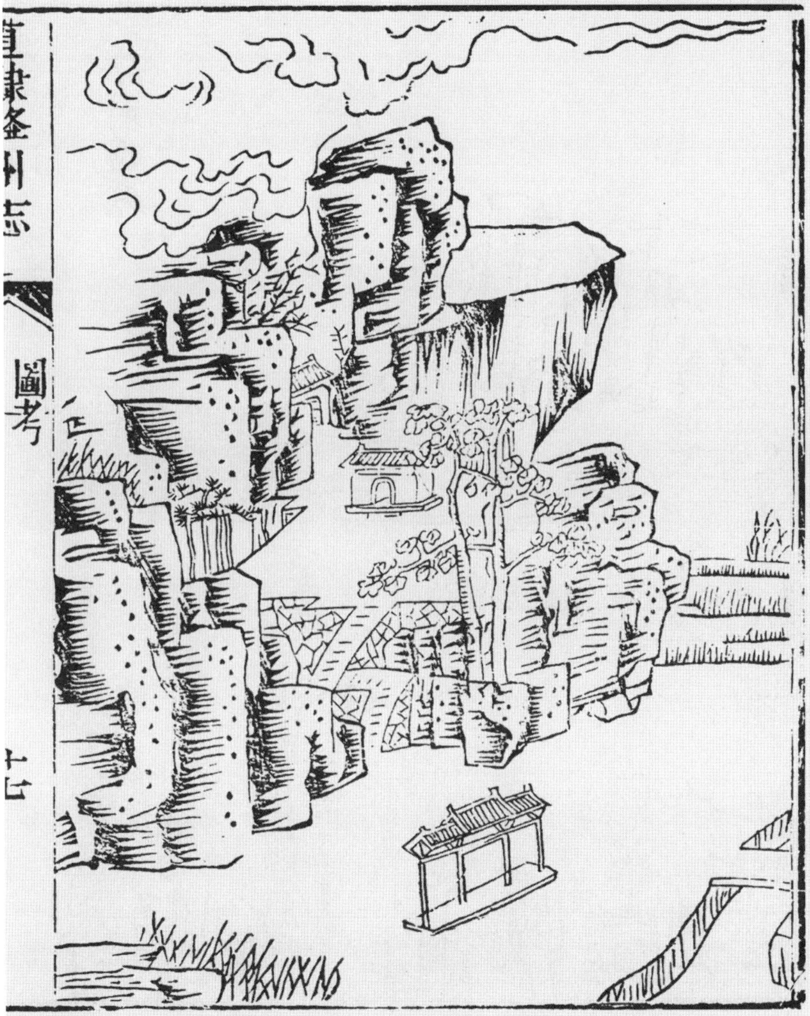
直隸絳州志
圖考
十七

姑射晴嵐

直隸絳州志
圖考
七

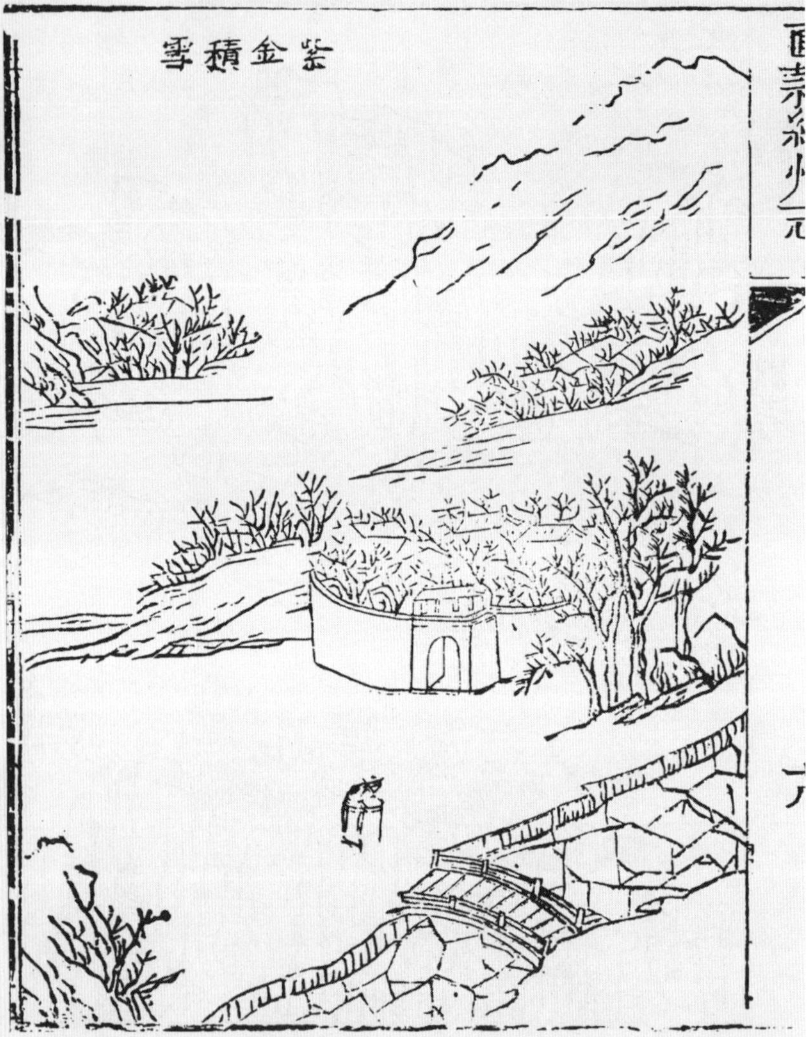
紫金積雪

直隸絳州志　圖考　七

直隸絳州志目録

直隷絳州志卷之一

星野圖說附

周禮保章氏注實沈晉也

左傳遷實沈於大夏主參唐人是因以服事夏商及武王滅唐而封太叔焉故參爲晉星

國語實沈之墟晉人是居

帝王世紀自畢十二度至東井十五度實沈之次魏之分野

漢書魏地觜觿參之分野其界自高陵以東盡河東河內

後漢郡國志註實沈之次於辰在申謂之涒灘於律爲中呂斗建在巳今晉魏分野

唐書天文志觜觿參伐實沈也初畢十度中參七度終東井十一度自漢之河東及上黨太原盡西河之地其地上應天闕

明清類分野書自畢七度至井八度爲實沈之分平陽府參分蒲絳吉隰霍解六州皆觜參分

通志觜參實沈之次於辰在申於州爲益晉魏之分其宿附人

按漢唐諸志言晉星或以爲參井或以爲觜參訛

無定說蓋統全晉之地言之或就星度之鈎帶相
及者槩言之如張爲周星而河東近接陜洛李淳
風以爲入張一度是也明洪武初詔劉伯温等修
大明清類分野書取州郡與天星分配頗爲精密
其曰蒲絳吉隰霍解六州皆觜參分並不及井而
舊志云已入於東井之分爲實沈之最西一隅恐
未足爲據再通志云觜參於州爲益其說本於班
志及春秋元命包彼並不指分野特以占法言之
漢志明明云角亢氐沇州翼軫荆州謂在沇州則
占角亢氐在荆州則占翼軫而益州則兼占觜參

也故其下又有甲齊丙楚戊魏己韓云云是觜參
益州者以星爲占甲丙戊己者以日視星爲占也
乃釋之者或云益之爲言阨或云疆壤益大不亦
謬乎通志又云晉魏之分井宿附入者猶李淳風
以河東入張一度謂星度之鈎帶出入相及非謂
河東兼有張分也聊書管見俟善談星者考正之

圖說附

觜宿圖

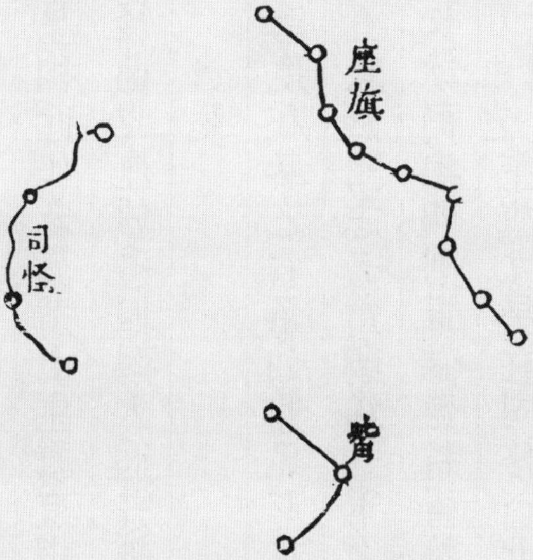

丹元子步天歌

三星相近作參藥觜上座旗直指天尊卑之位九相連

司怪曲立座旗邊四鴉大近井鉞前

占候

觜三度在參之右角如鼎足形主天之關明大則天下安五穀熟隋志云觜觿爲三軍之候行軍之藏府主葆旅收歛萬物明則軍儲盈將得勢動而明葆旅起張衡云葆旅野生之可食者座旗九星在司怪西北主別君臣尊卑之位明則國有禮司怪四星在井鉞前候天地日月星辰禽獸蟲蛇草木之變與天高占同天高星名

躔度

宋兩朝天文志觜三星距西南星去極八十二度半座旗九星距南星去極六十一度半入參宿八度司怪四星距西星去極七十一度入參宿六度半

參宿圖

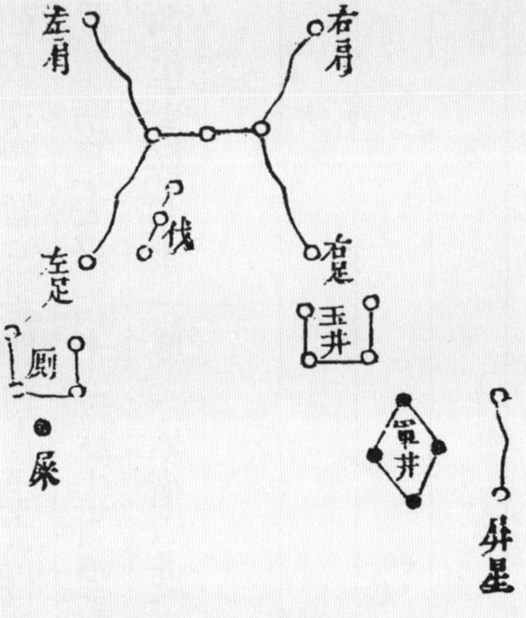

丹元子步天歌

總有七星觜相侵兩肩雙足三爲心伐有三星足裏深王井四星右足陰屛星兩扇井南襟軍井四星屛上吟左足下四天厠臨厠下一物天屎沉

占候

參十度上爲五星日月中道甘氏曰參爲忠良孝謹之子明大則臣忠子孝安吉一曰參伐一曰大辰一曰天市一曰鈇鉞又爲天獄又主權衡所以平理也又主邊城爲九譯故不欲其動也參白虎之體其中三星横列三將也東北曰左肩主左將西北曰右肩主右將東南

曰左足主後將軍西南曰右足主偏將軍故黃帝占參應七將中央三小星曰伐天之都尉也又曰七將皆明天下兵精也玉井四星在參西右下水象也屏二星在玉井南屏爲屏風玉井東西四星曰軍井行軍之井也軍井未達將不言渴名取此也又曰主軍營之事天厠四星在屏東溷也天屎一星在厠南色黃則吉

纏度

宋兩朝天文志參十星距中星西第一星去極九十二度半玉井四星距西北星去極九十八度少入畢宿十一度半天屏二星距南星去極一百一十五度入畢宿

十三度半軍井四星距西南星去極一百五度半入畢宿十四度天厠四星距西北星去極一百一十八度半入參宿二度屎一星去極一百一十五度入參宿三度半

直隸絳州志　卷之一　六

沿革

虞夏時絳州爲畿內地實冀州之域

周成王封弟叔虞於唐在河汾之東地因晉水改國曰

晉成侯徙曲沃穆侯徙絳昭侯徙翼至曲沃武公并

晉又都翼獻公時士蔿城絳深其宮因都焉至景公

徙新田以新田爲絳而以絳爲故絳迨三卿分晉絳

爲魏地

秦屬河東郡

漢初魏豹并晉韓信虜豹定魏改絳爲臨汾縣

魏晉屬平陽河東二郡地

後魏置東雍州析漢臨汾縣地爲南太平神䴥元年爲正平太和十一年復置正平郡領聞喜曲沃二縣

後周明帝改東雍州爲絳州徙聞喜縣龍頭城復徙柏壁建德中徙稷山之玉壁兼治正平郡

隋開皇初廢正平郡自玉壁始徙今治大業二年改絳郡治正平龍門太平曲沃翼城稷山絳垣曲八縣

唐武德元年置絳州總管府管絳潞蓋建澤沁韓晉呂檜泰蒲虞芮邵十五州三年廢總管府四年復絳州爲雄郡正平爲望縣貞觀中分天下爲十三道屬河東道領七縣仍大業之舊增聞喜而無稷山龍門

後唐以河中府稷山來屬

宋爲雄州置絳郡防禦正平爲望縣領縣七有稷山而

無聞喜

金爲上州正平爲倚劇天會六年置絳陽軍節度使興

定二年升爲晉安府總管河東南路兵馬三年置河

東南路轉運司後改晉安府

元初爲中州置絳州行元帥府河解二州諸縣皆隸焉

後罷元帥府仍爲絳州隸平陽路仍領縣七治正平

縣正平爲下倚縣

明以州隸平陽府而領稷山絳垣曲三縣

國朝屬領如舊雍正二年改爲直隸州析平陽府之太平襄陵河津稷山來屬七年又以太平襄陵易平陽府之聞喜絳縣并析解州之垣曲來屬於是絳州統稷山河津聞喜絳縣垣曲五縣

按春秋以前晉都於翼至曲沃武公滅晉周釐王命爲晉君盡併晉地亦都翼獻公八年使士蔿城聚命曰絳九年始都絳水經注應劭曰絳水出絳縣西南即其地也今太平縣南二十五里有古晉城遺址亦稱士蔿所築此說固非據通志云士蔿城聚今絳縣縣治南車箱城也獻公都絳今太平

縣南晉城也此說亦非考左傳士蔿城絳以深其宮林汪以深公宮備豫也是年晉始都絳是獻公所都即士蔿所城非有兩地明矣再考晉封唐之後成侯服人徙曲沃穆侯費生徙絳至昭侯始徙翼則太平縣南之晉城當是穆侯所徙之絳故以古晉城別之不得即指爲獻公所都之絳也後景公自絳遷新田亦謂之絳而以舊都爲故絳杜注絳與新田皆曰今平陽絳邑縣是漢晉時絳邑地極廣今絳州曲沃聞喜翼城太平皆爲絳地難以割清自後魏分絳縣地置曲沃縣與聞喜同隸正

平郡又於今翼城置北絳郡領小鄉北絳二縣又於今絳縣置南絳郡并縣至後周改絳州隋唐宋以後置絳州絳郡然後統南北絳而胥轄之是隋唐後之絳州絳郡地亦擴衍與今日所定疆界廣狹不符今將故絳新絳南北絳異同分合剡稽前說參以臆見庶免拘墟之誚云

地表附

歷代	總部	郡國	州邑
殷	耿都		
周	冀州	晉	瓠邱　郫邵　曲沃　故絳　稷　高梁　清源　涑川
		耿	耿城
		冀	
		魏	王垣　曲沃　皮氏
秦		河東郡	桐鄉　左邑
漢	司隸校尉	河東郡	左邑　聞喜　臨汾　垣　皮氏　絳
後漢		河東郡	臨汾　皮氏　聞喜　絳　垣

魏　平陽郡
　　河東郡

晉　司州　平陽郡　絳邑　臨汾　皮氏
　　　　　河東郡　聞喜　垣

北魏　晉州　平陽郡　臨汾
　　　　　　南絳郡　南絳　小鄉
　　　東雍州　邵郡　白水　清廉　萇平
　　　　　　高凉郡　高梁　龍門
　　　　　　正平郡　聞喜
　　　南汾州　龍門郡

		北鄉郡	龍門
後周	勳州總管府	蒲州	龍門
		龍門郡	
		正平郡	
		絳郡	
		邵州	亳城　蒲原
隋	冀州	河東郡	龍門
		絳郡	正平　絳　稷山　聞喜　垣
唐	河東道	河中府	稷山　龍門
		絳州	正平　絳　聞喜　垣

五代　絳州

解州　東漢　聞喜

宋　河東路　絳州　正平　稷山　絳　垣曲

陝西路　河中府　龍門

解州　聞喜

金　河東南路　河中府　河津

絳州　正平　稷山　垣曲　絳

解州　聞喜

元　河東山西道肅政廉訪司　晉甯路

河中府　河津

絳州　正平　稷山　絳　垣曲

解州　聞喜

明　山西布政司　平陽府蒲州　河津

絳州　稷山　絳　垣曲

解州　聞喜

國朝　山西布政司　絳州　稷山　河津　聞喜　絳　垣曲

凡一州五縣地方名號數易歷代之割隷出入不同今既志沿革其有不能盡者作地表著之俾觀者得以考焉

直隸絳州志　卷之一　十三

疆域形勝　舖遞附

絳州全境東西廣一百三十五里南北袤一百一十里

所屬稷山縣在州西境距州五十里河津縣在州西境距州一百里聞喜縣在州南境距州七十里絳縣在州東南境距州九十里垣曲縣在州東南境距州二百里

東自本州境至平陽府曲沃縣界十里

西自河津至陝西同州府韓城縣界黄河岸一百二十五里

南自聞喜至解州夏縣界九十里

北自本州至平陽府太平縣界二十里

東南自垣曲至河南府澠池縣界黃河岸一百里

西南自稷山至蒲州府萬泉縣界八十里

東北自本州至平陽府曲沃縣界二十里

西北自河津至吉州鄉甯縣界一百四十里

絳州本境在山西布政司西南境距省七百五十里自

州至

京師一千八百里東西廣四十二里南北袤五十二里

東至平陽府曲沃縣界十里

西至本州稷山縣界三十里

南至本州聞喜縣界三十里

北至平陽府太平縣界二十里
東南至本州絳縣界六十里
西南至本州聞喜縣界四十里
東北至平陽府曲沃縣界二十里
西北至本州稷山縣界四十五里

形勝 附

北枕九原南襟峩嶺姑射雄峙於西北汾澮環繞於東南在前晉爲都會之處在李唐爲六雄之一乃河東奥區山右名都昔人謂西山鳳舞天邊去北水龍飛掌上來詎不信夫

十景

金臺夜月　亂鎗飛鴻　佛龕晨鐘　龍興古柏

仙樓疊翠　三林春曉　石鼓神泓　玉壁秋風

姑射晴嵐　紫金積雪

八景

馬首靈湫　侯莊仙掌　哺飢坂道　碧落碑文

園池臺榭　清灘石洞　閣底琴音　狄灘塔影

鋪遞附

急遞總鋪　在州治南

平原鋪　在城北十里

義泉鋪　在城北二十里

三林鋪　在城西十里

古交鋪　在城西二十里

周村鋪　在城西三十里

狄莊鋪　在城東十里

直隸絳州志　卷之一　　　五

直隸絳州志卷之二

山川 水利附

姑射山在州西北四十里即南華經所謂有神人居者堯治天下之民平四海之政往見四子藐姑射之山窅然喪其天下焉即此

馬首山土人名馬頭山在州西北四十里亙數百里東繇臨汾襄陵太平界迤邐而來西至稷山界隸州境三十五里一峯突出山上山後胥鄉甯界與姑射山隔一峪禱雨龍祠在焉史記趙盾田於首山即此一名火燄山上有火燄池水最清冽山險難陟又名悔

來山　東至本州向家莊　西至本州官莊

峩嵋山　在州南二十里隸州境四十里迤邐自夏縣聞喜猗氏臨晉榮河諸縣西抵黃河東臨曲沃坡南隸聞喜　東至本州楊家院莊　西至本州弋家莊

九原山　在州北二十里隸州境東西九里山面南平原突起土阜九區上有百神廟山産芫花檀弓趙文子與叔譽觀於九原即此

鼓山　即古堆也在州西北二十五里接九原西坡周圍四里高五丈穹窿而圓形如覆釜人馬踐履有聲四周有石磴下有泉池唐高祖克霍邑進攻臨汾郡犒

軍竊出上溫大雅大唐創業起居注曰庚寅宿於絳郡西北之鼓山帝爲討捕大使時舊停營所故迂而宿焉去絳二十餘里絳城不下是日曉鼓山西北有大浮雲色或紫或赤似華蓋樓闕之形須臾有暴風吹來向營而臨帝所居帳上帝指絳城而謂傍侍曰風雲如此彼何不達之甚辛卯帝觀兵於絳取之頓食於正平縣令之宅

玉壁山在城西北隅高十丈有奇盤踞三里所謂玉壁

秋風山在本城武平莊西鄰稷山小杜莊

陽石山開山圖載陽石山在絳州北

定境山金志載定境山汾水澮水鼓水

汾河在城南門外源出岢嵐州一出靜樂縣北管涔山東南入并州經靈石霍趙洪洞臨汾襄陵太平入州境西流入稷山至河津入河自州境南梁莊至周村莊入稷山縣隸州境凡七十里　水經注汾水又西逕魏正平郡南故東雍州治太和中皇都徙洛罷州立郡又西逕王橋澮水入焉　又水經注汾水西與古水合又西南逕長修縣故城南漢高帝十一年以爲侯國封杜恬也有修水出縣南而西流入汾汾水又西逕清原城北故清陽亭也城北有清原晉侯蒐

淸原作三軍處也

澮水在州南五里源出翼城縣澮高山西南過絳縣與絳水合西過虒祁宮又西南至州境自柳泉莊至横橋莊入汾隸州境凡二十里

鼓堆清濁二泉源出九原山一曰清泉一曰灰泉土人名神沼以匯乎惠聖母祠南也　水經注古水出臨汾故城西黃阜下其大若輪西南流故横溝出焉東注于汾今無水又西南逕魏正平郡北又西逕荀城東古荀國也　喬宇記泉發於九原山之西鼓堆者或曰其北突有二山高圓如鼓則泉以形似而名志

曰泉上有堆如覆釜形履之聲如鼓則泉以聲似而名泉有淸濁二穴淸東北濁西南北穴爲石口尺五許自匯爲池幅蝜數丈其深半之溢而西折而南流南穴爲土口尺許傍砌以石亦匯池而南合於淸流泉之東則隆然高原南北疇皆資泉而漑其南至於州城漑田二十五里入於汾

澤掌西北二里有眠窩泉溤泉永和泉東北一里有龍頭泉合流後俱涸

蘭村西北山半泉水無聲卯午酉湧出有聲土人名溢水

赤龍潭在六街北俗名泉兒坡後涸

龍谷泉在州東北十八里龍香村左傳龍見于絳郊即

此

泉掌鎮關王廟前大泉分二支流鎮南鎮西　鎮東有

溝溝左一泉名大渠溝右一泉名小渠又有活潑泉

舂口泉王馬庫泉蛇泉

薛郭泉在薛郭

丁村泉在丁村

龍頭泉在澤掌

修水　古水合汾汾水又西南逕長修縣故城南有修

水出縣南西南流入汾

乾褱澗土人名扶蘇水後澗

天井水後澗

水利　附

鼓堆清濁二泉合流而下漸成大溝溝上地水不能及隋正平令梁軌謂水動物也順之則下激之則上乃因地宜以激水迄今千餘歲雖小有變更而大勢則因之即今水道清泉下建木閘激水灌溝東之地三泉莊二晝二夜白村并盧李村三晝二夜李村并盧家莊一晝二夜孝陵五晝五夜石村五晝四夜王莊

二晝二夜磨頭二晝二夜祁郭三晝四夜北關四晝四夜憲邨府一晝一夜州衙一晝一夜計二十九日一周大溝漸澗漸深俗呼天河於席村北建石閘激水東南灌臼村地三頃西南灌席村李村蒲城地九頃水西莊北建石閘激水經莊東稍南鐵鑄分水口一口灌南北王馬莊三晝三夜龍泉莊三晝三夜蘇村六晝六夜（通志作六晝五夜）古交莊三晝三夜（通志作三晝四夜）周劉村六晝六夜計二十一日一周一口注天河至三林北又建石閘激水灌三林橋東橋西地無番次鼓堆西一渠經蔡村灌三泉地八頃

無番次今王府水番移灌民田

舊志云溝東水出自清泉混混從石中出歷代以來雖大旱不敢取石懼石去氣洩而泉涸也明萬歷三十四年築汾堤取石於茲水西莊成梁亦復取之迄今不禁相援爲例以有限之石供無限之取則源之涸可立而待也識者不無杞憂焉

又舊志云王馬七莊水番時刻有期未到不敢先既過不敢復重私約甚於重官法其在東渠則不然稻地漸多臺池亦有是皆耗水之尤者其灌而又灌更比比也彼均則有餘此偏則不足均之之

法不知如何則可

泉掌鎮關王廟前一大泉一支灌鎮南一支灌鎮西各地三四頃鎮東有水溝溝左一泉名大渠灌辛堡下堡韓梁左邊地二十五日一番溝右一泉名小渠灌辛堡下堡韓梁右邊地二十四日一番其他活潑泉春口泉王馬庫泉蛇泉各灌地不等

馬首山峪中雨水自稷山三界莊而下分爲二渠一經北董北張燕村行莊南杜塢一經南董李家莊梁莊郭馬武平各灌地不等

馬璧峪澗瘟水亦諸山峪雨潦匯聚奔注澗壑之水也

附近村民築渠引水以資澆灌渠分三路東路灌溉稷邑三界莊併灌溉絳州北董官莊光馬等莊西路灌溉稷邑范家張家劉家東莊等莊中路灌溉稷邑李老大杜廉城等村莊地畝載諸省郡志乘班班可考緣絳州昔隸平陽府至雍正二年始改直隸是以馬首山峪水道州志雖有開註畧而未備厥後官莊民人在於中路上游開有偏渠渠口築立一堰名曰抱唇與李老莊界址毗連屢起爭端歷經委員勘明議定抱唇長寬高厚弓尺迨乾隆十五十七等年因修築抱唇疊次爭改節經

河東道憲喬詳蒙
各憲勘定照依舊址栽明界限鑄一鐵柱上鐫
河東道率同絳州稷山縣遵
旨丈明官莊修築偏渠抱壩長六弓高四尺底寬六尺
面寬三尺字樣豎立壩口並將柱書勒石俾均沾水
利永定章程
蘭村西北山半出泉水細無聲每日卯午酉水湧出有
聲若潮汐然俗呼溢水經史家莊曲村柏壁灌溉
傍地不計數
澤掌西北二里有眠窩泉濡泉永和泉其利甚溥東北

一里有龍頭泉合流灌本莊鼓堆蔡村地二三頃此
水性寒不甚發苗今眠窩泉漹泉永利泉俱涸
薛郭出泉灌古交地一二頃
丁村泉灌本村葦地不計數
龍谷泉在城東北一十八里舊溉田甚多今流數十步
即涸
舊志云水利係乎民生所以濟一方之荒旱輪番
挨次遞爲澆灌甯有爭端然爭端日相尋而不已
者皆上流得以操下流之急勢豪桀黠越次侵奪
澆灌不時且因而漁利焉至明季尤甚自

易

聖朝御宇憲紀嚴明水利番次均平清渠絲畝磽

而膏腴矣向之勢豪桀黠盡皆覆其宗而滅絶之

天道昭昭甚可畏也凡資水利者各宜恪守番次

勿相侵奪明鑒往者之失斯永享昇平之福歟

古蹟陵墓附

荀城晉公族荀氏邑在州城西十五里水經注曰古水西南逕魏正平郡又西逕荀城東古荀國也汲郡古文晉武公滅荀以賜大夫原氏

臨汾故城在州東北二十五里獻公九年夏士蔿城絳即此漢爲臨汾縣址存通志平陽志云東北二里未是按州舊志晉城二一在州城東北二十五里漢臨汾址今在太平縣界内一在州城東南五十里卽晉所遷之新田今在曲沃縣界内則臨汾故城舊絳蹟非今絳蹟也

柏壁城在州西南二十里秦王堡在焉後魏明元帝置柏壁鎮至太武帝廢鎮置東雍州北齊斛律光曾屯兵于此

武平關在州西三十里北齊屯兵以防周寇　唐志西有武平故關　通典姚襄城洪洞晉州武平關三關

長秋鎮在州西北三十里卽今泉掌鎮北齊圍周宜陽韋孝寬謂將帥曰宜陽一城之地未能損益然兩國爭之勞師數載彼若棄崤東來圖汾北我之疆界必見侵擾今宜於長秋速築城以杜賊患是歲齊人果解宜陽

王澤在州西七里　史記智伯率攻趙襄子襄子奔保晉陽原過後至遇三人於王澤自帶以下不可見持竹二節與原過曰爲我遺趙無恤過以告襄子剖竹有朱書曰余霍太山山陽侯天使也三月丙戌余使汝反滅智氏汝亦立我百邑余將賜汝林胡之地後果滅智氏遂祠焉

雀關在城西

壇上在澮河南俗傳祭齊姜處

靈公臺在州城西北三十里長秋鎮左傳晉靈公不君從臺上彈人觀其辟丸即此地

哺飢坂在城北五里趙盾哺翳桑餓夫處傍有靈輒廟

明永樂間修

韓獻子故里在城內省元坊

趙文子故里在城北三十里蘇村

羊舌氏埋羊里在西關　羊舌子好直不容於晉去而之三室之邑邑人攘羊而遺之不受其妻曰不如受而埋之羊舌子曰何不餉肸與鮒其妻曰不可南方有鳥曰吉乾食其子不擇肉子多不義今肸與鮒童子也隨大人而化不可食以非義乃盛以甕埋壚陰後攘羊事敗吏至發而視之舌尚存吏曰君子哉羊

吾子不與攘羊矣里人陶虛泉有碑記

文中子讀書處在喬溝頭北清濂洞　辛全詩四地都

爭爲故里不知何處果爲眞按隋州守陳叔達乃文

中子門人則絳有讀書處宜也

將臺在橫橋灘薛仁貴投軍立址微存

絳守居園池在州治北隋開皇十六年內軍將軍臨汾

縣令梁軌導鼓堆泉開渠灌田又引餘波貫牙城蓄

爲池沼中建洄漣亭旁植竹木花柳唐長慶中刺史

樊宗師有記見藝文

啟光樓西瀛洞在州城塔東嘉靖九年建

靜觀樓在州治後園正德十六年知州李文潔建有記

星漢樓在鼓堆原名神泓閣嘉靖三十四年知州許用中更今名

會仙樓在西關后土廟前晉天福年間建嘉靖四十年重修

嵩巫亭在居園池內宋富鄭公弼建有詩

洄漣亭在州治內創自隋梁軌唐樊宗師有記元至治中劉名安重搆明正德中知州韓轍重修

臨清亭在察院內景泰元年知州劉訦鑿池引鼓堆泉水歷有題咏

菡萏亭在州治内宋元符閒池生並蒂蓮時淄川周侯
　自尙書刑部郎中守絳錄事叅軍張爲有記
曲水亭在州治内瑯琊王漢雷孝先有詩
慶安亭在州治内金大定二年郡人孫鎭有記
觀德堂在州治内宋富鄭公弼增而廣之大觀二年重
　葺正平簿孟公濟有記
思堂在州治東宋朝散大夫絳州軍事兼管内勸農事
　時脩建舊志闕郡徐常記通志張繹作記
潛心堂在州治内宋宣和三年朝請郎權州軍事李皓
　有記

南園　無邪堂　快軒金正隆二年觀察韓子端有記

花蕚堂在州治內

集古堂元至正初絳帖碑石多散失州守李公求之復其什之八九序列於集古堂

眞樂窩明辛復元讀書地

養龍池遁甲開山圖云絳州有陽石山神龍池黃帝時遣雲陽先生養龍於此國有旱卽祀池請雨

冰窖北窖莊西有冰窖溝溝北土洞二其色青其質堅臘月積冰其中封固留一孔可容一人出入以便取冰其冰經夏不化今廢

一間軒陶參議銓養逸處有題咏見藝文

白雲莊韓司空重養逸處有歌咏

菊莊陶恭介琰養逸處有詩咏

天地窨在九原山深壑中文養蒙隱居處

坊表附

儒林坊在大街東

旌孝坊爲靈邱王仕塤並子成鈒孫聰澝立在三義

廟前

五世進士坊爲陶銓陶壐陶琰陶滋陶登立在貢院

前

大司空坊爲尚書韓重立在貢院東

大司徒坊爲尚書陶琰立在貢院西

大中丞坊爲侍郎孫光祐立在北門內

世沐天恩坊爲知府張與行立在南窰莊

解元坊爲陶琰立在儒林坊東

進士坊爲進士閻調鼎立在大街坊門南

聯捷坊爲武進士張丕猷立在三林鎮北門內

總建節孝坊在城內東槐道同治四年　勅建

陵墓附

周

晉申生母齊姜墓在州南四里

晉驪姬墓在州南四里滄水北岸萬歷四十二年沒

於滄岑嘉州有碌

晉靈公陵在馬首山雲居寺地

晉靈輒墓在州東北五里侯莊古道口

北齊

左丞相咸陽郡王斛律光墓在州衙子城東北隅城

隍廟後

唐

盧尚書墓在北社莊北

宋

叅知政事謚簡肅薛奎龍武將軍薛睦國子博士薛

良孺内殿崇班薛塾墓俱在周村歐陽修有表誌

今塋内塚平止薛睦表一碑獨存

元

御史韓亨甫先塋在城西北四里官道傍有碑

撫州路總管張仲儀墓在城北五里碣銘宋濂撰

廉訪使李思敬墓在城北五里有碑

萬戸孔錦山墓在城西南十五里諭德蕭㪺撰碑

劉節度使墓在城北四里侯莊有碑

明

靈邱榮順王陵在城西三十里周村

僖靖王陵在城西北三十里泉掌鎮

莊和王陵在城正西十五里

端懿王陵在城西十五里

康悼王陵在城西十五里

悼懿王陵在龍泉

懷僖王陵在龍泉

刑部侍郎高鐸墓在城北五里

參議陶銓墓在州東五里大學士焦芳誌

府尹韓英墓在城西五里官道有碑

工部尚書韓重墓在城北三里顏繹誌銘

兵部尚書謚恭介陶琰墓在城北三里奉勅修大學

士李時撰碑

工部侍郎孫光祜墓在磨頭村侍郎晉應槐誌銘

辛全墓在城南五里原村東南

恭議陳恕墓在城東一里

通判謚忠烈陳韶墓在侯莊東北

尚寶司少卿王之翰墓在王莊東北

開州知州王臣直墓在孝陵莊西北

李生光墓在城西南十里中社村
文養棠墓在義泉村東南
國朝
布政使李翀霄墓在城北長慶莊
通政參議孫錫齡墓在王莊西北
党成墓在吉莊南
李毓秀墓在城北十里吉莊
太史楊作楨墓在丁村西
謝丕振墓在南社莊西南
太史黄洽墓在周莊北

義塚十一一在狄莊南計地一畝一分零東至道西至吉兆南至道北至党玉一在段家莊西計地四分五釐東至段英傑西至段化鏞南至濟北至道一在南關計地二畝八分東至用大鏞西至道南至劉秉健北至道一在站里東北計地一畝七釐零東至楊校臣西至堰南至道北至道一在北關西官道傍計地三畝二分東至道西至城壕南至郡厲壇北至龍王廟上五處

男塚一在窰頭莊東官道傍計地八分東至道西至党懷信南至道北至張元泰上一處

女塚一在城北南北道西計地十一畝九

分四釐九毫一　一在南關計地一十三畝道光四年知州張濤置一在南關計地一十三畝道光二十九年知州張映南置一在南平原名恤忠園計地二十二畝周圍有牆同治八年知州沈鍾置一在寨里南城壕岸計地四畝光緒五年同善總局置一在寨里村南計地二畝八分光緒五年州入梁登鰲施

直隸絳州志 卷之二

風俗土俗附

吳季札觀樂爲之歌唐曰思深哉其有陶唐氏之遺民乎不然何憂之遠也

漢書曰參爲晉星其民有先王遺教君子深思小人儉陋又曰水深土厚性多剛直好義任俠當全晉之時固已知其剽悍矣

唐柳宗元晉問平陽堯之所理也有茅茨采椽土型之度故其人至於今儉嗇有温恭克讓之德故其人至於今善讓有師錫僉曰疇咨之道故其人至於今好謀而深思有百獸率舞鳳凰來儀於變時雍之美故

其人至於今和而不怒有昌言儆戒之訓故其人至於今憂思而畏禍有無爲不言垂衣裳之化故其人至於今恬以愉此堯之遺風也

唐杜牧曰魏晉後工機織雜意態百出俗益俚敝人益脆弱不復沉鷙剛中

宋朱熹唐風傳曰其地土瘠民貧儉勤質朴憂深思遠有唐堯遺風

文獻通考云河東魏晉以來文學盛與閭里之間習於程法

一統志云絳州經晉霸之餘人性剛悍多勇敢然勤稼

稽好蓄積

祝氏志云人重廉恥尚道義勤耕織好蓄聚近入於奢

穆氏志云城市之民無寸田多貿易盈難而虛速鄉民務耕織懸崖畸徑苟可種無閒曠抱布貿易殆無虛時土狹而瘠使然也

土俗附

冠禮古者男子二十而冠著成人也今廢

昏禮六禮之中僅存問名納采請期親迎娶日張宴作樂富家率以爲常失古者昏不舉樂之意

親迎日擇年相若者飾爲伴郎

親喪而娶名爲拜喪遊子未歸而娶名曰空房又男女初未議昏故而合葬謂之冥配陋俗當禁

喪禮士夫之家不作佛事不用俳優俗反目爲儉親誦經超度作樂愉尸幢幡塞道力不能備則甯停柩又多泥堪輿家言卜地卜日動經數歲非力禁不可

祭禮營廟置主惟搢紳家爲然然亦同堂異龕而已民間惟設木主於寢祭儀大概簡略

歲時社祭夏冬兩舉亦古者報嗇之遺又鄉鎮多香火會扮社鼓演劇招集販鬻人甚便之然男女聚觀識者鄙焉

元旦夙興燔柏柴名興旺火隙牲醴果羞祀神祀先家
衆以次跪拜然後出拜戚鄰旬餘乃已立春噉來服
數片名曰皷春元宵張燈架鰲山鼓吹雜戲火樹銀
花城市爲多十六日街巷架鞦韆婦女羣伴遊行名
走百病二十日家食煎餅名添倉
二月二日俗傳龍擡頭家爲鼓箕踏青放紙鳶春分釀
酒醋
清明插柳前數日紙錢殺楂聚族墓祭且加封穀雨晝
符貼牆名曰禁蠍
四月一日插皁角葉卻諸病

五月五日以艾蒲插門飲雄黃酒並塗小兒各竅佩硃砂袋繫五色綵親友以角黍相餽

六月六日曝書衣作麴伏日合醬

七月七日設瓜果童男女乞巧中元薦麻穀果羞焚楮墓前

中秋陳月餅瓜果望月羅拜相招縱飲

重陽賞菊食餻或攜榼登高飲酒賦詩

十月一日墓祭略同清明惟裁楮象衣名送寒衣十五日社祭名閉神門

冬至祀始祖相拜揖各塾祭先師生徒詣師叩賀館東

邀宴

十二月五日以各種豆及米作飯名五豆粥八日置果

菜飯中名臘八粥二十三日晚以餅飴祀竈逾日掃

舍宇至年底婚嫁不擇吉除日易門神桃符貼春聯

直隸絳州志 卷十之一 三

物產

粱穀

唐常貢絳郡貢粱穀二十石

白縠

唐常貢絳郡白縠五百匹今惟織綿綢與絹朴素無

奇

茉莉

一名奈花

桃花

州境產千葉碧桃數種汾水夾岸數十里紅似綺錦

梨

唐常貢絳郡貢梨三千顆今種色尚夥一種大如碗

味甚甘微酢多瀋

楸子

馬首山出色深紅數顆置案上清香滿室

棗

有圓長蓮花蝦蟇牙脆等名

蘿蔔

三林出者其大可十五斤甘脆無辛味

水蘿蔔

京師種過三年隨土而變則別求種

茄

圓大如盂大者可重二斤十兩膚理肥潔三林出者尤佳

地黄瓜

有青白二色

笋布魯

即煙草也載舊志

薏苡

土人種之盈畝米可爲粥

艾

載平陽府志

氊片

五色俱備可爲衣毯之屬購用頗廣舊作氊帽婦女童稚皆有分功

翡翠

州境間有其色不及廣南

銅

唐天下鑄銅爐九十九惟絳三十當時鑄錢率倚於絳今廢

金魚

種自南來州人畜之得法滋生甚蕃

葡萄清

王翰序云洪武辛酉謁禹廟有以葡萄清餉者其甘寒清洌雖金盤露玉杵霜不能過也

墨

唐常貢絳郡貢墨一千四百七十挺今廢

硯

歐陽修硯譜絳石一種色白文有花浪與牛角無異可以研硃

按物產不過備志乘一門無關輕重若以各郡邑

悉產之物一一備載殊覺繁瑣今就省志所載并

舊志中摘其著名而為他處所少者列于篇餘不

贅

直隸絳州志卷之三

城池　坊鄉　堡墩　橋梁附

州城自隋開皇三年由王壁徙此始建明洪武元年指揮鄭遇春重脩周圍九里一十三步西高四丈東北角高三丈五尺東南俱高三丈門二南曰朝宗北曰武靖正統間知州王汝績正德間知州韓輒舊志作轍嘉靖二十一年知州彭燦先後脩葺三十七年知州貴儒於兩門各建樓五間甎甃女牆隆慶元年知州宋應昌加高城牆濬南城池深一丈五尺濶倍之砌石堤以防汾水沖齧計長三百餘丈萬歷二十四年石

堤圮知州王大棟捐脩三十四年知州張繼東重脩崇禎末知州孫順增築砲臺　國朝順治六年州同知徐祚煥建北門月城甎甃數十丈中設砲眼以便守禦十年知州單惺脩石堤康熙二年知州劉顯第脩南門樓補葺雉堞石堤三十九年知州胡一俊重脩舊例四鄉百姓農隙時分段補脩其甎灰匠工州牧捐俸採辦故歷任遇有坍塌不能及時脩理乾隆二十一年七月間大雨壞城甎垛百餘丈石堤亦圮知州張成德捐俸補脩甎垛堤用木樁堅築高與岸平後甎垛俱圮城有傾頹同治元年知州李廷樟動

工脩築知州裕彰沈鍾繼之至光緒元年告竣

坊鄉附

城內五坊

桂林　安阜　省元　正平　孝義

今併安阜省元爲安元坊共四坊

南關廂屬莊四

南關　新關　西曲　南莊

北關廂屬莊五

北關　南窰莊　站莊　周莊　北窰莊

城外五鄉

一九皋鄉九里二十五莊

思賢里　西關　磨頭　莊兒頭　寨里

王莊　祁郭

婁莊里　婁莊　張莊　侯莊

信善里　店頭　西村

木贊里　木贊

龍香里　龍香　北梁　南梁

義泉里　義泉　北平原　南平原

尚書里　南社　古莊　北社

雙林里　雙陀村　韓家莊

石村里　石村　水西

甯國鄉九里二十一莊

孝陵里　孝陵　白村　盧家莊

席村里　席村　蒲城　李村

三泉南里　三泉南

三泉北里　馮家莊

澤掌里　澤掌　蔡村

吳令里　范家莊　小聶　澗西

大聶里　光村　向家莊（即少莊）

蘇村里　蘇村　鼓堆

熟汾里　北熟汾　南張　程官莊　王欽

一清源鄉九里二十七莊

燕村里　北行莊　南行莊　西蔡村　南杜墕

北張里　北張　西莊　北村墕

北董里　北董

官莊里　官莊　南董　泉掌　李家莊

光馬

辛堡里　辛堡　薛郭　下堡　武平

韓梁里　西韓梁　東韓梁

周村里　劉村

古交里　中古交　丁村　北古交　永豐莊

南蘇里　王村　下船莊　李村

一安靜鄉九里二十七莊

北蘇里　閻家莊　南古交

龍泉里　龍泉　北王馬　南王馬

三林北里　三林北　陜家莊

三林中里　三林中

三林南里　南社　橋西　中社

樊村里　樊村　馬村

萬安里　萬安　石馬村　趙村　石家莊

榆村

劉谷里　劉谷　南池　禪曲　北池

蘇陽里　蘇陽　梁家莊　裴社　東張

一均增鄉九里四十一莊

辛安里　辛安　北侯　莊裡　閻壁

槃里

陽王里　陽王　杜莊

蘭村里　蘭村　西王莊　支社　康村

東王莊　史家莊

尉村里　尉村　曲村　栁壁　東尉村

文侯里　劉家莊　宋温莊　郭家莊　譚家莊

符村里　符村　宋村　馬村

横橋里　東横橋　三家店　西横橋

柳泉里　柳泉　西柳泉　張家院　張店

楊家院　翟家莊　中村南　中村北

台上里　台上　狄莊　原村　孫家院

順治閻州守薛世望攢併二十五里分五鄉

一七坊鄉五里二十八莊

南元里

南關　西曲距城二里　南莊三里

桂安里

本城　西關

北平里

南窰莊距城三里　北窰莊三里　周莊三里

站莊三里　北關

賢婁里

王莊距城七里　磨頭六里　祁郭五里

莊兒頭五里　寨里三里　婁莊七里

侯莊六里

信義里

南平原距城十五里　北平原十六里　水西十里

義泉村二十里　尚書莊十八里　瑞林莊十五里

長慶莊十五里　張莊十里　石村莊八里

店頭十五里　慶豐莊二十五里

一歲豐鄉五里五十七莊

龍贊里

木贊距城二十五里　北梁四十里　東林陀十五里

西林陀十五里　北南社十五里　龍香村二十里

南梁三十里　雙陀二十里　韓家莊二十里

北社十七里　吉莊十里　仁美莊三十五里

樂義莊二十五里　富有莊十二里

大蘇里

古堆距城二十五里　程官莊三十里　北蘇村四十里

光村四十里　大聶四十里　小聶四十里

向家莊四十五里　橋溝頭四十五里　吳嶺莊四十五里

范莊四十五里　澗西四十五里

官燕里

官莊距城三十七里　南行莊三十五里　北行莊三十五里

西行莊三十七里　光馬三十三里　梁村三十三里

莊裡三十五里　南燕村三十里　北燕村三十里

東南董四十里　西南董四十里　北董四十里

李家莊三十七里　西蔡村二十五里　南杜塢四十里

陵泉里

孝陵距城十里　盧家莊二十里　白村二十里

三泉二十五里　蒲城十五里　北李村十五里

席村十五里　馮家莊二十五里　泉掌三十里

汾澤里

南熟汾距城十里　北熟汾三十里　史家莊三十里

南張三十五里　東蔡村二十五里　澤掌三十里

王守莊二十五里　樂豐莊二十五里

一常盈鄉五里二十八莊

北張里

北張距城三十五里 西莊四十里 北杜塢四十里

王欽莊三十五里 胡桑莊六十里

韓堡里

中古交距城二十里 北古交二十里 東薛郭二十三里

西薛郭二十三里 辛堡二十里 下堡二十五里

東韓梁二十七里 西韓梁三十里 武平三十里

丁村三十里 劉建莊二十里

周蘇里

周村距城三十里　劉村三十里　王村十五里

蘇南里

南李村距城二十里　南蘇村十五里　下船莊十五里

蘇泉里

南王馬距城八里　北王馬八里　龍泉十里

中蘇村十二里　閻家莊十三里　南古交十五里

一大有鄉五里二十七莊

三林里

橋東距城五里　橋西六里　段家莊三里

林南里

中社距城八里　南社里十

樊村里

樊村距城二十五里　東馬村里二十　西馬村里二十

萬安里

東榆村距城二十五里　西榆村二十五里　趙村里三十

馬家莊里三十　石家莊里三十　萬安莊里三十

劉蘇里

梁家莊距城二十三里　蘇陽里三十　劉峪里四十

董村里四十　東張村二十三里　西張村二十三里

南張村二十三里　裴社里三十　南池里五十

北池五十里　西康村三十里　禪社二十五里

弋家莊五十五里

一廣阜鄉五里四十九莊

辛陽里

杜莊距城二十七里　上莊三十二里　北侯三十五里

陽王三十里　辛安三十五里　閻壁三十六里

蘭村里

蘭村距城三十里　史家莊三十里　東王三十里

支社南三十里　支社北三十里　卧龍莊三十里

西王三十里　東康村三十里　支社莊三十里

尉侯里

西尉村距城十五里　柏壁里二十　劉雅里二十

凿村十八里　堡裏里二十　史家岩里三十

文侯二十五里　劉家莊里二十　譚家莊二十五里

行雲莊十五里　郭家莊二十五里　宋温莊二十五里

翟家莊二十五里　譚家莊子二十五里

符橋里

横橋距城六里　北馬村六里　符村十里

三家店十里　張店十二里　東尉十二里

東栁泉十二里　東昇東五里　東昇西五里

韓家莊二十三里

柳台里

原村距城五里　狄莊十里　台上八里

孫家院十里　宋村十里　西柳泉十二里

張家院二十里　楊家院二十里　中村北十三里

中村南十三里

永豐莊距城二十二里　永豐北莊十八里

堡墩附

平原堡在城北二十里

蘇村堡在城北四十里

梟掌堡在城西北三十里
周村堡在城西三十里
樊村堡在城西南二十五里
曲村堡在城南二十里
蘭村堡在城南三十里
楊莊堡在城東南二十里
平原墩在城北十里
義泉墩在城北二十里
三林墩在城西十里
古交墩在城西二十里

周村墩在城西三十里

狄莊墩在城東十里

橋梁附

通津橋在南門外汾河上舊以椿板成橋明萬歷三十一年監生許河施建浮橋船板損壞隨時修補國朝康熙六年五月知州劉顯第捐造渡船四隻本年九月舊橋損壞捐資修搭嗣後凡有修理官為捐督乾隆十年澤掌莊呂養業捐設橋欄涉者稱便

善橋亦在南門外西通津一橋往來易滯乾隆十六年募設善橋一座歲有修補董事者募為之有碑記乾

隆十一年梁開宗妻馮氏捐設橋欄
澮水橋在城南五里西橫橋莊舊徵椿板於尉村等四
里明萬歷三十三年橫橋莊義民賀守貴施易浮橋
國朝康熙四年知州劉顯第捐造新船一隻嗣後居
民自爲修理
隱身橋在北關閣下俗傳宋太祖微時曾隱身於此
寨里橋在城北三里明宏治十八年知州徐崇德建
水西橋在城西北十二里
孚惠橋在城西北二十里三泉莊
澤掌橋在城西北三十里咸豐三年莊人高舒文獨力

重修東西砌以石條視舊制增長八丈

三林橋在城西七里

南北王馬橋各一在城西八里

周村橋在城西三十里

龍香村通津橋在城東北二十里明正德九年建

永濟橋在城西北四十里杜塢莊乾隆二十二年建

段家莊石橋道光三年創建

以上十二橋均甎石砌成

三林橋

南社橋

王村橋

馬村橋始末有碑記

樊村橋

周流橋

以上六橋俱係沿河居民設法捐葺

站莊

婁莊

木贊

店頭

南梁

以上五處沿河居民設船濟渡非冬月不設橋梁

直隸絳州志　卷之三　三

壇壝祠廟　寺觀附

先農壇

在州城東北大殿三間東西房各一間門樓一座四面圍墻雍正五年奉文建立壇基三分籍地四畝九分實地六畝四分六釐每年祭祀用銀叁兩零伍分開銷麥穀各七斗二升五合每年所收麥穀五年糶售一次有餘解司不足在司請領

社稷壇

在州西北寨裡莊西敬謹修理例入交盤項内

風雲雷雨山川城隍壇

在州城南門外西南敬謹修理繚以周垣同壇設三神位　風雲雷雨居中　山川居左　城隍居右

厲壇

在北窰頭莊每歲清明日七月望日十月朔日祭迎城隍主之又二十五里俱有里厲壇

祠廟附

城隍廟

在州治東洪武年間建歷年修葺郡人尚書韓重有記

關聖廟

一在城東元時建一在孝義坊大街西一在南門外西偏一在三林橋東

御書義炳乾坤扁額恭懸正殿

敕封三代爲公爵光昭公裕昌公成忠公後殿設供

文昌祠

在城正平坊朝殿廟前康熙二十四年創建

文昌閣

在城東南角上萬歷三十二年知州王大棟建

風雲雷雨廟

在城東周莊西道光十五年創建

八蜡廟

在南關道光十七年重建是歲六月蝗入境有飛而不集集而不食之異

劉猛將軍祠

在八蜡廟東側同治元年創建

呂祖祠

在城孝義坊順治十五年施主楊宏業創建

河神廟

在西關同治十二年　勅建

御書神功式過扁額敬懸正殿

馬王廟

在州治前

土地廟

在州治儀門東一　在正平坊大街西宏治五年靈邱

王創建

龍王廟

在城隍廟坡下即舊布政分司故址

三皇廟

在城桂林坊康熙丙辰年二月重建

真武廟

一在貢院西一在城西北一在馬村

玉皇廟

一在城內明隆慶六年建

國朝康熙二十七年重修一在北關明嘉靖初建萬

歷二十三年重修

國朝乾隆十九年重修一在馬村

華池龍王廟

在羊角山又馬　有龍王祠皆禱雨輒應

孚惠聖母祠

在鼓堆一在三林一在古交鎮東號新廟元至正初

建

坤彔廟

在城桂林坊明永樂三十六年建萬歷四十四年修

國朝康熙五十一年重修

開周聖母廟

在北侯村南堡上明嘉靖六年建

國朝咸豐元年重修地廣十餘畝有古井不竭四圍

溝深數丈澗水繞其西同治六年捻匪入境避難於

其上者甚衆

東嶽廟

在城東南隅元郭晉有記正平間賜額天聖萬壽宮明成化十九年重建規模宏敞郡人周尚赤有記萬歷三十五年重修又于二門外東西創屋二十間以館生徒義舉也後廢嘉靖十九年在廟立會商賈雲集每歲三月二十六日起三十日止後亦廢一在三泉一在光村一在北張一在行莊

太王廟

在城內東嶽廟東一在正平坊大街西萬歷二十六年鎮國中尉俊蘇鳳山創建

火神廟

在城東南康熙乙未年重建

府君廟

在城安元坊明洪武年間建陶滋有記

國朝康熙八年重修一在南關

三官廟

在城內殿前有石葫蘆俗名葫蘆廟明嘉靖壬子

國朝乾隆戊戌同治甲戌等年修

朝殿廟

在城正平坊明正德十四年靈邱王創建以爲宗藩

朝賀之殿

國朝改爲關帝廟康熙三十八年郡庠生王樸塑岳武穆像于西廡以配之乾隆十年重修

伯益廟

在城內明隆慶年閒建

國朝康熙五十二年重修

乾剛廟

在城內明宏治十五年創建萬歷七年

國朝乾隆十六年重修

后土廟

在西關晉天福年閒建明成化十九年嘉靖四十四年

重修

五龍廟

在城西三林里元至元二十六年建明洪武八年重

修

四瀆行祠

在城北澤掌莊元延祐元年建

三眞君閣

在南關正德年間建萬歷三十二年重修

禹王廟

在南門東元中統年間建明嘉靖中圮于河今復

黃帝廟

在城東北木贊莊元時建明崇禎十一年重修

三結義廟

在城東北十里元大德元年建明洪武十年

國朝乾隆四年重修

天地廟

在汾南順治四年創建乾隆二十二年重修東廊北

間有社倉

漢王廟

在康村明正德八年靈邱王創建

國朝乾隆二十三年重修

藥王廟

在西關天順三年創建萬歷四十四年重修一在三

林

靈輙廟

在城北五里古道口內永樂間建墓亦在此

羊舌廟

在西關後廢爲迎候廳今復詳見古蹟

二侯廟

宋元豐二年建今圮宋神宗皇嗣未建出處厚上言

程嬰杵臼金趙孤忠義可表詔封嬰成信侯杵臼忠

智侯

紀信廟

在北門外明萬歷四十年建

國朝康熙二十八年重修

百神廟

元至元元年創建

國朝乾隆二十一年重修

泰山廟

在東柳泉明嘉靖十九年修

國朝康熙四十五年乾隆二十一年重修

元帝宫

在西關康熙五十八年創建

宋五夫子祠

在閻家莊

宋薛簡肅公歐陽文忠公朱文公合祠

在新廟茶亭内八社公立

王清河公祠

在北關街西

王復九公祠

在泉兒坡街東

富公祠

在州治儀門東宋正平令孫冉有記知州言芳易謨

屈大陞歷加修葺

梁公祠

一在鼓堆宋嘉祐年間建守尚書比部郎中薛宗儒

有記一在三林一在新廟

陶恭介公祠

在貢院南嘉靖十一年巡撫都御史王藎封侍郎江

曉有記春秋致祭

韓司空祠

在龍王廟前嘉靖三十四年巡撫都御史王崇建春秋致祭

陳通判祠

在貢院西嘉靖初巡按御史蔡陽王秀建春秋致祭

陳忠義公祠

在孝義坊

孫都堂祠

在南門內街東

王公祠

在城隍廟西康熙五十四年建

陳公祠

在城貢院西光緒四年闔州士民捐資創建

衛郎中祠

在澤掌莊同治七年　勅建

寺觀附

鐘樓寺

在城內宋乾德元年建有題咏元至元三十一年明萬歷三十八年重修

善慶寺

在西關舊爲汾陽洞明萬歷三十四年築基改建知
州方立誠有記
國朝康熙年間重修
白水寺
在城西南七里三林鎮進士趙桐有咏元至元十九
年
國朝康熙三年重修
普化寺
在城西北三十五里光馬村唐開元四年創建
國朝乾隆十二年重修

甘露寺
在城正北二十五里九原山梁天監二年帝有疾遣
臣朱明月詣求甘露果得而愈因賜額元延祐三年
重建
佛窟寺
在州南十里三家店宋嘉祐八年金明昌元年元皇
慶初明正德十四年萬歷三十一年重修
辛堡寺
在城西二十里金大定初建
淨梵寺

在城西北二十里宋嘉祐八年建明洪武甲寅
國朝康熙丁卯乾隆甲戌等年修
廣化寺
在城東北木贊里隋開皇十一年建明正統九年天
啟六年
國朝康熙三十六年重修
正覺寺
在陽王里唐貞觀初建進士靳柱有記元至元六年
至順四年明洪武十三年重修
壽聖寺

在北蘓村宋建隆二年建金史中和有記明萬歷四十一年

國朝康熙四十二年重修内金剛塑像爲河東冠云

超化寺

在州西南榆村金大定初建有題咏明嘉靖十五年重修

法銘寺

在州西南蘓陽里金正隆四年建明萬歷三十年

國朝乾隆七年重修

巨燭禪院

在西關明萬歷三十年僧福甯建
國朝康熙四十五年重修
重陽觀
在州西北四十里北董村內有讀書堂文中子嘗居
此
玉清宮
在城西北隅元至元間修舊爲玉虚觀崇甯皇慶年
間賜額薛謙亨有記
國朝順治十六年趙崇政有碑記
元都萬壽宮

在城西北正平坊元初建內有披雲六人宋德芳祠

嘉靖初毀

龍興寺

朱太祖寓此得名康熙四十七年重修

三清觀

在城順治十六年乾隆二十年重修

延壽庵

在城內康熙十六年建

眞武閣

在城內康熙三十五年重修

普善庵

在城內萬歷二十三年重修

天王寺

在馬村明成化十六年建

國朝乾隆二十八年重修

檀金洞

在中村康熙十三年創建

青蓮寺

在韓堡里康熙十三年重修

報國寺

在城萬歷三十一年重修

萬佛寺

在城康熙二十年創建

懸崖寺

在城康熙十八年重修

獅子窟

在北關

古水寺

在南王馬成化乙酉年創建

千部寺

在城正平坊

西禪寺

在城正平坊元延祐間建明隆慶三年改宗學萬歷三十五年仍爲寺

國朝康熙七年重修

普利寺

在城内府君廟東明天順間建崇禎八年重修

凝眞觀

在城西北二十里三泉鎮

甯國寺

在三泉鎮唐初勅建中有大士神像碑吳道子真跡也宋嘉祐八年賜額延慶寺

國朝乾隆四年重修

普照寺

在北杜塢東門外自元至正明萬歷崇禎

國朝康熙乾隆同治間屢有修葺

雲居寺

在馬首山晉靈公陵在焉

官署

州署在城内西北崖上高敞宏壯甲於列郡創建不知所始

大門三楹寅賓館在大門内東隅康熙七年知州劉顯第修乾隆二十八年知州張成德重修

儀門三楹門西有潛心堂碑東有碧落碑儀門外東隅有土地祠富公祠

大堂爲帥正堂明洪武九年知州顧登重繕

國朝乾隆十八年秋因雨久半圮知州張成德修

光緒四年知州陳世綸以工代賑重修

靜觀樓在署後園明正德十六年知州李文潔建

國朝乾隆十八年知州張成德因圮重修署舊有公樓樓後有花萼堂堂後有園池池上有亭曰洄漣軒曰香承西南門曰虎豹東南亭曰新前舍曰槐負渠曰望月又東南有蒼塘風堤鼇蝝白濱諸名勝唐刺史樊宗師有記今久廢

東書房院在二堂東同治六年知州沈鍾修

課花廳在二堂西雍正十二年知州童紱建同治六年知州沈鍾修

清猗堂在二堂西乾隆十九年知州張成德建同治

六年知州沈鍾修

錢粮庫在帥正堂東偏

武備庫在帥正堂西偏

吏舍東西各十二間

監獄在儀門外西偏共房屋七間

預備倉在大門內西隅

常平倉在預備倉內

敬畏坊在大堂甬道中雍正十二年知州童絨建明

萬歷十八年知州白璧所建忠愛坊即此

古治坊在大門外南明萬歷五年知州屈大陞建

堯里坊在大門外東偏

州判署在州署儀門內東夾道署前空地向爲同知署

久成坎陷乾隆二十七年知州張成德州判李友洙

捐俸雇夫塡平

吏目署在州署儀門內西夾道

貢院即舊察院在正平坊後有臨淸亭即古正平治明

正統四年知州王汝績建易民舍擴之知州李文潔

國朝知州劉顯第修知州胡一俊知州許朝棟踵修

雍正二年州改直隸知州萬國宣因學憲按臨建設

東西號舍十八楹九年知州顧開陸添設號舍十四

楹乾隆元年知州童紱建堂號六楹大門外西官廳三間二十八年知州張成德重修同治十二年知州沈鍾重修䡨號盡易木板建觀射亭西北書齋

舊布政分司在鼓樓坡下久廢乾隆十二年知州童紱改建龍王廟

按察分司府治府館並在鼓樓門內久廢

公館二舊在鼓樓院後廢

稅課局在朝宗門內街東舊設大使一員明嘉靖初官裁吏存

陰陽學舊在按察分司南今無定所

醫學舊在按察分司南今無定所

僧正司舊在鐘樓寺今無定所

道正司舊在元都官今無定所

鼓樓在治東南元至正間李榮祖建有賈魯碑記

國朝康熙五年知州劉顯第修有記乾隆二十七年知州張成德修基址砌以磚石層樓加高更極宏壯

鐘樓在鼓樓南明宏治元年知州董𡨋建郡人陶琰記

國朝康熙五年知州劉顯第修有記

申明亭在鼓樓西北乾隆二十七年知州張成德修今

廢

養濟院在城孝義坊街東康熙八年知州劉顯第修復遷補葺正房廂房共計二十二間額設孤貧二十七名

普濟堂在養濟院內

育嬰堂在州署古治坊東

迎恩亭北關一南關一西關舊以羊舌祠爲之乾隆二十八年知州張成德復舊

演武場在城北羊角山舊在南關圯於河明隆慶二年知州宋應昌移此

國朝乾隆元年知州童紱建正廳三楹捲棚三楹二

十八年知州張成德修同治十二年知州沈鍾修

學校 社義學 書院附

州學額設學正訓導各一員廩生三十名增生三十名附生無定額歲科兩試每次入學二十名咸豐九年因捐助軍餉加定額四名儒學在州城東北隅宋咸平二年州牧夏侯濤修李垂記元至元十三年知州郭天佑修王惲記至正二年知州李榮祖修賈魯記明洪武十年知州顧登復修正統十四年知州王汝績除舊易新殿廡堂齋以次修舉薛瑄記成化十三年知州許珙修沈鍾記正德十六年知州李文潔修陶玹記嘉靖三十一年知州劉朝麒修馬理記萬歷

間知州李遷喬張應舉張繼東方立誠各重修李維
楨記三十八年知州朱正寅修
國朝順治間知州薛世望修康熙六年知州劉顯第
十九年知州劉涵六十一年知州許朝棟各重修乾
隆十三年知州李高修有記二十二年知州張成德
修咸豐元年署知州張映南重修胡端瀾記
大成殿五楹周圍廻廊
東西廡各十五楹
戟門三楹前牧王汝績建萬歷三十六年改建與殿
相稱今改爲大成門

東西碑亭各三楹在大成門左右咸豐元年建

櫺星門正德十六年知州李文潔改建易木爲石左右有坊

崇聖祠在文廟東北正殿三楹前明天啟二十年建

國朝乾隆三十二年知州黄捷山重修咸豐元年闔州紳士重建

明倫堂在殿後舊五楹繼增爲七楹兩齋各十楹高大與堂相稱

敬一亭三楹在明倫堂後

尊經閣下五楹上三楹在敬一亭後

禮門改建爲東雍文獻坊外建東西角門二間

泮池在櫺星門外後移稍南深廣倍蓰東西短磚牆二道接連照壁壁南爲泮宮坊又南爲州學坊迤西臨大街爲儒林坊

文昌閣在泮池東北

聚奎樓在東南城角上

名宦祠在櫺星門内東偏内祀

周勃　陸凱　裴文舉　傅伏　韋世康

梁軌　李安遠　李元禮　郭子儀　韋陟

李晟　李憲　馬燧　韋武　杜黃裳

樊宗師 李栖筠 楊 損 石 雄 狄惟謙
張 圓 富 弼 錢惟濟 李 垂 聶 昌
王 庶 范承吉 高汝礪 郭 通 張 升
張 元 劉亨安 彭仲德 靳 和 程元直
李榮祖 宋克篤 靳 柱 顧 登 李 學
王汝績 言 方 賈 定 易 謨 李文潔
金 翩 蕭 儼 邢 化 宋應昌 張允濟
敖得義 杜 濬 劉 庚 雷 翀 張 濤
陳世綸
鄉賢祠在櫺星門內西偏內祀

士會　韓厥　韓起　董狐　荀林父

荀吳　趙武　羊舌大夫　羊舌職　郤縠

羊舌肸　羊舌赤　師曠　楊剽　譚忠

裴漼　薛奎　孟宗政　李愈　梁襄

孫鎮　李僎　孔錦山　張仲儀　姚天福

尉遲德誠　尉遲德訪　韓亨甫　李思敬　高鐸

李彥英　張嶶　蓋瑗　陶春　陶銓

韓英　陶璽　韓重　姚逵　陶琰

毛憲　陳希良　陳韶　陶滋　閻珪

李應奎　韓瓚　范昕　周心易　陳柏

趙　桐　孫光祐　許　恩　王之翰　陶　登

張與行　馮乘雲　韓　傑　王朝麟　王臣直

韓　雲　韓　霖　辛　全　黃希聲　陶世徵

陶　註　李如柏　王曰善　楊　園　段世慶

李沖霄　康丕承　党　成　王懋官　段炳然

楊作楨　盧繼芳　李生光　段　璿　段　瓚

梁體壯　梁萬方

忠義孝弟祠在鄉賢祠南內祀

陳　璽　陶　治　鄭　恩　張貞教　張名教

黃以靜　李養亨　衞如圭　徐海清

土地祠在忠義祠西
齋宿所在名宦祠南
節孝祠舊在察院東乾隆二十八年知州張成德移建
泮池東
學正訓導署在明倫堂西
射圃在儒學署西南
學田在北山寺峪西至馬首山東至十里神廟北至陶
八嶺南至州歲納租米六石萬歷二十六年知州王
大棟出俸五十金置田地主貿租地價還學貯州入
養廉櫃權子母又有城濠下色地四十五畝九分有

奇

社義學附

社學在城內西南隅桂林坊房屋七間窯三孔

義學十五所一在張村莊一在周莊一在站莊一在光村一在西關一在龍泉莊一在蘇村莊一在泉掌鎮一在丁村莊一在西莊一在席村莊一在三泉一在北社一在段家莊一在下船莊

書院附

崇理書院在州東宏治間勅建後廢

啟光書院在塔東嘉靖九年建後廢

國朝聞喜翟鳳翥重建仍名啟光書院令絳士肄業其中今亦廢

東雍書院在城內正平坊故明王府業國朝初西洋人據為天主堂雍正二年知州萬國宣逐回改東雍書院門樓祀魁星大殿祀先師後殿為三賢祠（辛子 党子 李子）大殿西為薛文清公祠前後房舍共六十九間為士子肄業處外房地每年租銀三十五兩零為膏火費有碑記至乾隆十四年知州李高移三賢祠於大殿西廡改為先賢祠增入馮白石粱廣菴王始旦王子郁陶肇堯李子潛六先

生東廡爲名宦祠先是萬公去後郡人感其德設祿
位於後殿祀之
城內東雍書院咸豐十一年奉上憲檄以舊書院界西
人紳士爭之不得遂感憤捐資於本城盧家巷購地
創建大成殿祀
先師先賢先儒東廡祀名宦西廡祀鄉賢南爲功德祠
祀州牧有功於書院者鄉紳出巨資任大勞者左右
配講堂齋房共計七十餘間餘金二千六百兩發當
商生息又三林水地八畝四分歲收銀租同治十一
年知州沈鍾以罰款八百兩撥給書院爲經費仍發

當商生息

南關東雍書院同治元年附貢生劉國銓捐舊園七十餘間爲育才地講堂齋房俱備外捐地共七十四畝零房屋共四十八間知州李廷樟典入中社地六十三畝共價銀九百三十五兩錢三十三千又入李村無主汾灘地二百畝有奇俱歲收銀租以供經費同治十一年知州沉鍾撥入罰款八百兩發當商生息

直隸絳州志卷之四

田賦　丁徭　雜課　鹽引附

絳州並所屬稷山河津聞喜絳垣垣曲五縣田賦總數

原額民屯更名並河灘各色共地三萬四千二百八十七頃九十三畝二分有奇

民屯更名地共徵糧二十一萬四千九百一十六石八斗四升有奇

河灘地共徵本色穀三百三十三石五斗五升有奇

民屯更名地糧折色銀並加徵絲絹銀共銀二十

一萬九千九百四十七兩六錢五分有奇

光緒五年稷山縣開除水沖老荒地二千六百九十畝六分五釐九毫免徵糧銀一百五十四兩三錢三分八釐四毫

又除水沖灘地五百一十八畝四分七釐七毫免徵本色穀十五石八斗五升四合四勺

光緒五年河津縣開除水沖沙壓老荒地一千一百五十三畝七分九釐免徵糧銀七十一兩二錢三分一釐三毫

丁徭附

絳州並所屬五縣丁徭總數

三門九則共八九萬四千九百二十七丁半內除紳衿優免本身四千四十五丁外實行差八九萬八百八十二丁半共徵均徭並辦買顏料加增銀共銀三萬六千五百三十三兩三錢七分有奇　遇閏加銀一百七十兩四錢七分有奇

又地差銀五千六百六十二兩八錢八分有奇

順治十二年清出土著新編八九百四十四丁共徵徭銀四百九十一兩一錢一分有奇

順治十四年清出紳衿優免供丁五千三百六十八

丁半共徵徭銀三千三百三十九兩七錢六分有

奇

又地差銀四十一兩四錢四分有奇

順治十五年清出吏承優免八一十五丁共徵徭銀

三兩二分有奇

康熙十二年清出不應優免人一十丁共徵徭銀五

兩五錢五分有奇

康熙十六年清出鹽丁六百九十丁共徵徭銀六百

九十三兩六錢有奇

雍正六年清出修築鹽丁二百五十七丁共徵徭銀

二百五十九兩一錢二分有奇
以上共實行差八九萬八千一百六十七丁共徵均
傜並辦買本色顏料加增銀共銀四萬一千三百
二十五兩五錢七分有奇地差銀五千七百四兩
三錢三分有奇共銀四萬七千二十九兩九錢有
奇内乾隆元年垣曲縣丁傜歸入地糧徵收銀二
千六百二十九兩九錢六分有奇乾隆十年聞喜
縣丁傜歸入地糧徵收銀一萬六百一十九兩二
錢一分有奇又鹽丁傜銀歸入本縣鹽糧徵收銀
九百二十五兩八錢有奇又更名丁傜歸入本縣

更名地租徵收銀一十兩二分

更名屯人二百八十名丁共徵徭銀六十兩七錢

太原左衛平陽衛歸併各州縣屯丁二百二十五丁

共徵徭銀一百八十兩三錢一分有奇

光緒五年河津縣開除屯丁一百五十七丁免徵徭

銀一百一十六兩二錢四分八釐

雜課附

絳州並所屬五縣雜課總數

額外匠價共銀三百八十九兩七錢攤入地畝徵收

商稅銀五百一十兩四錢二分有奇　遇閏加銀四

十二兩五錢三分有奇
酒課銀一百一十九兩二錢　遇閏加銀一十三兩
二錢六分
水磨棗株課鈔椒棗銀五兩九錢一分有奇　遇閏
加銀三錢六分有奇
織造綾絹加徵工費銀一百四十九兩一錢五分有
奇　遇閏加銀一十一兩六錢一分有奇又加黃
絲銀一十四兩一錢三分有奇
以上共徵民田丁徭雜課除河灘地本色穀三百一
十七石六斗九升有奇外共徵折色銀二十六萬

八千五十一兩一錢四分有奇　遇閏加銀二百

五十二兩三錢八分有奇

起解銀二十五萬四千九百六十兩九錢六分有奇

存留銀一萬三千九十兩一錢七分有奇

田房正稅銀一百三十九兩九錢四分盈餘無定額

溢額商稅銀二十五兩八分有奇盈餘無定額

頭畜正稅銀一百三十八兩二錢五分盈餘無定額

牙帖稅銀二百六十六兩四錢

當稅銀三百五十五兩

木筏稅銀九十八兩三錢九分有奇

鹽引附

絳州並所屬五縣鹽引總數

額引共二萬四千一百七十二道

代銷鹽引共七十道

本州田賦

原額並開墾民田共地六千四百八十二頃一十七畝八分有奇

徵糧四萬三千七六十四石二斗三升八合有奇

折色並加增絲絹銀共銀四萬七千八百九兩二錢一分有奇

更名地一百五十七頃四十五畝二分有奇

徵糧折色銀六百一十二兩六錢一分有奇

河灘地三十二頃

徵本色穀一百三十三石五斗九升有奇

以上共民田更名河灘各色原額並開墾實在成熟

地六千六百七十一頃六十三畝一分有奇民田

更名各色地共徵糧四萬三千六十四石二斗三

升有奇除河灘地徵本色穀一百三十三石五斗

九升有奇外其餘共折色銀四萬八千四百二十

一兩八錢三分有奇

錢糧加耗向無定章同治二年知州李廷樟準以元
　銀加三五徵收里民便之
本州丁徭
　三門九則共八二萬三丁半共徵均徭並辦買顏料
　共銀九千九百七十三兩二錢五分有奇
　順治十二年清出土著新編八四百六十二丁共徵
　均徭銀二百五十六兩六錢八分有奇
　順治十四年清出紳衿優免供丁一千一百三十六
　丁半共徵均徭銀六百三十四兩九錢六分有奇
　康熙十二年清出不應優免八一十丁共徵均徭銀

五兩五錢五分有奇

以上實在共八二萬一千六百一十二丁實徵徭銀一萬八百七十兩四錢六分有奇　遇閏加銀五十四兩三錢有奇

平陽衞歸併屯八五丁徵均徭銀七兩四錢六分有奇

同治五年甘陝不靖河津設防軍差絡繹不絕本州設里甲局常川支應數年以來民間所費不支光緒五年知州李煥揚革除

本州雜課

額外匠價銀一百一十二兩五分攤入地畝徵收

商稅銀三百六十一兩四錢四分有奇　遇閏加銀

三十兩一錢二分有奇

酒課銀二十四兩四錢　遇閏加銀二兩二錢

水磨棗株課鈔銀二兩一錢八分有奇　遇閏加銀

一錢三分有奇

織造綾絹加徵工費銀三十二兩二錢五分　遇閏

加銀二兩六錢八分有奇又加黄綵銀三兩二錢

六分

以上共徵民田丁徭雜課除河灘地本色穀一百三

十三石五斗九升有奇外共徵折色銀五萬九千八百三十二兩九分有奇　遇閏加銀九十二兩六錢九分有奇

起解銀五萬七千五百五兩六錢八分有奇

存留銀二千三百二十六兩四錢一分有奇

田房正稅銀八十六兩五錢七分有奇盈餘無定額

頭畜正稅銀二十八兩一錢四分有奇盈餘無定額

牙帖一百九十二張稅銀一百二十四兩八錢光緒五年詳免逃亡閉歇各牙一百十二名現存八十名徵稅銀五十兩六錢

當稅現徵銀九十五兩

本州鹽引

額引六千五百四十七道

代銷猗氏稷山夏縣鹽引七十道

紀恩

志無紀恩之例然民不能忘紀恩仍所以紀實也牧民之官所職者撫字催科而已無戶口而撫字何所施無田賦而催科何所用丁丑戊寅之災小民死亡大半田畝全荒其存者鳥形鵠面幾無人色苟非

聖天子至誠惻怛發帑[illegible]粟[illegible]蠲租之

詔頻下嗸嗸者[illegible]真靡有孑遺矣而且

命前東撫閻部堂認真稽查而閭閻無不周又有

宮保李爵閣督部堂竭力潤注而財粟藉以通兼之

我

宮保爵憲懲前毖後曲體民艱無非欲戶口之蕃昌復田賦之額數而已夫惟正之供所以聯上下之交也今反藉

天庾水衡之須發以延殘喘倖生之民孰非

皇恩之所存活哉休養生息斯卽戶口田賦之本已夫史漢有游俠入表之體而後此不必相沿元金有交聘釋老之誌而前此不必有因例以義起紀實非以貢諛也故不敢爲襮揚之語聊以記浩蕩之

恩云爾

三代迄今以農立國人有土田不耕胡獲天降鞠
凶蒿萊阡陌
皇仁憲恩輸金賫麥紀實示後唯寶稼穡立紀恩門
光緒三年八月奉　旨停徵下忙地丁並上忙未完
七千三百餘兩俱免
四年錢糧奉　旨全免
五年奉　旨免徵無主荒地錢糧三百餘兩緩徵極
苦永豐莊等六十二村其有主荒地應徵二千餘兩
亦緩下忙錢糧先奉文緩徵復奉　旨概行蠲免
自三年十月起散給貧民常平倉穀一萬一百餘石

平陽局三次領賑麥九百石

平陽局十二次領賑漕米五千四百五十石

平陽局二次領賑高粱四百石

翼城局二次領賑漕米一千七百石

垣馬局一次領賑籼米三百石

運城平糶局領減價小麥高粱糙米菉豆一千五百餘

石

平陽局領籽種蕎麥五十石

省局發賑銀六千兩

省局發籽種銀三千兩

紳富捐銀二萬五千一百餘兩續捐五千兩俱行賑放
省局發馬十六匹照原價減二成賣給貧民開墾荒地
省局發牛二百三十隻照原價減半賣給貧民開墾荒
地
以上共得馬牛價銀一千七百九十九兩七錢五分
散給認種荒地並有主無力未種地畝籽具之用

直隸絳州志　卷之四

十

戶口

自古生齒之數日增而月益休養數十年其數且倍蓰焉於是乎地利既盡而天運亦窮天地之力不足以養之乃降爲水旱刀兵疾疫之劫以潛爲削減蕃消息盈虛之理固如是已然吾觀三代盛時享太平者或至二三百年之久而民無夭札則耕九餘三之說其維持民生不可誣也我

朝於康熙五十年編審丁册永不加賦乾隆三十七年概行歸入地畝停止編審地方官每年造册報戶口之數又立常平義社各倉所以爲民防患者

無所不至乃行之既久盡成虛文且有以此厲民者而民何賴焉先是乙亥丙子之際歲不稔而糧極賤退居大僚即有以積穀之計爲當道極陳者當道甚韙其言迺通飭闔省令各州縣舉行而已無及矣至次年而通省赤地秋夏大災小民素無蓋藏束手待斃且十室而六七焉賴我
宮保爵憲爲民請命苦口籲
天且告糴及於十八省之廣
兩宮皇太后我
皇上蠲租發帑撥糧截漕可以救民者朝聞夕行而民

之倒斃死亡已不可數計矣嗚呼

深宮哀痛之詔

大憲擘畫之仁受者身感聞者垂泣而吾民之忍

飢待死誓不爲非或至於全家財藉絕滅而不悔

其報我

朝廷者亦云至矣今之户口較之道光咸豐之間不

過十之二三余流涕而編之所願後之牧民者加

意生息勸民本富庶幾有備而無患可救厄運而

此次之災祲雖曰天命實由人事而人事之不修

亦仍歸之天命而無如何也噫

絳州並所屬稷山河津聞喜絳垣曲五縣總數

光緒五年大祲之後統計實在九萬四千二百七十七戶實在四十五萬七千三百五十四名口

本州戶口數

七坊鄉

正平坊八十九戶三百三十名口

孝義坊一百三十戶六百九十七名口

安元坊一百七十六戶六百六十五名口

桂林坊一百一十三戶五百四名口

北關三十四戶一百一十名口

西關一百一十七戸四百九十五名口
南關一百五十三戸六百一十九名口
南窰莊十二戸三十名口
北窰莊二十五戸九十名口
周莊七十七戸二百四十七名口
站莊七十一戸二百九十八名口
西曲莊八十四戸二百四十五名口
南莊五十五戸二百二十六名口
王莊一百六十三戸五百三十四名口
磨頭莊四十八戸一百七十三名口

祁郭莊十五戶四十四名口
莊兒頭十二戶三十九名口
寨里二十七戶四十六名口
婁莊二百四十二戶八百一十七名口
侯莊六十九戶二百六十一名口
南平原二十八戶一百一十五名口
北平原六十四戶二百二十三名口
水西莊一百二十一戶四百三十一名口
義泉村一百三戶三百四十三名口
尚書莊三十三戶一百三十五名口

瑞林莊一十五戸七十名口

店頭二百二十八戸六百八十七名口　北長慶莊附

張莊八十八戸三百二十一名口

石村三十六戸一百四十六名口

慶豐莊三十戸九十四名口

南長慶莊二十八戸八千名口

以上四坊三關二十四村共二千四百八十六戸

九千一百一十五名口

歲豐鄉

木贊一百八十七戸六百一名口

北梁六十七戸二百二十五名口
南梁六十二戸一百二十五名口
東林陀四十八戸一百五十六名口
西林陀六十戸一百七十九名口
北社四十七戸一百五十名口
北南社一百三十戸三百二十名口
龍香村四十六戸一百五十八名口
雙陀村一百六十二戸五百四十名口
韓家莊四十三戸一百二十六名口
吉莊八十一戸二百五十二名口

古堆一百七十户五百八十六名口
程官莊三百二十八户一千七十八名口
北蘇村二百二十户七百七十七名口
光村三百五户一千一百一十名口
大聶一百七十三户五百八十名口
小聶二百四户六百七十二名口
向家莊一百九十一户四百八十一名口
橋溝頭二百九十一户九百九十六名口
吳嶺莊二百三十户六百九十五名口
范莊二百七户六百三十名口

澗西二百一十三戶八百三十八名口

官莊九十一戶三百一十四名口

南行莊九十四戶三百一十七名口

北行莊一百三十四戶二百九十四名口

西行莊一百一十七戶四百九十四名口

光馬六十戶二百一十一名口

梁村四十五戶一百一十一名口

莊裏七十一戶一百六十五名口

北燕村六十九戶二百一十五名口

南燕村一百一戶三百三十名口

南杜塢四十八戸一百六十七名口
東南董三十四戸一百一十六名口
北董三百四戸八百一十八名口
李家莊六十五戸二百六十一名口
西蔡村三十四戸一百三十七名口
孝陵莊一百二十一戸四百一名口
盧家莊五十九戸二百三十二名口
臼村二百七十九戸一千二十九名口
三泉莊五百三十六戸一千八百八十六名口
蒲城莊二十二戸五十九名口

北李村八十五戶三百名口
席村三百七十二戶一千二百七十八名口
馮家莊一百八十三戶六百五十四名口
泉掌三百四十六戶一千三百八十一名口
南熟汾七十五戶二百四十四名口
北熟汾六十五戶二百一十四名口
史家莊三十五戶一百一十四名口
南張八十四戶二百三十五名口
東蔡村一百二十七戶四百五十一名口
澤掌三百三戶一千一百七十五名口

王守莊五十一戸一百五十八名口

樂豐莊三十三戸一百一十名口

西南董六十三戸二百一十四名口

富有莊一十七戸四十五名口

樂義莊一十四戸五十五名口

仁美莊一十八戸五十八名口

以上五十七村共七千六百二十戸二萬五千五百一十八名口

常盈鄉

北張二百二十九戸八百八名口

北杜塢三百三十五戶九百二十名口
西莊三百三戶一千八十二名口
王欽莊七十九戶二百五十八名口
中古交二十八戶七十九名口
北古交八十六戶三百二名口
東薛郭六十七戶二百三十三名口
辛堡六十三戶二百一十四名口
下堡五十戶一百四十四名口
東韓梁一百七十五戶五百九十九名口
西韓梁七十戶二百四十一名口

武平一百四戸四百八名口
丁村一百四十三戸四百六十四名口
周村一百九十四戸六百六十七名口
劉村一百一十四戸三百六十名口
王村一百九十戸六百三十一名口
南李村二百六十二戸八百九十三名口
南蘇村一百戸三百五十名口
下船莊一百二戸三百二十四名口
南王馬一百九戸三百二十九名口
北王馬一百三十戸六百五名口

龍泉一百八十七戶六百五十二名口
中蘇村一百一十二戶三百六十七名口
閻家莊五十九戶二百二十一名口
南古交三百一十三戶一千八名口
西薛郭六十八戶一百九十九名口
劉建莊三十四戶一百一名口
胡桑莊二戶八名口
以上二十八村共三千七百八戶一萬二千四百
六十六名口
大有鄉

橋東一百五十六戸六百三十八名口
橋西九十七戸三百二十五名口
段家莊五十一戸二百五名口
中社九十九戸三百三十三名口
南社五十二戸一百九十二名口
樊村二百九十五戸九百七十七名口
東馬村一百一十八戸四百五十五名口
東榆村七十四戸二百二十一名口
西榆村七十三戸二百八名口
趙村二百三十一戸七百二十六名口

馬家莊一百三十三戶四百一十六名口
石家莊四十七戶一百五十二名口
萬安莊二百九十九戶九百六十四名口
梁家莊六十四戶二百九名口
蘇陽二百七十三戶八百七名口
劉峪五百三十七戶一千八百三十名口
董村二十二戶六十二名口
東張村九十一戶二百八十五名口
南張村四十四戶一百四十七名口
西張村三十三戶九十八名口

裴社一百九十四户六百七十名口

南池九十三户三百三十五名口

北池一百六十五户四百八十五名口

西康村四十六户一百四十二名口

禪社一百五十三户六百二十四名口即禪曲

弋家莊四十户一百二十名口

西馬村二百一十五户八百一十三名口

以上二十七村共三千六百九十五户一萬二千四百三十九名口

廣阜鄉

杜莊一百九十二戶六百一十九名口

上莊一百五戶三百七十一名口

北侯五十九戶二百四十三名口

陽王三百九十八戶一千二百四十六名口

辛安一百九十七戶六百一十二名口

閻壁七十六戶三百五十九名口

蘭村一百二十四戶四百九十九名口

史家莊三十八戶一百八名口

東王二十一戶九十七名口

支社莊五十七戶二百一名口

西王四十五户一百四名口

東康村四十九户一百四十六名口

西尉村六十八户二百二十九名口

柏壁一百二十八户五百一十六名口

劉雅七十户一百九十四名口

曲村六十四户一百七十七名口

堡裏二十六户八十二名口

史家崖四十二户一百五十二名口

文侯一百六户三百九十九名口

劉家莊五十七户一百七十七名口

譚家莊四十三戸一百六十五名口
行雲莊三十三戸一百九名口
郭家莊八十戸二百九十三名口
宋溫莊一百一十戸三百八十五名口
翟家莊六十三戸二百一名口
橫橋一百一十六戸四百七十六名口
北馬村七十四戸三百一十四名口
符村四十六戸一百四十名口
三家店一百一十戸三百五十名口
張店四十四戸一百八十三名口

東尉村四十九戸一百六十一名口
東柳泉三十六戸一百六十七名口
東昇東一十四戸四十五名口
東昇西一十二戸五十三名口
原村三十四戸一百九十九名口
狄莊一百二十八戸五百二十七名口
合上四十六戸一百九十一名口
孫家院五十戸二百一十六名口
宋村五十二戸一百七十八名口
西柳泉九十八戸四百一十八名口

張家院三十八戸一百二十二名口

楊家院三十九戸一百三十五名口

中村北三十三戸一百二十名口

中村南四十二戸一百六十六名口

支社北莊五十九戸一百七十八名口

支社南莊十二戸三十一名口

卧龍莊八戸二十八名口

韓家莊二十六戸一百一十九名口

譚家莊子十九戸八十二名口

以上四十九村共三千四百三十六戸一萬二千

二百八十三名口

永豐莊四十七戸一百四十六名口

永豐北莊一十五戸四十九名口

以上二村共六十二戸一百九十五名口

通共四坊三關一百八十七村實在二萬一千七

戸七萬二千一十六名口

嗚乎陽九百六之厄降之於天而挽之在人葢觀

於丁丑戊寅之凶荒死亡而知先王耕三餘一之

法萬世不可易也前此嘉慶八九年道光二十六

七年亦嘗遭歲荒歉矣而家有積蓄人多葢藏閭

有流離死喪而米麥每石市價至二十兩而止雜糧次之丁丑以前歲非大有而麥每石不過二兩豈真倉有餘粟哉民爭逐末盡糶以營什一之利也迨半年不雨而糧價騰貴其極至三十兩一石始猶草根樹皮以充飢繼則拆屋賣田以救死至於售無可售乞無可乞而後鄰里相殘骨肉相食卒之稍緩須臾同歸於盡餓莩白骨至今有未盡瘞者何其慘耶賴

宮保爵憲請命籲

天且將伯之呼遍於十八行省於是

蠲租發賑起死人而肉白骨牛具籽種贍孑遺以勸本
務雖已死者不知有此而未死者尤賴有此也今
玆戶口較之道光咸豐不滿十二而田畝蒿萊一
望荒蕪故於戶口田畝細載其實所望爲司牧者
爲
聖天子惠養元元念小民之艱難體
大憲之恩德休養生息重農積穀庶幾田日墾而
日廣民日生而日多地圖版籍漸復舊觀社倉常
平充實無虛以永我
國家億萬載鑒長之休豈不在此哉豈不在此哉

直隸絳州志　卷四　三

倉儲

絳州並所屬稷山河津聞喜絳垣曲五縣總數

常平倉額穀共八萬五千石

義倉無定額現存穀七百七十八石二斗二升

社倉無定額現　穀七千一十六石七升有奇

本州

常平倉額穀一萬六千石

義倉無定額現存穀一百九十七石四斗二升儲城

社倉無定額現存穀一千十三石六斗五升有奇儲

城

直隸絳州志卷之五

封爵

周以前封爵傳次無考

周

唐叔虞武王子生而有文在其手曰虞遂命之成王與之戲削桐葉爲珪以與叔虞曰以此封若史佚因請擇日封於唐在河汾之東方百里

晉侯燮叔虞子以堯墟南有晉水故改曰晉

武侯 [illegible]族晉侯燮子

成侯服人武侯子

厲侯福史記索隱曰系本作輻成侯子

靖侯宜臼厲侯子立十八年薨

釐侯司徒靖侯子立十八年薨

獻侯籍史記索隱曰系本及譙周皆作蘇　釐侯子立十一年薨

穆侯費生史記索隱曰鄒誕本作弗生或作潰生　獻侯子取齊女姜氏爲夫人生太子仇又生少子名曰成師大夫師服曰異哉君之命子也太子曰仇仇者讎也少子曰成師成師大號成之者也適庶名反逆此後晉其能毋亂乎立十七年薨

殤叔穆侯弟自立四年穆侯太子仇率其徒襲之

文侯仇穆侯子幽王爲犬戎所殺文侯與鄭武公迎太

子宜臼立之是爲平王遷於東都平王以文侯爲方伯賜以秬鬯弓矢作策書命之故書有文侯之命立三十五年薨

昭侯伯文侯子初立卽封文侯弟成師於曲沃號爲桓叔曲沃邑大於翼翼晉都邑也晉國之衆皆附焉晉大臣潘父弑其君昭侯而迎桓叔桓叔欲入晉晉人發兵攻之敗歸曲沃

孝侯平昭侯子立十五年曲沃桓叔子莊伯弑孝侯於翼晉人攻曲沃莊伯復入曲沃

鄂侯郄孝侯子立六年薨

哀侯光鄂侯子初鄂侯卒曲沃莊伯興兵伐晉平王使
虢公將兵伐曲沃莊伯走晉人共立哀侯立二年曲
沃莊伯卒子稱代立是爲武公晉侵陘廷賈逵曰翼南鄙邑名
陘廷與曲沃武公謀伐晉於汾旁虜哀侯爲莊伯弟
韓萬所殺
小子侯哀侯子立四年曲沃武公誘而殺之
緡侯哀侯弟立二十八年爲曲沃武公所滅
武公稱曲沃桓叔孫莊伯子滅晉後盡以寶器賂釐王
王命武公爲晉君列於諸侯盡并晉地而有之武公
即位曲沃已三十七年矣代晉二年而甍始都晉國

獻公詭諸武公子伐驪戎得驪姬及其弟俱愛幸之聽大夫士蔿說使盡殺故晉羣公子而城聚賈逵曰聚晉邑都之命曰絳始都絳驪姬生奚齊其弟生卓子姬譖太子申生自殺復譖二公子重耳奔翟夷吾奔梁立二十六年而薨屬奚齊於荀息里克殺奚齊於次荀息復立卓子而輔之里克又殺卓子於朝

惠公夷吾獻公子秦穆公發兵送夷吾於晉後無禮於秦戰於韓被執復釋歸國立十三年薨

懷公圉惠公子會質於秦亡歸立一年爲重耳所殺

文公重耳獻公子出亡十九年而入立圍曹伐衛釋宋

敗楚師於城濮盟諸侯於踐土事詳左傳立九年薨

襄公驩文公子立七年薨

靈公夷臯襄公子年幼不君執政趙盾諫不聽立十四年爲盾族子趙穿所弑

成公黑肱文公子襄公弟趙盾使趙穿迎於周立七年而薨

景公據成公子從大夫韓厥言遷都於新田立十九年薨

厲公壽曼景公子公侈多外嬖欲盡去羣大夫而立其左右聽胥童夷羊伍之言族滅三郤立八年爲大夫

欒書中行偃所執壽被弑

悼公周襄公少子桓叔捷之孫惠伯談之子生十四年欒書使荀罃士魴迎於京師至絳與諸大夫盟而立之命百官施舍已責逮鰥寡振廢滯匡乏困救災患禁淫慝薄賦斂宥罪戾節器用時用民欲無犯時六官之長皆民譽也舉不失職官不易方爵不踰德師不陵正旅不偪師民無謗言晉於是復霸立十五年薨

平公彪悼公子委趙武爲政晉國無亂諸侯無缺立二十六年薨

昭公夷平公子時六卿強公室卑諸侯朝而歸者皆有貳心立六年薨

頃公去疾昭公子晉宗家祁傒孫叔嚮子相惡於君六卿欲弱公室乃遂以法盡滅其族分其邑爲十縣各令其子爲大夫晉益弱立十四年薨

定公午頃公子召陵之會將謀伐楚荀盈求貨於蔡弗得言於范獻子遂辭蔡侯晉人假旗旄於鄭明日或旆以會晉於是失諸侯立三十七年薨

出公鑿定公子立十七年智伯與趙韓魏共分范中行地以爲邑出公怒告齊魯欲伐四卿四卿恐反攻出

公遂奔齊薨於道

哀公驕昭公曾孫祖大雍父忌忌善智伯早死驕智伯欲并晉未敢乃立忌子驕爲君政皆决智伯立十八年薨

幽公柳哀公子時晉獨有絳曲沃餘皆入三晉立十八年爲盜所殺

烈公止幽公子魏文侯旣誅晉亂立之閱二十七年薨

孝公頎烈公子立十七年薨

靜公俱酒史記索隱曰系本作靜公俱也孝公子立二年爲魏武侯韓哀侯趙敬侯所滅三分其地晉絶不祀

魏文侯斯周同姓畢公高之後封於畢因以畢爲姓後絶封其裔畢萬事晉獻公獻公以魏封萬爲大夫從其國名爲魏氏生武子犨從文公出亡分襲魏氏後爲大夫犨生子顆及呂錡莊子絳絳生嬴嬴生舒舒生取取生曼鄴皆爲晉卿至桓子駒三分晉地晉哀侯時桓子孫斯自立爲侯至晉烈公時威王始命韓趙魏皆爲諸侯文侯立三十八年薨

魏武侯擊文侯子與韓及趙三分晉絳曲沃地而廢靜公立十六年薨

漢

絳侯周勃沛人以中涓從高祖定天下六年賜爵列侯食絳八千餘戶號絳侯惠帝時爲太尉吕后崩與陳平共誅諸吕文帝立爲左丞相未幾歸相印陳平卒復用爲丞相未幾免就國歷封三十三年孝文十一年薨謚曰武

絳侯周勝之勃子文帝十二年嗣爵六年有罪免別封勃子亞夫爲條侯景帝後元元年有罪免復封勃子堅爲平曲侯子建德代侯爲太子太傅坐酬金免元鼎五年有罪國除

絳侯周恭元始二年繼絕世復封勃元孫之子恭爲絳

侯邑千戶

絳陽侯華毋害以越將從起留入漢定三秦擊臧荼侯七百四十戶從攻馬邑及布有功六年封絳陽侯漢書作終陵侯封三十五年薨謚曰齊

絳陽侯華勃毋害子文帝四年嗣爵封十六年薨謚曰恭

絳陽侯華祿勃子文帝後元四年嗣爵景帝四年坐出界有罪國除

西魏

正平郡公宇文招周太祖子恭帝三年四月封邑一千

戸周武成元年九月晉趙國公

北齊

正平郡公薛修義以軍功封子文殊襲

北周

正平公宇文乾嘉護子

隋

北絳公姚察秘書丞

正平郡公楊文思開皇元年晉爵

絳郡公李禮成周封冠軍縣公開皇初以佐命功晉封

唐

絳王李悟憲宗第六子元和元年絳文安郡王晉封

絳郡公裴士淹以禮部尚書封

正平男裴光庭行儉子開元二十年從祀后土封于正

孫倩襲

正平公裴漼以禮部尚書封見人物

正平子裴洪以司農少卿封

絳城安陽男崔知德博陵人

金

絳王完顏洪裕章宗子明昌三年追封

明

靈邱王遜烇太祖孫代簡王桂庶子永樂二十二年封
好學工詩有雲溪稿尤善醫劑藥徧給天順五年別
城絳州成化十一年薨謚榮順
靈邱王仕壖榮順王嫡子成化十三年襲封洪治六年
薨謚僖靖
靈邱王成鈠僖靖王庶子洪治七年襲封十年薨謚莊
和
靈邱王聰滈莊和王嫡子洪治十二年襲封嘉靖三十
四年薨謚端懿自僖靖至端懿三代皆以孝旌
靈邱王俊格端懿王嫡子洪治十七年封長子善屬文

聚書數萬卷摹古篆籀六十餘種勒石名崇理帖世
宗時獻皇儲明堂二頌與獻帝后挽歌賜金帛著天
津集嘉靖二十四年卒四十二年以曾孫鼐鐮襲封
追封王謚康悼
靈邱王充爂康悼王嫡子嘉靖元年封長孫三十年卒
四十二年追封王謚悼懿
靈邱王廷址悼懿王嫡子嘉靖二十四年封曾長孫三
十一年卒四十二年追封王謚懷僖
靈邱王鼐鐮懷僖王嫡子嘉靖三十四年封元長孫四
十二年襲封隆慶三年坐非刑致死曾叔祖降爲庶

入爵除

職官上

漢設郡守一秩二千石丞一秩六百石景帝二年更名太守武帝元封五年初制刺史秩六百石成帝綏和元年更名牧秩二千石哀帝建平二年復爲刺史元壽元年復爲牧

周勃

按舊志以勃爲絳職官勃食邑於絳非官絳也漢書勃免就國毋河東守尉行縣至絳勃自畏恐誅則知絳自有守尉但世遠不能紀其名耳兹仍舊志不刪去周勃欲借以載漢官制故也

北魏置東雍州設刺史一別駕一太和十一年置正平
郡改刺史爲太守領聞喜曲沃二縣

沮渠秉太武帝太平真君初東雍州刺史

伊馛太武帝時東雍州刺史

游雅太武帝時東雍州刺史

張宗之文成帝時東雍州刺史

陸凱獻文帝時正平太守詳宦績

劉乞歸獻文帝時東雍州刺史

杜洪太孝文帝太和中絳州鎮將

裴粲宣武帝時正平太守

薛和　宣武帝時行正平郡事

王誕　孝明帝時正平太守

柳元璋　孝明帝時正平太守大中正

樊子鵠　孝明帝時都督河東正平軍事

薛循義　孝莊帝時爲洪農河北河東正平四郡大都督天平四年拜晉州刺史南汾東雍陜四州行臺

薛修義　孝莊帝時爲洪農河東正平四郡大都督

楊侃　孝莊帝建義初東雍州刺史

楊仲宣　孝莊帝建義初正平太守加安西將軍

薛衍　孝莊帝永安中正平太守

楊　辯孝莊帝時東雍州刺史

金　祚孝莊帝時東雍州刺史

趙　善前廢帝時持節東雍州諸軍事

薛嶷族前廢帝時正平太守

王　德孝武帝時行東雍州事

酈道愼正平太守　以下年分無考

辛　穆東雍州別駕

薛光熾東雍州刺史

王　琳東雍州刺史

伊婁靈絳州刺史

薛　瑚東雍州別駕
常　振正平郡太守
東魏
司馬恭孝靜帝天平四年鎮東雍州
薛榮祖天平中鎮東雍州
潘　樂天平中東雍州刺史
馬　恭天平中東雍州刺史
盧文偉天平末行東雍州事
范舍樂孝靜時東雍州刺史
慕容儼孝靜時東雍州刺史

郭叔略孝靜時東雍州刺史
周信歷孝靜時東雍州刺史
裴瓊孝靜時東雍州刺史

西魏

王德代孝武西遷時東雍州刺史詳宦績
泉企孝武時東雍州刺史詳宦績
裴果永熙中除正平郡守詳宦績
楊檦大統初行正平郡事旋轉正平太守詳宦績
唐永大統初刺史詳宦績
敬珍大統三年遷絳州刺史

梁　禦大統中刺史詳宦績

寇　洛大統四年侍中鎭東雍州

高　琳大統九年除正平郡守加大都督

宇文導大統九年都督東雍州諸軍事

劉　亮大統十年刺史詳宦績

裴　邃大統中正平郡守

薛　端大統中東雍州大中正

達奚武廢帝元年以大將軍鎭玉壁詳宦績

敬　顗北絳太守　以下年分無考

裴　纂正平太守

段榮　顯正平太守

北齊

傅伏　後主武平六年東雍州刺史詳宦績

劉子明　絳州別駕

北周

裴文舉　武帝保定三年絳州刺史詳宦績

長孫兕　武帝天和中絳州刺史

楊儉　東雍州刺史

隋初仍刺史之舊兼設長史一郡丞一大業初置絳郡設通守治正平絳稷山聞喜垣五縣始有正平令之

稱
韋世康高祖開皇初絳州刺史詳宦績
梁　軌以内將軍爲正平令詳宦績
張孫兒開皇中絳州刺史
吐萬緒高祖仁壽中晉絳二州刺史
郭　惟通志作郭雅仁壽四年絳州長史
陳叔達煬帝大業中爲絳郡通守詳宦績
裴文度絳州留守知蒲虞絳泰等十六州兵馬事
李陶駼絳州長史
張惠寶絳郡丞

李安遠大業末正平令詳宦績
裴　瑜絳州刺史
王　凝以尚書郎出爲絳州刺史
唐武德元年置絳州總管府管絳潞蓋建澤沁韓晉呂
檜秦蒲虞芮邵十五州改太守曰刺史天寶元年改
刺史曰太守又設別駕長史司馬錄事叅軍各一員
其節度防禦觀察等使設置無常
姜　謩舊志作姜謩上邽人從高祖平絳郡詳宦績
蕭　顗高祖武德二年絳州刺史
羅士信武德初絳州總管詳宦績

李　琛武德初蒲絳二州總管
楊　琮武德中絳州刺史
孔　正武德末絳州刺史詳宦績
薛世良太宗貞觀二年絳州刺史
李元軌貞觀十年絳州刺史詳宦績
李元禮貞觀十七年絳州刺史詳宦績
鮮于紹絳州刺史詳宦績
李靈夔高宗永徽中絳州刺史
李元懿總章元年絳州刺史詳宦績
武攸止武后嗣聖時絳州刺史

李素節光宅元年絳州刺史

李元嘉垂拱四年絳州刺史詳宦績

李朝隱中宗神龍中絳州刺史詳宦績

張錫神龍中絳州刺史

李湛神龍中絳州刺史詳宦績

楊睿交神龍中絳州別駕

趙彥昭景龍四年絳州刺史

張賜睿宗景雲元年絳州刺史

李範元宗開元初絳州刺史

韓思復開元中絳州刺史充河東巡問賑給

宦績

嚴　浚開元中絳州刺史華陰人詳宦績

源　弼開元八年絳州司功叅軍

盧從愿開元十六年絳州刺史

徐　堅開元中絳州刺史

李光弼天寶間以中書令爲河中尹晉絳等州節度

使

嚴挺之天寶間絳州刺史詳宦績

鄭　巖天寶末絳郡太守

李栖筠肅宗至德中絳州刺史詳宦績

常　陟乾元初絳州刺史詳宦績

王　璵乾元二年蒲同絳等州節度使

蕭　華乾元二年河中尹充河中晉絳節度使

蘇　震乾元中絳州刺史詳宦績

郭子儀寶應元年河中節度觀察使詳宦績

僕固懷恩代宗廣德二年領河東朔方節度行營兼
單于鎮北大都護絳州刺史

楊子宏廣德二年絳州刺史

馬　燧大歷十二年爲河東節度使德宗正元元年
拜晉絳慈隰節度使詳宦績

張　鎰大歷十四年河中晉絳都防禦觀察使

李　承建中二年河中尹充河中晉絳都防禦觀察使

趙惠伯建中二年河中尹充河中晉絳慈隰都團練觀察使

李懷光建中初河中尹邠甯慶晉絳慈隰節度使

杜　亞建中初河中尹充河中慈隰防禦觀察使

李齊運建中末河中尹兼河中晉絳慈隰觀察使

康日知貞元元年河中晉絳慈隰節度使

李　晟貞元元年河中晉絳慈隰節度使詳宦績

渾　瑊貞元初充河中絳慈隰節度使詳宦績

崔漢衡貞元四年晉絳慈隰觀察使加都防禦使

姚齊梧貞元十一年絳州刺史

杜　確貞元中河中晉絳觀察使

李　憲貞元中太原府叅軍絳州刺史昭義節度使詳宦績

盧元輔貞元中絳州刺史詳宦績

韋　武貞元中絳州刺史詳宦績

韋　丹元和元年晉絳慈隰觀察使

杜黃裳憲宗元和二年河中尹充河中晉絳等州節

度使詳宦績

趙宗儒元和九年河中尹充河中晉絳慈隰節度觀察使

李　脩元和中絳州刺史

郭　釗穆宗長慶初河中尹領晉絳慈隰節度使

崔宏禮長慶初絳州刺史

李　愿長慶中河中晉絳節度使

薛　平敬宗寶歷元年河中絳隰節度觀察等使

李　程文宗太和四年河中尹河中晉絳節度使

王　起太和六年河中尹河中晉絳節度使

李　漢太和九年絳州刺史詳宦績
夏侯孜太和中絳州刺史咸通八年河中尹充河中
　晉絳節度使
李　聽開成初晉絳慈隰節度使
鄭　肅開成三年河中尹河中晉絳觀察等使
石　雄武宗會昌初河中尹河中晉絳節度使詳宦
　績
狄惟謙會昌初爲絳隰刺史詳宦績
陳夷行會昌三年河中尹河中晉絳節度使
崔　璯宣宗大中三年河中尹充河中晉絳慈隰等

州節度觀察等使

杜審權大中十一年河中尹河中晉絳節度使

令狐綯大中十三年河中尹河中晉絳節度使

白敏中懿宗咸通三年河中尹充河中晉絳節度使

崔慎由咸通初河中尹充河中晉絳節度使

楊　損咸通中絳州刺史詳宦績

唐彥謙僖宗中和中河中節度副使歷晉絳二州刺史詳宦績

王友遇光啟中刺史

喹　晟光啟二年絳州判官詳宦績

王　瑤昭宗乾甯初絳州刺史

陶建釗光化二年絳州刺史通志作天復元年

何　絪光化四年絳州刺史

張廷蘊天祐中絳州防禦使詳宦績

張　圓攝絳州刺史詳宦績　以下年分無考

樊宗師絳州刺史詳宦績

薛　記絳州刺史

李　勛淮南王神通五世孫絳州刺史

李　迥榮陽郡王瑒子絳州刺史

裴依訓延休從子絳州刺史

裴　銳文度七世孫絳州刺史

薛象之汾陰人絳州刺史

李　萱趙郡人絳州刺史

盧　玢范陽人絳州刺史

崔　睦琨從子絳州刺史

王源會臨沂人絳州司馬

裴　湙聞喜人徙居襄陽絳州叅軍

裴　湘絳州司馬叅軍

瞿　正絳州刺史

李承業絳州刺史

唐義友晉昌人絳州刺史

鄭茂林絳州刺史

崔　喜絳州刺史

杜之杜絳州刺史

李崇義河簡王孝恭子蒲絳二州刺史後封譙國公

楊知遠字明之絳州刺史

于季友京兆人絳州刺史

蕭仲豫昭明太子七世孫絳州刺史

張溫其曲沃人絳州刺史

李復元孝恭六世孫正平令

鄭豐滎陽人正平令

常守素京兆杜陵人絳州司功參軍

常甯守素族弟絳州司兵參軍

郎餘令絳州刺史霍王府參軍

毛宜伯絳州監軍

攝宏裕絳州監軍

李希悅右衛絳州新田府折衝都尉

張行恭絳州刺史

後五代爲雄州置刺史防禦使防禦副使防禦判官錄事參軍各一員

梁

牛存節太祖開平元年絳州刺史

張歸厚乾化時絳州刺史

華溫琪末帝時絳州刺史

婁繼英絳州刺史年分無考

後唐

高行周莊宗時絳州刺史

楊彥溫明宗長興元年絳州刺史

周知裕明宗時絳州刺史

薛懷讓絳州刺史年分無考

晉

王萬貴出帝開運三年檢校司徒持使節絳州諸軍

事充本州防禦使

張從美開運三年防禦副使

李從朗開運間絳州刺史

閻

鸞開運間判官

漢

王

宴高祖時絳州防禦使尋遷建雄軍節度使

周

陳思讓太祖廣順元年權知絳州二年遷絳州防禦

使

竇　偁廣順閒絳州防禦判官

郭　瓊世宗時絳州防禦使

劉　質絳州刺史　以下年分無考

王　卿將仕郎錄事參軍

何保樞推官

宋置知長州一員通判軍州事添差通判軍州事軍事

通判軍事推官錄事司理司法司戶參軍各一員軍

學教授一員其都巡檢使防禦使團鍊使鈐轄等官

設罷無常

李
慶太祖建隆初絳州團練使
沈繼深建隆中絳州刺史
郭廷謂乾德二年絳州防禦使
司
超乾德六年絳州防禦使
陸萬友太宗太平興國初晉絳等州都巡檢使
裴
莊太宗時絳州防禦推官
張
紳太宗時絳州團鍊副使
孫
沖真宗咸平元年承奉郎將作丞通判軍州事
耿
說景德元年承奉郎守太子中舍知絳州軍州
事

錢惟濟大中祥符中知絳州詳宦績
張　耆大中祥符中絳州防禦使
李　垂真宗時知絳州詳宦績
呂夷簡真宗時絳州軍事推官詳宦績
富　弼仁宗時以將作監丞剛決絳郡事詳宦績
文彥博仁宗時絳州通判
李仲孺寶元二年知絳州
張　昇仁宗時知絳州詳宦績
王仲寶仁宗時澤潞晉絳威勝軍巡檢使
張　昷仁宗時絳州兵馬都監

薛長孺州人嘉祐元年尚書比部員外郎知絳州
李大臨仁宗時絳州推官詳宦績
劉兼濟仁宗時晉絳澤潞都巡檢使
竇　卞英宗時知絳州
裴士林治平元年尚書虞部員外郎通判軍州事
宋敏求神宗初知絳州詳宦績
朱壽昌熙甯中河中府通判以將作監丞關決絳郡
事詳宦績
梁　璧熙甯中司理參軍
薛　向神宗時知絳州

謝　晧元豐中出守絳州詳宦績

蘇　轍哲宗元祐六年知絳州

周失名紹聖三年朝請郎自刑部尚書郎中出守絳

州

時　恪徽宗建中靖國元年朝散大夫知絳州軍

喬延慶大觀三年朝奉郎通判軍州

李　皓宣和三年朝請郎權軍州事

張　旂宣和年閒朝請郎通判軍州

趙子淸欽宗靖康中絳州鈐轄

韓　昌靖康中知絳州詳宦績　按宋史朝議以下

河輸金昌奉使至絳絳人不從爲鈐轄趙子濤所
殺昌固未嘗一日蒞絳也舊志疑誤

趙世延絳州防禦使　以下年分無考

胡　旦進士第一知絳州

遼

宗　弼開泰七年絳州節度使

金天會六年置絳陽軍節度使又設節度副使節度同
知節度判官各一員興定二年改晉安府行元帥府
事總管河東南路兵馬

范承吉熙宗天眷五年知絳州詳宦績

曹望之金主亮天德中絳陽軍節度副使

高昌福天德中絳陽軍節度副使

大興國天德中絳陽軍節度使

完顏京正隆六年絳陽軍節度使

龐　廸世宗大定初絳陽軍節度使

完顏永元大定中絳陽軍節度使

烏居仁大定二年絳陽軍節度兼管内觀察使

高汝礪大定中爲石絳二州刺史詳宦績

郭　通大定中絳陽軍節度使詳宦績府志作郭子

通

允　元大定十五年絳州刺史

石　玠大定二十年絳州刺史

韓　錫大定二十二年絳陽軍節度使

蕭　謙大定二十二年節度副使

張　亨大定二十五年絳陽軍節度使

王　夔大定中朝請大夫節度同知

伊仲連大定中節度同知

劉　景大定中節度判官

烏林大撒海大定中節度副使

裴　滿章宗明昌元年節度使四年同知西京留守

張　建明昌初教授

王　啟明昌五年河東南北提刑使正隆間兼提舉

學校常平倉使

孫　鐸承安元年絳陽軍節度使

烏林答復承安四年絳陽軍節度使

孟　鑄太和八年絳陽軍節度使

高　霖章宗時絳陽軍節度判官

烏古論德升章宗時絳陽軍節度副使

納蘭胡魯剌進士第一宣宗貞祐中還絳陽軍節度

使詳宦績

古里甲石倫貞祐四年絳陽軍節度使權經畧使

李　革貞祐四年絳陽軍節度使

陀滿胡土門興定二年絳陽軍節度使

田世英興定二年教授詳宦績

粘割貞興定三年行晉安元帥府事

完顏閭山興定三年行晉安元帥府事

伯德窊哥興定三年遥授同知晉安府事

張　升天興二年絳州録事詳宦績

田　瀩絳陽軍節度使　以下年分無考

許　濟絳州節度使

趙興祥絳陽軍節度使

張　元絳州正平令詳宦績

直隸絳州志卷之六

職官下 武職附

元初為中州仍置節度使行元帥府事後罷節度使以州隸平陽路置達魯花赤一員蒙古人為之視篆監臨總管一員漢人為之掌判署事同知治中判官各一員提控案牘兼照磨一員路學教授一員學正學錄各一員蒙古學教授一員司錄司達魯花赤一員判官典史各一員

脫兒察世祖至元二年絳州達魯花赤兼管本州諸軍與魯勸農知渠堰事

武　戩至元二年知絳州兼管本州諸軍奥魯勸農

知渠堰事

亦不剌至元二年以忠顯校尉任同知

張　麒至元二年以承仕郎任州判

趙　英至元二年案牘

張　利至元二年都目

宋景庠至元三年教授

名　力至元十三年達魯花赤

郭天佑至元十三年知絳州

攸中孚至元十三年同知

趙　福至元十三年州判

鐵　速至元十五年達魯花赤詳宦績

帖　連至元十七年達魯花赤

八里解至元十七年知絳州

杜　淮至元十七年以承仕郎任同知

范　仁至元十七年以從仕郎任州判

帖木兒至元二十四年達魯花赤

郭　瑀至元二十四年知絳州

米　顯至元二十四年以忠顯校尉任同知

劉仲文至元二十四年以從仕郎任州判

鄭恩恕至元二十四年都目

蠻　子至元二十七年達魯花赤

岳世安至元二十七年同知

馬世榮至元二十七年以敦武校尉任州判

王　正至元二十七年都目

彭仲德至元中知絳州詳宦績

程元直至元中知絳州詳宦績

王　佐至元中以承務郎任同知

杜　兒至元中同知

郝來麟成宗元貞元年知絳州

璩璣國元貞元年州判

續致中元貞元年教授

成伯都元貞元年都目

火跡赤大德二年達魯花赤

粘合璋璋通志作璋大德二年知絳州

陳嘉佑大德二年同知

郭　元大德二年州判

甯　檝大德二年教授

王　說大德二年都目

月魯帖木兒大德二年達魯花赤

朱　泚大德八年知絳州

王　震大德八年同知

闊執中大德八年州判

張　澄大德八年案牘

劉　澄大德八年都目

沙　的大德十一年達魯花赤

唆吉牙失里大德二十年達魯花赤

和　節仁宗皇慶二年教授

朶兒只皇慶六年同知

鐵　閭皇慶十四年同知

劉世英順帝後至元六年絳州節度使兼行元帥府事

李榮祖至正二年知絳州詳官績

邢得昂至正三年以忠勇校尉任州判

孫存義至正六年知絳州

孟　禮至正六年以敦武校尉任州判

韓伯甯至正六年案牘

馮　明至正六年都目

彭木旱旱通志作早至正十一年知絳州

白希魯至正十一年都目

宋克篤至正十四年知絳州詳宦績

張文獻至正十四年案牘

王守信至正十四年都目

劉履謙至正閒州判詳宦績

劉亨安絳州節度使兼行帥府事詳宦績　以下年

分無考

劉德仁絳州節度使兼行帥府事

許文遠絳州都督今北關有惠愛碑

黑　斯斯舊志作厮達魯花赤

武叔安知絳州

靳　和知絳州詳官績

和元直知交城陞知絳州按和元直疑即程元直舊志府志俱有程無和通志殆譌程爲和遂並載之歟

張　仁知絳州

韓仲謙知絳州

劉　貞亨安子知絳州

彭克明知絳州

永　壽通志作永一壽知絳州

曹世能知絳州

王守忠知絳州
石正卿知絳州
石慶甫知絳州
靳　桂正平縣尹詳宦績
席永堅正平縣尹
李　郁教授
常行義教授
冀　甫教授
景　春教授
邢允修教授

皇甫冠教授

明置知州一員同知一員判官一員吏目一員儒學學正一員訓導三員稅課局大使一員陰陽學典術醫學典科僧正司僧正道正司道正各一員

知州

顧　登洪武十年任詳宦績

吳居仁洪武十七年任

石　穆洪武二十八年任

李　學河南祥符人正統四年任詳宦績

王汝績江西金谿舉人正統九年任詳宦績

劉　詵北直昌黎人景泰三年任有去思碑

李　瓊廣西靈川人天順元年任

許　茂乾州人成化二年任

言　芳山東鄒平人成化六年任詳宦績

林士宏湖廣湘陰監生成化九年任本州同知陞

許　珙山東滋陽人成化十三年任

劉　觀山東平度州人成化十五年任詳宦績

賈　定河南通許進士成化十八年任詳宦績

董　甯順天涿縣進士弘治二年任陞員外郎轉僉事

時　仐南直隸常熟進士洪治五年任陞員外郎

徐崇德山東濟寧州舉人洪治十二年任陞府同知

　詳宦績

趙希魁河南儀封舉人正德三年任陞府同知

江　瑋南直隸歙縣舉人正德五年任

韓　轍遼東衛舉人正德六年任歷陞知府

易　謨河南固始進士正德九年任詳宦績

費一本湖廣江華舉人正德十年任

李文潔江西貴溪舉人正德十二年任詳宦績

程　鴻陝西延安舉人正德十六年任

程騰漢嘉靖間任

黄　建浙江舉人嘉靖七年任陞松江府同知

錢　貢蘄水舉人嘉靖十年任陞廉州府同知詳宦績

劉　璲陝西潼關舉人嘉靖十四年任

高光烈山東膠州舉人嘉靖十四年任

張文弼北直深州舉人嘉靖十七年任歷陞刑部郎中詳宦績

彭　燦河南靈寶舉人嘉靖二十年任歷陞按察司副使詳宦績

劉　萬河南鄭州舉人嘉靖二十三年任

劉朝麒臨洮衛舉人嘉靖二十八年任詳宦績

許用中山東東阿舉人嘉靖三十二年任陞口北道僉事詳宦績

黄　儒舊志作貴儒河南汝陽舉人嘉靖三十五年任詳宦績

胡應命山東淄川舉人嘉靖三十七年任

傅　鳳河南臨漳舉人嘉靖四十一年任

邢　化山東臨邑官生嘉靖四十三年任詳宦績

宋應昌浙江仁和進士隆慶元年任詳宦績

張允濟固安進士隆慶四年任詳宦績

屈大陞陝西咸寧舉人隆慶六年任詳宦績

李遷喬山東安邱舉人萬歷四年任詳宦績

田于堅河南永甯進士萬歷七年任擢監察御史歷官四川按察司僉事

李賦直延安舉人萬歷十年任

張應舉咸陽舉人萬歷十二年任

尹鳳儀山東新泰舉人萬歷十四年任詳宦績

白璧陝西清澗舉人萬歷十八年任詳宦績

杜濬北直任邱舉人萬歷十九年任詳宦績

王大棟萬歷二十二年任詳宦績
盧　點萬歷二十八年任詳宦績
范　垠陝西郃陽選貢萬歷三十年任詳宦績
許繼先聊城舉人萬歷三十一年任
張繼東南直隸丹徒舉人萬歷三十二年任詳宦績
方立誠太平舉人萬歷閒任詳宦績
朱正寅雲南舉人萬歷閒任詳宦績
錢濟吾陝西安化舉人萬歷四十年任
劉二典北直舉人
朱學忠臨淮舉人

笪繼良丹徒人詳宦績
高邦彥北直舉人
謝道坤舉人
楊子鳳舉人
熊　儀隨州舉人
葛　熿北直舉人
何　言常州舉人崇正初任
雷　翀陝西郃陽舉人崇正六年任詳宦績
党　琥陝西城固人崇正閒任詳宦績
賈我年山東定陶進士崇正閒任

蔣汝賢北直舉人崇正間任

孫　順貴州進士崇正十四年任詳宦績

白爾玉北直舉人崇正間任

石瑩玉陝西甘泉進士

同知

廉　博洪武十二年任

李彦達洪武十七年任

張　鎖正統元年任

蕭　遷正統四年任

王　嘉正統間任

李　性滕邑人景泰三年任

劉　紳天順元年任

鄭　惠成化初任

劉　寛陝西平凉人成化十三年任

王　慶直隸祁州監生成化十六年任

王　宣山東泰安州人成化十九年任

梁　誠山東武昌舉人洪治元年任

齊　胥陝西幽州舉人洪治四年任

孫　魁直隸密雲監生洪治十三年任

郭　鉞直隸魏縣舉人洪治十六年任陞知州

李　睿陝西涇州監生正德四年任

劉　還直隷宿州監生正德九年任

沈希義直隷伍河監生正德十二年任

仝　仲陝西吏員嘉靖七年任

崔　筰山東監生嘉靖十年任

謝　紘浙江進士嘉靖十四年任主事降補

劉　庚湖廣監生嘉靖十七年任

李　性直隷清豐監生嘉靖二十年任

方　弁四川吏員嘉靖二十三年任

金　翮浙江樂清進士以郎中降補詳宦績

鄭仁夫福建莆田吏員嘉靖三十五年任
趙性魁直隸行唐監生嘉靖三十七年任
蕭　儼南直隸涇縣監生嘉靖四十二年任詳宦績
汪文治南直隸歙縣監生
陳光宇直隸深澤歲貢
梅庭實直隸武邑監生
張　紋直隸大興監生
敖得義湖廣竹溪歲貢詳宦績
蔡　楠浠縣歲貢萬歷十年任詳宦績
劉　庚山東壽光進士萬歷十三年任詳宦績

李致曲直隸慶雲選貢
王　吉直隸獻陵歲貢
王必　南直隸太倉監生
高　擢直隸任邱監生
董良卿南直隸華亭監生
張克復直隸開州監生
謝　誼陝西洵陽選貢
楊大光陝西華州選貢
張夢杏雲南安甯選貢
高文祺

宋擇中

黄相才

張謙

張樞

陳朋珪

馬之良

沈邦良

沈時選

張奇和

方大鉞

判官

伍公理正統間任

鄭　恒正統間任

陳文煥正統間任

梁　眞正統間任

吳完欒正統間任

楊　人正統間任

蕭　暹正統間任

李存敬正統間任

李　儀渤海人

王 綱河南長葛監生

張 翺陝西武功人

曹 善山東人

許 麟

曹 僉河南洛陽吏員

惠 英陝西咸陽人

張 耀陝西蒲城監生

徐 珍

郭 愷河南新鄉監生

楊 清山東館陶監生

魏　濂山東鉅野監生詳宦績

費　淵直隸潁上監生

戴　麒順天府大城監生

李　純陝西監生

毛　誥浙江知印

徐　翰山東棲霞監生

馮　宣陝西監生

文　魁遼東監生

周　衡錦衣衛恩生

艾希清陝西米脂監生

王　選南直隸江陰監生
俞子獻浙江建德監生
汪文治南直隸歙縣監生歷本州同知
王　翰山東商河吏員詳宦績
孫　綸山東諸城監生
陳遠監南直隸石埭監生
王應元山東商河吏員
唐仲寅浙江嘉興進士行人司降補
邵　綰陝西富平吏員詳宦績
賀有敬直隸東鹿貢士詳宦績

王思賢山東萊縣舉人

李　悌直隸興濟舉人陞孝義知縣

杜其漸陝西涇陽吏員

袁三極四川南江選貢

馮　翰浙江山陰吏員

汪萬英南直隸休甯監生

張文泮順天府籍杭州前衛吏員

張廷璲四川長壽吏員

羅嘉選四川彭山選貢

王民皡後陞白鶴知縣

程天祿

劉應時陝西涇陽人

李初元四川劍州人詳宦績

嚴繼恭陝西臨潼人

劉一化南直隸吳縣人

成景運山東鄒平人　以後缺載

學正

成　章洪武間任

劉　章鄧武舉人洪武間任

敦　信薊州人洪武間任

徐　信濟寧舉人成化間任

李　憲青城舉人成化間任詳宦績

李守經汾陽舉人成化間任詳宦績

李　華曹縣舉人成化間任

任　諾咸甯舉人洪治間任陞國子助教歷陞監察御史

張　憲涇陽舉人洪治間任詳宦績

顏　煜上虞舉人正德間任陞刑部主事詳宦績

王克仁深州人正德間任

杜　懋井陘人嘉靖間任

仝　滋陽縣人嘉靖間任

唐　淵　臨淮人嘉靖間任

蔚　楷　合肥人嘉靖間任詳宦績

辛繼先　襄城人嘉靖間任詳宦績

周　瓔　犍爲人嘉靖間任

梁　失名　高唐州人嘉靖間任

賀　榮　河南唐縣人嘉靖間任詳宦績

戚志道　汜水人嘉靖間任

師際可　易州人嘉靖間任

李必昌　廣東南海舉人嘉靖間任詳宦績

段邦羅陝西朝邑舉人嘉靖間任詳宦績

王熙敬甯陵人萬歷間任

吳從仕栢城人萬歷間任

郜永春修武人萬歷間任詳宦績

嚴允立會稽舉人萬歷間任

王廷誥容城人萬歷間任

魏天章平定舉人萬歷間任

金　衣安平人萬歷間任

張雲翰江都人萬歷間任陞建昌府教授

陳學詩安州人萬歷間任陞天津衛教授

張正脉項城人萬歷間任陞鞏昌府教授

黄一中黄岡舉人萬歷間任詳宦績

萬士仰清源人萬歷間任

曹樹聲會稽舉人萬歷間任詳宦績

郭居重萬歷間任

蘇體撰萬歷間任

田毓華汴梁舉人天啟間任詳宦績

陳于庭陝西醴泉舉人天啟間任

蕭　楨馬邑人天啟間任

王在鎬真定武邑人天啟間任

王家雋澤州舉人崇禎間任

楊桂芳定陶人崇禎間任

王于秦屯留人崇禎間任

白　澤綏德州舉人崇禎間任陞平遥知縣歷陞安

慶府監軍同知詳宦績

李延駿汝寧人崇禎間任

高如崙應州人崇　間任

康祚膺保德人崇禎間任

呂懋修崇禎間任

訓導

陳 孚永樂閒任

張 惓永樂閒任

馬 偉故城舉人永樂閒任陞長史

馮 韍永樂閒任

劉 敬興平人永樂閒任

楊 顒臨潼人永樂閒任

王 章易陽人永樂閒任

李 敬正統閒任

江 雲麻城舉人成化閒任

李 幾任邱人成化閒任

王　瓚成化閒任

馬　駟澄城舉人成化閒任詳宦績

冀　增邢臺人成化閒任

白嘉言涇陽舉人洪治閒任歷敘諭

柴　銘長安人洪治閒任

王　賢洪治閒任

李文英靜海人洪治閒任

高尚仁安肅人洪治閒任

聊　昂聊城人洪治閒任

馬尚仁洪治閒任

左　遠萃縣人洪治間任

王　麟乾州人正德間任陞瀋府教授

萬　珊歸德人正德間任陞王府教授

陳　綬元城進士正德間任

薛　正用江安人正德間任

冉　秉彝扶風人正德間任

甄　琦汝州人正德間任

劉　罷朝邑人正德間任

鄭　侃高陵舉人正德間任

隨　艮輔嘉靖間任

孟　恩嘉靖間任

陳　誥汧陽人嘉靖間任

田　琦堂邑人嘉靖間任

教諭

楊仁美汝甯人嘉靖間

周　文德州人嘉靖間任

官績

郝養民鄜州人嘉靖間任

張嘉臣陽武人嘉靖間任

霍尚義保定人嘉靖間任

郭大仁修武人嘉靖間任

伏廷正徽州人嘉靖間任

姚　崑鉅野人嘉靖間任

馬　繼直隸永年人嘉靖間　宦績

馬　文朝邑人嘉靖間任

王加相甘州人嘉靖間任

胡來貢濟陽人嘉靖間任

曹　紳中江人嘉靖間任

張　軏鳳翔人嘉靖間任詳宦績

陸中選錫縣人嘉靖間任

李　核朝城人隆慶間任

金畀才壽州人隆慶間任

秦希哲偏關人隆慶閒任

趙　晉沁州人隆慶閒任

白　杲清澗人隆慶閒任

張伯光鞏昌人隆慶閒任

陳思恩成安人萬歷閒任

朱　皐咸甯人萬歷閒任

張時雨長治人萬歷閒任

牛應正岢嵐人萬歷閒任

武惟揚陵川人萬歷閒任

李建時冠縣人萬歷閒任

李時聘河曲人萬歷間任

張惟岳萬歷間任

邵永豐夏津人萬歷間任

任宏喬平凉人萬　間任

田世芳馬邑人萬歷間任

安宗訓秦州人萬歷間任

馮　翊米脂人萬歷間任

張承光富平人萬歷間任

郝應熒崞縣人萬歷間任

朱克柔乾州人萬歷間任

柳汝楠榆林人萬歷間任

竇　豪武鄉人萬歷間任陞知縣

屈大用萬歷間任

邢養道忻州人萬歷間任

張鳳鳴萬歷間任

王體仁清源人天啟間任

馮　貫馬邑人天啟間任

稽　鯉潞安府人崇禎間任

吳　嵋鳳翔人崇禎間任

徐宰性平谷人崇禎間任

李化龍　文水人崇禎間任

薛際昌　韓城人崇禎間任

趙邦靖　介休人崇禎間任

宋文英　壺關人崇禎間任

王命調　德州人崇禎間任

呂　偉　靜樂人崇禎間任詳宦績

吏目

胡　俊

阮　明

陳　均　嘉祥人

張能

王恪 會甯人

田鎰 白水人

鄭從學正統間任

折政 陜西人

高昇 陜西人

范聰 南鄭人

王鉞 吳堡監生

王臣 鄜州監生

方崑 河州監生

李希善太和知印由典史陞

宋　春棲霞監生

葛朝用陜西監生

曹　禄陜西監生

李光溥陜西監生

蔣　璉河南吏員

雷　錫北直監生

郭　田濟陽監生

向　瑚洵陽監生

齊　銳臨潼監生

王之目 新蔡監生

李 价 睢陽監生

師 帥 監生

常 理 交河監生

鄭繼善 縉雲儒士

邵 芳 開州監生

秦 岩 涼州衛吏員陽城典史陞

夏 森 陝西延安監生

范 炳

張 何 祥符人

閻　憲直隸灤州監生

李　積直隸南宮監生

田　錫直隸定興吏員

錢　適南直丹徒吏員詳官績

彭　憑餘干監生

張朝佐直隸薊州吏員

鞏異俗永清吏員

劉啟光固安監生

邵一鶴直隸曲周吏員

李明仕錦衣衛籍壽光監生

童朝儀浙江山陰人
李志韓睢州人
鄭國用浙江會稽人
周宗舜浦江人
彭永年浙江山陰人
鮑　訓河中人
范應立硯山人
周六經浙江山陰人
徐一淸東海人
史正學金陵人

吉守輿鉅鹿人一作束鹿

胡紹芳錢塘人

趙晉錫上虞人

國朝初隸平陽置知州一員同知一員康熙八年缺裁

雍正元年設通判一員吏目一員儒學學正一員訓

導一員陰陽學典術醫學典科僧正司僧正道正司

道正各一員雍正二年改爲直隸州設官如前

知州

陳惟新奉天廣甯人因山敘心郎順治二年任詳宦

績

聶　源直隸萬全舉人順治二年任詳宦績

馮雷鳴江南金壇進士順治四年任

張雲龍奉天遼陽貢士順治六年任陞平陽府知府

單　惺直隸棗强舉人順治九年任詳宦績

薛世望湖廣江陵貢士順治十四年任詳宦績

王　琦直隸大興舉人順治十六年任詳宦績

劉顯第奉天東甯貢士康熙二年任詳宦績

張琰圭山東堂邑廩生康熙九年任

曹廷瑜直隸景州廩生康熙十五年任

蒲昌廸四川渠縣舉人康熙十七年任詳宦績

劉　涵直隸宣化廕生康熙十九年任詳宦績
高士鶴直隸灤州貢士康熙二十八年任
魯　史直隸大興歲貢康熙三十年任
董匡祚奉天監生康熙三十一年任
汪會垣浙江錢塘貢生康熙三十四年任
胡一俊直隸欒城監生康熙三十六年任
賈　暉正紅旗廕生康熙四十六年任
張　棠正藍旗監生康熙五十五年任
黄大成江南山陽貢生康熙五十八年任
許朝棟江南江陰貢生康熙六十年任

萬國宣江西南城監生雍正元年任詳宦績
李　樫漢軍鑲紅旗人雍正六年任
顧開陸江南無錫進士雍正七年任詳宦績
童　紱直隸左衛籍浙江紹興監生雍正十一年任
詳宦績
邵其德雲南保山進士乾隆六年由翰林院庶吉士
改外任詳宦績
李　高山東高密進士乾隆八年任詳宦績
宋允清江南長洲人乾隆十六年任
鄭志鯨河南太康進士乾隆十七年由翰林院庶吉

士攷外任

張成德江蘇丹徒貢生保舉乾隆十八年任

黃捷山江西撫州府宜黃縣進士乾隆三十一年任

盛　綱江蘇常州府陽湖縣進士乾隆三十八年任

鹿　荃直隸保定府興縣拔貢乾隆四十八年任

陳　鎮四川夔州府奉節縣拔貢乾隆五十八年任

葉汝芝直隸天津府滄州附監嘉慶五年任

楊映權江南徐州府銅山縣貢生嘉慶十一年任

葉峻眉江蘇徐州府宿遷縣歲貢嘉慶十五年任

王志瀜陝西同州府華州舉人嘉慶二十三年任

張　濤順天府大興縣副榜道光二年任詳宦績
呂士湻江蘇沭陽縣監生道光十年任
徐大勳順天府大興縣方略館供事道光二十七年任
祥　麟鑲白旗漢軍馮騰喜佐領下俄羅斯文館考列主事道光三十年任
劉　端福建侯官縣舉人咸豐八年任
李廷樟廣西陸川縣進士咸豐十年任詳宦績
裕　彰鑲白旗滿洲成慶佐領下繙譯生員同治三年任

沈　鍾江蘇蘇州府長洲縣監生同治四年任

陳世綸直隸天津府青縣拔貢光緒元年任詳宦績

李煥揚河南鄭州拔貢光緒四年任

同知

王義圖山東利津貢生順治二年任陞常州府通判

徐祚煥遼東後衞生員順治六年任陞府通判

孟元吉遼東遼陽筆帖式順治十年任

李　敏直隸龍門衞選貢順治十一年任

劉有能遼東廣甯人理藩院辦事順治十五年任

劉裕國遼東遼陽筆帖式順治十六年任

夏　瑚浙江永嘉副貢康熙三年任

蔡萃吉福建晉江貢生康熙五年任

張　岂湖廣江夏貢生康熙八年任

判官　雍正元年復設

郭多星直隸東光選貢雍正十年任

辛啟賢直隸武强選貢雍正十二年任

鍾景期江西永豐選貢乾隆三年任

董景舒北直廣平副貢乾隆十年任

段夢日江西樂平選貢乾隆十九年任詳官績

任鵬遠陝西富平選貢乾隆二十二年任

李友洙浙江杭州府海甯縣副榜乾隆二十五年任
許崇楷福建侯官縣舉人乾隆三十一年任
馬　煇直隸定州拔貢乾隆三十八年任
沈　琦雲南雲南府昆明縣舉人乾隆四十九年任
孫　多河南孟津縣舉人乾隆五十八年任
梁世治廣東嘉應州舉人乾隆六十年任
甘　霖順天府宛平縣副榜嘉慶十二年任
樊德純直隸宣化府懷安縣拔貢嘉慶十五年任
張式域江蘇揚州府儀徵縣副榜嘉慶十七年任
胡坊時安徽甯國府甯國縣拔貢嘉慶二十二年任

蔣知白江西廣信府鉛山縣拔貢道光二年任

紀瑛𨒫直隸河間府獻縣副榜道光二十年任

陳長齡直隸河間府獻縣恩貢咸豐四年任

王希濂廂黃旗漢軍積廣管領下拔貢咸豐六年任

徐德純湖北宜昌府鶴峯州拔貢咸豐十一年任

何大文湖北宜昌府鶴峯州歲貢同治十三年任

學正

戴登雲徐溝人順治間任

史必遵盂縣選貢順治間任

李廷樞順治間任

貟奇才沁州人順治間任由本學訓導陞

張世濟會稽舉人順治間任詳宦績

李調元蔚州舉人康熙四年任詳宦績

孫進修康熙十三年任

樊載素康熙十七年任

趙　瑄康熙二十五年任

程好生祁縣舉人康熙三十一年任詳宦績

董　梅平定州舉人康熙四十三年任詳宦績

高尚志大同貢生康熙五十四年任

任之皐石樓貢生康熙五十九年任

馬　昺忻州舉人雍正三年任詳宦績

王錫瓚猗氏舉人乾隆三年任

任用中平定州舉人乾隆十八年任

姜清元大同府大同縣舉人乾隆三十三年任

令狐造蒲州府猗氏縣舉人乾隆四十八年任

郭士奇忻州定襄縣舉人乾隆五十一年任

史　圖解州舉人嘉慶二年任

王履謙平陽府翼城縣舉人嘉慶二十一年任

馮衍洛代州舉人道光十一年任

趙　訏代州舉人道光二十八年任

趙宗先忻州舉人道光三十年任
崔凌漢潞安府長子縣舉人咸豐九年任
喬大魁太原府文水縣舉人同治元年任
郜成鳳解州安邑縣舉人同治二年任
成魯雲澤州府陽城縣舉人同治十一年任
李朝陽平定州舉人光緒三年任

訓導

陳司純保德州人順治閒任
問修極白水人順治閒任
蘇萬方靜樂人順治閒任

員奇才沁州人順治間任

王　圻陵川人順治間任

孫家俊屯留人順治間任

馮鴻遠忻州人順治間任

程　珀康熙十九年任詳宦績

任獻璠康熙三十二年任

劉之俊康熙三十七年任

李上升康熙四十二年任

梁于宣康熙四十八年任

牛經典聞喜人雍正二年任

趙大德雍正八年任

張元會夏縣人乾隆元年任

王　珏浮山人乾隆七年任

孔繼聖翼城人乾隆十九年任

李竹苞平定州人乾隆二十三年任

張我觀朔平府馬邑縣貢生乾隆二十七年任

孫方旦太原府興縣舉人乾隆四十八年任

王鍾彥太原府文水縣優貢嘉慶十一年任

李呈芬隰州永和縣歲貢嘉慶十三年任

武化南汾州府介休縣舉人嘉慶十九年任

李春山代州崞縣廪貢道光四年任

王汝舟太同府大同縣廪貢道光九年任

陳奉三太原府徐溝縣廪貢道光十六年任

靳世昌汾州府介休縣舉人道光十九年任

喬鶴年解州安邑縣舉人咸豐六年任

侯廷俊汾州府平遥縣廪貢同治三年任

范昌榮平陽府洪洞縣貢生同治十一年任

劉步青平陽府岳陽縣恩貢光緒四年任

吏目

邵光顯浙江山陰吏員

吳克熖浙江山陰吏員
吳俊儒順天大興人內閣供事
李　懋順天大興人內閣供事
雷仕俊江西南昌監生康熙九年任
張　何康熙三十七年任
章　檝會稽人康熙四十九年任歷陞知府
沈昌言雍正二年任
龔　振雍正八年任
朱　健乾隆六年任
楊　蕙湖北人乾隆十七年任

趙其琳直隸人乾隆二十一年任

蕭　在廣東嘉應州監生乾隆二十六年任

胡之郁江蘇通州監生乾隆三十年任

薛君培順天府密雲縣監生乾隆四十六年任

劉金錫順天府宛平縣考授正八品乾隆五十七年任

席　模順天府昌平州吏滿八品嘉慶二年任

張文煥浙江杭州府海甯州監生嘉慶九年任

夏鴻揩順天府大興縣從九嘉慶十八年任

王　謙順天府宛平縣監生嘉慶二十四年任

俞化鵬順天府大興縣從九道光九年任

黃世馨江西建昌府南豐縣監生道光十六年任

繆　炳順天府宛平縣監生道光二十二年任

董步逵順天府大興縣監生道光二十八年任

趙夢麟順天府大興縣監生咸豐三年任

姚　坦安徽安慶府桐城縣監生同治十年任

武職附

康熙五十八年設外委把總一員兵十名乾隆十四年改設經制千總一員添兵至三十名嘉慶間改撥平陽兵三名咸豐四年天津出師裁汰二成兵八名現在兵十九名城守營在貢院東外委把總無從稽考茲自改設經制千總始

劉存仁太原人乾隆十四年任

張　斌夏縣人乾隆十七年任

張廣林平陽府臨汾縣人乾隆二十四年任

李廷棟平陽府人

許　縉繁峙縣人

張　峰平陽府人

李萬全朔州人

武以仁五台縣人咸豐四年任

武占魁平陽府人同治十年任

喬天培繁峙縣人

武以仁五台縣人光緒四年復任

直隸絳州志

山西文華·史料編

清光緒版 第二册

卷七至卷十一

清 張于鑄◎纂修

《山西文華》編纂委員會 編

山西出版傳媒集團
三晋出版社

山西文集

直隸絳州志卷之七

宦績

北魏

陸凱字智君代人仕魏爲給事黄門侍郎在樞要十餘年以忠厚見稱出爲正平太守號爲良吏卒謚惠

西魏

楊檦正平高梁人少慷慨值爾朱榮亂以義烈聞拜伏波將軍後從孝武入關以功進爵爲侯後攻拔正平河北南汾二絳建州太寧（册）[邵]城以檦行正平郡事復襲克東魏薛榮祖轉正平郡守威名大振凡鄰境

據險自恃如司馬恭侯景之徒皆不戰自遁子襲封

泉　企孝武時爲東雍州刺史高歡專政孝武有西顧之心欲委企以山南之事乃除洛州刺史當州都督未幾孝武西遷歡率衆至潼關企遣其子元禮督鄉里五千人出太谷以禦之高歡不敢進梁魏興與洛州接壤表請内屬詔企爲行臺尚書以鎮之人行臺賀拔岳以企昔涖東雍爲吏民所懷乃表復爲刺史詔許之

裴　果字戎昭河東聞喜人少慷慨有志畧周太祖曾使并州與果遇果知非常人密附焉永安末從軍討

賊乘黃驄馬衣青袍毎先登破敵時人號爲黃驄年少永熙中授河北郡守沙苑之役率宗黨歸西魏解玉壁圍摧鋒陷陣所向披靡除正平郡守正平果本郡也以威猛爲政百姓畏之盜賊屏息歷牧數州皆稱職卒謚質

王德代武川人雖不知書而斷決處分無以過之在州未幾百姓懷之卒謚獻

唐

一永性清廉家無蓄積世咸稱之

梁

儏字善通其先安定人後因官北邊遂家於武川少好學長更好弓馬爲政舉大綱民庶稱焉卒謚武

昭

劉　亮中山人少倜儻有縱横計畧從賀拔岳西征常先登陷陣與諸將謀迎周太祖以勇敢見知爲時名將謀策多合機宜太祖曰鄉文武兼資卽孤之孔明也賜名亮封長廣郡公大統十年出爲東雍州刺史爲政清靜百姓安之在職三歲卒於州謚曰襄

達奚武字成興代人爲賀拔岳別將同翊戴周太祖廢帝元年以大將軍出鎭玉壁量地形勝立樂昌胡營新城三防齊將高苟子以千騎攻新城武邀擊之悉虜其衆周受禪拜柱國武成初轉大宗伯封鄭國公

齊將斛律敦侵汾絳武以萬騎禦之敦退武築柏壁城留開府權嚴薛羽生守之保定三年遷太保以三萬騎自東道與北道隋公楊忠期會晉陽武至平陽後期不進而忠已還齊將斛律明月遣武書乃班師天和三年轉太傅五年卒謚桓子震襲爵

北齊

傅伏武平六年爲東雍州刺史七年爲行臺右僕射齊敗惟伏不下先是周主之擒尉相貴也招之不從既克并州復遣韋孝寬招之令其子以上大將軍武鄉公告身及金瑪瑙二酒鍾賜伏爲信伏不受謂孝

寬曰事君無貳此兒爲臣不能竭忠爲子不能盡孝
人所讐疾願速斬以令天下及聞高緯被擒乃降引
使宿衛授上儀同大將軍

北周

裴文舉字道裕聞喜人父邃任正平廉約自守每行春
省俗單車而已文舉少忠謹涉獵經史爲絳州刺史
一遵父政務以德化民總管韋孝寬特相欽重每與
談論不覺膝前於席天和初晉驃騎大將軍開府儀
同三司尋爲孝寬柱國府司馬

韋世康京兆杜陵人孝寬兄子也父夐養高不仕世康幼而沉毅仕魏封漢安縣公後從周武帝平齊授司州總管長史時東夏初定世康綏撫之士民皆悅尉遲迥之亂高祖謂世康曰汾絳舊是周齊分界因此亂階恐生搖動今以委公善爲吾守因授絳州刺史以雅望鎮之闔境肅清世康性恬素好古不以得喪干懷在任有惠政奏課連最擢爲禮部尚書轉吏部選用平允請託不行後再拜陳讓願乞骸骨上不許尋卒贈大將軍謚曰文

梁　軌字世暮開皇初以內軍將軍爲臨汾令古臨汾即正平

郡臨汾民病鹵生物瘠疲因鑿山源開鼓堆泉十二渠溉田五百餘頃利甚溥民歌頌之爲立祠

按州志梁軌有功水利於今爲烈而府志梁後有范軌省志梁後有張軌姓異名同而事跡畧同類意范軌張軌疑即梁軌歟

陳叔達字子聰陳宣帝子隋大業中爲絳郡通守受學於文中子叔達下捕賊之令曰無急也請自新者原之以觀其後文中子聞之曰陳守可與言政矣文中子嘗在絳出於野遇叔達曰夫子何之文中子曰將之夏叔達令勸吏息役董常聞之曰吾知夫子行國

矣未嘗虛行也叔達嘗謂薛收曰吾行令於鄉縣而盜不止夫子居於鄉里而爭者息何也收曰此以言化彼以心化叔達曰吾過矣退而靜居三月盜賊出境文中子聞之曰收善言叔達善聽後仕唐爲黃門侍郎判納言王凝嘗以文中子傳屬之卒謚忠

李安遠夏州人大業末補正平令時唐主兵起攻絳州安遠與通守陳叔達嬰城拒守唐公子素與安遠善及拔絳撫慰其家乃與同食授右翊衛統軍正平縣

公

唐

姜　謩上邽人從高祖平絳郡上言多見嘉納

羅士信齊歷城人大業中年十四從通守張須陁擊賊以驍勇顯武德初歸國以功擢授絳州總管封郯國公從征劉黑闥城陷遇害時年二十八謚曰勇

孔　正高宗時爲絳州刺史士民服其政及卒人皆悼之

李元軌高祖第十四子封霍王貞觀十年授絳州刺史閉閣讀書吏事責成於長史司馬謹慎自守與物無忤垂拱中至陳倉卒

李元禮高祖第十子善騎射始王鄭即授鄭州刺史貞

觀十七年徙王徐遷徐州都督爲絳州刺史有善政
璽書勞勉賜以錦綵實封至千户永徽四年加司徒
兼潞州刺史咸亨三年卒
李元懿高祖第十三子封滕王貞觀十年改封鄭王歷
潞州刺史總章中累授絳州刺史數斷大獄甚平允
高宗嘉之璽書褒美賜物三百段咸亨四年卒謚惠
鮮于紹爲絳州刺史高宗儀鳳中爲同州刺史仍賜絹
二百疋賞清廉也
李元嘉高祖子封韓王垂拱中刺絳州與越王子冲圖
舉兵冲敗元嘉至京師謀泄后逼令自殺

李朝隱字光國京兆三原人以明法舉拜臨汾尉擢至大理丞神龍中爭五王不宜輕用法貶嶺南宰相言其清正上更以爲聞喜令遷絳州刺史復爲大理卿訊武彊令裴景仙受贓言其先寂有國功宜宥景仙得不死後拜御史大夫充嶺南採訪處置使卒謚貞

李湛義府幼子沉厚有度襲河間郡公武后末與敬暉等誅張昌宗張易之神龍中爲絳州刺史累拜左領軍大將軍開元十年卒贈幽州都督

韓思復字紹出京兆長安人長山縣男倫孫舉秀才高第襲祖封爲刺史治行名天下開元中歷絳州拜黃

門侍郎元宗北巡爲行在巡問賑給大使還御史大夫進伯卒謚文上親題其碑曰有唐忠孝韓長山之墓

嚴浚

嚴浚華陰人爲絳州刺史威惠並行吏民畏服

嚴挺之天寶間爲絳州刺史明皇欲進用李林甫忌嫉之因招挺之弟損之佯與叙故舊云當以子爲員外郎又云朝廷待賢兄極深須作一計入京既見當有大用令損之取絳郡一狀云有少風氣乞入京師就醫林甫持狀奏云挺之年高近患風氣且授一閒官明皇歎咤久之林甫奏授員外詹事使令東京養疾

郭子儀肅宗寶應初絳州素無積儲歲饑糧賜不充軍士嗟怨突將王元振作亂殺行營都統李國貞大肆摽掠朝廷憂其與太原亂軍合乃以汾陽王子儀知朔方河中等節度行營副元帥發京師絹四萬疋布五萬端米六萬石以給絳軍初李國貞治軍嚴將士不樂皆思子儀元振因之作亂子儀至元振自以爲功子儀曰汝臨賊境輒害主將若賊乘其釁無絳州矣吾爲宰相豈受一卒之私耶收元振及其同謀四十餘人皆殺之自是河東諸軍皆奉法

韋陟字殷卿京兆萬年人安石子襲郇國公肅宗即

位起吳郡太守欲以爲相使者趣未至疑有顧望意

止除御史大夫杜甫論房琯詞意迂緩陟言其不失

諫臣體王去榮殺縣令帝欲宥之陟謂非宜時拜吏

部尚書久之宗人伐墓柏坐不相教貶絳州刺史陟

早有名而爲林甫國忠擯廢及肅宗擇相自謂必得

以後至不用任事新進皆望風憚之多言其驕倨及

入關又不許之京師鬱鬱不得志以疾卒自書陟字

名五朶雲時人慕之號郇公五雲體絳州有遺愛碑

李栖筠字貞一趙人幼孤有遠度莊重寡言舉進士調

尉氏主簿歷改河南令李光弼守河陽高其才引爲

行軍司馬兼糧料使至德中改絳州刺史擢給事中累遷御史大夫封贊皇縣子卒謚文獻

蘇震雍州武功人瓌孫詵子彊學有成人風伯父頲曰吾家有子至德中累拜文部侍郎從廣平王平長安後爲絳州刺史以勞封岐國公終太常卿贈禮部尚書

馬燧汝州陜城人李懷光反河中詔燧爲河東保甯奉誠軍行營副元帥與渾瑊等合兵討之燧帥步騎三萬次於絳畧定諸縣降其將馮萬興任象玉遂圍絳拔外郭守將夜棄城去降四千人遣李自良定六

縣降其將辛秕收卒五千

李晟臨潭人貞元元年以神策行營節度使兼河中晉絳等州節度使所過秋毫無犯

渾瑊貞元初晉絳節度使天性忠謹爲政簡易明肅德惠多及人

李憲晟次子仁孝喜儒以理法自矜初調太原府參軍事歷遷絳州刺史絳有幻人怵民以亂憲執誅之河中兵本仰食於絳而汾可輸河渭歲租與糴常數十萬石憲濱汾相地治新倉當費二百萬請留垣縣粟糴河南以錢還糴絳粟既免負載勞又權其贏以

完顏倉絳人利頡之卒謚武兄忠亦爲河中晉絳節
度使

盧元輔字子望宰相盧杞子以清行開擢進士歷絳州
刺史課最召授吏部郎中進兵部侍郎卒端靜介正
人不以杞之惡爲累云

韋武萬年人少孤年十一廕補右千牛累遷長安丞
德宗幸梁州委妻子奔行在除殿中侍御史戶部侍
郎轉刑部員外郎是時帝以反正告郊廟大兵後典
章未究執事者時時咨武武酌宜約用得禮之中羣
司奉焉德宗朝爲絳州刺史鑿汾水灌田萬三千餘

頃璽書嘉勞憲宗時入爲京兆尹卒贈吏部尚書

杜黃裳字遵素京兆萬年人擢進士元和中爲晉絳節度使達權變有大略性恬淡後平蜀擒劉闢以功拜平章封邠國公

李　漢少事韓愈通古學屬辭雄蔚爲人剛正略類愈愈愛重以子妻之擢進士第以御史中丞吏部侍郎坐牛李黨改絳州司馬詔有司二十年不得用不數年徙絳州刺史

石　雄武宗時爲晉絳行營節度使討劉正

狄惟謙梁公之孫會昌中爲絳隰刺史有名稱

唐彥謙咸通末舉進士歷絳州刺史有詩集傳世

楊　損字子默家新昌里與路岩第接岩方為相欲易其廐以廣第損族仕者十餘人議曰家世盛衰繫權者喜怒不可拒損曰今尺寸土皆先人遺非吾等所有安可奉權臣耶窮達命也卒不與岩不悅使損按獄黔中踰年還三遷絳州刺史

張　圓字直之河南偃氏人以河東從事後攝絳州能聞朝廷卒於汴韓愈作墓銘

樊宗師字紹述蒲州人擢軍謀宏遠科為絳州刺史有治聲家本饒悉散戚黨進諫議大夫有文譽作絳居

園池記

張廷蘊開封襄邑人事晉遷軍校李繼韜叛於潞州爲馬步軍都指揮使將兵馬前鋒至潞日已暮即率兵百餘踰濠登城城守者不能禦遂破潞州明旦明宗與元行欽後至明宗心頗慊之後歷絳州防禦使卒廷蘊素廉歷七州家無餘貲

陸

扆字祥文陝州人光啟二年進士判絳州嗜學有才思鄭從讜寓絳州與之談宴無閒先後稱之於朝位至淸顯歷同平章事再當國罷遇害於白馬驛

宋

錢惟濟知絳州有强奪民條桑者不能得乃自斫其右臂誣以陷人惟濟引問面給以食盜以左手舉筯因語之曰他人行刃則上重下輕今下重上輕正用左手傷右臂也誣者引服

李垂字舜工明道中知絳州修夫子廟還朝閤門祗候李康伯謁之因謂曰舜工文學議論稱於天下諸公欲用爲知制誥但宰相以未曾相識盍一往見之垂曰我若昔謁丁崖州則乾與初已爲翰林學士矣今已老大焉能趨炎附熱看人眉睫以冀推挽乎執政惡之出知均州

呂夷簡字坦夫壽州人蒙正弟子第進士補絳州推官天聖中參知政事拜同平章事封許國公夷簡於天下事屈伸舒卷動有操術卒謚文靖

富弼字彦國河南人舉茂材異等初以將作監丞關決絳郡多美績士民至今懷之有祠

張昪字杲卿韓城人第進士以母老求知絳州忠謹清直仁宗嘗謂爲孤立云卒謚康節

宋敏求字次道賜進士及第神宗初知絳州後加龍圖閣學士嘗建言河北陝西河東舉子性朴茂而詞藻不工故登第者少請令轉運司擇薦有行藝材武者

特官之使人才參用而士有可進之路又州郡有學舍無學官故士輕去鄉里以求師請置學官後頗施行之

李大臨字才元華陽人第進士爲絳州推官杜衍安撫河東薦爲國子監直講終天章閣待制大臨與宋敏求蘇頌稱熙甯三舍人

朱壽昌字康叔天長人天性孝友以將作監丞關決絳州多著美績

謝　皓字商老入大學與游權老龔吉老齊名時人目爲三老元豐中第進士歷金部郎官遷司農少卿出

守絳州以公廉稱

聶昌臨川人靖康中登政府出知絳州遇害辨見職官

王庶爲陝西制置使兼節度懷慶涇原兵金婁室人掠而東庶以書約懷慶帥王似涇原帥席貢欲邀餘虜渡河復限大河自守似貢不應庶爲國拒守金人還師陷絳州

按王庶爲陝西制置使爲國拒守所守者陝地於絳何與焉省志府志俱不錄其祀名宦也未知何據

金

范承吉字寵之進士初從宗翰克宋翰所得金使承吉司其出入無毫髮欺及還犢車載書史而已擢知絳州先是軍興民有爲將士所掠而逃歸者承吉遍諭俾其自實凡數千人具白元帥府許自贖爲良或貧無貲者以公廚代輸改河東北路轉運使時民賦重承吉經畫立法簡便官民咸足

高汝礪金城人大定中進士爲石絳二州刺史有政聲人謂政事文學可比樊宗師富鄭公焉後相宣宗號爲良相

郭　通亳州人大定初擢陝西路轉運司都勾判官時

晉絳戸稅轉輸平凉通監視之官吏無敢秋毫犯二
州民舉手加額後爲絳陽軍節度副使父老咸曰此
昔平凉閔恤我曹者也再期年大治絳人繪像於天
甯寺舍立石紀德終清河防禦使
紇闌胡魯剌大名路怕魯歡猛安人寡言笑好讀書承
安二年進士第一除應奉翰林文字貞祐中遷絳陽
軍節度使權河東南路宣撫副使是時兵興胡魯剌
完城郭繕器械料才壯爲鄉兵延問耆老招致儒士
次以備禦之策鹽米儲待勸富民出粟郡賴以完賜
詔褒諭加資善大夫官其次子吾申改權經畧使被

召以疾不能行卒於絳州

田世英進士河中人博學能文尤長於詩興定二年任

州教授

張　升大同人爲絳州録事趙偉反謂所識者誼不能

從赴水死

張　元絳州正平令有治績

元

鐵　連乃蠻人居絳州祖伯不花爲宗王拔都王傅鐵

連魁偉寡言有謀畧早歲宿衛王府拔都分地在平

陽以鐵連監隰州中統初調平陽馬步站達魯花赤

至元初宗王海都叛鐵連始終四徃返歷十四年上
賞勅所受海都皮服二襲全飾以金朝會服之以表
示焉又詔鐵連曰朝官之要重者惟汝所擇對曰臣
志在王室今於王室未有裨益不敢奉命但臣母在
絳州老且病得侍朝夕幸也詔從其請授絳州達魯
花赤十五年平陽李二謀亂捕問之盡得其狀中書
奏進秩上曰鐵連豈惟能辦此耶加昭武將軍十八
年卒於官年六十四子答刺帶嗣官昭武將軍同知
大同路達魯花赤
劉亨安其先范陽人後遷遼東元初國王木華黎經畧

遼東其兄世英率族里隸麾下分兵收燕趙雲朔河東以功充行軍副總管時平陽諸軍數被兵民物空竭世英言於王曰自古建國以民爲本今河東殺掠殆盡異日我師復來孰給轉輸收存恤亡此其時也王善之以絳州邊地難其人奏授世英絳州節度使兼行帥府事卒於師無子國王孛魯命其族兄德仁襲職丙戌金將移剌副樞攻絳州城陷死之木華黎承制命亨安領其衆奏賜金虎符授鎭國上將軍絳州節度使行元帥府事兼觀察使庚寅冬從王師渡河入關辛卯春克鳳翔歷秦隴屯渭陽秋出階城沿

漢抵鄧壬辰會大軍於鈞州敗金人於三峯山鬭先平蔡既而宋兵二十萬攻汴都元帥塔察兒衛亨安拒之宋師遂潰塔察兒喜曰眞將才也勞賜甚厚丙申都元帥塔海征巴蜀攻散關破劍門出奇制勝亨安功居多進圍成都亨安爲先鋒大破之有裔長官與亨安爭功未幾攻城裔爲砲所傷亨安負之以出裔感且愧焉亨安從軍累著勳伐所獲金帛悉推與將佐敵士卒咸樂爲用子貞嗣職

按省志載劉亨遺安字所錄皆亨安兄世英事亨安事與未之詳也今考元史與州志合從之

程元直亳州人知交城勸農興學政平訟簡人心悅服

陞知絳州

彭仲德東明人至元中知絳州有遺愛碑見藝文

李榮祖雲中人至正初知絳州有政績碑見藝文

宋克篤長白人至正中進士知絳州時稱其文章政事

可方文潞公

靳和曲沃人居鄉喜周貧乏導人以善歷仕知絳州

政治公平

靳柱襄陵人善屬文至正丙戌進士授絳正平縣尹

尋陞監察御史

劉履謙至正間以絳判知絳縣政績懋著

明

顧　登洪武十年知絳州建祀壇葺學宮修治廨規制悉備

王汝績江西金谿人宣德間以舉人知絳州躬歷隴畝勸農桑課勤惰不數年土田悉墾大葺孔子廟修舉學政子弟雖愚懇懇誨之不倦旁邑民間以事至亦必教以敦本節用凡有徵集第書片紙付里甲悉踴躍樂赴無敢後者俗舊好鬭不勝輒輕生親屬厚誣必致破產乃已嚴禁之有自斃者槩不受理刼盜出

其途能先知卽掩捕置之法在任九年訟息獄空教化大行當考績遽卒上民勤其政績於石見藝文

李學河南祥符人正統四年知絳州公廉守法洞悉民隱所興舉咸得體要民肖像祀於羊舌廟

言芳山東鄒平人成化六年以進士知絳州博學謹守居官清正衙舍蕭然幾可羅雀

劉觀平度州人成化間知絳州廉勤威斷吏畏民懷居三年乞休獲請卽單車就道循良之迹去就之義不愧古人

賈定河南通許人成化間以進士知絳州通敏有吏

才遇疑難立剖决絳有屠人誘人出殺諸谷中歸而私其妻不從復殺之而揜其處女覊他所以滅其迹事久弗白定廉得之論如法絳有積薪逋者破產糜家仍無以償定通一州丁戶足其數自是歲無逋者嘗立善惡二籍歲終覈實誅賞有差會大飢絳獨免因上救荒八事是年平垣曲盜規畫所及鄰境胥受賜後改易州尋陞山西按察司僉事

李　憲青城舉人爲州學正施教有方勤而無倦以禮經授諸生陞萊水知縣

馬　駙澄城舉人爲州訓導長於詩古訓迪有方

李守經汝陽舉人爲州學正以春秋授諸生人多傳誦焉

徐崇德山東濟甯州人洪治十二年以舉人知絳州置文廟祭器士林稱之

張憲涇陽舉人性至孝朝廷旌之廉以持己勤於誨人士以束脩見者貯之公爲易銅爵祭器勒諸石知州李文潔有記見藝文

易謨河南固始人正德九年以進士知絳州清而有爲熟悉民間利害興除胥得其宜陞陜西西安府同知有去思碑民肖像祀富鄭公祠

李文潔江西貴溪人正德十二年以舉人知絳州剛正明斷清操凜然營興學校毀淫祠均賦役鋤豪强右四年風清弊絕陞建寧府同知去之日民泣送如失慈母肖像祀富鄭公祠

廖煜上虞舉人能詩文由州學正陞南京刑部主事

錢貢蘄水人嘉靖十年以舉人知絳州嚴明剛斷囹圄常空陞廉州府同知

張文弼深州人嘉靖十七年以舉人知絳州慈祥忠厚平易近民陞府同知累遷刑部郎中

彭燦河南靈寶人嘉靖二十年以舉人知絳州有惠

政陞臨洮府同知累陞按察司副使

劉朝麒臨洮衛人嘉靖二十八年以舉人知絳州敦厚愛民剛果執法絳有靈邱藩封招納無賴甚爲民害朝麒正其罪諸宗人欲危之朝麒論以法乃解去陞廣德府同知轉按察司僉事

許用中進士山東東阿人放達能詩陞口北道僉事

金　豳浙江樂清進士嘉靖三十二年以刑部郎中謫任同知有清操署州數月興利除害聲動全晋州舊有牛頭遠赴端石驛爲累[illegible]士甚申請折銀解納百姓便之詳見所著非非竊[illegible][illegible]行歲計數千金陞徽

州府通判

黃　儒河南汝陽人嘉靖三十五年以舉人知絳州修南北城樓

邢　化山東臨邑人嘉靖四十三年以官生知絳州廉辨不爲刻覈遇訟獄悉令自拘有以和息請者聽之弗徵贖鍰學正李必昌南海人也與其妻並卒於任子女幼弱貧不能歸乃賻以百金擇老媪及義民護送歸里陞延安府同知致仕

蕭　儼江南涇縣監生嘉靖四十三年以兵馬使謫任同知博學工文識論悉本經史舊例冬月汾川架橋

板椿之徵歲以百計春夏水漲濟用舟楫橋置水濱
板多遺失儀署篆命以舊板留用壞者易之不復徵
銀後遂奉爲成法署臨汾臨晉兩邑俱有聲

張允濟固安人隆慶間進士以郎中出知絳州丰度威
嚴不事鉤索人自不欺甫一年以艱去先是運司邊
方兩處查盤計歲代屯濟徭銀民多苦累允濟力請
申豁方允半代去後仍全代如故歷陞僉都御史巡
撫山東

蔚　階合肥人爲州學正規範嚴整雖私居必正冠垂

紳

辛繼先襄城人爲州學正純朴閒靜有古人風

賀　榮河南唐縣人學有本原爲學正講貫不輟評騭課藝妍媸不爽

李必昌廣東南海舉人工古文詞爲州學正延掌河東書院督率善誘諸生以得師爲慶陞修仁知縣未之任卒於絳士民哀之知州邢化爲經紀其喪

段邦寵陝西朝邑舉人剛斷明察庚午北闈同考時稱得人由州學陞國子學錄戶部主事

郝養民鄜州人爲州訓導忠誠愛士每月試躬爲督率

馬　繼直隸永年人爲州訓導講學論文諸生多負笈

門下

張　軏鳳翔人愷悌愛士如子由訓導陞教諭

宋應昌浙江仁和人隆慶元年以進士知絳州州城瀕

汾常患水齧城應昌至築石堤護之清丈地糧杜絕

飛詭公館供具悉以官辦司夜火夫照坊編派閭閻

無擾民歌思之歷官右都御史

屈大陞咸甯人隆慶六年以舉人知絳州馭吏以法撫

民以寬建寅賓館沐愛坊

李遷喬安邱人萬歷四年以舉人知絳州清廉誠信卒

於官士民哀之

敖得義湖廣竹谿人萬歷四年以歲貢任同知性和而介州人多以產搆訟牧委得義聽之悉理是直一無所徇陞西安府通判和曲州知州

蔡楠沛縣人萬歷十年以歲貢任同知廉正不阿直指課吏將示瀬戒楠正色曰願思可戒之狀既得其狀願置之理及理之而白則拂衣去活民方藥遺愛尚存

劉奐山東壽光進士萬歷十三年以主事謫任同知先在南部時以文涉時政遂左遷聲振中外時州守愎而奢以庾至乃稍自戢庾所到輒題咏寓意忠愛

不涉怨誹未幾以艱去歷陞浙江按察司

尹鳳儀山東新泰人萬歷十四年以舉人知絳州值歲荒拮据焦勞日無閒谷捐俸散賑全活甚衆

白　壁陜西清澗人萬歷十八年以舉人知絳州酌汾灘荒地建莊以便開墾人稱白家莊北關水路久湮力爲疏導人多德之

杜　濬直隸任邱人萬歷十九年以舉人知絳州廉明能斷片言折獄絳俗故輕生雖小忿輙自縊以累人濬嚴禁之有犯者悉令自瘞俗爲一變與民休息不輕役一人不輕取一物無媿杜母叅致仕歸

王大棟萬歷二十二年知絳州捐俸置學田建文昌閣

盧　鑒　黔萬歷二十八年知絳州清廉寬厚且有知人之

范　垠陝西郃陽人萬歷三十年以選貢知絳州恤民

愛士法繩吏胥公庭肅然

張繼東丹徒人萬歷三十二年以舉人知絳州慈祥愷

悌用刑極簡靑衿以寒苦告輒賑之不厭其瀆有古

循吏風

方立誠太平人萬歷間以舉人知絳州文章政事雅思

復古重修州志

朱正寅雲南人萬歷間以舉人知絳州才識明敏興利
除害民資保障焉
笪繼良丹徒人知絳州崇尙理學惠愛士民臨行解所
佩銀帶以爲修復河汾書院之需
郜永春修武人爲州學正恩撫諸生視猶子弟
黃一中黃岡舉人爲州學正好古能文纂修州志
曹樹聲會稽舉人爲州學正博雅工書從游甚衆
田毓華汴梁舉人爲州學正博學能詩推誠待士歷官
滇南知府陞南部郎中
白　澤綏德州舉人由州學正陞平遙知縣武畧特優

擢安慶府監軍同知

雷　翀陝西郃陽人以舉人知絳州忠厚惻怛惠愛士民禱雨輒應禳火反風立殲大豪為民除害孫學謙第進士仕至監察御史

黨　琉陝西城固人知絳州賢能懋著卓有政聲

孫　順貴州人崇禎十四年以進士知絳州愛民下士不愧循良

魏　濂山東鉅野監生判州事以廉幹聞州城街道濂易以石壁五臺縣知縣

王　翰山東商河吏員判州事操守清潔法令嚴明克

頑歛跡

邵　綰陝西富平吏員判州事緝盜安良民深感之

賀有敬直隸東鹿貢士判州事廉明善治盜

李初元四川劍州人判州事一錢不取署州篆甚得民

後罷去遮道送者千餘人

呂　偉靜樂人爲州訓導與貢士閻世徵增設配哲兩

廡贊牌

錢　適江南丹徒吏員爲州吏目有幹才善緝盜

國朝

陳維新奉天廣甯人敬心郎順治二年知絳州廉明誠

愨愛民如子陞大名府知府歷陞巡撫

聶　源直隷萬全衛人順治二年以舉人知絳州才識明敏判斷如流崇文課士振興學校

單　惺直隷棗强人順治九年以舉人知絳州恭謹簡黙勞實盡杜陞工部員外

薛世望字山子湖廣江陵人順治十四年以貢士知絳州慈良愷悌士民愛戴館餼課士文風丕振

王　琦字奇玉直隷大興人順治十六年以舉人知絳州政事詳明斷獄無滯秋闈分校號稱得士

史必遒孟縣拔貢爲州學正丰儀秀整識鑒精敏歷官

國學部郎陞湖廣衡州道

張世澮會稽舉人潞安府籍氣度寬和才思通敏詩效元白體與多士相唱和任學正二十年陞平陽教授卒以絳爲桐鄉云

劉顯第字澤遠奉天東甯人康熙二年以貢士知絳州有幹才百廢具興優禮士紳重修州志

李調元蔚州舉人爲州學正增修祭器簿正祀典

蒲昌迪四川渠縣人康熙十七年以舉人知絳州廉惠明斷捐俸修學

劉　涵直隸宣化府人康熙十九年由廕生知絳州飭

廢弛抑奔競訟簡刑清門無私謁陞戸部員外郎

程　珀長治歲貢爲州訓導才學優裕風雅歸之

胡一俊直隸欒城人康熙二十八年由監生知絳州斷
獄明決胥小屛息

程好生祁縣舉人爲州學正博學能文士楷式之

董　梅平定州舉人爲州學正工於詩文課士不倦從
游甚衆

萬國宣江西南城人雍正元年由監生知絳州廉幹明
敏蒞任二年州改直隸吏察院爲貢院改天主堂爲
東雍書院具載碑記陞歸德府知府歷陞浙江按察

司

馬　暠忻州舉人爲州學正制義清眞忠誠待士

顧開陸江南無錫人雍正七年以進士知絳州誠信待

人不愧儒吏

童　絨直隸左衛籍浙江紹興人雍正十一年由監生

知絳州才識明敏振興文教爲書院延師訓課成就

頗衆詳見碑記

邵其德雲南保山人乾隆六年以翰林院庶吉士改外

任方正廉潔一塵不染調任後行橐蕭然饋遺盡郤

臨行泣送者數百人

頌衆詳見碑記

邵其德雲南保山人乾隆六年以翰林院庶吉士改外任方正廉潔一塵不染調任後行橐蕭然餽遺盡卻臨行泣送者數百人

王　玢浮山廩貢乾隆七年爲訓導誠信無欺訓士有方

李　高山東高密人乾隆八年以進士知絳州慈惠廉正盡革行戶供應陋規榷糧設立滚單民甚便之

段夢日江西樂平選貢判州事修建衙署歷署縣篆有政聲

張成德江蘇丹徒人乾隆十八年知絳州歷十餘載政簡刑清不煩不擾慨然以維持風化爲急因節孝祠湫隘囂塵無以光祀典捐廉移建棟宇一新重脩州志搜輯靡遺士林稱之

張　濤順天副貢道光二年知絳州性仁慈獄囚多所全活修養濟院立城北義塚州人德之光緒四年呈請入名宦祠

李廷樟廣西陸川縣進士咸豐十年知絳州潔己愛民始下車即除投到討保吏胥勒索陋規因完糧加耗過多定九三銀以加三五爲準飭立碑永遠遵守時

捻匪未靖公團練壯丁防堵津垣著有成績韓武經

國鏡分頒各鄉又因州城頽圮守禦維艱諭民集資

修葺越二年城牆俱已堅築陞平陽知府未幾捻匪

竄境城完可守民賴以無虞

陳世綸直隸青縣人己酉拔貢歷官榮河夏縣潞城萬

泉陽曲等縣署忻州升授絳州　賞戴藍翎在任候

補知府公才識明敏遇事有權略咸豐三年在籍辦

團屢著戰績官榮河夏縣時均遭寇警公外禦內撫

民賴以安光緒三四年間絳郡薦饑道殣相望公辦

理賑務驅策羣力事必躬親不遑寢食孜孜懇懇半

年如一日窮民保全甚衆而公竟積勞不起矣先是
三界莊匪民乘機聚衆謀蠢動鄰近不逞之徒互相
觀望勢將並起郡中一日數警公不動聲色集勇役
掩捕之斬二人以徇餘黨分別遣散各村宵小聳懼
或就擒或遠遁消弭巨變於指顧間而賑務得以次
第舉行歿之日州人感泣爲貲建祠以祀

直隸絳州志卷之八

選舉上

薦辟

明

李彥英洪武初通經儒士高鐸舉之授本州訓導見

人物

李　幹元翰林編修國子博士洪武九年舉授本州

訓導聘四輔官尋調蘇州府知府改國子博士兩

聘爲考試官

李士林洪武十五年以秀才舉授長興知縣

劉受祖洪武十七年以孝廉舉授泗州都司斷事

田　錫洪武時舉授臨洮府同知

陳行義洪武時高鐸以稅戶義才舉歷薊潁二州知
州

張文郁洪武時以人才舉

李　翰洪武時以人才舉

楊繼光洪武時以人才舉

李　貞洪武時劉基薦爲遂昌縣主簿建文時隱居
永樂二年勅書徵至京師賜宴冠帶致仕

辛　全崇正閒賀逢聖以理學薦於朝詔以知府用

未就職以內艱歸

國朝

梁萬稷附生雍正丁未以賢良方正舉初任直隸冀州衡水知縣歷天津府通判署涿州知州歷承德州知州丁艱服闋補授直隸定州知州歷東路同知尋歷廣西太平府知府護理分巡左江道見人物

王　怡本城人廩貢生陵川縣教諭嘉慶元年舉孝廉方正見人物

高舒文澤掌莊人軍功議敘即用道　賞戴花翎

覃恩晉授通奉大夫同治元年舉孝廉方正見任

恤

進士

宋　年號無考

王　巖

薛　奎參知政事資政殿學士謚簡肅見人物

金

正隆二年

張　濤

正隆五年

李　僉刑部尚書謚清獻見人物

大定三年

梁　襄保大軍節度使見人物

明昌五年

李天祺

明昌中

張　謂朝請大夫吉州刺史

承安二年

孫　鎮省元陝州刺史鎮錡鉉同榜擢第號孫氏三

桂見人物

孫 錡鎮弟甯州刺史

孫 鉉錡弟潘原令

泰和六年

梁持勝褒子復中宏詞科咸平路宣撫經歷見人物

元

元統三年

李唐佐字良臣

至正二年

李 僎朝請大夫僉河西隴道肅政廉訪司事見人物

明
洪武十八年乙丑科
王　達四川新繁縣丞
洪武二十七年甲戌科
高　鐸刑部侍郎見人物
正統十年乙丑科
陶　銓陝西叅議見人物
天順八年甲申科
陶　璽銓子長蘆運司見人物
成化十四年戊戌科

荆茂

韓重英子初授禮科給事中累官至南京工部尚書見人物

成化十七年辛丑科

陶琰銓子初授刑部主事累官南京兵部尚書見人物

正德九年甲戌科

陶滋琰長子授行人歷官兵部武選司郎中見人物

嘉靖三十二年癸丑科

趙　桐富平知縣見人物

嘉靖三十五年丙辰科

周心易廣平府推官陞蘇州府同知見人物

嘉靖四十一年壬戌科

孫光祜承天府推官歷官都御史南京工部侍郎見人物

嘉靖四十四年乙丑科

陳　柏戶部主事見人物

萬曆二十年壬辰科

陶　登齊東知縣補夏津縣見人物

崇禎十六年癸未科

朱鼎婁

國朝

順治九年壬辰科

孫錫齡河閒府推官行取陝西道試監察御史補授江西道監察御史巡視陝西茶馬長蘆鹽政見人物

順治十五年戊戌科

王懋官天爵曾孫歸德府推官見人物

順治十六年巳亥科

閻調鼎江甯府推官見人物

康熙九年庚戌科

閻如琣廣東雷州府徐聞縣知縣陞邳州守見人物

康熙十五年丙辰科

楊作楨翰林院庶吉士授編修陞詹事府右春坊右

贊善見人物

康熙十八年己未科

吳道煥貴筑縣知縣陞戸部主事遷戸部司員外郎

督寶泉局見人物

康熙二十一年壬戌科

李復泌翰林院庶吉士授檢討行人司行人見人物

乾隆元年丙辰科

南宮秀博白縣知縣署直隸鬱林州事

乾隆四十六年辛丑科

王　洱湖南黔陽縣知縣

乾隆五十八年癸丑科

黃　洽翰林院庶吉士工部營繕司郎中補授衡州

府知府署衡永郴桂道見人物

嘉慶十三年戊辰科

權緝祖　恩賜翰林院檢討

舉人

元

中統四年

李天祐

至正中

張嵩

明

洪武五年壬子科

高鐸解元見進士

洪武十八年乙丑科

王　達見進士

洪武二十年丁卯科

薛　敬

范　業

洪武二十三年庚午科

張　翀雲南行都司斷事

洪武二十六年癸酉科

梁　驥艮鄉知縣

祁　巽萬安知縣

永樂元年癸未科

王　輅望都訓導

張　開泰安教諭

永樂三年乙酉科

李　瑛元城知縣

翟　範平涼衛經歷

永樂六年戊子科

張　崧永壽知縣

永樂九年辛卯科

劉　震通城知縣

行　正兵馬司務

永樂十二年甲午科

李　實高唐州判官

趙　晉滑縣縣丞

陳　恕監察御史陞江西僉事貴州叅議

永樂十五年丁酉科

王　斌累官苑馬寺少卿

安　貞咸山主簿

郭　馴

永樂十八年庚子科

劉　民

柴　衡　鬱林知州

永樂二十一年癸卯科

李　儀

閻　巽　武清縣丞

張　紳

段　懋　伊府典簿

閻　閱　同州知州

王　榮　安定訓導

任　昭

曾　檜

宣德元年丙午科

趙　璧

宣德十年乙卯科

李　春澄城教諭

蓋　搜靜甯知州見人物

正統三年戊午科

韓　英亞魁泗州同知見人物

正統九年甲子科

陶　銓亞元見進士

正統十二年丁卯科

郝紹虁　高陵教諭

景泰元年庚午科

王　忠甯州訓導

李　淑實子延安府訓導

景泰四年癸酉科

白　素白水訓導

李　纁彭縣洛南伏羌知縣見人物

景泰七年丙子科

陶　璽銓子見進士

李　興藁城知縣改光禄寺典簿

成化四年戊子科

李　嶶

成化七年辛卯科

陶　琎　銓子解元見進士

劉述宗揚州府通判見人物

韓　重　英子經魁見進士

成化十年甲午科

儀　昭　涇陽王府教授

王　珙　崇府長史見人物

閻　重　靜甯知州見人物

成化十三年丁酉科

姚　逵彰德教授

成化十九年癸卯科

閻　珪國子監博士見人物

成化二十二年丙午科

毛　憲涇府左長史見人物

郝　崧內鄉知縣陞沔陽知州

范　通唐縣知縣起補齊河縣

宏治二年己酉科

靳志旦

宏治五年壬子科

陶　溥

宏治十一年戊午科

高廷祿新野知縣

陳希艮正定府推官見人物

南　拱湆化知縣

宏治十四年辛酉科

張進言慶陽府同知補開封長史

楊　澤通州知州起補隴州見人物

宏治十七年甲子科

李應奎　霽子陝州知州見人物

正德二年丁卯科

吳祥麟

正德八年癸酉科

陶　滋見進士

王天爵

范　昕通子趙州知州見人物

正德十四年己卯科

梁承福服鄉知縣起補新鄉

韓　璘通州知州

嘉靖七年戊子科

李　開

嘉靖十三年甲午科

陶　梓睢州知州調兩浙鹽運副使見人物

嘉靖三十一年壬子科

趙　桐亞元見進士

嘉靖三十二年癸丑科

楊世鳳寄籍山東中式

嘉靖三十四年乙卯科

周心易見進士

嘉靖三十七年戊午科

陳　柏見進士

嘉靖四十年辛酉科

孫光祜亞元見進士

楊守川富平知縣見人物

嘉靖四十三年甲子科

張與行重慶府知府見人物

隆慶四年庚午科

因於夏襄城知縣臨清州判陞鞏昌府通判見人物

許恩刑部郎中見人物

萬歷元年癸酉科

王之翰棗陽知縣見人物

萬歷四年丙子科

陶　登見進士

萬歷七年己卯科

姚進福洵陽知縣陞肇昌府通判

薛國民字效先直隸甯知縣

萬歷十三年乙酉科

陳紹吉保安知縣見人物

萬歷十六年戊子科

陳王綱東鹿知縣見人物

萬歷十九年辛卯科

陳奇策成都知縣起補醴泉

萬歷二十五年丁酉科

韓繩武禹城知縣轉兩當

張紹芳定陶知縣改南皮

萬歷二十八年庚子科

王臣直原名聯科之屏子泗州知州改開州見人物

萬歷三十四年丙午科

韓育中

萬歷三十七年己酉科

孫思揚光祐子鳳翔知縣

萬歷四十年壬子科

韓　雲徐州知州改葭州見人物

王朝麟華州學正歷臨洮府推官見人物

萬歷四十三年乙卯科

陳幾鎔禹城知縣

萬歷四十六年戊午科

王接武之翰孫

甯一鶴東鹿知縣

天啟元年辛酉科

韓　霖見人物

孫有則光祜孫新蔡知縣

朱世臣

天啟七年丁卯科

文國華保定知府

崇禎三年庚午科

王大武臣直子

崇禎六年癸酉科

靳騰蛟經魁

崇禎十二年己卯科

王懋官見進士

崇禎十五年壬午科

馬宏志

梁　棟

黄希聲見人物

朱鼎姿見進士

國朝

順治三年丙戌科

薛天傑宜都知縣起補永城知縣

順治五年戊子科

高　選

劉祚泰

順治八年辛卯科

閻調鼎見進士

劉日光任邱知縣陞延安府同知

孫錫齡見進士

常貞吉長泰知縣見人物

順治十一年甲午科

支日達

順治十四年丁酉科

張鳳翎經魁保德州學正陞延長知縣見人物

趙世福沁忻二州學正陞星子知縣兼南康九江二

衞屯田事務見人物

馬中捷安遠知縣

順治十七年庚子科

李爾蔚

康熙二年癸卯科

閻如玿見進士

康熙八年己酉科

段一潔長垣籍順天榜
康熙十一年壬子科
楊作楨解元見進士
康熙十六年丁巳科
梁萬泰河南中式候補中書
康熙十七年戊午科
李復泌見進士
李　䌌汾陽教諭
吳道煥見進士
康熙二十三年甲子科

李于鎬內閣中書改選知縣

康熙三十二年癸酉科

因可方大邑知縣陞兵部主事

康熙三十五年丙子科

侯　爵字子節崇陽知縣

張啟業儀隴知縣

李仙根順天榜候補內閣中書

康熙四十一年壬午科

李于雍于鎬弟

康熙四十四年乙酉科

曹　仁見人物

雍正元年癸卯科

李　泳洪洞教諭

雍正二年甲辰科

梁以檀白河知縣

李守中

雍正十年壬子科

南宮秀亞魁見進士

李可棟平定學正

閻廷玠甯武縣教諭

雍正十三年乙卯科

耿裕豐

乾隆元年丙辰科

趙民洽明通榜靈石教諭浙江臨安知縣調象山縣

乾隆三年戊午科

盧　鑄明通榜甯武縣教諭補霍州學正

乾隆十二年丁卯科

李今雋鰲孫經魁明通榜平陸教諭

乾隆十五年庚午科

彭士煥

乾隆十八年癸酉科

段恒燦

薛帝簡

乾隆二十七年壬午科

鄭朝棟

梁鍾傑順天榜直隸開州知州入循吏傳

梁　巘寄籍江南中式

乾隆三十年乙酉科

王捷掄見人物

乾隆三十五年庚寅科

梁志學

乾隆三十六年辛卯科

王延祚

乾隆四十二年丁酉科

梁鍾英歷任直隸獻縣新安鉅鹿貴州印江等縣知

縣

楊大剛任交水縣教諭

王　洱見進士

乾隆四十四年己亥科

黄　洽見進士

乾隆五十一年丙午科

王晉羲

乾隆五十三年戊申科

郭培庚任清源鄉訓導陽城縣教諭

乾隆五十七年壬子科

來鳴皋任孝義縣教諭

乾隆六十年乙卯科

皇甫儁

嘉慶三年戊午科

楊汝健

嘉慶五年庚申科

楊儒樅

嘉慶六年辛酉科

張　銘

嘉慶十二年丁卯科

盧文融任長子縣教諭

權緝祖　恩賜見進士

嘉慶十五年庚午科

郝臺魁五台　召試　欽取　咸安宮官學教習歷任沁水教諭太原訓導朔州學正見人物

郭青選

嘉慶十八年癸酉科

楊起元

嘉慶二十一年丙子科

潘貢疇歷任山東安邱縣費縣知縣見人物

藺春選

馮　城

吴虎變

嘉慶二十四年己卯科

潘賡疇户部員外郎

道光元年辛巳科

葉長春見人物

道光二年壬午科

盧文和亞元

道光十一年辛卯科

黃四如任五台縣教諭

道光十二年壬辰科

王爾中亞元候選教諭見人物

道光十三年

喬佐洲 欽賞舉人戶部郎中 賞戴藍翎見人物

道光十五年乙未科

張二雅分發福建截取知縣

道光二十六年丙午科

朱炳縉

道光二十九年己酉科

侯玉麟芮城縣教諭

咸豐八年戊午科

李學釗六品頂戴

史　璋壽陽縣訓導

同治五年庚午科

張振元順天榜候選教諭

同治十二年癸酉科

趙國璧候選州判見人物

彭頤壽考取國子監學正

光緒元年乙亥科

梁永春

光緒二年丙子科

彭滌源

恩貢

明

隆慶間
梁　洵岐山縣丞　　韓　范瓚子曲阜縣丞
國朝
順治間
張念祖貞教孫建甯通判見人物
康熙間
丙辰　靳仕周　　丁丑任　尹宇起莘
戊子　閻應詔
癸巳　謝丕振平遥教諭見人物
雍正間

癸卯 陳　璲　　乙卯 張　熒

乾隆間

庚午 張尚古　　辛未 劉文元

辛巳 張大緒　　己酉 賈　柯定襄教諭

乙卯 閻　謙

嘉慶間

丙辰 郝培垣

己未 孫祥和歷署榆次翼城訓導推陞保德州學正

庚辰 文樹檀　　辛未 朱貽坊

道光間

癸未王凝秀　戊辰許紹周候選州判

咸豐間

辛亥儀浩然　癸丑韓步愈

甲寅朱鷺　丙辰梁辰龖

戊午吳翔逵　己未和其聲

同治間

丙寅趙國璧候選州判見舉人

辛未毛飛鵬分發陝西候補州判

光緒間

乙亥李逢春

拔貢

明

嘉靖間

姚　傑遠子盩厔縣丞　李東暉見人物

蒲　卿林縣主簿　薛尚禮

衞良相朝城知縣

萬歷間

范　沼　王守身

馮乘雲揚州通判陞武昌同知見人物

天啟間

陶世徵見人物

崇禎間

己卯　文養蒙見人物

國朝

順治間

李沖霄見人物　　吳克勤

康熙間

馮　永壽陽教諭見孝義

高　贇

劉澤灝興縣教諭起補壽陽教諭

雍正間

癸卯 楊念祖直隸趙州州判改榆社教諭

己酉 吳大生

乾隆間

乙卯 馮謨　辛酉 曹景參

癸酉 鄭朝棟　乙酉 梁志學

丁酉 楊潤江蘇無錫縣知縣調金匱縣知縣陞柘林府

通判

己酉 李翰琇榆社訓導

嘉慶間

辛酉朱杲郎用分州

癸酉段炳圻戶部四川淸吏司郎中　誥授朝議大夫郎用知府　賞戴藍翎

道光閒

乙酉梁坊昇　丁酉黃仁驥

己酉楊鏞歷署河南鎮平南召縣知縣

咸豐閒

辛酉梁鳳儀

同治閒

癸酉彭滌源見舉人

副貢

明

崇禎間

己卯 文養蒙

國朝

戊子 王復初古田知縣見人物

戊子 馬超印廣西馬平縣知縣

乙卯 趙良佐

甲子 李今膺見舉人

丁卯 薛帝簡見舉人

己卯 段培學

乙酉 楊逢年

乾隆間

丁酉　閻濕

嘉慶間

癸酉　藺春選見舉人

道光間

壬辰　傅受濂樂平鄉教諭　甲午　段鍾辛

己亥　郝鸞翔候選直隸州州同見孝義

甲辰　衛鳴岡

同治間

壬戌　張振元順天榜見舉人　甲子　柳爾昌見殉義

庚午文天元

光緒間

己卯李如錦

歲貢

明

洪武間

張　志楚府紀善　　劉　庸應天府治中

劉　裕中城兵馬司　　楊　裕寶鷄知縣

侯　敏保定府同知

張　麟戶科給事中改授開平衛經歷陞定陶縣知

縣

雷　霆壽州吏目

永樂間

張　信上洪州知州　衞　瀶衞經歷

郝　矩工部主事見人物

衞　健汝陽縣丞　王　禑徐州同知

李　義　甯　謙

李　穆歷都察院刑部司務

王　遜府軍衞經歷　杜　浩

趙　善永清知縣　李　崇

賈　晟雲化知縣　梁　善

段　溫　杜　茂

文　能　劉　廣

姚　監招遠知縣　趙　智河南杞縣知縣

梁　輅肥城主簿　王　璡舊志作進

洪熙間

喬　幹

宣德間

杜　雲　劉　通

張　顯營州左屯衞經歷

張　恭涇陽知縣　　李　貢新興巡檢

杜　慶　　辛　銑鴻臚寺序班

賈　顒黄州府通判見人物

董　麟武安主簿

正統間

雷　敬興化檢校　　馬　訓魏縣縣丞

李　恒順天密雲主簿　　張　桓

楊　衡隆平知縣　　趙　玉蘭縣訓導

曹　瑛行唐縣主簿

張鳳詔臨海縣丞題名碑作儀鳳詔

薛　濬　　路　英九江府照磨

杜　津　　杜　緯

李　著穆孫松江府照磨

王　貫　　郝　湛安塞主簿

景泰間

丁　華鴻臚寺序班　　張　豐萬泉右衛經歷

薛　濟內黃縣丞　　任　義米脂縣丞

李學遜浙江布政司照磨　　李　節

張　愚新城縣丞　　楊　俊良鄉主簿

范　忠樊山府教授見人物

陳　灝

天順間

李　洪穆孫伊府伴讀

常　聰濰縣稅課局大使

劉　瑜泰子滈化教諭　　趙　簡綏德州吏目

張　贇上海縣丞　　裴　謙南部主簿

姚　固　　張　瓚武進縣丞

閻　燧吳江縣丞　　孫　郁句容主簿

癸未李　銓盧州府推官

段　堅山東按察司照磨

成化間

段　緝伏羌訓導

梁　榮昌邑主簿見人物

郭　麟崑山稅課局大使

乙丑 柴　監　　張　俊涿州判官

盧　秀　　陶　璞雲化教諭

賈　正翮子河南府檢校

張　鐸齊東主簿　　行　祥

劉　達漢中府經歷　　李　昇和州同知

鄭　鑑中部縣丞　　馬　亮唐府教授

羅　績　題名碑作績　　趙　鑑　華州訓導

衛　敏　幹州訓導　　儀　雄　慶府教授

宏治間

楊　晟　莊浪知縣

李　璿　鳳翔教諭陞慶府紀善

陳　谿　萊陽縣丞見人物

陶　濬　盧氏教諭　　李　莅　狄道訓導

柴　森　隴西教諭　　劉世傑　棗強縣丞

崔　傑　道化衞知事　　張　錦　襄城知縣

任　凱　如皋縣丞　　楊　鳳　唐陰主簿

王　淮府谷訓導　　李　英葭州訓導

孫　鑑固始訓導　　張雲章甯國府照磨

正德間

董　英龍泉訓導　　張雲漢涫縣知縣

杜　璜平凉府教授　　劉宗義山丹衞教授

梁大信唐縣訓導　　薛　華新泰訓導

賈尚義　　陶　涫平凉府教授

楊景春壽甯侯府訓導　　許攀龍靜甯州訓導

段　奎　　錢　琳山東文登訓導

杜　聰成都府主簿　　周　制三水訓導

馮　英嶽州府照磨

嘉靖間

壬午　李　萼清平知縣　　張　鶚

丁士敏　　董　璟

丙戌　毛　錐憲子清河訓導　　賈尚智

賈　棣東鹿主簿　　陳　憲河南府訓導

儀尚義　　劉如江

韓　瑄英孫　　儀可畏

己亥　崔　灝亩宮教諭　　王良臣

姚　論　　程　度甯夏衞訓導

癸卯張守義昭化主簿　張朝臣莊浪訓導

薛　淵臨邑知縣　閻宗舜襄陽王府教授

孫　魁　張世隆鴻臚寺序班

庚戌李　田

丁時隆延長訓導陞鄠縣教諭

周尚赤鳳縣主簿見人物

衛　聘薊州訓導陞河間教諭見人物

張　本慶陽府教授　乙巳李　珠

陳　謨希𡰥子𡰥鄉訓導陞鄧州學正

韓崇德鴻臚寺序班　辛酉李　魁滑縣訓導

裴文魁　陳豪

李思旦　虞城訓導陞平順教諭

李應德　江陰訓導陞成安教諭

隆慶間

楊邦彥　中牟主簿

己巳　王魏　甯鄉訓導陞交城王府教授

庚午　李邦靖

韓科　重曾孫濟南府督糧通判陞葭州知州又陞

韓府長史見人物

萬歷間

陶　封胙城訓導　甲戌謝　命

乙亥席　珍蘭陽縣丞

丙子靳　凱階州訓導陞易州學正轉南和教諭

王廷臣黎城訓導陞大同府教授

王一正滿城知縣

陶九敘琰曾孫晉州訓導署縣篆

周繼志平定州訓導陞陽曲王府教授

王　賓單縣訓導　梁　念甯化王府教授

楊時禮樂平訓導

戊子靳　方和順訓導陞甯化王府教授

陳　睦耀州訓導見人物

李一化長安訓導陞瀋府教授

李宗正太原訓導見人物

甲午　靳　舟大同訓導

陶重華山陰訓導陞榆次教諭

程有道真定府訓導陞祁縣教諭

王道正五台訓導

辛丑　閻　棟永甯訓導陞高陵教諭轉潞安教授

張　喬　　王之屏

陳　嘉　　劉　仰

楊民望　張興化

張貞教澠池訓導見人物

王室　陶九德靈邱訓導

趙正　張朝宰屯留訓導

丁巳 靳秉雲

周之屏滄州訓導陞陝西府谷縣教諭

韓霖見舉人

己未 趙燿平遙教諭見孝義

段炯

天啟間

壬戌李長新太原教諭陞龍泉知縣

韓學詩　癸亥閻　煜

劉日增　丙寅李　讃教諭

丁卯盧繼芳見人物

王憲章原名大武見舉人

戊辰朱廷瑑

崇禎間

庚午陳用賓長子教諭　孫　孚孝感訓導

任惟清見孝義　辛未李天植

癸酉文應甲武鄉教諭　甲戌張鵬程

乙亥　靳光先　　辛全　見人物

丁丑　梁三聘

王士俊　欒城知縣起補四會知縣改山東金鄉知縣

張起滄　　戊寅　文謨

己卯　陳所志　　辛巳　陳明時

朱鼎澣

壬午　張四端　安邱知縣見人物

癸未　陳士奇　甘泉知縣　　甲申　趙含真　新安知縣

張大養　廣陵訓導陞黎城教諭

國朝

順治閒

乙酉　張孫裔懷仁訓導起補大同右衛訓導陞崇甯知縣

丙戌　王正良

丁亥　馬永升運司訓導

戊子　孫有苞孟縣訓導陞介休教諭

馬超允馬平知縣

鄧一貴侯選州同

己丑　郝璜珍

辛卯　文茂華太原教諭

陶克茂長子訓導

壬辰　孫枝麗來賓知縣

吳克勤

趙維台介休教諭

癸巳　張心覺

甲午　梁體艮河閒府通判

甲午　和鼐

孫有恆　池州府通判陞袁州府同知

乙未　王憲武

丙申　靳于蒙

李黄嘉

己亥　黄之熠

庚子　馬　恕　太原府老營所訓導

辛丑　周文炳

王八傑

癸卯　孫有緒

庚戌　劉永昌

康熙閒

辛亥　文宗孔

壬子　張起蛟

癸丑　張　紳

乙卯　李憲可　見孝義

丙辰　劉　蔚

丁巳　胡化中

戊午閻瑞昌平定州訓導陞天津衞經歷

己未張公室　李同培

王室泰　庚申馮翼

辛酉王室兢　癸亥文傳楨

甲子侯輔　乙丑柳芳

丁卯梁體恆　戊辰王兆鳳

己巳段宗義　辛未靳學閔

壬申孫克一　癸酉劉光昇

乙亥鄧雲　丙午李岱

丁丑趙芳　己卯靳方州

庚辰楊廣生　辛巳閻鋋岳陽訓導

癸未王國維　甲申張四表

乙酉范應旗　丁亥王兆鵬見人物

戊子姚光綸　己丑梁興宗

壬辰王大觀　楊作幹

癸巳王廷琮　乙未張翰宸

丙申閻憲　丁酉和亦貴

己亥衞宜信見孝義　庚子柴平富見孝義

馮爌　辛丑張雲霄

雍正間

癸卯　吳　堪　永和訓導
甲辰　孫　震　高平訓導
吉星臨　繁峙訓導
乙巳　李世牧　浮山訓導
馬義祥　河曲訓導
丁未　段　溥
戊申　吳　玢
己酉　吳世德
辛亥　吳　瓆
壬子　張爾毅
癸丑　李性實
乙卯　吳文桂
乾隆閒
丙辰　朱子捷
丁巳　盧則觀
己未　朱子雍
庚申　彭化鵬
辛酉　江學賢　襄垣訓導
癸亥　李若瑗

乙丑　陶　堂

丙寅　蘇　淵襄陵訓導

戊辰　朱瑤章

己巳　賈一朋

辛未　蘭　昕

壬申　馮　誠永和訓導

甲戌　楊蔡光運司訓導

乙亥　儀　禮

丁丑　丁　珩

戊寅　張我純

庚辰　薛印瑄

辛巳　朱彜璐

癸未　李紹泌

甲申　李效曾

丙戌　馬希援

辛卯　權緝祖定襄教諭見進士

戊戌　姜羽瑞

劉克勇

己亥　姚重　　喬夢濂嵐縣訓導
常琯　　張我瑨
吳峨峰見人物　　壬寅　張應天
癸卯　梁煌緒　　甲辰　劉沖恒
丙午　蘭生春　　戊申　楊成瑚
己酉　潘春選　　庚戌　馮裕播
壬子　梁思泉　　癸丑　李如蘭
嘉慶間
丙辰　趙逢辰　　成煥然
文希賢　　己未　南殿樞

庚申　李九標　　辛酉　王文煒

甲子　李夢淦　　丙寅　左邦甯

丁卯　彭爾瞉　　戊辰　吉從辛

己巳　黃　渢　　辛未　馮雁題

癸酉　王泮文　　甲戌　閻立中

王和璉　　丙子　和愛蓮

庚辰　朱傳煜

道光閒

辛巳　趙上義　　壬午　彭叔蓮

李柱史

甲申閻敏行吉州學正見人物

丙戌王培英　　秦培英

丁亥賀步雲見人物　　己丑李裕詩

庚寅馬騰蛟見人物　　李悅貴

程敷林　　癸巳王爾元

乙未吳庚　　丙申席協中

戊戌衛鳴岡見副貢　　己亥李捷三

因魁光　　辛丑王萬春見孝義

癸卯趙克允　　甲辰靳麗澤

乙巳王化沛　　丁未王世俊見人物

戊申張奎榜　庚戌耿立元
咸豐間
辛亥郝步魁候補訓導　吳聯魁
甲寅許治盛　乙卯孫西山
丙辰韓溥元　丁巳董豐泰
己未王維屏六品銜　庚申張之屏
同治間
壬戌裴玉山　癸亥周履豫見孝義
乙丑因魁杓　丙寅黃日麗
南士明　己巳梁永春見舉人

辛未　趙朝鑾　壬申　姚紹虞
甲戌　楊巨川
光緒間
丁丑　李毓芳　戊寅　吳克家
優貢
道光間
己酉　毛履亨　右垣訓導

直隸絳州志卷之九

選舉下　例仕　例授　武秩　封贈　恩廕附

武進士

明

隆慶辛未科

衛　鎬孝孫授錦衣衛鎮撫陞指揮僉事神樞營遊擊歷陞五車營左參將

萬歷己丑科

衛元康鎬孫授本衛鎮撫陞守備江西鄱陽湖指揮僉事累遷江路遊擊將軍

崇禎甲戌科

郝允德利民堡守備署平陽參將轉保定府遊擊見

人物

國朝

順治辛丑科

陳愈昭

李璿初任專城守備遷福建河州右營守備見人

物

趙聯瑞江南懷遠衞守備

康熙庚戌科

許𧧸芳天鎮衛屯田守備陞沿河口參將歷陞甘肅

撫標左營副將見人物

康熙癸丑科

李喬蓁

康熙己未科

黃如錦江南徽州衛守備

康熙乙丑科

陳國龍湖廣荆州府左衛掌印守備

康熙辛未科

翟　建

高景元

李復沆

張丕猷陝西蘭州衛掌印守備見人物

康熙庚辰科

王　瑾見孝義

康熙癸未科

陳大緯湖廣岳州衛掌印守備陞直隸舊州營都司

　僉書

康熙乙未科

許履亨由靈州把總中進士探花及第授一等侍衛

見人物
乾隆間失考
嘉慶間失考
道光間
南步魁
同治癸亥科
高雲騰
同治戊辰科
楊師奇任開封府守備
武舉

明

嘉靖乙卯科

衞 鎬直隸解元見進士

萬歷戊子科

衞元康見進士

崇禎癸酉科

郝允德見進士

薛繼貴

崇禎已卯科

王 斌

段　元

崇禎壬午科

李仁龍東昌衛千總

張衷赤蘭州衛千總陞上元衛守備

國朝

順治乙酉科

王國瑛初授吉州營守備歷陞至保安營都閫府僉

書

順治戊子科

靳　興

順治甲午科

陳鳴珂

順治丁酉科

陳愈昭見進士

閻際昌

文生華甘肅衛千總

文者古新安衛千總

李　璿見進士

趙聯瑞見進士

南　薫

康熙癸卯科

文傳賢

張鐩

康熙丙午科

許敵芳解元見進士

孫培元

劉炳彝

李盛檜

柳永汶

李境

康熙己酉科

王統民

張　臻

南星燦

段端然

李　彪

康熙壬子科

李喬棻見進士

楊　卓

周　亮

裴士俊

翟　建見進士

楊承澤

康熙乙卯科

段　彬解元見孝義

衞士英

段芳奇

李喬楚

李喬植任江西袁州府千總

皇甫儁

張承嫡

陳國龍見進士

周鵜

康熙戊午科

張治

黃如錦見進士

張奇

李鍾植

康熙辛酉科

張威

高景元見進士

康熙甲子科

李復沆見進士

賈　晞

葉封唐

康熙丁卯科

郭　經

李又靖

藺明蕙

康熙庚午科

段　聖

張丕猷見進士

康熙癸酉科

侯于魯廣東大鵬衛守備

康熙丙子科

王　瑾見進士

和　琰

康熙己卯科

蘭朋芷

陳大緯見進士

康熙壬午科

和德元

康熙乙酉科

郝逢吉

梁魏茂

楊　芝

康熙戊子科

唐廷琰

康熙辛卯科

張毓瑋

康熙丁酉科

傅汝亮

雍正甲辰科

李峩瞻

潘光榮

雍正壬子科

唐嵩年

雍正乙卯科

耿永慶

乾隆癸酉科

耿四達

乾隆己卯科

侯起元

乾隆庚辰科

侯景魁

以前失考

乾隆甲寅科

李金峯

嘉慶甲子科

張發榜

嘉慶戊辰科

劉起元

嘉慶丙子科

光維梅

嘉慶戊寅科

段景魁

道光辛巳科

孫步魁

道光壬午科

權玉魁

道光戊子科

張守先

南步雲

道光辛卯科

李景魁

道光甲午科

行金魁蘇州薦領運千總

韓步鰲

道光乙未科

南步魁解元見進士

李永亘

許士傑

道光丁酉科

師連登

道光己亥科

張步魁

道光庚子科

趙雲龍

薛　行

道光癸卯科

行登科

道光甲辰科

高淩霄

趙連登

道光丙午科

呂夢熊

道光己酉科

孫占鰲

咸豐乙卯科

薛淩雲汾州營守備

咸豐辛酉科

呂黃鍾

高雲騰見進士

趙鵬飛候選守備

同治丁卯科

楊師奇見進士

石國璽

光緒丙子科

李　墀

光緒己卯科

王國屏

例仕附

明

王育民由附生初授武英殿中書科中書舍人陞太僕寺少卿

梁　范太醫院吏目見孝義

梁　淇范子由附生初授陝西按察司經歷陞直隸眞定府管糧通判

王應德鴻臚寺序班天性友愛慷慨好義

薛自修由庠生授鴻臚寺序班

馮憲章鴻臚寺序班

馮凌雲鴻臚寺序班

陳　璽　隆慶州判官見孝義

潘　鐸　蘭縣縣丞

劉　宇　偃城主簿

劉　班　內鄉主簿

淮天錫　通州衛經歷陞通州同知

郭士純　宜興主簿

郭士艮　金鄉主簿

張　宏　陵縣主簿

陳大猷　同官縣丞

淮天相　太平府照磨

張　鑾清河主簿

陶　滄懷慶府照磨陶梓季子工于詩

高　卿代府典寶

張秀實獻縣主簿丰姿俊偉德性和平

張　澍甘州衛知事

郭士廉甘州衛經歷

郭士紀固原衛經歷

白　玉甘州衛經歷

陳邦榮宜君縣丞涉書史善談論

梁　林通州同知

杜應詔　洛陽主簿

楊德新　肥城縣丞

楊東山　西安府照磨陞元城縣丞

王　滋　洮州衛經歷

范志仁　平利縣主簿廉靜有守剛正不阿膺推贈

李　楓　欒城縣主簿

張　孟　衛輝府照磨陞金縣縣丞綽有幹才能辨疑獄

張　梯　穀城主簿

范長春　郏縣主簿

文承忠　濟陽主簿清介有聲

范金 志仁子懷遠主簿實心任事

孫思顯 上林監丞

范土 由附生授光祿寺大官署署丞以覃恩授階
徵仕郎膺推贈

梁肇宋 莅子初授南京留守左衛經歷補北京長陵
衛經歷考滿勅授徵仕郎特陞廣東市舶提
舉司正提舉進階
奉直大夫見人物

楊培基 光祿寺署丞捐貲修學修城好善樂施見孝
義

杜進忠 眞定府經歷

許河 鴻臚寺序班見孝義有推贈

孫統 鴻臚寺序班見孝義有推贈

陳令典 衛輝府照磨陞甯山衛經歷

韓　傑　鴻臚寺序班見孝義有推贈

范之齊　由附生授鎮江經歷陞保安經歷

梁起鳳　中都留守司經歷加奉訓大夫服色

薛淑簡　山東鰲山衛經歷

蔡　正　桃源縣主簿

陳統信　禮部儒士

毛　登　憲父任寶應典史歸畜書數千卷以教子孫

翟　祿　環縣典史

張　志　平涼典史

馬　昶　太湖巡檢

李　銘白馬關巡檢

賈　貫臨漳典史

董　鑑蘭泉驛丞

衛　彬雲南倉大使

郭　深漢中巡檢

嚴　鑄邾橋鎮巡檢

侯　會陝西巡檢

李　恕丁塔店兩河口巡檢

潘　鎮桃源縣大使

李　愛甯國府司獄

孟　斌典史

王廷舉蕭縣主簿

景　潭新塗縣丞

韓　繼綏甯縣主簿

高　昇平戎所大使

儀　鸞靈臺縣丞

張　玟山海税課局大使

李　隆襄陽府倉大使

耿　虎驛丞

董　璧函關驛丞

閻　潤江東驛丞
師　琳倉大使
張文釗倉大使
張　延河泊所大使
周　泰蒲臺典史子尚文儀賓尚赤貢士俱博學能詩文
曹　銘倉大使
李　杲巡檢
閻　肅固始縣主簿
張　聰織染局大使
柴　眞甯縣巡檢

王　鐔黄化驛丞

王　澤陜西倉大使

白　瑞宣府倉大使

段繼惠濟甯州巡檢

聶　選東流縣主簿

梁　鵬石堤店巡檢

張　欽四川主簿

蘭　深巡檢

趙　潤安東縣巡檢

陳　翰郯城驛丞

儀　耀倉大使
王　祥批驗所大使
李　暹盧氏典史
吉　鐸良鄉倉大使
李　鎮淯川驛丞
李有政如臯巡檢
黄付才山陽縣巡檢
王　拱巡檢
李　琚驛丞
常　爵倉大使

趙世賢永昌倉大使
馬尚進倉大使
李廷遠紅城驛丞
李守業行都司庫大使
王尚暹驛丞
陳憲禮倉副使歷金縣縣丞
李　梓比乙字庫大使
安汝止新野縣主簿
李文錦城固主簿
侯秉敬汚縣驛丞

李光成洵陽廵檢
馬　驥東阿縣廵檢
靳　完寶應縣主簿
李如柏嘉定州吏目陞王府工正見人物傳排賢
郭　桓主簿
謝文皐揚州廵檢
張　僉歷城縣丞
李　昇九江府司獄
謝文奎魯山廵檢
李崇義四川廵檢

郝　烺主簿

李忠臣延慶倉大使

尹天爵倉大使

張艮相比甲字庫大使

安　書易州廵檢

薛思真廵檢陞順慶府知事

陶　在吏目

陶　山神木縣木瓜園倉大使

陶　京江津縣棘溪驛丞　陞清瀾典史

黄　林商邱縣典史

王用忠主簿
劉志東府谷縣典史陞隨州吏目
杜　寅甘州中護衞經歷司
侯國玉遵義縣典史
國朝
馮　昌章邱縣丞
張希聖潞城訓導
姚虞臣長山縣丞
馮繼祖初任榆次訓導補平定州見人物膺推贈
段炳然初任泉州府通判以軍功陞大理寺寺副見人物有推贈

王肇豐　陵川訓導

梁體壯　布政司理問見孝義膺推贈

段文錦　鴻臚寺序班恭遇　大婚親政兩　賜緞紵一承　覃恩

儀　威　天城衛敎授

李逢夏　龍遊縣典史

張天輔　錦州府經歷

丁交烽　江西知縣

李世仁　初授刑部主事轉員外陞郎中補廣西左江道見人物

康爾明　威甯府通判陞普安州知州

王　輅　大同敎諭陞陽朔知縣調隆安陞臨清州知州

康善遴初任太谷縣教諭遷廣東陽春知縣陞磁州歷建甯府同知見人物

李凝祚初任壽陽訓導陞昌黎知縣見人物

張鼎昌雲南同知

段瓚武昌府通判見人物膺推贈

丁文炯甯都縣知縣

王積隆東明縣知縣

楊世爵邵武府經歷

王漳繁峙教諭候補主政有推贈

馮席懷仁教諭補國子監學正膺推贈

薛瑋忻州訓導補澤州

陳愈瑛　夏縣訓導

張　義　太湖主簿

梁萬祈　潞城訓導

楊日進　安寨縣典史

孫　倬　馬邑訓導

陳永禐　太原壺關兩縣教諭候補知縣

楊啟泰　青田縣丞

康紹文　高明知縣

楊震成　甯鄉教諭

衞國璽　奉天司獄司

雒玉書石樓訓導

吳蘊寶吉安府經歷

李啟秀屯留訓導

李復濤陽城訓導

續澤溥懷仁訓導

韓復琦初任榆次訓導補潞安河東鹽運司訓導

耿遇春澄城縣丞調金谿縣

薛貞榮高平訓導

李春萼保德縣丞

趙亥煒武陽縣丞

許攀桂　初任虞城縣丞歷昌邑江都獲鹿安肅

康紹堯　代州訓導

楊業繩　倉大使

孫錫爵　茶馬大使

梁思熹　鎮江府同知調新甯州知州

馮謐　右玉縣訓導陞陽曲教諭有推贈

楊樞　汾州府訓導膺推贈

趙承祖　甯波府經歷

王燕　平凉府經歷

耿炘　松江府經歷

楊宗秉羅定州知州

楊宗政峽江縣丞

段　⿰王季襄陵訓導

馮　誥猗氏訓導

張立德靈州訓導

李鍾英雷州司獄

李式華復州吏目膺推贈

彭　初南海縣三江司巡檢

孫　鼎廣德巡檢

段如絢南漳巡檢

陶　偦　臨清州吏目補泰州

王　轔　靜海驛丞

楊宗億　彭城驛丞

梁統宗　上虞典史

陶　暲　雄縣典史膺推贈

李天保　平和典史

梁于河　山東賓陽庫大使

段鳳苞　南陵典史補新野

彭利濟　保安典史補尤溪

彭紹湘　甘泉典史

閻夢駿龍門縣鵰鶚驛驛丞陞海昌典史補餘慶

陶　𤏡碭山典史

張承祖鶴山廵檢

劉漢賀商城典史

王　啟嵩明吏目

蘭朋宓甕安典史

李敏學初授刑部員外陞工部郎中分守湖北安襄鄖下荊南道

王世治刑部雲南司員外郎

王　勳西甯府經歷補夔州陞邵武縣知縣

劉世濟程鄉縣知縣

梁樹本　浙江鳴鶴場鹽大使補橫浦場許村場卓異候陞知縣膺推贈

李惟善　浙江鹽運司經歷

衛中和　景東府經歷

靳志達　夔州府經歷

馮　謹　初任蒲城縣丞補孝豐調瑞安

梁伯宗　靖安縣丞

王交瑗　羅田縣巡檢

楊宜之　臨清州倉大使

楊　瀚　濮州吏目

衛承周　初授蒲田典史陞調涇陽驛驛丞易州上陳司巡檢開泰縣典史

耿允謙膠州吏目
張道凝雒南巡檢
耿益謙義州吏目
趙志仁漢口巡檢
許　怡星子巡檢
張　栻廣東老龍司巡檢
董　璸忻州巡檢
王萬錫靈璧巡檢
張懷艮香山巡檢
張吉祥金山巡檢

張　旭　彭澤巡檢膺推贈

馬雲程　沂水巡檢

陶起豐　甯晉典史

李擇儀　榮縣典史

李含芬　項城典史

段鳳雨　信宜典史

趙從孝　河内典史

閻天一　永和典史轉博白

毛日昇　遂溪典史

毛　倗　通道典史

毛　僃岑溪典史
和榕彬汲縣典史
劉大生錦城典史
朱正敏丹陽典史
張　浩休甯典史
趙大鵬嘉祥典史
彭台臣吉水典史
黄清詔安福典史
彭啟烈德清典史
唐百壽龍泉典史

張承隆襄陽驛丞

張　楠武威驛丞

盧對極蘭陽典史

衞彝鼎新城典史

王尙賢甘州倉大使

郭秉詔保定庫大使

梁　傑海甯縣丞

謝一魁彭水典史

梁景宗襄城典史

黄希聖典史

張文炳泗州知州
張新祚候官知縣
王志顔蓋州庫大使
張俊民陝西經歷司見孝義
楊日進安塞典史
張承隆利津典史
吳觀韶廣東廵檢
常吉祚江西廵檢
馮裕定本城人甘肅岷州知州
王學靜南古交人雲南鎮南州知州

韓熊林　北社莊人歷任雲南趙州甘肅涇州知州山東桃園福建平潭同知署慶陽鞏昌府知府

高允升　澤掌莊人附貢生任兵部員外郎武庫司行走　晉封通奉大夫見任恤

衛亮功　澤掌莊人廩貢生任霍州訓導　晉贈通議大夫見任恤

梁伯宗　本城人江西廣昌縣知縣

王鴻圖　吉莊人江西撫州府經歷

和其聲　東昇西村人廣東廣州府番禺縣縣丞

文裕泰　義泉村人甘肅按察司司獄

張朝陽　店頭莊人署太谷縣訓導隰州學正

周曰榕　店頭莊人署靈石縣教諭

朱連鑣　本城人歷署榮河壺關文水孝義等縣訓導

文王信義泉村人附貢考授縣丞

文宗柳義泉村人考授吏目

馮燕緒本城人四川太平縣典史

和思温東昇西村人署平定州壽陽芮城訓導

侯履謙向家莊人署西安府清軍分府

彭錫嘏西馬莊人任直隸祁州吏目調署陝西塞縣典史補授鄜州吏目

趙志仁禪曲村人湖北漢陽縣漢口鎮巡檢

梁淮本城人歷甘肅大通縣典史呼圖壁巡檢

喬松齡本城人江南徐州府睢南廳

黄仿集周莊人歷署太原縣訓導蒲州府教授

梁　滈本城人任河南歸德府經歷陞息縣知縣

段紫綬本城人汾陽縣訓導

梁炳照本城人直隸順德府經歷

李維楨本城人六品銜歷署壺關汾西偏關等縣訓導

梁　棣本城人陝西按察司司獄

彭大椿西馬村人任福建永春州吏目調補歸順州吏目

段　綝南關人候選知府任歸德府分府三品銜賞戴花領

黃仁寯周莊人陝西漢中府洋縣典史

衞如圭澤掌莊人附貢生任戶部郎中以殉難恩恤道員晉封資政大夫見殉義

段繡錦北張人附貢生任直隸河間府經歷調署景州知州陞大興縣縣丞

梁騰鵷本城人南城正指揮廣西南甯府分廳

權大經北張人甘肅鞏昌府經歷

段纖錫北張人固安縣河工主簿

高正彥澤掌莊人附貢生任戶部主事

程遇龍程官莊人甘肅甯朔縣縣丞

梁登鰲本城人六品銜任鳳臺縣教諭

李鴻恩澤曲村人四川重慶府廵檢

王捷三雙陀莊人任甯夏府平羅縣寶豐縣縣丞陞州同

張宏統吉莊人署介休縣訓導

權恒昌北張人陝西保安縣典史

衛子文　澤掌莊人候選道　賞戴花翎

馬道立　馬家莊人候補訓導

李槐齡　本城人陝西候補按察司司獄

文光星　義泉村人湖北候補縣丞

張　珩　本城人河南候補典史

王　佐　趙村人候補訓導

皇甫怡　本城人由附貢生分發河南即補縣丞

段青紘　本城人陝西候補縣丞

高舒繡　澤掌莊人湖北候補巡檢

薛　瀛　本城人廩貢生候選訓導

唐文棣婁莊人分發河南試用未入流

梁鎮廷本城人候選吏目

段葆光本城人候選巡檢

文監周北梁人候補縣丞

呂永和澤掌人候補府經歷

例授附

明

陳　健例貢　　梁　臣例貢

李　琳例貢　　許　佐例貢

張　鏞例貢　　李光翰例貢

閻守愚例貢　田如京例貢

王鸞例貢　張欽例貢

張進靜例貢　張鈺例貢

孫振宗例貢光祐父膺推贈

馬士忠例貢　郝如止例貢

儀禮例貢　張鵾例貢

陶方例貢　陶直例貢

梁悟例貢　陶中例貢

柴檀例貢　張永泰例貢

梁灼例貢　梁洛例貢

陳常例貢　史官廩貢

梁蕊經歷見孝義　杜思例貢

郝裕例貢　許民望例貢

李甯例貢　張大化增貢

馬政增貢　薛元卿附貢

陳楝例貢　楊所志附貢

陶重茂例貢　丁五林例貢

許敦信例貢　馮登瀛例貢

文充周附貢　薛蒙恩附貢

楊化龍例貢　陳惟和例貢

許應期　例貢
楊時新　例貢
靳萬邑　例貢
陳紹先　例貢
楊廷梧　例貢
陳朝賓　例貢
董國盛　例貢
馮佳俊　例貢
梁體晉　附貢肇宋子
王　滐　例貢朝麟子

文　明　例貢
文　元　例貢
梁西晉　例貢
陳紹雍　例貢
許承恩　例貢
許承緒　例貢
許德立　例貢
梁　汶　例貢
梁體坤　例貢
因自葉　例貢

陳所長例貢　許承統例貢

李盤　楊端

侯聚　毛金

王恭　支傑

支逵　段璽

張甫　李尚義

柳重　馮來

閻衡　李方

李福　吳賓

鄧愜　鄧滴

孫璇　王嵩

董美　孫甫英

吉有全　史愛

王奈　王霏

孫岳　趙普

孫瓊　李邦憲

黃存書　姚世爵

尙可用　侯復賢

趙鄉　姚舵

崔綬　郝邦栫

李良臣　高東山
張孟福　常澮
張繼　周祜
王韻才　劉聚財
蔡成　安雨
李憲　喬松
康邦甯　劉本淞
陳介　李尚智
劉甯　劉增然
劉廷臣　楊守滿

黃孟恭　　劉宗道

雷　秋　　王應泰

趙士魁　　楊一魁以上俱掾官未仕

國朝

李貢嘉候選州同膺推贈　　王牧民例貢

支養秀例貢　　孫繩武附貢候選知縣

李　標例貢　　許承達例貢

梁堪庭考授縣丞　　段機組例貢膺推贈

段輝然例貢膺推贈　　張　璘候選州同

梁萬方候選州同見人物膺推贈　　席世俊例貢

楊　琦附貢　　雒崇耀候選州同

劉敔豐例貢　　康爾常例貢

馮　琮附貢　　丁　霽附貢

李嘉賓附貢　　段毓光候補州同膺推贈

李春芳廩貢　　范平世附貢

皇甫元勳附貢　　郭宏漢例貢

李一德例貢　　傅　琮例貢

康爾位候選州同　　郭逢泰例貢

張　良例貢　　王肇泰例貢

馮　珍例貢　　藺宗雲附貢

王建寅 附貢　　孫莜韻 附貢

康善綏 附貢　　李郁 例貢

常近宸 例貢　　王英賢 例貢

郝景昇 例貢　　李世章 增貢

郝恭 附貢　　許建勳 附貢

毛進業 附貢　　蘭爾芳 例貢

梁萬禩 候選州同　　李世和 考授州同

李甯素 附貢　　陳其秀 附貢

張鼎昌 附貢　　梁國棟 附貢

丁霄 考授州同　　呂漢傑 候選州同

唐中儀候選州同　張斗例貢

儀位例貢　吳瑞附貢

陶承祖例貢　李世和例貢見孝義

耿文華例貢　陶介例貢

皇甫奇例貢　張明例貢

段瑜候選州同　張鎜考授州同

王槐瑩例貢　劉聲浩例貢

張鼎榮例貢　李毓秀候選縣丞見人物

段璿候補主事膺推贈見人物　張煜候選州同

陳永祺候選州同　張書紳例貢

衞紹武 例貢　張　鉞 例貢

段　譆 例貢　蘭　芳 例貢

喬　梓 候選主簿　劉聲霆 候選縣丞

劉　寬 例貢　陶　軌 考授縣丞

陶　頴 候選州判　姚維瀫 候選從九品

閻　倫 候選州同　陳永緇 候選州同

梁兆興 候選光祿寺典簿　段潔然 候選知縣

許瓊芝 候選州同　陶　溢 例貢

儀　範 附貢　梁萬隆 增貢

楊作棫 附貢　吳作賓 例貢

張則明附貢　梁萬藻例貢

李　房增貢　侯沖雯附貢

王　憲例貢　閻　鐸例貢

郝景隆例貢　張則著候選州同

張九錫候選州同　王　植候選州同

許　兆候選州同　常　晫候選州同

梁兆宣候選州同見孝義　梁萬禔候選州同保舉知縣

段作鼎廩貢　閻肇麒附貢

梁兆瀾附貢　楊作楫候選州同

梁開宗增貢候補兵馬司指揮贗推驗　陶帝翼候選州判

馮宜春　贈候選州同膺推　　高肇廸　候選州同

王　衡　贈候選經歷膺推　　皇甫陞　候選州同

蘭國香　例貢　　王　鑑　候選經歷

王　矩　贈候選州同膺推　　傅　琮　廪貢

馮宜矗　候選州同　　馮宜興　候選州同膺推贈

傅汝霖　附貢　　皇甫科　候選州同

梁建宗　附貢　　衛我墉　附貢

丁爾偉　候選州同　　梁翼宗　候選州同

段　旟　候選州同　　段　玿　候選州同

王　恤　候選主簿　　段　琯　候選州同

陳廣濟候選州同　傅汝礪候選州同
尹祿例貢　賈昌候選州同
郝體粹例貢　南昶例貢
喬梃附貢　王文珣例貢
梁樹德候選州同　張希武考授縣丞
梁以楨候選縣丞　常大忠候選經歷
馮凱候選州同　王續宗候選縣丞
行至德例貢　傅汝鹽例貢
傅汝調附貢　韓次宣例貢
雒大倫候選訓導　郭良桂例貢

陳价　候選州同　　梁兆麟　候選州同

王敏行　候選州同膺推贈　　梁正宗　候選州同

和德昌　候選州同　　王篤行　候選州同膺推贈

王彰　候選州同　　薛惠蒼　候選州同

常大愿　候選主簿　　王果行　候選經歷膺推贈

梁振宗　例貢　　梁儒宗　例貢

陳良喆　候選州同　　陳繼虞　例貢

吉和安　候選州同　　唐翕如　候選州同見孝義

張漢傑　候選主簿　　鄧占魁　候選州同膺推贈

吉星燦　候選縣丞　　張漢房　候選經歷

梁衍緒附貢　楊枚臣附貢
南士菁附貢　孫汝器附貢
梁思渭例貢　梁林宗例貢
吳觀生候選縣丞　黄昇候選經歷
楊宗賜候選府經歷　閻世興候選州判
王學曾候選州同　任崇義候選州同
梁思落候選州同　常大慶候選州同
張方詠候選州同　王榮候選州同
陳良朋候選縣丞　張尚清議敘主簿
陳疇廪貢　段繩彭附貢

梁樹庸 候選州同
喬壯吉 候選州同
馮 詣 候選州同
雒大本 考授縣丞
杜于淋 增貢
張履咸 候選州同
因衍慶 附貢
梁澍霖 候選刑部司獄
梁思熾 候選按察司副使道
梁思瑱 例貢

楊 橒 候選縣丞
喬壯猷 候選州同
李養正 候選按察司檢校
馮 詵 候選州同膺推贈
梁汝霖 候選州同
梁洪霖 例貢
梁渥霖 例貢
李衍祥 例貢
薛 珍 例貢
王紹旭 候選詹事府主簿

段綿彭 候選州同　　馮 詳 候選詹事府主簿

南星煥 候選府經歷　　李敬元 候選州同

李 信 候選巡檢　　朱彝姿 候選典史

許世溥 候選主簿　　董 琮 候選巡檢

王肇祜 候選經歷　　李養鱗 候選按察司照磨

傅崇元 附貢　　傅道濬 附貢

王恕行 例貢膺推贈　　傅道洤 例貢

李 蘊 候選經歷　　張篤初 候選經歷

李 瑞 附貢　　李奇秀 候選經歷

孫九齡 附貢　　傅道浹 附貢

黄好學例貢　聶三修例貢
賈澤廣增貢　支源灝附貢
閻洪暉候選縣丞　段御彭例貢
李誠學候選典史　裴世榮候選經歷
耿天任附貢　傅懷儉候選刑部司獄
張象乾候選訓導　潘友均廪貢
趙建德候選典史　耿天錫附貢
王純一附貢候選州同　張永福候選吏目
支養修候選州同　趙　蒸候選知府
李有湖例貢　衞克慎附貢

監生

崔經統例貢

吳成周附貢

田育民例貢

儀式穆例貢

唐景瑤例貢見孝義

因士瑜候選州同

南克恭候選州同

衞良崇候選州同

南克溫候選州同

趙而樸候選州同

張道成候選州同

段繽謹候選縣丞

段續彭候選縣丞

薛行惠候選州同

儀司直候選州同

因有慶候選縣丞

韓丕彥候選州判見任恤

李式恆候選縣丞

吳觀止候選縣丞

段締彭候選縣丞　張方仲候選縣丞
趙而楹候選州判　張有文候選州同
賀大年候選州同　常有伯候選州同
馬世昌候選州同　陶宏候選州同
南學朱例貢　薛行寬候選州同
侯鯤化例貢　行君美例貢
趙鋉例貢　劉克勇例貢
王樸附貢　張藻思例貢
趙從律例貢　王朝輔例貢
黃如璽候選經歷　許大任候選吏目

王喬齡 候選經歷　趙雲鵬 候選經歷
馬星漢 候選經歷　馬世正 候選經歷
張履咸 候選州同　吉人傑 候選經歷
高逃廸 候選州同　孫繼元 候選州同
高文炳 候選州同　王紹遵 候選經歷
王紹融 候選經歷　李足敬 候選主簿
閻應甲　閻雋 見孝義
姚永爵　閻尚
張書聖 見人物　閻廷琇
閻廷玿　樊永止

崔全初　閻作楝

衞士錦　梁公贊

張陳典　閻廷瑗以上俱掾官未仕

正八品

王崇觀　崔作礪

張禹鈞　衞志煥

張學正　薛琦

衞穀　衞宏宣

李綿祚　楊葉祥

呂景方　常漢章

王槐廣　陳澄
李堯輔　皇甫洲
皇甫永祺　楊喬芳
張永正　姜紹衍
南昱　孫宏度
郝鴻逵　劉宗榮
衛栗　党廷讓
趙維賢　許奕綿
姚維浹　趙克一
蘭秉直　馬獻圖

周世榮　楊暐

王振綱　吳世賢

張紹良　陳襄

張韓涿　靳帝城

陳于夏　姚舜性

石在崑　王師周

李澳竹　南大觀

張炳　常有爵

正九品

王大智　董忠全

衛景文　閻廷敬
孫錫爵　王金山
段元普　趙秉玉
張承恩　李君寵
傅作楫　郝付光

從九品

趙景標　羅廷獻
甯琦　王偉宰
黃載　黃齡
趙文衡　楊作相

李觀侗　李祚煥
閻生明　張鴻勳
喬元美　張民鑑
耿永恭　皇甫乾
耿永徵　任日昇
任道煥　郭　璋
衞紹烈　馬巽生
梁　鶴　張化翀
朱克紹　丁普照
藺景宣　陶大本

李之樞　趙永德
陳倫　朱文錡
張大業　段炳環
薛秉義　常玠
盧宗孟　康世德
常有泰　常九榮
王綱　劉紹基
郭大邦　張體賢
崔王聘　李如江
張元徵　閻宜謹

梁　泰　　毛鴻瀚

李宗盛　　郭壯圻

任興山　　常振綱

金如山　　李宗敏

郭彩文　　傅廷元

李鍾俊　　南宮詔

朱連釗

未入流

曹遐齡　　崔志尚

馬振綱　　宋萬芝

張成勣 彭多福

張佩紳 劉宗遠

李　祥 靳　必

常廷書 靳　坦

李呈蓮 趙國璽

王　介 王必重

南永祥 王寻轂

王懷禮 段孝恭

耿　玫 許　恕

楊本偕 張法祖

姜學淵　席崇朴

常帝顯　張大統

郝大昌　衛克敏

王善教　李貴楝

張源烱　苑廣譽

劉大生　段鳳羽

張　伉　楊若梅

許有成　曹景顔

衛修文　王曰清

常　瑾　馬致遠

王廷佐　權希榮

常毓秀　來自寬

李玉枝　李作檄

張克忠　陳　政

李復濬　南克謙

張棋繹　南　金

閆可則　蘇嘉猷

閻宜巍　陳　琦

陳　琮　耿　昭

姚良士　常帝臣

陳　鴻　　李鳳兆

李今颺

道銜

衞純德　　衞亮采

衞居儉　　衞秀峯見任恤俱澤掌人

知府

高書升賞戴花翎見任恤　　高舒錦賞戴花翎

衞青峯見任恤俱澤掌人

鹽運司運同

傅　槐南梁人　　毛清霖馮古莊人

衛如珍 見任恤澤掌人

同知

段爲棵　　喬柏齡 俱本城人

文鎧型 義泉村人　　薛登第 光村人

聶慎居 吳嶺莊人　　王廷連 大聶人

趙□ 小聶人　　王思儀

王蕃桂　　王淩桂 俱中社人

毛清幹　　毛清藩

毛清屏　　毛清佐 見任恤俱馮古莊人

段　繪 附貢生南關人　　高玨印 澤掌人

郎中

高正名廩生澤掌人

員外郎

毛郁文見殉義馮古莊人　翟廷來見任恤婁莊人

高正祿廩生澤掌人

鹽課司提舉

梁受祜　喬安林俱本城人

五品銜

唐必選附貢生見任恤婁莊人　彭兆潢馬村人

吉仁綱　王登魁

梁登魁　　喬檍齡賞戴藍翎

任振海　　段江鑄俱本城人

翟有齡婁莊人

知州

王雲桂中社人

主事

王文理中社人　　高正笏澤掌人

通判

王思侃　　王思僖廕推贈俱中社人

賈得恕店頭人　　劉國銓附貢生南關人

光祿寺署正

梁統系　趙煜榜

南作楷　左廷槐 俱本城人

翟有經 冀莊人　劉國鈞 南關人

王思偁　王茂桂

王儁桂　王芳桂 俱中社人

毛應宿 附貢生　毛應彪 俱馮古莊人

高舒樺　高正甲 附生 澤掌人

布政司理問

段迺體 南關人　南文輝

南三元　薛兆魁

李甲科　梁煥廷

王俊英俱本城人　勾自鋭義泉村人

翟有壬　翟有斐

翟有楷　吕祀姜俱婁莊人

楊智　李世勛

楊祕奇　楊祜奇俱周莊人

張碩義泉莊人　李枝英

李永蒼俱北關人　吕時新南古交人

梁旺　梁運泰俱澗西人

藺正湧　　薛　煦俱光村人

趙立績　　趙　璽

趙　壘俱小聶人　　家夢熊西莊人

彭兆慶　　彭兆烈俱西馬村人

郭天柱萬安村人　　因德艮辛安莊人

馬廷偉馬家莊人　　李榮蔭禪曲莊人

羅秉禮趙村人　　南國順

李學秀　　秦肇渭俱三泉人

楊繩孔蘇陽人　　郝光成

郝立志　　郝德源俱婁莊人

文翀霄台上人　　趙步雲支祉莊人

王金鼐膺推贈　　王思儼

王金谷膺推贈俱中社人　　許德馨文侯人

毛應奎馮古莊人　　耿天智段家莊人

布政司經歷

段學濬　　李殿樑

梁騰翹　　郭維藩附貢生

石志良　　姚玉清

薛義清俱本城人　　馬道行馬家莊人

文宗元義泉村人　　楊祿奇周莊人

文廷賓見任恤北梁人　賈寶瓶店頭人

段懷璽　和鳳桐俱南關人

高　琇澤掌人　秦森茂南蘇村人

王　侊南祉人

州同

梁天傑　李殿柱

梁　耀　王奪魁

梁孕宗　姚玉麟俱本城人

賈鳳池木贊人　劉士毅王村人

楊　信周莊人　李永高

李希經俱北關人　王恒劉村人

秦發源　孫膺魁俱泉掌人

范邦英范莊人　王錦曾

王鏡俱光村人　馬廷佐

馬道洽俱馬家莊人　吳朝宗蘇陽人

周曰槐店頭人　劉澤南關人

文有彩　文翀雲俱台上人

趙家善西柳泉人　李志清

吉永泰狄莊人　陶萬景周莊人

翟有桐婁莊人　韓生偉蘭村人

南海鰲　南海潮俱李村人

高環　高正芳賞戴藍翎俱澤掌人

王名高南社人

六品銜

梁騰輝本城人　張榜花劉峪人

知縣

段震庚本城人

通政司知事

梁騰耀本城人

按察司經歷

皇甫森　梁騰奎

吳廣照　張六來俱本城

楊佐堯周莊人

詹事府主簿

梁清彥本城人　唐天植婁莊人

毛清鑑馮古莊人

中書科中書

張國紀附貢生本城人　文獅雷附貢生台上人

布政司都事

任濬川本城人

鹽運司經歷

馬承一萬安人

州判

高　杰丁村人

武秩附

明

衛　孝字伯源成化元年以力士陞錦衣衛百戶男

衛襲總旗東廠辦事陞百戶

國朝

孫思烈指揮僉事守備天城陞浙江都指揮

梁得功兵部効力初授巡視海防道中軍轉廣東平
南王藩下遊擊都司
喬順德兵部効力初授饒南九江道中軍守備歷任
廣東水師提標左協右營守備
閻龍兆生員授山西撫標提塘守備推授福建泉州
府水師右路鎮標右營中軍守備
段機綬兵部効力考授守禦所千總
梁與潛兵部効力任左安門守禦千總陞四川夔州
協中軍守備
耿光遠守備管浙江杭州衛右所千總

耿裕謙浙江衢州所守禦

鄧芳名兵部效力初授廣東廣甯守禦所掌印千總

補山東東平守禦所掌印千總推陞衛守備

彭　年陝西定邊衛千總

張　翙虹縣把總

侯起元向家莊人蘭省中營千總

楊世英丁村人以武生任東陽關外委

喬起元西關人以武生任趙城縣外委

甯存心劉峪莊人任河南南陽府泌陽縣城守營

封贈附

宋

薛　景以曾孫奎贈太保兵部尚書

薛瑜溫以孫奎贈太傅兵部尚書

薛化光以子奎贈太師兵部尚書

薛　睦以子長孺贈龍武軍將軍

元

李　安以思敬贈亞中大夫翰林直學士輕車都尉

封隴西郡侯

李失名以思敬贈中順大夫同僉太常禮儀院事上

騎都尉封隴西伯

李　英以恩敬贈嘉議大夫兵部尚書上輕車都尉

封隴西郡侯

明

陳　進以子恕贈文林郎四川道監察御史

王復亨以子斌贈文林郎大理寺右評事

閻仲信以子闊贈徵仕郎中都留守司經歷

王仲禮以子遜贈承仕郎府軍左衛經歷

韓廷齡以孫重贈通議大夫應天府尹

韓　英泗州同知以子重贈通議大夫應天府尹見

人物

姚 堃以子監封徵仕郎燕山右衛經歷
陶 春以孫琰贈資政大夫戶部尚書兼左副都御
史見人物
陶 銓布政司參議以子琰贈資政大夫戶部尚書
兼左副都御史見人物
李 遠以子興封文林郎藁城知縣
范 通唐縣知縣以子昕贈奉訓大夫趙州知州
李 濬教諭以子應奎封文林郎平山知縣
孫 鉞以孫光祜贈通議大夫都察院右副都御史
孫振宗監生以子光祜封奉直大夫吏部文選員外

郎贈通議大夫都察院右副都御史

陳　洲以子柏贈承德郎戶部主事

張　眞以子與行贈文林郎容城知縣加贈奉直大夫滄州知州見孝義

許文備以子恩贈奉直大夫曹州知州

陶　祜以子登贈文林郎齊東知縣見孝義

姚承志以子進福贈文林郎郃陽知縣

梁　菈以子肇宋贈徵仕郎北京長陵衛經歷見孝義

馮一奇以子乘雲贈承德郎揚州府管河通判

王聚寶以子朝麟贈文林郎臨洮府推官

范志仁平利主簿以子士贈徵仕郎光祿寺署丞

韓　傑鴻臚寺序班以子雲贈奉直大夫徐州知州

見孝義

國朝

孫　統鴻臚寺序班以子錫齡贈文林郎陝西道試

監察御史見孝義

李天才以孫翀霄贈通議大夫四川按察使又以曾

孫世仁贈光祿大夫刑部郎中

李如柏王府工正以子翀霄贈通議大夫四川按察

使又以孫世仁贈光祿大夫刑部郎中見人物

李翀霄江西布政使司以子世仁贈光祿大夫刑部

郎中見人物

馮繼祖平定訓導以子永封儒林郎

馮　席懷仁教諭以子宣與贈儒林郎

馮　永壽陽教諭以孫詳贈奉直大夫見孝義

馮宜中廩生以子謐贈修職佐郎朔平府右玉訓導

馮宜春州同知以子詳贈奉直大夫

馮宜家生員以子說贈儒林郎見人物

梁體壯候選布政司理問以子萬泰贈徵仕郎候補

中書又以子萬方贈儒林郎州同見孝義

梁萬方州同知以孫思熹貤贈奉政大夫又以子開宗封朝議大夫又以孫思熾贈通奉大夫見人物

梁萬化生員以本生子開宗貤贈朝議大夫

梁開宗候選兵馬司指揮以子思熹封奉政大夫又以子思熾封通奉大夫

梁體謙經歷以本生子萬稷貤贈奉直大夫直隸承德知州

梁體元以子萬稷贈奉直大夫直隸承德知州

梁萬英以孫以檀貤贈文林郎陝西直隸興安州白

河知縣

梁繽宗監生以子以櫝贈文林郎陝西直隸興安州

白河知縣

梁賓觀以子與濬封武畧將軍左安門守禦千總

許　厚稟生以孫啟芳贈昭勇將軍參將管直隸沿

河口掌印守備

許紹朱以子啟芳贈昭勇將軍參將管直隸沿河口

掌印守備

陳思俊以子國龍贈武德將軍

高　選舉人以子景元贈武德將軍

吳日省生員以子道煥贈承德郎戶部江南清吏司

主事

李堯民以孫復泌贈徵仕郎翰林院庶吉士見孝義

李憲可貢生以子復泌贈徵仕郎翰林院庶吉士見

孝義

陶　暲直隸雄縣典史以子儁馳封登仕佐郎山東

東昌府臨清吏目

康丕景以子善述贈文林郎廣東肇慶府陽春知縣

進贈奉政大夫福建建甯同知

張金榜以子鳳羽封文林郎陝西延安府延長知縣

段時甯以子毓光贈承德郎

段機組以子炳然贈承德郎福建泉州府督糧通判

段煇然候選知縣以子璿贈承德郎士事

段世雲以子文錦贈修職佐郎鴻臚寺序班見孝義

張其敬以子丕猷封武德將軍陝西蘭州衛掌印守

備

因之輢以子可方贈四川直隸邛州大邑知縣

因之輯以本生子可方貤贈四川直隸邛州大邑知

縣

楊本篤州同知以孫宗秉貤贈廣東肇慶府開建知

縣見孝義

楊　賓增生以子宗秉贈廣東肇慶府開建知縣

楊宗炳監生以子瀚貤贈山東曹州府濮州吏目

楊　圍生員以子作楨贈文林郎翰林院編修見孝

義

王定民候選吏目以子懋官贈文林郎河南歸德府

推官

王懋官以子漳贈承德郎候補主事見人物

王　衡經歷以孫世治贈朝議大夫刑部雲南清吏

司員外郎

王篤行州同知以子世治贈朝議大夫刑部雲南清

吏司員外郎

王敏行州同知以姪世治貤封朝議大夫刑部雲南

清吏司員外郎

王　矩州同知以孫純一貤贈奉直大夫候選州同

王恕行例貢以子純一贈奉直大夫候選州同

王果行從九品職員以本生子純一封奉直大夫候

選州同

李明德以子養鱗贈登仕郎按察司照磨

耿維哲以子光顯貤封修職郎見孝義

楊　樞汾州府訓導以子藜光貽修職佐郎運司訓導

耿光顯候選縣丞以子炘貤封修職郎江南松江府經歷司經歷

盧式觀增生以子鑄貤贈修職郎

李大觀以子泳貤贈修職郎

吳　琇以外孫王統貤贈朝議大夫

趙維翰耆賓以孫而樸貤贈儒林郎

趙　濤監生以子而樸贈儒林郎

趙　治監生以姪而樸貤贈儒林郎

趙　泝耆賓以子而楹贈徵仕郎

耿維翰以子光遠贈武德將軍

梁儒宗以子樹本贈修職郎浙江許村場鹽課大使

王茀康以子洪仁贈儒林郎候選州同知

李思誠增生以子　貢嘉穀文林郎福州府候官知縣

見孝義

鄧　焗以子占魁贈儒林郎

鄧占魁州同知以子芳名贈武畧將軍

閻　雋以子廷玠贈修職郎甯武府甯武縣教諭

張必達以子道凝封登仕佐郎雒南縣三要司巡檢

權星煜以子緝祖貤封翰林院檢討
唐景瑤以子必選贈奉直大夫
黄克儒以孫洽贈中憲大夫工部營繕司郎中
黄岳齡以子洽贈中憲大夫工部營繕司郎中
黄　浹以弟洽貤封奉政大夫工部都水司主事
高鳴謙以孫琇貤封布政司經歷
高士昌以子琇貤封布政司經歷
高　珩以孫舒文蹤封通奉大夫
衞王室以孫如圭貤贈資政大夫見任恤
衞奇峯以子如圭贈資政大夫

梁受祜以姪騰鵷貤封朝議大夫

段震庚以弟炳近貤封中憲大夫

梁騰鴻以弟騰鵷貤封朝議大夫

梁騰九以子清彥封奉直大夫

李廷佑以孫殿棵貤封布政司理問

李懷林以子殿棵封布政司理問

石成衡以子志艮贈布政司經歷

姚大吉以孫超元貤封守禦所千總

姚立恭以子超元封守禦所千總

李殿楝以子聯科封衛千總

段樹棠以子江鑄封奉直大夫
文建楹以孫宗元貤贈奉直大夫
文　燦以子宗元贈奉直大夫
文　燮以子鎧型贈奉　大夫
文　炫以孫青萍貤贈武略佐騎尉
文宗韓以子青萍贈武略佐騎尉
家崇蕙以子必振贈守禦所千總
王志通以子捷三贈奉直大夫
馬耀麟以子步鑾貤封鹽課大使
行捷才以子師鷹敕授武略佐騎尉

趙雲昇以子志仁封湖廣武昌府嘉魚縣簰州鎮巡檢司

甯克仁以子存心封河南南陽府泌陽縣城守營

趙允志以孫鵬飛貤贈武德騎尉

趙　温以子鵬飛封武德騎尉

彭允敏以子兆慶封奉直大夫

段　琛以子炳圻封中憲大夫戶部四川司郎中

劉秉倬以子澤封奉直大夫

陶文越以子萬景封州同

薛夢杰以子淩雲貤贈武德佐騎尉

薛夢協以姪凌雲貤封武德佐騎尉
翟榮來以姪有桐貤封承德郎
翟春來以子有桐封奉直大夫
賈禹臣以孫鳳池貤封承德郎
賈德崇以子鳳池貤封承德郎
毛承先以子郁文贈朝議大夫見任恤
毛燦文以子清霖贈朝議大夫
毛佩文以子清幹贈奉政大夫
毛秉文以子清籓贈奉政大夫
毛普霖以子應宿贈奉直大夫

毛汝霖以弟清屏貤贈儒林郎

薛引年以子登第贈鹽運司知事

權繼忠以子得宜貤贈登仕郎

任如金以子振海封奉直大夫

恩廕附

宋

薛　睦以弟奎恩例補右班殿直

薛　塾以兄奎恩例補殿直

薛長孺以叔奎廕郊祀齋郎歷官尚書虞部員外郎

知絳州軍事

薛艮孺以叔奎廕將作監主簿歷官殿中丞遷國子

博士

薛直孺以父奎廕大理寺丞

薛仲孺以嗣父奎廕將作監主簿歷官太子右贊善

大夫殿中丞

薛　延以父長孺廕丞興軍醴泉主簿

薛　通以父長孺廕蔡州司戸參軍

明

韓　杲以父璽廕歷官南和知縣

陳　棨以父韜廕入監官太倉州吏目

陶　治以父琰蔭歷官兩浙都轉運鹽使司同知見

孝義

孫思承以父光祜蔭歷官大僕寺丞

王聯芳以父之翰蔭歷官四川成都府通判

國朝

李世仁以父翀霄蔭入監歷官廣西分巡潯南太左

江道

李上苾嘉慶元年入　都叩祝得與千叟宴　恩

賜脩職郎及詩軸荷包等物

儒瑞章以父如圭蔭知縣

徐際泰以父海清廕主簿

直隸絳州志 卷之九

直隸絳州志卷之十

人物上

周

梁　宏　晉人桓王十一年曲沃武公伐翼宏爲右

韓　萬　晉莊伯弟也桓王十一年曲沃武公伐翼萬御戎逐翼侯於汾隰驂絓而止夜獲之

原　黯　曲沃武公臣桓王十三年曲沃滅荀以其地賜之是爲荀叔

士　蔿　晉獻公時爲大司空桓莊之族偪獻公患之用士蔿謀盡殺羣公子使城絳晉始都焉又諫伐虢諷

太子申生逃無使罪至悼公時命右行辛爲司空使
修士蔿之法

趙　夙爲晉獻公御戎以滅耿滅霍滅魏還賜趙夙耿
爲大夫

畢　萬晉獻公時爲戎右滅耿霍及魏賜畢萬魏爲大
夫卜偃曰畢萬之後必大萬盈數也魏大名也以是
始賞天啓之矣

里　克晉獻公時爲中大夫公使太子申生伐東山臯
落氏克諫君之適嗣不可以帥師後驪姬欲譖太子
而難里克使優施以歌試之計乃得行後卒殺奚齊

卓子而欲納文公惠公立伏劍而死

荀息晉獻公時大夫以屈産之乘垂棘之璧假道於虞以伐虢師還滅虞後傳奚齊獻公疾以孤托之後里克殺奚齊荀息立公子卓以葬里克復殺之荀息死之

狐突晉獻公時大夫太子申生伐東山皋落氏突爲御戎太子將戰突諫曰昔辛伯諗周桓公云内寵並后外寵二政嬖子配適大都耦國亂之本也今亂本成矣孝而安民子其圖之與其危身以速罪也後懷公立命無從亡人期而不至無赦突子毛及偃從重

耳在秦不名懷公執而殺之

郤　豹字叔虎爲晉獻公大夫伐狄祖豹乘城被堅先升遂克之子芮事公子夷吾驪姬之亂隨夷吾出亡賂秦以求入襄王三年立爲惠公㔻鄭言於秦伯名呂甥郤稱冀芮臣出晉君公納重耳秦伯名三子芮曰幣重而言甘誘我也遂殺㔻鄭及文公入謀焚公宮而弒之不獲秦伯誘殺之

慶　鄭晉惠公時大夫秦饑乞糴於晉晉人弗與慶鄭曰背施無親幸災不仁貪愛不祥怒鄰不義何以守國弗聽秦伯伐晉晉侯逆秦師乘小駟鄭入也慶鄭

曰乘異産以從戎事及懼而變將與人易君必悔之弗聽遂獲於秦

韓　僩韓萬孫晉惠公時爲大夫襄王八年秦伯以閉糴之故伐晉公使僩覘師復曰師少於我鬭士倍我出因其資入用其寵饑食其粟三施而無報是以來也今又擊之我怠秦奮倍猶未也及戰秦獲晉侯以歸初獻公筮嫁伯姬於秦遇歸妹之睽史蘇占之曰不吉及公在秦曰先君若從史蘇之占吾不及此簡侍曰龜象也筮數也物生而後有象象而後有滋滋而後有數先君之敗德及可數乎史蘇是占勿從何

益

瑕呂飴甥字子金晉惠公自秦使郤乞召之飴甥教之言曰朝國人而以君命賞且告之曰孤雖歸辱社稷矣其卜貳圉也衆皆哭乃會秦伯盟於王城秦伯曰國謂君何對曰小人慼謂之不免君子恕以爲必歸秦伯曰是吾心也乃歸晉侯

趙衰字子餘趙夙弟從晉文公出亡在外十九年以壺飧從餒而弗食秦伯享公子犯曰吾不如衰之文請使衰從文公立初爲原守後佐中軍衰從亡時狄人以叔隗妻衰生子盾文公又妻以女生原同屏括

樓嬰卒謚成

狐毛狐突子從晉文公出亡城濮之戰毛設二旆以敗楚

狐偃字子犯狐突子從晉文公出亡獻公薨秦伯召文公公對以喪人無寶仁親以為寶偃實敎之及齊齊桓公妻之公安於齊姜與偃謀醉而遣之公入晉偃與秦晉之大夫盟於郇公立勸以勤王城濮之戰佐上軍偃以上軍夾攻子西楚師敗績文公出穀戍釋宋圍一戰而霸皆子犯之謀也

魏犨畢萬孫初從晉文公出亡城濮之役為戎右入

曹爇僖負羈氏犨傷於胷公欲殺之而愛其材使視之犨束胷見使者曰以君之靈不有甯也距躍三百曲踊三百乃舍之子呂錡爲晉卿

介之推從晉文公出亡嘗割股以療公饑及文公立賞從亡者之推不言祿祿亦弗及遂與其母隱於綿山而死後文公旌之以田

郤縠晉文公時將中軍被廬之蒐作三軍謀元帥趙衰曰郤縠可臣亟聞其言說禮樂而敦詩書君其試之

先軫晉文公時佐下軍城濮之戰以上德故將中軍與郤溱以中軍公族橫擊楚師遂敗之襄公時敗秦

師於殽獲三帥公因文嬴之請釋秦囚軫怒而唾後
狄伐晉軫自以爲無禮於君免冑入狄師死焉

胥臣臼季從晉文公出亡有功城濮之戰蒙馬以虎皮
先犯陳蔡陳蔡奔使過冀薦冀缺於公後襄公以先
茅之縣賞之曰舉郤缺子之功也

欒枝欒賓之孫晉城濮之戰將下軍使輿曳柴而僞
遁以誘楚師遂敗之卒謚貞

郤缺郤芮子初以父罪耕於冀臼季使過冀見缺耨
妻饁之敬相待如賓與歸言於晉文公以爲下軍大
夫襄王二十三年晉敗狄於箕缺獲白狄子公命缺

爲卿復與之冀河曲柳棼諸戰皆將有功靈公初說趙盾歸衞地復說盾名士會歸晉定王六年代盾將中軍九年求成於狄衆狄皆服於晉卒謚成子克亦執晉政

荀林父晉文公時爲下軍御戎敗楚師於城濮佐下軍敗秦師於河曲景公時將中軍敗於邲後伐鄭滅赤狄賞以千室卒謚桓先是文公作三行以禦狄桓子將中行故爲中行氏子庚佐欒書將中軍庚子偃亦執晉政

士會士蔿子事晉文公襄公食邑於隨及范故稱隨

季亦稱范季襄公死趙盾使逆公子雍於秦靈公立雍不得入會奔秦秦人用之晉患焉趙盾用郤缺之言復會邲之戰會將上軍晉師敗上軍獨不動後執晉政王室亂會平之趙文子稱爲利其君不忘其身謀其身不忘其友卒謚武子士燮厲公時佐中軍士魴悼公時爲卿悼公初政使士渥濁爲太傅修范武子之法

李離晉文公之理也過聽殺人自拘當死公曰下吏有過非子之罪離曰君以臣能聽微決疑故使爲理今過聽殺人罪當死遂伏劍

狼瞫　瞫爲晉襄公右箕之役先軫黜之其友曰盍死之瞫曰吾未獲死所死而不義非勇也及戰於彭衙以其屬馳秦師死焉君子謂狼瞫於是乎君子

趙盾　趙衰子初佐中軍陽處父謂趙盾能易爲中軍帥始爲國政制事典正法罪辟刑獄董逋逃由質要治舊洿本秩禮續常職出滯淹既成行諸晉國以爲常法後靈公不君盾驟諫公使鉏麑賊之麑觸槐而死公又伏甲攻之其右提彌明及公介靈輒救之乃免卒謚宣子別爲晉大夫

董狐　晉太史靈公欲殺趙盾盾出奔已而趙穿弒公

盾遂復孤書曰趙盾弒其君以示於朝盾曰不然孤曰子爲正卿亡不越境反不討賊非子而誰孔子稱爲古之良史書法不隱

荀首　林父弟晉景公時爲下軍大夫邲之戰彘子以中軍佐濟首曰此師殆哉果遇必敗楚熊負羈囚其子知罃首曰不以人子吾子其可得乎射連尹襄老獲之射公子穀臣囚之後果以二者易子知罃歸卒謚莊

韓厥　韓萬元孫晉景公時爲司馬鞌之戰執齊逢丑父以獻趙氏既滅厥言於公曰成季之勳宣孟之忠

不可以無後於是復立趙武而反其田簡王元年晉人謀去故絳居郇瑕厥謂不如新田公從之欒書等將弒厲公執厥厥辭曰二三子不能事君焉用厥也後代欒書爲政卒諡獻

欒書　盾之子晉景公時佐下軍邲之戰鄭皇戌如晉師曰楚不設備子擊之鄭師爲承書曰鄭不可從我克則來不克遂往以我卜也趙朔善其言曰必長晉國簡王二年書救鄭與楚師遇於繞角楚師還晉師遂侵蔡楚師救蔡趙同趙括欲戰知莊子范文子韓獻子諫不可書曰善鈞從衆三卿爲主可謂衆矣卒

謚武子黶嗣職

伯　宗晉大夫景公欲救宋伯宗曰不可天方授楚未可與爭乃止晉侯將伐潞子諸大夫皆曰不可伯宗曰狄有五罪必伐之遂滅潞伯宗每朝其妻戒之曰盜憎主人民惡其上子好直言必及於難後三郤果譖而殺之子伯州黎奔楚

郤　克缺之子晉邲之戰佐上軍與士會保其卒不敗定王十五年晉使克徵會於齊齊頃公帷婦人使觀之克登婦人笑於房克怒十八年齊侵魯晉救之克將中軍敗齊師於鞍以洩國恥卒謚獻子錡厲公時

大夫簡王八年使乞師於魯以伐秦錡佐士燮將上軍敗楚鄭後爲胥童等所殺

魏

顆犨子初犨有妾無子疾命顆曰必嫁是疾病則曰必以爲殉及卒顆嫁之後定王十四年顆與秦師戰於輔氏見老人結草以亢杜回故獲之夜夢所嫁婦人之父謂曰爾用先人之治命余是以報子顆悼公時爲卿

士

燮士會子初武子將老屬其從二三子惟敬晉鞍之戰燮佐上軍師還燮後入武子曰無爲我望爾也乎對曰師有功國人喜以逆之先入必屬耳目焉是

代帥受名也故不敢武子曰我知免矣鄢陵之戰燮欲僞逃楚以紓憂師旋使祝宗祈死曰君驕侈而克敵是天益其疾也難將作矣是年卒謚曰文子士匄亦秉晉政

知　罃荀首子食知邑故稱知氏邲之戰爲楚所囚後首佐中軍晉歸楚公子穀臣楚亦歸罃後從欒書敗秦師於麻隧又迎悼公於周韓厥老代爲政相悼公以復霸業卒謚武子盈

郤　至郤克族子晉厲公時大夫簡王七年如楚聘且蒞盟楚子享之金奏作於下驚而走出曰下臣不敢

麻隧之役至佐新軍十一年晉伐鄭復佐新軍戰於鄢陵至三遇楚子之卒見必下免胄而趨風楚師遁明年厲公嬖臣胥童等譖於公郤氏聞之欲攻公至曰受君之祿是以聚黨有黨而爭命罪孰大焉遂與錡犨並遇害

郤毅 御至弟簡王八年晉伐秦毅御戎欒書子欒鍼爲右戰於麻隧敗之十一年復御厲公鍼亦爲右敗楚鄭於鄢陵

荀偃 林父孫庚子晉鄢陵之役偃佐上軍靈王十三年悼公蒐於綿上遂以偃將中軍平公即位偃帥師

敗楚侵方城之外代知罃爲政十八年平公伐齊偃禱於河而濟齊師遁遂以中軍克京茲反濟河而卒謚曰獻子吳嗣職

士

匄士燮子靈王八年聘魯告將用師於鄭公享之匄賦摽有梅將出季武子賦彤弓匄曰先公文公受彤弓於襄王以爲子孫藏匄也先君守官之嗣也敢不承命君子以爲知禮十三年悼公蒐於綿上使匄將中軍讓於荀偃而佐之十九年侵齊及穀聞喪而還時稱知禮是年代荀偃爲政卒謚宣子士鞅亦執晉政

趙　武朔子盾孫也同括之難武從姬氏畜於公宮及長韓厥請立之悼公即位使佐新軍代范匄爲政令薄諸侯之幣而重其禮宋之盟叔向說武務德無爭先武從之乃先楚人相晉八年晉國無亂卒謚文

韓無忌厥之子悼公以其鎮靖與荀家荀會欒黶並爲公族大夫使訓卿之子弟及厥告老將立之無忌有廢疾辭請立弟起公謂無忌仁能長公族大夫卒謚穆子襄平嗣職

韓　起厥之子無忌弟也無忌稱其賢讓立之悼公使佐上軍靈王八年諸侯伐鄭起與荀偃將上軍鄭人

行成平陰之役起與趙武以上軍圍盧還自沂上魯襄公賜以三命之服二十五年聘於周王使請事對曰晉士起將歸時事於宰旅無他事矣王曰韓氏其昌阜於晉乎二十六年宋向戌欲弭諸侯之兵以告晉起言而許之後聘魯觀書於太史氏見易象與魯春秋曰周禮盡在魯矣聘鄭起有玉環其一在鄭商起買諸賈人子產不可起遂辭玉列聘諸國賦詩贈答無失禮後代趙武爲政卒謚宣子須

祁

奚爲晉悼公中軍尉平公卽位爲公族大夫請老公問嗣稱解狐其讐也將立之而卒又問對曰午也

可時羊舌職死公問孰可代奚舉羊舌赤君子謂奚能舉善稱其讐不爲諂立其子不爲比舉其偏不爲黨後叔向以其弟羊舌虎黨欒盈見執奚與范宣子言諸公而免之

魏

絳魏犨子晉悼公時爲中軍司馬公弟揚干亂行於曲梁絳戮其僕公欲殺之絳授僕人書將伏劍公讀其書跣而出曰吾子之討軍禮也子無重寡人之過使佐新軍絳請和諸戎曰諸侯新服我德則服否則攜貳勞師於戎諸華必叛公說使絳盟諸戎修民事田以時又請施舍以息民三駕而楚不能與爭賜

以金石之樂卒謚莊子舒執晉政

師曠字子野爲晉樂師悼公曰衞人出其君不亦甚乎對曰或者其君實甚天之愛民甚矣豈其以一人肆於民上以從其淫而棄天地之性必不然矣平公時聞有楚師師曠曰吾歌南風多死聲楚必無功景王十二年石言於晉魏榆曠曰石不能言或馮焉不然民聽濫也抑或作事不時則有非言之物而言叔向曰君子之言信而有徵

士鞅士匄子晉平公時爲公族大夫靈王二十三年欒盈師曲沃之甲因魏舒以入絳士匄奉公如固宫

鞅逆魏舒命驅之士匄逆諸階賂以曲沃欒氏乘公門鞅用劍以帥卒乃退欒氏

荀吳偃子晉平公時卿景王十七年吳自著雍以上軍侵鮮虞大獲而歸十八年帥師圍鼓鼓人或請以城叛弗許使鼓人殺叛人而繕守備告力盡而後取之不戮一人卒謚穆子寅

絳縣老人無子晉平公時食輿人之城杞者往與於食使之年曰臣生之歲正月甲子朔四百有四十五甲子矣其季於今三之一也吏走問諸朝師曠曰七十三年矣趙孟名之而謝過焉使助爲政辭以老以爲

絳縣

羊舌大夫有友爲申生尉申生被譏或勸之行曰不可違命不孝棄事不忠子其死之其少也恭而順心有恥而不使過宿其爲大夫也悉善而謹其端其爲輿尉也信而好直其功至於其爲容也溫長而好禮博聞而時出其志此羊舌大夫之行也孔子云

羊舌職羊舌大夫子簡王十八年爲晉中軍尉佐悼公以職之聰敏肅給也故使之

羊舌赤字伯華職之子職卒悼公使代父任食邑銅鞮其爲人之淵源也多聞而難誕內植足以沒其世國

家有道其言足以治無道其默足以生蓋銅鞮伯華之行也孔子云

羊舌肸字叔向職之子赤之弟靈王二十七年諸侯之大夫盟於宋宋公享之晉趙武爲客楚子木與之言弗能對叔向侍言子木亦不能對景王十年鄭人鑄刑書叔向使詒子產書曰國將亡必多制其此之謂乎晉韓宣子之適楚也楚人弗逆公子棄疾及晉境晉侯將亦弗逆叔向曰楚辟我衷若何效辟乃逆之見單子視下言徐決其將死聞齊景公之不感而知其失國其言多驗事悼平昭三公幾四十年以德義

輔君以博識嫺禮聞列國孔子稱爲古之遺直娶於申公巫臣氏生伯石黨於祁盈而助亂殺之遂滅羊舌氏

魏舒絳子敬王二年代韓宣子爲政分祁氏之田以爲七縣分羊舌氏之田以爲三縣使司馬彌牟等十人爲之大夫子戊亦與焉仲尼聞魏子之舉也以爲義曰近不失親遠不失舉梗陽人有獄賂舒以女樂辭之

董安于趙鞅臣敬王二十四年晉荀寅范吉射將攻趙鞅安于告鞅曰先備之鞅曰晉國有命始禍者死安

于曰與其害於民寧獨死鞅不可知文子使告趙
孟曰范中行氏雖信爲亂安于則發之二子旣伏其
罪矣安于曰我死而晉國寧趙氏定將焉用生乃縊
而死趙氏祀安于於廟

方立誠云左國諸書紀列國者十之五六紀晉者
十之四五意晉國人文實有不可滅沒者耶孔子
稱列國大夫凡十晉獨居五曰趙文子曰隨武子
曰銅鞮伯華曰羊舌大夫曰介山子然皆於董狐
之爲良史趙盾之爲賢大夫並取而稱美之何其
盛與惜乎河上迴轅晉未有車轍馬跡使孔子親

臨其地其流風餘韻必有經聖裁而愈顯者又當何如也說者謂唐虞三代之遺風餘思尚存焉故賢人君子往往出於其閒世風丕變仰機利者日漸流於競逐較錙銖角奇贏始於營積繼以驕奢終於貪刻風俗人心不可言矣夫豈後人不逮於昔哉予謂賢士大夫有轉移風會之責砥波廻瀾止在一風厲閒苟以好賢樂善爲尚則好賢樂善誠足尚矣苟以攘利損人爲賤則攘利損人皆知其爲可賤矣苟以奢僭輿服爲可鄙則里中之人咸知奢僭輿服爲可鄙矣里無矜炫則人心朴時

無華耀則風俗厚賢人君子有不項背相望於其閒哉吾願賢士大夫先民是程大猷是經俾前人不得專美於昔詎不美與

劉顯第曰師服士蔿畢萬卜偃荀息欒枝史蘇先軫竇犨士燮士匄知罃解揚張老祁奚魏顆魏絳伯瑕狠瞫士鞅等皆晉人晉都於絳則皆絳人也但故絳舊址在州北二十里外太平縣界內一在州東南五十里外曲沃縣界內所謂晉者當與太平曲沃鼎分之矣然皆無古蹟可考如堯陵在平陽今遣官所祭者乃在山東李太白蜀人也或以

爲隴西或以爲山東或以爲夜郎皆稱故里賢人君子所生各異人皆樂與之同里東西南北共此域中高節清風聞聲知慕人之懿好則然此吾於晉國諸賢知其爲絳而願吾州之祀之也

按舊志載周時人物僅有士會韓厥韓起董狐荀林父荀吳趙武羊舌大夫羊舌職郤縠羊舌赤羊舌肸師曠十三人俱列入鄉賢凡晉之賢士大夫多所遺漏未知去取何憑又所載十三人不分時代先後尤乖體例今就左傳國語史記諸書所載晉國人物擇其卓卓表見者按年補入且人物既

繫諸周宜編周王年號今悉按年塡載再考故絳舊址在今州北二十里外太平縣界內新絳在今州東南五十里外曲沃縣界內茲所載晉國諸人里居湮沒無考未必盡在今絳州界中然主名有在不得旁入太平曲沃反見屛於絳志也況古者倉氏庾氏有以官名其氏者想多以家就官則雖如郤缺舉於冀師曠傳爲古羊邑人而旣宦於絳姑列絳州人物門查左傳杜註最爲近古於晉國諸大夫罕有紀其里居者倘有博學君子知其確非絳產仍不妨另載他邑茲或不免借才之憾云

後周

楊　檦字顯進正平高涼人父猛爲郃郡白水令檦少豪俠有志氣魏爾朱榮殺害朝士城陽王元徽逃難投檦檦藏而免之以義烈聞擢拜伏波將軍轉正平郡守累功封郃陽縣伯祀鄉賢

隋

程　元因薛收而見於文中子與之言六經退謂收曰夫子載造彝倫一匡皇極微夫子吾其失道左見矣元嘗偕收見文中子問曰二生之學文奚志也對曰尼父之經夫子之續不敢怠也文中子曰允矣君子

展也大成居而安動而變可以佐王矣文中子嘗謂聞過而喜程元能之謂李靖智勝仁程元仁勝智又嘗許程元王孝逸之文王凝曰夫子得程仇董薛而六經益明對問之作四生之力也

霍　汲隰於漁精樂律文中子嘗曰吾正樂於霍生見持竿者幾焉吾將退而求諸野矣

唐

敬君洪　累功封黔昌侯以屯營兵守元武門隱太子之死與中郎將呂世衡呼而進皆戰沒

裴　漼聞喜縣人裴琰之子徙居絳州舉明經遷監察

御史時崔湜鄭愔典吏部坐姦贓爲李商隱所劾詔灌按訊灌執正其罪天下稱之睿宗造金山玉眞二觀旱甚役不止灌上疏諫開元中累遷吏部侍郎甄拔士類爲多擢吏部尚書改太子賓客卒謚懿祀鄉賢

譚忠祖琮天寶末令內黃殉城忠豪健喜兵范陽節度劉濟與二千人障白狼口後將漁陽軍留范陽元和五年伐趙魏博節度田季安欲先捍之忠時使魏入語季安曰是引天下之兵也不如悉甲壓境陰遺趙人書使遺魏一城魏得持之奏捷則覇基安矣季

安曰善遂用其謀忠歸燕謀欲激燕伐趙會濟合諸將議忠疾對曰天子必不使我伐趙趙亦不備燕濟怒擊之使人覘趙果不備燕後一日詔果來使無伐趙濟召問何以知之忠曰此潞盧從史計以燕販忠也濟乃下令軍中曰五日畢出後者醢以徇遂屠趙饒陽束鹿十四年趙人獻城冬誅濟忠因說濟弟總曰凡天地數窮合必離離必合河北於天下相離六十年矣此亦數之窮也必與天下復合總泣且拜曰吾心定矣明年春總去范陽卒於趙忠護喪西歸日亦卒忠官至御史大夫弟憲安次令祀鄉賢

宋

薛　奎字宿藝舉進士性剛不苟合遇事敢言又能知人善任以嚴治京師以寬治蜀皆以最稱遼使蕭從順請見章獻后奎獨以理折之乃止章獻后欲以袞冕謁太廟奎力陳其不可后不能奪爲改服章獻崩上泣謂羣臣曰太后頃數引其衣若有所屬何也奎曰其在袞冕也服之豈可見章聖於地下卒以后服斂上嘗數宴大臣奎諫曰天下誠無事而大臣數被酒無威儀非所以重朝廷也上嘉納焉累官至龍圖閣學士參知政事卒謚簡肅子直孺謹飭好學早卒

以弟子仲孺嗣廕將作監主簿累遷太子右贊善大夫殿中丞兄睦有隱操以恩例補右班殿直居頃之棄去不復仕以德行文學爲鄉善人弟堅以恩例官内殿崇班兄子長孺尚書虞部員外郎知絳州軍事長孺國子博士俱歐陽修誌表其墓祀鄉賢

孟宗政字德夫父林從岳飛至隨州僑家焉宗政有膽畧爲京西鈐轄駐劄襄陽屢敗金人代許國爲荆鄂都統制中原遺民來歸者萬數發廩贍之給田創屋與居籍勇壯號忠順軍威振境外金人呼爲孟爺爺病卒轉右武大夫團練使防禦使生平好賢樂善賞

不遺仇罪不避親死之日邊城罷市慟哭祀鄉賢

孟珙字璞玉宗政子嘗卻金兵授忠翊郎又辟京西第五副將權管神徑左右軍統制初宗政招唐鄧蔡壯士二萬餘人號忠順軍命江海總之衆不安以珙代分其軍爲三衆乃帖然復創平堰於棗陽建通天水槽溉田十萬頃紹定六年元逼蔡檄珙戍鄂討金唐鄧行省武仙屢破之武仙奔還軍襄陽轉修武郎鄂州江陵府副都統制元遣王檝約攻蔡珙請以二萬人行拔其城降其丞相烏古論栲栳殺其元帥兀林達端平二年授主管侍衞馬軍司公事駐黃州朝

辭問恢復對曰願寬民力蓄人材以俟機會問和議對曰臣當言戰不當言和賜賚甚厚兼知光黃州節制黃蘄光信陽四郡軍馬元兵攻蘄州襄陽躬往節度破砦二十有四還民二萬收復京襄珙謂必得郢然後可通餽餉得荆門然後可出奇兵由是發兵深入所至以捷聞拜寧武軍節度使四川宣撫使釐蜀弊政爲條須諸郡縣五年以職事修舉轉行兩官許回授珙至江陵登城嘆曰敵一鳴鞭卽至城外乃修復内隘十有一别作十隘於外障漳水爲巨浸民不知役焉華嘆曰三十年收拾中原人今志不克伸矣

卒於江陵府治是月朔大星隕境内聲如雷贈太師
對吉國公謚忠襄廟曰威愛珙忠君體國可貫金石
名位雖重惟建鼓旗臨將吏而色凛然退則焚香掃
地隱几危坐蕭然事外遠貨色絶滋味其學邃於易
著警心易贊亦通佛學自號無菴居士

金

李　愈字景韓正隆間進士慷慨尚志節大定間典解
郡明昌中名授曹王傅從王賜宴北部還奏諸部貢
馬止可委招討司受於界上量給廻賜省費以廣邊
儲擬沿邊創設重鎮十數田給於軍者許募漢人佃

種不必運輓而兵自富強上嘉其忠尋擢河南路提刑使以最著改河平軍節度使遷刑部尚書奏除陳言洩漏科罪舊條以廣言路上將巡幸長樂以屢諫乃止復授河平軍節度使改知河中府事致仕卒諡清獻所著狂愚集二十卷祀鄉賢

梁　襄字公贊父定早亡養於叔父甯性穎悟日記千餘言大定三年進士令淯化有善政察廉升慶陽府推官名爲薛王府椽時世宗將幸金蓮川上疏極諫世宗納之遂罷行襄由是以直聲聞擢禮部主事太子司經遷爲監察御史尋轉中都路都轉運戶籍判

官未幾遷通遠節度副使以喪去服闋授安國軍節度副使同知定武軍節度使避父諱改震武軍太常卿張暐曹州刺史段鐸薦襄學問該博練習典故可任禮官轉同知順義軍節度使事歷東勝州興州刺史終保大軍節度使襄長於春秋左氏傳至地理氏族無不該貫自蚤達至晚貴勝服常淡薄人士雅欽之祀鄉賢

梁持勝字經甫保大軍節度使襄之子多力善射泰和六年進士復中宏詞科累官太常博士遷咸平路宣撫使經歷興定初宣撫使蒲鮮萬奴有異志欲棄咸

平持勝力沮萬奴怒殺之上京行省太平與萬奴通謀口稱持勝忠署左右司員外郎而焚毀上京奪元帥承充軍持勝與咸平治中裴滿賽不萬戶韓公恕約殺太平復推承充行省事事泄俱被害贈中順大夫韓州刺史

孫　鎮字安常高才博學嘗中省試魁承安二年五赴廷試賜第以陝令致仕年八十四卒所著見總目祀鄉賢第用州刺史錡字安世潘原令鉉字安道同榜擢第鄉人榮之號三桂孫氏

元

孔錦山字晉望雄勇多智畧善騎射初襲父爵千夫長
從征累有功戰於茶山時墜馬騰上者三省安撫嘆
曰眞奇士也世祖賜錦衣弓矢鞍勒諭以囘跖之事
錦山對曰人惟爲善則美名自臻累陞磵門等處鎮
守萬戶子禿魯卜有父風次也先不華俱磵門等副
千戶佩虎符祀鄉賢

張仲儀字伯威由絳州學正入翰林改杭州路總管府
判官稱能吏海潮溢沒民田廬仲儀禱於海神水
隨退遷江西行省左右司都使歲饑民將爲變仲儀
單騎出撫之民感泣散去言於省臣發粟賑濟擢亞

中大夫撫州路總管卒年六十九封正平縣男明宋濂銘其墓祀鄉賢

姚天福字君祥讀春秋通大義辟懷仁丞至元中名拜監察御史條奏宰相阿合馬罪二十有四名廷辨天福枚數之至於三氣沮色喪上曰此三者罪已在不宥因目天福曰巴兒思臣下有違太祖之制干朕之紀者汝抨擊之無隱廷臣皆震悚巴兒思者譯不畏強悍猶虎也帝仍加厚賜天福曰言臣分也受賞非分也卒不受時御史臺置二大夫天福曰古稱一蛇九尾首動尾隨一蛇二頭不能寸進今臺綱不張有

一蛇二頭之患陛下不急拯之久則紊不可理大夫孛羅遂以年少引退按行畿輔時監敢普得罪御史按之不服天福廉得其死罪十有七俄以宥免經臺門大詬急捕之檢行囊得賄侍御史安兀失納救免狀明日陛奏上曰彼七死猶赦汝欲何爲天福對罪十有七條赦七留十餘誰歸上悟戮敢普而斥安十二年罷按察司天福曰是司之設所以廣視聽虞非常慮至深遠不但繩有司已也大夫王昔帖木耳駭曰微公言幾失之夜入帝卧內奏其言帝大悟詔復立阿合馬益不悅左遷衡州路同知不就後歷河東

淮西湖北諸道按察使善辨疑獄大德四年拜參知政事大都路總管兼大興府尹六年卒年七十三謚忠肅祀鄉賢

尉遲天澤仕金爲庫官郡王帶孫拔絳州澤在俘中道見兵死者輙涕泣收瘞之帶孫令佩金符授霍州御衣局總管子雍仕至潞州知州

尉遲德誠字信甫歷官太子率更丞遷家令司丞仁宗以爲謹恪常賜酒帛得侍左右數薦士出則未嘗語人廳事前有粟苗不種而萌偶出一莖雙穗衆以爲嘉禾遷河東山西道宣慰司同知擊姦吏覈稅斂上

討入見上方食賜以餕餘擢工部尚書未拜改陝西
行臺治書侍御史遷京畿都漕運使拜遼東道肅政
廉訪使上疏言事曰勞諸王以懷其心防出入以嚴
宮禁立諫官以遠讒佞崇科舉以求人才立常平以
備荒年汰僧道以寬民力舉賢良以勵忠孝抑奢侈
以厚風俗及拯鈔法裁冗官等事未報卒年五十三
祀鄉賢
韓亨甫由中書省椽授監察御史後調東平路總管王
正閼毛貴作亂守城死節贈陝西行中書叅議祀鄉
賢

李思敬字君讓由中書省西曹椽累仕至肅政廉訪使以孝廉稱祀鄉賢子僎有文學授榆社縣尹後至肅政廉訪副使孫士林亦貴時名其里曰登瀛

直隸絳州志卷之十一

人物中

明

高　鐸字鳴道從李彥英遊與陳行義共朝夕學益進洪武甲子鄉試第一甲戌進士累官刑部侍郎調僉都御史舉師李彥英爲本州訓導舉友陳行義知蘇潁二州築畱都城開三山街奏遷金城驛爲侯馬驛卒贈尚書祀鄉賢

李彥英性英敏博通五經洪武初廉訪天下通經之士使主師席門人高鐸薦授平陽絳州訓導勤於教誨

一時科第多出其門人稱爲五經夫子祀鄉賢

張嶶永樂戊子舉人任陝西永壽縣知縣廉介自持秋毫不苟取鄉里稱之祀鄉賢

陶春祀鄉賢事迹無考

蓋獲宣德乙卯舉人任陝西寧州知州莅政廉能有古循吏風寧州人名宦祀鄉賢

賈顒宣德間副貢通判黃州以廉介稱

韓英正統戊午舉人任泗州同知多惠政施藥活病人收瘞枯骨民遭水患力拯之吏部考最祀鄉賢

郝矩由歲貢任工部主事奉命修高郵湖岸四百里

有碑記載其功

閻　銓字文衡正統乙丑進士授行人奉命至太原會中官王振亦至聲勢烜赫銓不一往謁歷陞陝西參議和平愷悌士民戴之致仕歸搆小軒曰一間與鄉里耆碩爲九老延齡會有盜抉垣入室見帷敝書舊衣嘆息去有司欲窮治銓曰彼以貧來値吾貧而去奚究焉其溫厚類如此祀鄉賢

范　忠景泰間副貢爲樊山府教授天性質直輔導有方時郡王好騎臨險諄諫止之

李　纁瑛孫景泰癸酉科舉人歷任彭縣洛南伏羌知

縣所至以廉介稱

劉　預　麟遊知縣有惠政士民戴之

閻　璽字廷用銓第四子天順甲申進士性通敏廉潔初授戶部主事遷員外督德州倉儲先是鄃城所輸未足額當事者積其粟於河岸而逮繫其官吏三年猶未結璽至廉得其狀即日釋之自是勸輸恐後終其任無少逋者薊州民田五萬餘頃爲豪右所據璽奉命清查悉得歸民齎帑金餉遼左榆林軍分給公平軍士胥悅山陝歲洊饑民多流移有司徵道賦甚急璽奏請蠲之遷郎中出爲長蘆運使總攝　擢僉

厲清操前使者藏金置井中求得之悉付還人稱君

子祀鄉賢

劉述宗成化辛卯科舉人爲揚州府通判居官以廉介

稱

王珙成化甲午科舉人爲崇府長史淹貫經史人多

服其勤敏

閻重成化甲午科舉人官至靜甯州知州勤慎慈愛

士民德之

姚達字文達成化丁酉科舉人授宜川訓導條約嚴

明教人以正心誠意之學士子皆有所矜式比三年

歲大饑使子偉抵家携兄姪至宜川資俸以養九年秩滿改宣府萬全衛訓導衛諸生素務弧矢而輕詩書逵請於當道始置學田進諸生講經史及孫吳書勤墾忘倦未幾京闈中式二人襲職至參遊三人指揮千百戶三十餘人時諺曰邊陲文武臣多出先生門秩滿士大夫製詩畱別諸生泣送百里外陞考城教諭條約如宜川辭歸不允又陞彰德教授尋以疾致仕居官三十載善育人才多所成就其於功利泊如也祀鄉賢

毛　憲成化丙午舉人性孝友博涉經史由祥符訓導

擢孔顔孟三氏教授轉西安府學教授師道尊嚴言行不苟嘗曰士子讀書處事只求一個是令諸生宿號舍夜行以巡之其貧而好學者必捐俸助給一時陶成最多陞韓府長史今祀鄉賢子錐舉明經清河訓導

范　通成化丙午舉人歷任唐縣齊河縣知縣廉介有政績

韓　重字涫夫英之子成化戊戌進士性通敏貌魁梧初授禮科給事轉本科都給慷慨敢言劾方士李省孜交結太監梁芳等左道要寵芳降南京御用監閑

仕遂省孜錦衣獄憲宗寵幸萬妃服物多擬於后疏
爭之憲宗怒杖於廷明日復諫如初從之番僧法王
領占竹等倡西番之教濫膺爵賞擅作威福重劾奪
印勅用發遣去出爲陝西參政遷右布政使清軍務
督馬政以最擢應天府尹廉敏益著降旨褒諭補順
天府尹遷右副都御史巡撫遼陽論鎭守太監梁玘
貪暴不法罷之尋改巡撫湖廣題請計處運糧以便
軍民併屬設官以安地方二疏甚偉時貴州都勻作
亂公運餉勦平降勅諭奬擢南北兵部侍郎進南京
工部尚書疏請止不急工役忤劉瑾瑾矯旨覊滯揚

州年餘疽發背卒瑾誅賜祭葬如例其事績詳明朝典則王弇州中官考明朝大政紀山西正祀考諸書嘉靖間知州許用中申請立祠專祀今祀鄉賢曾孫科貢上任濟南通判廉介有祖風

陶琰字廷信銓子成化辛卯鄉試第一辛丑成進士授刑部主事決獄稱平累遷右副都御史巡撫河南廉介絕俗每飯一蔬人呼青菜陶黜贓吏數人屬吏震懾遷刑部侍郎適遊擊徐謙誣奏御史李高謙逆瑾黨也賂瑾欲中高琰承旨往覈據法直高瑾怒矯詔下獄罷去瑾怒未已復罰米四百石瑾誅言官交

薦起左副都御史總督漕運單車至鎮廉得諸幸豎豪猾者悉治以法權勢斂手中使敬憚罔敢需索會河北姚源諸賊騷動承命巡視進右都御史簡任惟允調度周詳北賊殄滅西賊聽撫次年復犯大破賊巢餘黨悉平捷聞賜璽書金綺進俸從一品甯紹瀕海颶風漂溺無算躬按其地發帑金賑濟仍築堤自蕭山抵餘姚凡五萬餘丈乃奏設兵備道守要害遂城開化常山遂安蘭谿諸邑境內以靖復命總督漕運引疾歸疏七上乃得請世宗初起故官凡三督漕政軍民懽聲雷動擢工部尚書詔侍經筵轉南京兵

部尚書歲饑移檄大賑全活甚衆栽革宦官快船官民無擾事皆先發後聞乞休疏十上乃得請詔加太子太保賜乘傳歸行李僅三竹笥時稱陶三杠歲時命有司存問年八十四卒上聞悼念諭祭九壇遣行人嚴竟建塋贈少保謚恭介立祠專祀其事績具載名臣錄山西正祀考直隸廉平錄諸書祀鄉賢

閻

珪安阜坊人成化癸卯舉人通州學正九年陞西安府教授劉儲秀杜某時爲童生珪見而奇之兩生貧杜尤甚乃延之學與子宗舜聯榻親爲課業資以饔飧仍爲杜完室陞國子博士秩滿歸賃宅而居劉

爲督學杜爲方面相繼顯達珪故郎宦而杜始聞臨
塚致祭哭之慟蓋恩誼所感也祀鄉賢
梁　榮成化閒副貢昌邑主簿性篤厚廉潔運糧有羨
餘悉歸之公無纖毫入己
陳希良安阜坊人洪治戊午舉人性嚴毅爲眞定推官
定州豪楊錫以產故控於巡撫巡撫委希良鞫之錫
因以錦衣寇栩太監張雄書求庇希良不受繩以法
栩與雄憤甚嗾錫訐希良瘐於獄竟死嘉靖改元州
守李文潔以狀聞曹于汴爲之贊眞定入名宦祀鄉
賢

楊潾　洪治辛酉科舉人歷任通州隴州知州爲人剛
毅果敢尤善知人
李應奎字闡道孝義坊人　治甲子科舉人授平山知
縣開誠布公與民相信凡八年陞陝州知州有楊昆
父子含寃繫獄奎得其情力辨之巡按執不可辨奎
力竟忤坐罷巡按以他事罷昆寃亦白平山入名宦
祀鄉賢
陶滋字時雨琰長子正德甲戌進士初官行人武宗
南巡抗疏力諫伏輦下不起詔廷杖幾斃謫國子學
正廟列周宣石鼓有毀爲臼者文多殘缺滋獨考索

精詳刻石鼓正誤一書尋陞司正擢刑部郎中轉兵部武選世宗初大禮議起以去本生二字伏蒲哭諫廷杖繫獄謫戍榆林後遺詔錄用已前二十年没矣穆宗即位贈太常司少卿具載名臣錄山西正祀考祀鄉賢

范昕字晦之正德癸酉科舉人任趙州世宗幸楚過趙祇事中節駕過次日行宮災大吏將移罪散僚昕不聽慨然自認及爲承天同知廵按包某委勘陵監家人違法狀昕如法議報陵監誣奏廵按及昕並逮獄昕在獄言動如平時包以鐵漢擬之謫戍南海蒙

詔敕壽九十二卒萬歷中晉階四品祀鄉賢

韓瓚字宗獻省元坊人正德已卯科舉人由教諭遷藍田令政廉平陞漢中通判會妖人劉列謀不軌瓚監軍督率有方斬首五十餘級生擒百餘人獲僞詔及妖書欽勞金幣陝西通志列名宦起補保定陞濟甯知州節愛有聲再起補通州兩院俱才之京兆措其傲調甯州致仕祀鄉賢

陳韜字文智歲貢任萊陽縣丞正德六年流賊入境率三子及民兵拒賊斬首十五級奪回被掠婦女二十餘口拒守月餘城陷死之長子棐季子槩亦遇害

惟次子楘身被數十鎗以救免事聞贈登州府通判
諭祭立廟春秋祀之廕子楘入監祀鄉賢

陶 梓嘉靖甲午科舉人任睢州知州遷兩浙鹽運副使去之日士民不忍舍卒於杭舉櫬過睢民哭奠浹二日始得歸梓德性溫雅平生無疾言遽色師事呂涇野得身心之學焉

趙 桐字汝陽三林里人嘉靖癸丑進士授富平知縣時撫富平志都憲孫丕揚稱其宏濶不羈警敏絕人憐才樂士出於至誠歸田後諸生從遊者衆所著見總日州志曾經纂輯祀鄉賢

周必易字子時站莊人嘉靖丙辰進士授廣平推官性剛明居官嚴愼執法有聲轉蘇州同知代吳縣審編三日報完升降允當邑人欽服祀鄉賢

陳栢字子秀桂林坊人嘉靖乙丑科進士性簡靜有執持讀書體認本旨不喜穿鑿爲文沉着蘊藉不作浮華署昌邑教諭不携妻子下帷如諸生時遷内黄知縣以節愛爲務不求赫赫聲民戴之如父母陞戸部主事督儲德州及瓜而卒祀鄉賢

孫光祐字仲篤桂林坊人嘉靖壬戌進士授承天推官陞文選司郎中歷遷應天巡撫在承天分考鄉闈得

蕭艮有在選司官惟其人請託不行在吳當大水後
請蠲夙逋無慮數百萬石妖僧起京口搆結甚衆光
祐殲厥渠魁餘置不問在蜀故事蜀藩朝賀五叩頭
光祐請如制王曰誠如先生言第彰先王之過柰何
祐曰克蓋前愆正在此舉王從之終南京戶部侍郎
祀鄉賢

楊守川嘉靖辛酉舉人授富平知縣動履謹飭不妄交
一人嚴治吏胥愛百姓若赤子縣北山產石諸郡縣
來採者故事縣代運之里甲更班焉名匝班歲費數
千金百姓苦甚守川申請得均泒民困乃蘇

張與行字淑用號時菴嘉靖甲子舉人授容城知縣陞滄州行取擢南京戸部員外轉本部郎中遷慶陽知府調重慶府所至有惠政會播酋楊應龍叛與行議招撫播人稔與行言不欺願歸附撫有日矣當道忌其功旋議加兵播平以計左閑住未幾詔階致仕歷俸二十三年報最數四然亦未竟所用也祀鄉賢

李東崥嘉靖間拔貢博學敦行從遊者甚衆未仕卒人咸惜之

周尚赤嘉靖歲貢鳳縣主簿行誼修潔聞見博洽

衛　聘嘉靖間歲貢薊州訓導陞河間教諭爲諸生時

與代人吳嘉會善及以貢入京吳居要地招之不往

時論高之

因於夏字宗禹隆慶庚午舉人授襄城知縣繩豪勢以

法勸民種樹疏渠備旱轉鞏昌府通判時扯扒溝賊

騎擁至公出識者曰此因爺也遂遁去

許恩字仁甫桂林坊人隆慶庚午舉人令寧陽創建

磚城省民歲修費無算募民墾荒給牛種逃亡盡復

起補束鹿調館陶會潞藩之國道經陶司禮監張誠

扈行張束鹿人素重恩嚴約從者秋毫無犯陞守曹

申允歸代擔銀千兩濟寧姦僧匿甥女誣甥夫殺甥

獄成恩視夫非殺人者偵偕得朔而夫冤白陞南京
戶部員外郎尋陞刑部郎中以疾歸祀鄉賢
楊科重曾孫隆慶間歲貢授濟南通判運糧指揮某
貪肆民苦之科力陳當道斥去陞葭州行橐蕭然庫
有羨金三百兩申上封識之不以一錢入橐也葭人
荒招集賑恤不遺餘力陞韓府長史致仕
王之翰字維藩號清河王莊人萬歷癸酉舉人授膚施
知縣以憂去起補棗陽有爲崔覘筮易林者不吉翰
曰孔傷不辭臨晉翰乃辭棗陽乎稅監陳奉欲開青
山礦翰曰青山實逼顯陵毋得輕洩王氣奉怒誣劾

之翰聚衆事下兩臺案驗會上計再補崇信奉飛語七上遂削籍抵定州明月店緹騎至翰曰屈原憂楚而沉汨羅死於斯尚吾今爲楚而就檻車死於陳奉何憾也旋下錦衣獄鞫治上謂論報無狀俾貫鎖守鬼柏勿縱舍翰署無惶遽色閱月上悟奉貪毒激變楚民命撫按差官伴送來京欲誅之翰曰楚民活吾可以死矣尋繫獄天啟初贈尚寶司少卿賜祭廕子入監建祠專祀詳載傳略見藝文祀鄉賢

陳紹吉萬曆乙酉舉人任保安縣知縣有惠政興學育才補給軍糧至今人猶頌之

陳王綱萬歷戊子舉人任束鹿縣知縣多仁政邑人建祠祀之調鎮安縣期年之內興利除弊境內稱治

陶登字汝高毅曾孫萬歷壬辰進士授齊東知縣八正廉平愛民恤士捐俸金三百葺學甫落成二十脫穎後起者踵相接也剔奸戢盜持法尤嚴嘗公出會有羣盜謀刼鄉官劉某聞鑼鳴輒驚遁又捕賞豪猾田思聖於法百姓手額稱神明丁內艱起補夏津縣夏津古鄃地當入衛之衢長吏久虛訟牒塡委又民苦納賦不均豪右率引復自匿而貧無尺土者責逋無所出登於冠蓋旁午之暇明允折獄案無留牘力

刷侵欺飛灑之蠹賦役稱平無何以他事解任未竟所施歸里後每貸粟解衣賙貧給之同里舉人陳紹吉卒於官妻孥歸無所依登偕友歛金五百協濟之爲詩简遠文深醞爾雅尤善作山水小景剡溪半尺篠獲者如拱璧里子弟執經義質難詳𡌶曆志曰㫟不遑一時奉爲楷模云祀鄉賢

馮乘雲萬曆拔貢揚州通判有廉能聲攝兩邑篆裁冗汰苛民咸賴之課最陞武昌同知致仕晉階奉政大夫修延庶尹居鄉溫厚恬雅勤儉如寒素里人稱之祀鄉賢

粱鑒宋例貢授南京留守左衛經歷服闋起北京長陵
衛經歷歷任十載未嘗攜家居官不亢不卑諸朝士
翕然器重之屢膺薦卓陞廣東市舶提舉司正提舉
王臣直原名聯科字聖鄰别號復丸萬歷庚子舉人任
泗州陵工木料刻日而集當道稱其能丁内艱起開
州治兵捕盜爲濬滑一帶保障公暇集諸知名士談
道賦詩閒八士隽其文曰澶淵雜著詩曰夜告亭草
工行草八分書崇禎閒書蹟傳入禁中上見之欣賞
謂筆法渾成有北人氣骨詔董金吾徵書於任所賦
詩書帛以進有孤葵惟向日寸草自知春之句先是

泰寇渡河分守道委練鄉勇爲桑梓衛人倚爲安祀鄉賢子大武崇禎庚午舉人

韓雲字景伯萬歷壬子舉人任徐州改漢中推官再起葭州藏書數萬卷法帖數千卷與相國徐元扈宗伯董思白稱文字交其於星象音韻之學無不究心詩工七言律字摹蘇玉局值流寇四起州城議築銃臺製銃數十置臺上順治六年之變雷轟霆擊守圉增壯實攸賴焉祀鄉賢

工朝麟字海閲萬歷壬子舉人性剛直恥與俗伍博學多能拳勇絶倫任陝西臨洮推官手格大豪擒之元

日昧爽緝健訟奸民抵以法境內肅然著渭源嚴剔
吏胥諸弊莅政三月百事就理陞葭州知州致仕歸
介然自守不與外事雅善書晝尤工詩祀鄉賢

陳　睦萬歷間歲貢耀州訓導以孝友聞

李宗正萬歷間歲貢太原訓導性剛方敦孝友

韓　霖字雨公號寓庵天啓辛酉舉人爲文有奇氣書
法在蘇米間年舞象從兄雲遊婁東爲傳東㳆文太
青兩先生所知黃石齋馬素修董思白諸公咸推許
焉後益嗜遊爲聚書計嘗南至金陵登鳳凰臺歷燕
子磯東覽虎邱震澤之盛汎舟南下至武林西湖訪

六橋三竺西南探匡廬遊烏龍潭觀瀑布復由淮南北上謁孔林撫手植檜前後購書極多歸築册乘樓以貯之日與及門數十人講誦不輟又嘗學兵法於徐公啓學銃法於高則聖有志用世惜未及一試遽以避寇山堡遇難君子惜焉所著見總目祀鄉賢

陶

註字惟道號東籬滋之元孫天崇間廩生少讀薛文清讀書錄慨慕其行遂徒步拜謁於祠居常讀書必閉戶端坐靜研義理後以闖亂潛居恭介公菊莊日與弟世徵講明理學同爲一代醕儒教授生徒四十餘年成就甚衆著學庸心領祀鄉賢

盧繼芳天啟間歲貢三泉鎮人領鄉兵禦賊陣亡祀鄉
賢
張國紀三林里人賈於蘇周忠介以閹禍被逮緹騎勒
索忠介金國紀倡諸賈歛緡賂緹騎得爲忠介苦也
寇亂居堡有謀揖盜者責以大義仍出已貲周之鄉
人由是獲免於難
張貞教庠生時有宗室逼居學宮欲毀墻垣以通馳路
貞教與弟名教力爭之禍幾不測白諸當事事乃平
後以貢授澠池訓導
辛　全字復元號天齊少稱神童方總角講河圖洛書

輒能驚其長老弱冠從塾師卽有志聖賢之學每讀程朱書焚香端坐錄其言行以爲法則一時有辛夫子之稱畢守道自嚴聞其名造廬訪焉南提學居益駐節州中召試明體適用策列諸生俾餼於庠尋奉安邑曹眞予爲師學益進一日於廣坐閒或言中庸無聲無臭兩無字最爲元妙全曰不如孟子父子有親五有字更加切實聞者咸頫首老儒李承賜年七十餘願北面稱弟子關中馮少墟楚中賀陽亨各以所學來質吳相國甡倪祭酒元璐路御史振飛等推挽恐後崇禎間膺貢入京師賀相國逢聖特疏聞於

朝詔以知府用全亦欲舉素所論著如衡門芹經世碩畫見諸行事未幾以內艱歸遽嬰病卒全早喪父哀毀如禮持七戒三年事嫡母愛敬兼至奉伯兄備極愉和安貧樂道終其身既沒門人私謚曰文敬所著見總目祀鄉賢

黃希聲字太音號幼髯性聰敏博涉經史崇禎壬午舉人闖亂後杜門不出益肆力於古文辭與陶視菴趙子衡李闇章党冰壑時以文章節義相切劘貌清癯耽習內典納息引氣忽一日端坐而逝所著見總目祀鄉賢

陶世徵字省思號視菴登之孫少負異才名傾流輩崇
禎閒拔貢好施予獎勸寒畯資給胥火族之貧者多
賴之會闖入絳搜括貲財世徵以宦族被逮同里數
千人俄醵金千餘兩詣闖求釋自此闔門著書每月
朔望集生徒及里巾後學於廳事口講指畫諸復不
厭嘗購書數萬卷儒先語錄蒐輯殆盡所著見總目

祀鄉賢

張雲鶴字季鴻有義勇精騎射爲周帥遇吉所知嘗有
艷婦私奔之拒不納

郝允德字甯尹崇　甲戌武進士授利民堡守備署平

陽參將轉保定遊擊督師丁起睿檄勦流寇引兵據
北山與賊將鄭五典晝夜抗敵甲申聞變後仍堅拒
誓以死徇時闖寇餘黨將陷平陽與知府張尙策吏
番戰守生擒賊將劉貴賊帥牛金星遁入秦
朱東屏崇禎甲申闖寇陷城東屏謂宗室不可以苟免
投繯死遺書几上曰天下皇皇愧無一長君恩未報
親恩難忘惟有一死以振綱常子養冲養志亦繼死
任惟清崇禎間以貢授甯平訓導端莊嚴肅時舉忠孝
節義規切諸生流寇破城死之甯平入名宦
李如柏四川嘉定州吏目陞土府工正嘉定入名宦祀

鄉賢

王日善字子好號尊生父顯吾授以易弱冠遊庠研精理學愛看喜怒哀樂前氣象九入棘闈輒報罷絕無侘傺不平之感王復九延為正心社主講闡明理學崇獎後進士以此爭附之韓雨公誌其墓謂高節似管甯雅量似師德非虛語也歿祀鄉賢于復初揚州府鹽政同知

李生光字闇章幼端方不與羣兒伍年十歲從閻隆宇受尚書年十四父歿家益窘或勸改業光曰懌堂上之慈而慰地下之嚴惟此青燈殘帙耳後聞辛復元

講道河汾負笈就弟子列常著崇禎闢邪等篇學者
多傳誦之所著見總目祀鄉賢
張四端崇禎間歲貢安邱知縣有政聲祀名宦
國朝
王復初字心一號雲將少從父曰善得爲學大指已復
私淑其鄉辛復元不爲剽掠之學由拔貢中順天戊
子副榜授古田知縣以嚴行恕吏民奉法惟謹遷揚
州府鹽政同知伸許生之冤讀鄒吏之妻政聲藉甚
致仕歸闢嚴正齋曰與党氷壑王君棟闡明性學不
與外事十舉鄉飲大賓

孫錫齡字遵仰號和菴順治辛卯舉人壬辰進士授宣府推官宣俗剽悍輕犯法有手刃其嫂誣他人者廉得之抵以法又有緣逃人株累者冀以賄免斥之曰枉安用賄不枉又安用賄按之果枉徑釋之以卓異遷監察御史首請纂修孝經衍義丁艱文武官宣解任守制又請革行戶以除商害禁私派以蘇民困巡陝西茶馬請申印烙之制巡長蘆鹽請豁積欠以引配鹽使豪強不得牟利尋掌河南道累遷通政司左參議以疾歸嘗迎族兄女於江南俾無至顛沛韓爾公歿而葉落妻至不能掩土亟賻以葬之

常貞吉字豫二順治辛卯舉人任福建長泰縣以廉能
膺卓異耿逆之變力拒僞職歸里講學著[illegible]
李承賜字巳夫號肖溪庠生少事安邑曹眞予秦中爲
少墟兩先生安貧積學老而彌篤年七十聞辛復元
名辛年纔三十師事惟謹卒年八十有八
馬起雲字仲常庠生讀書懷古抱道自守子中捷舉人
安遠知縣
王　桓字岩棟運學生性醕厚敦實行所著見總目
李翀霄字息六拔貢官國史院撰文中書會　敬謹親
王以大將軍征湖南參贊軍前規畫多中機宜釋纍

婦一百三十八委署衡永郴道副使遷上荊南道副使將軍率甲士來鎮抗言令駐城外五日內築營房八千有奇兵戢而民不擾遷江甯兵備道海寇軼鳩茲春穀狆霄時署右藩先檄守江浦令城中各杜門乃偕郎總制梁提督謀潛師長千伏白下龍江之間夜出正兵夜斫賊營而自率吏卒撾金鼓賊驚起伏發踐殺殆盡遷四川按察使兵後株連繫獄者三百人力爲平反殲渠魁三人餘胥釋請告陝西茶馬累以蘇蜀民遷江西布政使鈐藩印簿二儲州縣各執其一執簿兌驗吏胥皆拱手後以微愆去事白候補

遂徜徉林泉以終子世仁仕至廣西左江道祀鄉賢

馮繼祖字昭武貢生授榆次訓導刋弆經說約諸錄徧給諸生諄諄以道義相期勉凡束脩來者收而籍之用以修葺廟學施給單寒改平定訓導課亦如之累舉鄉飲大賓所著見總目

王懋官字克廣順治戊戌進士授歸德府推官有膽識己丑庚寅間土寇竊發偕同知徐延議城守事城獲全及涖理刑案牘山積剖决如流胥吏無敢舞文者尤諳商畧文事二載以疾歸士民懷之祀鄉賢

王士俊字龍任少以武勇著順治初餘寇未殄郡同知

徐公祚煥委練鄉兵單騎入賊壘招撫賊賊脅俊降俊不屈遂遇害

陳顯宇慷慨有志節明大義自幼善泅水順治六年土寇圍州城顯宇不避艱險從水門出潛汾水中行數十里往平陽請兵殺賊城賴以安

閻調鼎字伯梅順治己亥進士任江南推官清正廉明政績丕著裁缺歸里披覽典籍後學多所造就焉

張鳳翼字大翔順治丁酉經魁任保德州學正捐俸修廟學陞延長令潔己愛物吏畏民懷

趙世福字魯齋順治丁酉舉人任沁州學正遷星

子知縣兼管南康九江二衛屯田事務均差役修城
垣嚴禁溺女月課白鹿洞書院諸生廩給之
李璿字玉衡順治辛丑武進士授專城守備遷汀州
右營守備時有掠人婦女監諸空室者璿多方保釋
諭其家使各引還居民皆感其義
閻如玠字錫侯康熙癸卯舉人庚戌進士授廣東徐聞
令以廉能課最陞邳州知州所著見總目
許啟芳字馨如康熙庚戌武進士授天津衛屯田守備
陞沿河參將歷甘肅撫標左營副將捐俸修文廟設
義學延師訓課士風以振歲荒申請賑恤減賦緩征

乙酉從征噶爾丹報捷叙功第一去之日士民泣送
不絕

楊作禎字翰臣號端齋幼從父園肆業於姑射山讀孝
經始於事親終於事君遂感激曰士君子立身要必
從此着脚康熙壬子解元丙辰進士歷官右春坊右
贊善淡泊自甘公餘杜門誦讀不妄交無私謁任事
剛決不阿權貴纂修工部會典承
命閱批遼金二史校正資治通鑑俱稱職己未會試分闈
公明服人里居時置學田以贍貧士立社倉以卹鄉
族桑梓賴之祀鄉賢

吳道煥字允公康熙己未進士少孤事母孝家貧好學與兄道昌相師友任貴筑知縣革積獘判疑獄歷戸部督寶泉局淸操如故尋遷員外

李復泌字則叶康熙壬戌進士翰林庶吉士檢討轉行人司行人精研經史宏雅淵博羣推一時宗匠歸里後裒輯儒先著述名曰六經考歲戊子平陽劉郡守延修府志稱其學有原本云

欽賜緞疋文

御書朱子詩賜之閻喜張拗齊誌其墓

張念祖恩貢貞教之孫性至孝授建甯通判廉明公正

時耿逆牙將喬正庫踞建用恣雎尤甚因治博徒而杖其僕正庫訢逆藩念祖曰藩下列不得居境外正庫胡爲在吾土竟不爲屈

党成字憲公世居城北山崖下近明藩藏氷地因號氷壑幼即有志聖賢之學村居鍵戸日誦濂洛關閩諸書以身體之家甚貧取與不苟嘗爲賈舍人荆生作齋辭援周元公程正公説無巵辭好爲人辨朱陸異同探本窮歸毫釐千里如錐劃沙著學庸淡言日知若干種識者謂可擬讀書錄魏大司寇環極閲其名書三至卒不答魏亦高之年將髦貧益甚讀書好

古泊如也卒後州守碑其墓

段炳然字七襄幼失怙事祖母繼母以孝聞捐田一成積穀備賑由例貢授泉州通判值靖逆海寇之變大軍雲集轉餉無滯賊平以軍功陞大理寺寺副因兩世親老乞終養歸建文式書院延進士閻調鼎主講成就尤衆祀鄉賢

李凝祚字亦聖歲貢任壽陽訓導克勤師職遷昌黎知縣民愛戴之解組歸行李蕭然色養二親友愛兄弟闢別墅爲義塾集里中貧子弟躬訓課焉

康善述廪貢任太谷教諭遷廣東陽春知縣陞磁州歷

建甯同知當道以廉能薦因病告歸

王兆鷳歲貢性剛方一介不苟年八十猶授徒不倦多所成就所著見總目

王　瓛字始旦武庠生好讀書體味儒先語錄著述頗富學憲以正儒獎之

梁萬方字統一號廣菴幼嗜學年十五童試冠一軍旋謝去舉子業師事党冰壑潛究濂洛關閩宗旨嘗手錄道統淵源闡明正學又增訂朱子儀禮經傳通解雍正間三禮館纂修檄取之以備參考先是絳遭水患萬方謹奉母跬步不離後侍母疾衣不解帶者六

載如一日其他出粟賑荒設義塾施橋板凡濟人利物之舉枚數不盡焉祀鄉賢

李世仁字育菴號霄子襲父廕肄業成均例授刑部主事善決疑獄轉本部員外尋陞郎中凡鞫讞條奏俱手裁不假胥吏尚書圖公倚重之以疾歸起補廣西左江道左江地廣俗悍稱難治世仁振綱肅紀邊民帖然嗣以病乞假歸卒年六十有七所著見總目

李毓秀字子潛國學注選縣丞從党冰壑遊幾二十年守師說不敢變尤研精學庸或問諸書嘗曰西銘太極相爲表裏西銘言其當然太極言其所以然西銘

猶大學太極猶中庸也晚而講易敦復齋聽者屨滿
戶外太平王御史與會往復質疑極傾倒焉年八十
三卒
王　樸字子郁庠生專精性理諸書其學一以誠實敦
篤爲主時與李子潛曹元美曲沃賈荆生鄠縣王豐
川太甯曹陶菴共相商確曹手書迂齋二字遺之因
自號曰迂叟所著見總目
段　璠祀鄉賢事蹟失考
段　璣祀鄉賢事蹟失考
張丕猷字允升號屏翰康熙辛未武進士授蘭州衛守

備時用兵哈密兼值歲荒詶劑轉運心力俱勞有聯云常念民間疾苦須要爲父母者替他周旋莫忌自已身家當思做秀才時甘我淡泊因逸盜罣誤軍民各詣院憲保留例弗許衆哀籲益力數日不散乃允俟賑荒運餉事竣解任次年歸泣送如失父母亘數百里里居杜門謝客惟與二三知已賦詩論古徜徉以終焉

許履亨字殿枝幼隨伯父啟芳陝西任習韜畧勇力絕人中康熙乙未探花選一等侍衛扈從至熱河暴卒識者惜之

梁萬稷字翼菴庠生雍正丁未舉賢良方正授衡水知縣拯水災濬積逋遷天津通判陞承德直隸州決判如流先是州有截殺重案眞盜逸不獲誣指董偉董秀坐大辟萬稷廉其寃遽釋之歷定州陞廣西太平知府

人物下

志之有人物所以揚前徽示後型也必德功言確有可據而後論世者無遺議焉絳自辛復元先生繼薛文清而起倡明程朱之學以窮理居敬爲薪傳嗣後党冰壑李子潛及門私淑代不乏人魏環極先生所以稱絳州爲理學之藪也今雖流風稍衰矣而讀書好脩之士往往潛心體驗徵諸踐履故此篇之採近於立德者居多必終身無玷鄉邦交學者雖不敢遽許爲聖賢之徒亦自無愧於完人之目一切門戶標榜情面遷就之私力爲洗滌

後之人尚其景仰舊典求附姓名於先喆庶亦培

風振俗之一端哉

文養蒙字正之義泉莊人崇禎己卯選拔尋中副車辛

復元先生之高弟也工吟詠善書畫雖未出仕嘗以

天下爲己任甲申之變先生日夜號泣憤不欲生因

其父諭年逾九旬未能決捨迫我　朝定鼎先生更

號絳衲居士與父隱居九原山深壑中鑿崖爲洞顏

曰天地窩蓋取別有天地之義與太原傅青主西河

王子堅往來贈答時人[illegible]青主有惜正之老

友不遇詩太平進士劉贄評云士不講操守則語默

出處全無是處余去正之居二十餘里慕其風久矣讀此詩葢爲神往先生所著多不留稿後人集其詩文數十首行於世

曹仁號惕齋北南社人康熙乙酉舉人其學本謝上蔡克己須從性偏難克處克將去以之淑己卽以之教人壬寅歲歉家實不給而多方賑濟不屑自謀嘗語人曰吾絳自党永齋後惟李子潛倡明絶學子潛亦雅重之有贈詩云孝行真堪師百世廉名不愧著千秋人謂定評所著有三要續錄易學心功偶得記

郝增漢字公甫裴莊人家貧力作以養親性嗜學雖隴

耕之暇口不絕吟晚年師党冰壑純靜專篤不苟言笑尤精數學步算天文析及毫杪著廣小兒語以訓世

張景哲字旣明澤掌莊人制行醕謹入庠後卽謝舉子業惟嗜宋五先生書時深廣菴增訂朱子儀禮經傳通解知先生邃於儒先註疏有疑難輒走伻函商書成先生與有力焉歿後鄉人醵金樹碑誌其學行

謝丕振字光宗號蓮仙林南里南社人少聰慧博學好古尤嗜洛閩微言偶有心得輒手錄之晝之所爲夜必記用自勸懲嘗拮据代族子畢婚爲本支置義田

儲辦公務晚年以恩貢司教平遥華除陋規録居官三要以自警輯蘇湖教法以範多士訂稽德考學二簿以察優劣作孝弟忠信禮義廉恥詩及勉學吟鐫石垂訓言温氣和輒能因人而導於善以故賢愚皆敬之歿後閻恒齋先生爲之立傳所著河汾淵源歷載理學正脈考訂精詳其餘著作甚富詳總目

姚吉士字德常龍泉莊人增生體父母愛讀書心克白攻苦師事李子潛先生篤志力行手抄諸儒先語録沈潛玩索不少懈著洗心謹言治躁三銘以自省事親能得歡心雖家計窘迫親常以有子爲樂比歿殯

葬不事浮屠不牽習俗終三年喪不飲酒食肉友愛
兩弟多方培養均克成立教人以小學近思錄童蒙
須知爲本當時以經師人師稱之平居布衣整潔端
坐如塑雖暗室亦無攲側態及歿閻子縝誄曰性甘
寒潔希冰壑理析毫芒步子潛人以爲知言云所著
見總目

閻廷玠字子縝號恒齋閻家莊人家貧力學能文章嫻
吟詠尤篤嗜理學師事李子潛先生得覚冰壑手錄
學蔀通辨一書識力大定完養愈醕雍正壬子鄉試
策問朱陸異同先生條對詳明遂登賢書官甯武教

諭晚年致仕主講東雍其學與教一以考亭主敬之說爲宗力敦實行而尤以衞道爲己任嘗刊布薛文清公讀書錄李閣章儒教辨正錄以崇正學而黜異說相國陳文勤公手書河汾正派扁贈之著有遵峯詩文集

張書聖字睿公蘇村人生有異資從師受讀卽能得古人意父病後澀以口吸之無難色時本郡閻子縝稷邑閻君含講明正學睿公一友之一師之躬行實踐不爲空談親歿秋霜春露愼重祭祀喜讀朱子資治通鑑綱目謂温公德勝才勝等語當熟思錄柏廬家

訓於屏示世世遵守易簀時遺命喪葬勿用樂尤以兄寬弟忍無聽婦言爲諄諄生平粗衣糲食而輸粟救荒者三其他興社學脩道路繕橋梁種種義舉指不勝屈

王捷掄字聯陞陽王南頭人乾隆乙酉舉人性耿介不喜浮華歷任涿州遵化州州判樸素自持毫無苟取致仕歸淸廉聲稱至今頌之

來希孔字子庸號誠菴北行莊人幼承庭訓發憤讀書頗有實獲入庠後設教本莊標誠敬二字爲讀書之要時時提醒弗置先教以小學次授以四書經史勤

勤懇懇務與心解而力行之家教尚嚴門內從無嬉笑詬誶聲喪葬不延浮屠會葬者供以素食不用酒肉其從禮不從俗類如此

黃洽字融之號鏡堂周莊人由翰林官湖南衡州府權衡永郴桂道其初之衡也僕從二三人隨帶小箱一具或訝之曰豪侈者必貪吾以清其源也嘉慶庚午秋闈監試內簾關防嚴密積弊一清時有副考官家丁干求不遂乘閒行刺傷其臂不稍動試竣奏聞置諸法由是直聲益著官衡五載潔己率下力裁一切陋規復倡建石鼓書院及青草橋士民戴之歿後輿

櫬旋里鄉民泣送者自衡抵長沙不絕於道

吳峨峰字壯川歲貢蘇陽莊人事親孝友于兄弟晚年謝舉子業專心於濂洛關閩之書嘗語人曰士君子讀聖賢書當知正心誠意安可徒事口耳間乎

王怡桂安里人稟貢生陵川縣教諭以父病乞假歸侍奉逾年略無倦色及卒哀毀骨立終三年喪不出里門有欠債者貧不能養母公知之焚其券復周以財其人感泣卒以孝聞性狷介寡言笑屏居一室終日危坐人或譏其拙不與辨也嘉慶元年公舉孝廉方正

趙學曾字省三南行莊人家貧嗜學喜爲排解往往得
其一言而爭立息所居在村西人僉稱爲西頭先生
鄰有不肖子爲人所執皇然日責罰惟命乞勿令西
頭先生知否則惟有死耳衆釋之遂改行爲善
郝天年字愼終號敬齋韓家莊人早失怙事母至孝及
母喪葬祭一本家禮少貧無力從師每過鄉塾竊聽
歸輒成誦稍長貿易蘭皋日攜一册暇則潛心誦讀
年五十九從省齋王先生遊悟居敬之旨因以爲號
每日正衣冠危坐闤闠中無貴賤賢愚咸以郝夫子
稱之生平喜喫虧而不肯置人於不義嘗言喫虧亦

須學也其體察如此有鄉人爲債廹幾死慨然以五百金助之晚年敦睦鄉族建義學置祭田朔望集鄉人講　聖諭前後捐貲不勝舉州牧重其人報充奎文閣典籍鄉飲介賓未成禮而卒

潘貢疇號潄石字錫九店頭人六歲失怙孝養厥母稍長從師遠學每歲時必歸省舉嘉慶丙子孝廉大挑知縣以母疾不就母歿服闋補山東安邱縣清廉有政聲捕蝗尤力民賴以安聞絳重脩文廟卽遣使捐二百金並寓書執事曰昔爲貧而仕今仕而仍貧命也後以年老被議杜侍郎翻曰潄石爲國爲民實心

任事今年老鐫職山東從茲無廉吏矣生平著述甚富家貧無子遂以殉葬今僅傳草書辨似輯略

喬佐洲字子瀛號仙舫世居城內孝義坊家雖素封不染紈袴習幼有大志弱冠失怙遂廢學以捐賑

恩賜舉人援例得兵部武選司員外郎又籌餉例晉戶部正郎時宇內承平士大夫多正人君適丁其盛與田季高京兆祁壽陽相國彭荷村比部賈亮才鴻臚暨同鄉郝夢山孝廉送抱推襟極風流壇坫之樂歸田後訓子孫以讀書近正人爲要曰此成敗盛衰之關也校刻党冰壑先生全書及王定九所纂六字

箴言以示嚮往生平無他好彈琴摹帖老而愈工卒年六十二

王爾中字子履東林陀人道光壬辰科經魁父歿六月始生飲食教誨一賴母力性聰敏授經輒能成誦爲諸生時應湖北學使之聘一夕夢母心動遽辭歸壬辰秋試後聞母病晝夜冒雨反至家母已歿一慟幾絕數日捷音至更慟哭嗚咽恨不逮母之存也歷主本州鄉甯平陸講席士風丕振當時牧令非公事莫睹其面晚年妻子俱逝貧益甚其友毛斌甫爲捐教諭終不赴任

閻敏行字遜堂東韓梁人性沈厚自幼勤於學博覽羣
書尤嗜讀周易小學性理大全從學者先令讀小學
全書不能全讀者編小學十則以授之故出其門者
士多謹飭以歲貢署吉州學正捐俸補脩文廟東西
廡神位及祭器吉州諸生至今稱之
郝臺魁字夢山號杏園婁莊人名與字悉孕時夢兆也
性方謹學問淹雅雖家常弗給絕口不言有無嘉慶
辛未　睿皇帝巡幸五臺以諸生　召試
欽取舉人歷官沁水太原等縣訓導與相國祁文
端公爲文章道義之交嘗襄理　南書房筆墨並繕

御製詩餘集數蒙　恩賚晚年主講宏運書
院著有安遇堂詩文集
吳蔚字靜菴蘇陽莊人性嗜書手不釋卷婚葬諸事胥
依朱子家禮暇輒講孝經衍義以訓家人幼失怙恃
未獲躬親侍養長始克葬結廬墓旁每飯必奠涕泣
將之
郝步雲字龍友世居婁莊以孝謹聞食餼後文名藉甚
而淡泊自如未嘗輕履城市州牧甚敬之再三延請
終不一至公門也設教本莊遠方多來學者嘗語之
曰士先品行不得以工制藝長吟詠遂自謂上等人

物故成就者咸知砥礪至今稱其教術焉

王世俊字秀軒歲貢本城人家貧力學失怙後舌耕養母母失明奉事周至以孝聞性剛直人不敢干以私雖居城內曾無一字竿牘故州牧呂公重其爲人嘗以方正稱之絳俗奢靡感世俊儉樸之風紈袴膏粱稍斂抑焉設帳四十餘年教尙嚴成就甚衆卒年七十有八

張其籍字玉書吉莊人監生少事繼母以孝聞道光己酉脩學宮其籍綜理勤愼州人信重之絳有舊書院係前明王府故業西人據爲教堂者也雍正間逐其

人而建爲書院咸豐季年中外議和部檄還西人故地其籍傷心感奮以學宮餘金購地基於貢院之東鳩工庀材規制大備是爲城内東雍書院生平見義必爲類如此舉鄉飲介賓卒年七十有七

葉長春字仙圃木贊莊人淡泊寡營不理生業辛巳領薦後屢館大姓課徒之暇即涉獵羣書不一問門外事有以疑難質者輒指示源委工草書求者踵相接當時牧令亦多珍其筆蹟先生雖無不應而重知自愛四十餘年未嘗一入公門也

馬騰蛟字海峯周莊人歲貢幼入塾即不與羣兒伍弱

冠時得嘔血疾恐貽父母憂醫藥調養父母不知也
設帳本莊遠方來學者甚衆嘗戒之曰人生奉父母
遺體虛度歲月爲天地一棄物即爲家庭不肖子以
故成就多端人生平謹嚴自守不依門戸不逐聲華
士林咸矜式焉其學博文高特餘事耳
郝名高號厚菴別號耐菴婁莊人廩貢生積學明理尤
得力於靜卒年八十有三嘗曰仁者壽靜者壽默者
壽拙者壽殆良道其所得云著有復初錄壹知齋記
趙國璧號愼修學曾子性謙抑從不作一自矜語或有
犯亦弗校也入庠後授徒本莊歲恒數十人皆食脫

粟飯有巨富子來學其父請朔望肉食答曰讀書非謀食也如不能安淡泊請自便後遂無復言者講學以敦品爲先課藝以晰理爲要絶不染世俗輕浮習嘗曰敏捷非眞才好學乃眞才也學憲按臨試輒優等丙寅歲貢癸酉舉於鄉主講鄂永書院課程一如家塾或半載一歸或竟年始歸成就乃盍衆卒年六旬有七

山西文華·史料編

直隸絳州志

清光緒版　第三册

卷十二至卷十五

清　張于鑄◎纂修

《山西文華》編纂委員會　編

山西出版傳媒集團
三晋出版社

山西文集

直隸絳州志卷之十二

孝義

周

申生晉獻公世子獻公誤信驪姬讒將殺之公子重耳謂之曰子盍言子之志於公乎世子曰不可君安驪姬是我傷公之心也曰然則盍行乎世子曰不可君謂我欲弒君也天下豈有無父之國哉吾何行如之使人辭於狐突曰申生有罪不念伯氏之言也以至於死申生不敢愛其死雖然吾君老矣國家多難伯氏不出而圖吾君伯氏苟出而圖吾君申生受賜

而死再拜稽首乃卒

靈輙爲翳桑之餓人晉趙宣子田見而食之舍其半問之曰臣游宦三年矣未知母之存否今近焉請以遺之使盡之而爲之簞食與肉寘諸橐以與之旣而晉侯欲殺宣子飲之酒伏甲將攻之輙與爲公介倒戟以禦公徒而免之問何故對曰臣翳桑之餓夫也昔蒙公惠故報之問其居名不告今城北八里有哺餓坂靈輙廟在

鉏麑晉力士晉靈公使賊趙盾晨往寢門闢矣盛服將朝尙早坐而假寐麑退而嘆曰不忘恭敬民之主

也賊民之主不忠棄君之命不信有一於此不如死
也觸槐而死
提彌明晉卿趙盾之右靈公飲盾酒伏甲將攻之明知
之趨登曰臣侍君宴過三爵非禮也遂扶以下公嗾
獒明搏而殺之鬭且出明死之盾獲出奔
公孫杵臼晉大夫趙朔客屠岸賈滅朔族朔婦匿宮中
生男屠岸賈索之急杵臼與其友程嬰取他兒衣以
文葆匿山中程嬰謬告諸將攻之杵臼謬抱兒呼曰
天乎趙氏孤兒何罪請活之獨殺杵臼可也不許遂
殺杵臼與孤兒後眞孤趙武出復故位爲之祭邑春

秋祀之

程　嬰晉大夫趙朔客朔被殺與友公孫杵臼謀匿朔子山中居十五年晉景公問趙後韓厥以實告乃召趙武程嬰復田邑及趙武冠乃辭曰昔我非不能死我思立趙氏之後今旣立我將下報趙宣孟與公孫杵臼武啼泣固請嬰曰不可杵臼以我爲能成事故先我死今我不報是以我事爲不成遂自殺趙武服齊衰三年爲之祭邑春秋祀之

北魏

吳悉達兄弟三人俱幼父母爲人所殺號慕感動鄉隣

及長爲報仇避地永安兄弟同居四十餘年讓逸競勞閨門和睦鄉人孤窘者輒解衣輟糧濟之鄉閭五百餘人詣州請刺史表贈其父渤海太守後圖改葬失父舊墓所晝夜哭禱於神出行所履地忽陷得父銘記因遷葬宗祖以下三世九喪哀毁如初有司奏聞旌其閭

北周

梁　愼九歲善文辭天性至孝授洛川曲周縣主簿親沒泣血設影供養出告入面不異生時墓側結廬負上益冢時有鳩翔醴泉之瑞絳州刺史孟說奏狀勅

下旌表其門弟九思甫能言即知孝親敬長後以孝弟徵岢嵐州錄事參軍操履清潔尋引退晨昏事父母遺像有如生日

唐

趙師舉父爲人殺師舉幼母改嫁仇家師舉長晝爲人傭夜讀書久之手殺仇人詣官自陳高宗嘉其孝赦之

義橋孝子嘗成橋於稷山縣南汾水上三十喪父母五十猶衰麻鄉黨捨氏不名貴之也

元

呂祎字伯通晉安人至正二十六年城破有卒入室擒其母索貲不得揮刀欲砍之祎急以身蔽母奪其刃指盡落傷仆地良久而甦開目視母曰母幸無恙死可無恨遂瞑而死

姚好智居喪廬墓元史孝友傳作子智

明

陳璽父恕任貴州參議卒於官璽扶櫬歸廬墓終喪天順閒旌表充貢入監任隆慶州判官

陶治字時泰號石橋琰次子以父廕官兩浙運司同知親老不願仕進父促之謁選授右軍都督府都事

未幾乞終養歸承顔順志左右無方親疾躬侍湯藥
百方醫禱親没哀毁骨立廬墓終喪庭產瑞芝咸謂
孝思所感云

張

櫬益字伯謙父聰卒於延益扶櫬歸逆旅主人不納
櫬益依櫬露處風雨驟至不移也季弟增毆人誤至
死益念弟未舉子爲代其罪會赦得釋生平不染聲
色人號爲無塵翁子本慶陽府教授孫與行重慶府
知府姚江史太史表其墓

鄭

恩正統六年歲大飢出粟千石以賑郡守上其事
奉勅旌獎

王貢三林人有義聲三林河堤圮衆推貢督修貢任勞盡瘁不閱月工完至今賴之兩薦賓筵壽九十九八稱百歲翁云

許河例貢鴻臚寺序班萬歷十四年飢河偕族人許敦實各出百金助賑城南渡汾官橋歲用民力時修時圮河捐貲創建浮橋濟者稱便

梁范字式菴例授太醫院吏目敦信義好施予董修學宮捐置義田聞喜三泉等莊嘗負租數百石貸錢數百緡范憐其貧悉爲焚券里人稱之

梁蒞同里舉人陳紹吉除保安知縣未幾卒妻子扶

櫬歸煢煢無告蒞倡里人張與行陶登陳紹信梁范等各出百金或五十金協濟之紹吉妻子朝夕得贍焉萬歷二十一年本州判官汪卒蒞具棺以殮人稱篤行云有推贈

侯裕福大聶里民父懷玉病危號泣絕食籲天求代父病以愈尋被牛觝腸出氣絕隣人納而縫之遂甦時謂孝感事母張尤謹母卒與弟裕祿哀毀廬墓門旁枯井生甘泉嘗收養遺孤辛成金范長命撫之完娶回籍又拾還李晉臣遺金晉臣欲割其半以謝卻不受上憲旌之

孫統字仰東桂林坊人魁偉有材幹未裁峻整燕居獨處必正衣冠而坐慷慨好義排難解紛里人多賴之萬歷中居秦之三原邑人貸五十金如約以償乃卮酒款迎曰吾藉此爲母歲權子以仰事俯畜然義不可負吾舉家自此無生路矣言已泣下統慨然不受其償而焚券爲會秦大飢捐金以賑道殣相望市蓆斂埋之有推贈

韓傑字漢卿例貢鴻臚寺序班業賈遊吳越胸次灑落綽有風致宗族貧者建義宅以處之生養死葬悉贍焉戚友稱之多方賑助捐金修學爲諸生倡生平

所積以仗義散盡家無宿舂不悋也年五十二卒祀
鄉賢

楊培基例貢光祿寺署丞好善樂施捐貲修城修學

辛思恭萬歷閒年飢出粟五十石以賑上憲旌其義

韓育中字統元萬歷丙午鄉魁幼失怙家貧勤學事祖
以孝聞督學周公繼昌檄旌之

王宏先字孝从南社人幼聰慧七歲能文十二補弟子
員旋食餼好學不倦淹貫經史事母孝母疾侍湯藥
彌月不解帶母沒勺漿不入口竟以哀毀致疾易簀
時猶衣衰絰云撫憲蔡公懋德檄旌之題其墓

衛聚德王村人樂善好施族人貧不能辦徭役聚德捐置義田歲收租代完之又廣具棺以給貧不能殯者撫憲曹公爾正旌其門曰惠睦

來　童年十四家貧傭工於梁崇禎初大荒絳人飢死者壕坎皆滿童父死坎中歸求父屍不能獲號泣三日不食死

段時盛母病噎服藥罔效時盛徧求醫或云股肉可療乃割股和麪以進母遂愈

陶天長割股療親疾見平陽府舊志

梁從高庠生嫡母得咯血疾醫不治乃與兄應高各割

臂肉一片煎藥奉母病遂愈人稱梁氏雙孝

陶　都字允諧琖裔孫幼失怙事祖師孟甚孝祖病醫藥罔效都截指瀝血書哀詞禱於神祖遂愈平生好義樂施賙人之急各憲俱旌之

馮　經字九有庠生母病割股和藥以進母遂愈上憲旌之

李國定庠生事親備極孝養親沒每飯供饌如生存上憲旌之

李思誠庠生崇禎歲屢飢兄弟三人尊母命捐二百金以賑奉勅旌其門曰賢母義方

孫枝妍庠生甲申之變賊入城執其父括餉枝妍紿賊釋父奉貲父得脫賊索貲不獲挺刃交加創甚悶日死

韓無斁庠生崇　禎末舉家避稷山後淵頭堡内夜半賊入堡執其父人皆踰堡以去無斁曰父被執焉去之遂與弟無期偕死難

楊　櫝丁村人捐置義學延塾師訓童蒙置沃產十五畝課租入爲館餼王大令震亨有碑記又捐資百金歲權子母爲族人丁徭之費

張　琛北平原人性至孝父篤疾百方醫禱無效晨夕

顧天願相隨地下奉事竟先父没之二日死

段世雲字祥吾好善樂施嘗於渡汾浮橋捐板百葉每年給水手工食銀十四兩四錢子文錦繼之姪孫炳然復捐板百葉人推世德有推贈

吳思聰勤儉治生好施濟崇禎間歲頻飢出粟二百石以賑又廣市薦以瘞委骸壽孫大奎孫枝競秀人稱積善之報云

趙紘號溪翁賈西甯嘗收木棉數萬斤鬻於市儈潛輕其衡紘偵覺折衡逐儈歲歉出粟減價以糶貧不能償者盡蠲之有客郭世奇遺黃金數斤紘拾諸邸

合訪其人還之孫桐癸丑進士

張眞字子純少時賈於秦上郡有儈行乞眞每推食食之久而不厭儈行出錢萬緡以報眞辭不受南遊雲間晨瀉盥水於地地覺隙中受水甚虛怪發之有錢一甖亟掩之其不倖非分之獲類如此生平以孝弟著聞鄉黨重之有推贈

陶祐字吉甫幼積學精於醫活人甚衆人有緩急輒傾所有應之貧不能償者焚其劵子登壬辰進士

段世慶字光緒庠生性孝友尚義樂施崇禎閒歲大祲輸粟煮粥以賑後疫作施藥以療病者又廣置棺以

給貧不能殯者闖寇入城聞其仁孝免追餉祀鄉賢

陳鎮明字潛夫好讀書隱於商遇貧乏者力周給之嘗

著復性語以自娛

衞登强性好義歲歉族人貧不能辦糧登强乃罄力田

所積金代納焉一相者曰君相乏嗣然有陰隲紋五

十後當舉子果驗

康丕承倒貢闖寇拘兄丕顯拷餉丕承挺身代兄受刑

無怨師吳某夫婦年老無依養生送死皆賴之崇禎

辛巳歲大飢賑粥施藥全活甚衆嘗捐修學宮並城

上炮臺城南石堤官渡亦頻施橋板焉祀鄉賢

張俊民字子英例授庫大使隆經歷崇禎間歲大饑俊民出粟爲富紳倡煮粥以賑多所全活

趙熠庠生性正直排解息爭有功水利鄉人感之

趙燿字明宇歲貢授平遥縣教諭崇禎間流寇將入晉燿糾鎮人築城堡練鄉勇以禦寇復建堡於五龍岡寇至鎮人依堡以免

王成中社人爲軍戶指揮有幹畧引鼓堆泉水溉三林丘築堰開渠殫厥心力居民永賴

國朝

王家琮庠生居鄉以公正稱里人有隙片言平其爭各

悅服去明季郡縣舉報富民上官往來供應驛騷富民恒苦之家琮力陳諸州守遂永革

楊本篤字作舟庠生順治初土寇攻城從同知徐祚煥守城火藥適匱丞覓硝濟之寇乃遁城獲完城東南最下頻受水患本篤捐金悉力多方疏鑿沮洳乃去事祖父母父母以孝聞郡守旌之有旌贈

李柰字國珍年十四郡守李文潔辟爲掾執事謹恪李深器之臨行語曰可將論語小學熟讀玩味存心行事一一倣效不可甘爲人下以柰所生柰祇受惟謹歷事數守凡地方利弊當興革者必力贊之鄉黨

陰受其福云

李堯民字順則慷慨好義歲洊飢里人皆束手待斃堯民各周給之咸賴存活次孫復泌康熙壬戌翰林有推贈

李憲可字叶吉號維則堯民子幼聰敏孝友篤學年十二遊庠弱冠食餼親沒哀毁勺漿不下咽蔬食終喪胞弟際可出繼叔氏仍以巳業分給之皓首窮經著有經正錄格言偶記乙卯貢卒子復泌壬戌進士復沆辛未武進士復濤歲貢陽曲縣訓導有推贈

楊鐸事繼母以孝聞繼母弟三人極盡友愛撫姪若

子歲壬申大饑捐貲賑濟子震成甯鄉縣教諭

陳士元字善長庠生工詩文事繼母馮氏孝養備至

馬雲騰庠生事母盡孝出粟賑饑

李模字聖木家貧勤學手不釋卷孝事繼母友愛兄

弟無閒言

薛朝宰四歲失怙事母孝兄嫂早亡撫姪猶子

董自秀號近泉性好學老而彌篤事親極孝養里隣貧

乏者資給之

梁體復事母孝妻馬氏奉姑尤謹幼弟孤姪皆教之成

立

謝浩字文淵父聰生子四浩居長父卒浩撫訓諸弟恩寬嚴並至請弟率教惟謹常賙人之急貧無償者焚其券鄉黨稱之弟儒爲郡椽屢代里人完逋賦名亞於浩

謝君詔字榮宸早失怙祖寢疾不起君詔方幼躬侍湯藥衣不解帶者數十日比長喜讀書坐卧斗室披覽羣籍丰神瀟洒望之若仙

趙世科事父母及繼母皆克盡孝道見平陽府舊志

張懋修幼業儒父命充府掾公暇讀書不少輟守聞而異之令卒業遂遊庠性篤孝父卒繼母雷氏遇之寡

恩意少不慊輒杖責冬跽積雪中母不命之起不敢
起聞者稱之里中稱貸者券盈篋嘗於元旦盡焚之
侯居才年七歲隨祖母張氏入山避寇張誤墜山谷居
才環崖號泣側身滚崖下抱祖母卧越兩晝夜餓垂
斃家人尋救獲甦娶張氏夫婦克盡孝養母米氏壽
九十七孫爵丙子舉人
李世和父沒於蜀徒步走千里求父骸遇舊役車起年
七十餘指槀葬處因扶柩歸
李顯祚字仲奕國學生性仁孝父疾不遠百里延醫調
治因益究心岐黄遺病製方用輒效

姚日章字君實孝友好義
翟志廣好義樂施年登百歲
梁瑶出粟賑飢
耿惟哲出粟賑飢有推贈
吳偉字巨卿庠生歲荒煮粥賑飢建義學置學田又
嘗捐田爲族丁徭之費
郝啟與弟升率婦事嫂賈氏能敬且和子孫五世同
居
閻守端字小泉父大江樂善好施生七子瑞居長性剛
方以孝友訓家家規嚴肅一錢尺布不入私室弟守

敘等敬之如父學憲旌之

儀兆義字天一性孝友與弟兆祥析居仍以已產分給之教養二姪胥成立州人李某嘗稱貸米償遇於道涕泣言數日不舉火憐其貧更賜之又嘗焚逋券七百餘金年八十七無病

閻雋字君美喜讀書事親孝嚴訓諸子務正學俱成名嘗倡建宋五子祠立嚶鳴社垂沒猶區畫祠倉且以屬其子學憲州守俱旌之

任宗⿰口步少以舅党冰壑爲師家貧事繼母甚孝修脯所入悉以供母冰壑雅重之

衛宜信字爾伸歲貢生讀書不事口耳志在力行家貧孝養父母甘旨不少缺居喪盡哀三年不入內嘗於稷山縣道上建茶亭行旅便之

黃以靜事親克孝蒙　旌建坊

張以奇字仲常幼失怙祖母與母貧無以養弱冠即習易以供甘旨上事長兄下撫幼弟怡怡之愛老而彌篤嘗手書孝弟四則以訓其子

楊　園字猗邱庠生性仁孝母疾禱以身代伯兄已析居館穀所入必分給與兩弟同爨從無閒言生平勤學樂誨黨塾彬彬稱文學焉陽城少司農田六善誌

其墓祀鄉賢

梁體壯字金渾恩貢考授布政司理問性孝友內外無閒言講學訓課從遊甚衆葺橋施藥鄉黨稱之

段彬康熙乙卯武闈第一慷慨好義設義倉備賑濟先世有二段詩集栖捲手澤罔敢散佚命子弟珍藏之

馮永字石公號遠菴選貢壽陽教諭性孝友年五歲避賊從母家樓上聞城陷驚呼曰我祖父危矣遽自上投下從母急持之得不墜後侍親疾執親喪哀毁逾禮事兄㢘敬愛兼至嘗築亭樹於𡵓山日夕盤桓

以爲兄娛友愛老而益篤有推贈

柴平富字丕公歲貢性端方自幼言笑不苟比長聞李子潛名往師之篤嗜小學內則諸書祖父母亡寢苫枕塊不入私室者六年所著見總目

王　瑾字子濂康熙庚辰武進士幼失怙念孀母苦節不忍遠離遂絕意仕進母性嚴少失意輒加呵責怡然順受母答爲之霽聞伯父旅病瑾不遠千里徒步省視調護以歸終身事之如父歲荒倡義捐賑貧民多賴全活

梁兆宣字孔昭性孝友撫孤姪如子好義樂施每遇歉

歲賑濟不厭再三至其脩道路造橋梁勷義塾設茶亭葺學宫繕祭器美不勝記數舉大賓州守旌之

王順正

薛崇正

周炫煃

董本盛

馬獻圖

以上五人名列舊志事蹟俱不傳今仍之

惠翁如庠生婁莊人祗父恭兄傳聞遠邇州牧旌以扁曰天性孝友

姚珻字韞輝站莊人生平循規蹈矩於濂洛關閩諸書頗能心解力行性至孝親病日夜侍側湯藥親嘗居喪三年每食必祭朔望薦新涕泣如初喪事繼母尤孝謹妻趙氏曲體夫志夫歿後苦節五十年人稱賢夫婦云

王洇字洪範北張莊人家極貧父歿後繼母遇之苛洇委曲求全妻段氏竟自經死當斯時莊人譁甚咸欲與母爲難洇外排衆議内寬母懷終不以妻故而傷母志也有異母弟二厚待之俱賴以成立莊人憐其誠勒石以誌

賫睿孫家院人樂善好施乾隆三十年十八莊重脩泰
山神廟功費浩大難於綜理者睿慨然任之始終十
年心力俱瘁工竣日睿亦卒莊人感其義立祠祀之
薛呈烈字丕承龍香村人六歲失怙及長有以重聘邀
其遠商者以母老固辭母多病朝夕就養連牀娛侍
者八年鄉族建碑以旌其孝其子漢旭漢武並稱孝
友終身同居山東劉相國墉旌其門曰名父肖子江
南戴殿撰蘭芬名其堂曰世孝堂
王萬春字敬亭歲貢劉峪人少好學無父兄督責即能
肆力於詩書生有至性事母極孝其從堂弟姪輩皆

賴以教養無失所者公一二歲時其父以與母口角故出亡稍長詢父所在母不肯言後偵知父在蜀遂潛與其妻約曰俟吾出門再禀母知勿令憂也因遺一紙作别往蜀尋訪越歲餘竟與父偕歸内外調護卒致父母偕隨如初家貧資館穀以度日嘗有太平著姓欲延之以薦舉非人終不就門下士有居喪不戚飲食宴游者輒麾之不使列於門牆鄉曲子弟見公過無不肅然敬者著有敬惜字紙説及詩文碑銘

雜作

衛大義蘇村人自幼失怙事母以孝聞年既老猶依依

膝下孺慕不少衰有病恐貽親憂爲小兒狀以慰之

馬廷佐字輔治馬家莊人近世昏禮尚奢靡往往以聘金故致破家公請於州牧定規從儉立碑天地廟以爲式又造橋開坡以便農人往來出粟賑飢捐金助餉皆樂爲倡首年八十七歲卒

唐景瑤字光瑞妻莊人附貢生性孝友年未及冠父病艱於飲食手代匕箸以供母歿哀慟幾不欲生孀嫂呂氏知大義持身嚴正事之惟謹數十年如一日也家素封自奉儉約而矜孤憐貧無吝色乙巳歲饑糴粟賑濟村人賴以活者以千計

望母樓在南社村北孝子某母懼雷殁後每聞雷聲輒
登樓呼母曰兒在兒在

梁勝選澗西人嘗路拾白金千餘兩及文劵約三千金
出帖四方得其主還之

梁吉公字藹亭本城人家貧有守嘗於歲暮路拾五十
金出帖通衢訪還原主其人感甚書還金可獎扁以
贈之

衛燮雯字漸逵王村人幼時其母勤紡織每至宵分母
弗睡弗敢先及長以孝稱奉養五十餘年無一忤言
忤色遇諸昆弟亦曲盡友愛學使旌之曰敦行不息

李養亨字通菴本城人幼讀小學純孝編等書卽有身體力行之志失恃後事兩繼母均得歡心人不知其爲繼母也父疾禱以身代歿後治喪悉依朱子家禮既葬廬於墓側三年如一日儒學公舉孝子嘉慶十四年奉　旨旌表建坊入祠

衞建元下堡武生父早世母病十餘載建元晝夜侍未嘗少離有姊出嫁性亦孝建元日在母側門外有事必待姊來然後去也好讀書訓蒙三十餘年不計束脩饔人子甚賴之

衞大桂字芳五北杜堝人性純篤事母曲盡孝養母歿

殯葬悉遵朱子家禮三年內卽衾枕俱用白布訓蒙數十年入門者先爲講弟子規必期心解而力行之鄉鄰有爭先生至輒愧赧自解其爲人敬服如此壽八十四

郝鸞翔字梧亭韓家莊人才思敏捷道光己亥文已入彀以徵疵中副車咸豐季年議建東雍書院募資督工籌備脩膳膏火始終經理不辭勞瘁士林至今賴之

周履豫字順動白村人性樸誠親有疾藥必親嘗晝夜不解衣者數月及父母相繼卒號泣不食鄉鄰勸之

始歡粥依禮踰月而葬築室墓側獨居終喪同治二年儒學彙舉節孝履豫以齋長總理其事甚著勤勞

趙克宏西椰泉人幼失怙依兄成立事之如父嘗語人曰非兄我何以成人兄素好博常近遠尋訪略無怨言兄嫌之遂有析居意因長跪請罪至夜半兄不應泣如雨下兄感之相向而哭鄉鄰爲之感泣

程高炳字其文程官莊人增生家貧力學有遠識恒以賊氛不靖爲憂糾衆捐脩村堡身任其勞功甫竣而賊適至合村賴以保全

郭富温孫家院人家貧目不識丁勤於農桑年十九失

怙母將嫁富溫牽袂泣留之其母弗聽所留五子惟富溫差長餘皆幼富溫竭力撫養諸弟飢食寒衣出入相隨人號為乳母焉四十三歲始娶五十歲生一子尚幼丁丑大祲其妻曰盍棄子以自養富溫曰不如留子以存嗣遂不食而死

張楊喜武平人家貧少孤性耿介未嘗輕干人母多病不能操作楊喜為人傭工以供朝夕年逾三十貧不能娶衣不蔽體而母之旨甘未嘗缺也母歿竭力營葬克盡其誠光緒三年歲饑絕食自知不免投井死

楊樓鶯東南董人素以孝聞光緒三年歲祲無升斗蓄

負戴謀食所得儘以奉母嗣力不繼盡賣田産器具以易食以脱粟供母自茹藜藿久愈困頓竟不起母逾月亦斃

殉義

祠有忠義其典匪輕配食於此必覈平生氓之蚩蚩激於血誠素定猝辨奚用固爭概冠以忠固屬過情謂非蹈義將何以名特標殉義庶得其平立殉義門

勾攀桂字德馨義泉莊人監生咸豐三年粵匪攻平陽時生與姪天祿在城內義切同袍登陴固守城陷俱遇害從祀何太守專祠

衛如圭字方倩澤掌人倜儻有膽略以諸生屢試不售援例得民部正郎任事勤慎堂上官倚之同治癸亥

冊籍辦團務慷慨倡捐經費裕如州之團練因得為
閭屬最丁卯冬捻匪竄晉初聞警即命子子文奉其
祖母及母避汾南自留拒守比賊至村人逃散僅得
十餘丁率以禦賊賊衆一人衆遂潰獨奮戈與鬭被
執賊見其英偉呼為武舉逼索財物方倩罵不絕口
賊怒割去左耳鼻愈罵遂遇害事聞奉 上諭有
在籍郎中衛如圭拒賊殉難顯著義勇著部從優獎
䘏以彰忠節等語嗣奉 旨䘏贈道銜在殉難地
方建立專祠以同時殉難者附祀廕一子入監讀書期
滿以知縣用

徐海清字安瀾澤掌莊人庠生同治六年捻逆至村自知不免語兄曰與其被辱而死盍早爲計遂與兄俱投井死事聞　恩卹鹽運司知事並廕一子入監讀書期滿以主簿用從祀忠義孝弟祠

毛郁文字斌甫馮古莊人增貢生援例授員外郎同治丁卯捻匪至村被執不屈賊怒投之火糵州憲沈公獎曰節烈可欽

段彰華馮古莊人庠生同治六年捻逆入境有三賊虜其子女生以钁擊一賊中肩餘賊逸去呼醜類奔生生麾先至者一人衆攢刺之身無完膚於是父子同

時遇難

趙廷玉字崑山諸生小聶莊人事親誠孝有疾晝夜侍命之歸寢不肯去同治六年冬捻匪擾絳廷玉方授徒太平聞警趨歸未得見親途遇賊脅至澤掌營不食不寢亥日數賊强之出逼導鄰村索洋土不得已從之防少懈一躍赴井死

文漪國字秉鈞議敘從九品義泉莊人同治六年充本村團長聞寇警先於要險處堆集車輛農器之屬以阻賊行越二日賊至被執[illegible][illegible][illegible]卒不屈死

江有安從九品三泉人捻匪至村[illegible]意欲搶財物堅

執不從遂遇害

劉福保三泉人捻逆至令牽村中馬匹不從賊擊一鏜而死

李天福磨頭莊人捻匪入境殺先至者二人賊紛集遂遇害

文敘字德潤義泉村人素有勇略丁卯捻匪至公率衆與戰衆寡不敵賊攢刺之被傷十餘處仆地絕越日乃蘇賊怒未已焚其屋舍而去

柳爾昌字熾甫北平原人同治甲子副貢性豁達設教絳太從遊甚多丁卯捻匪至欲擄公不從賊焚其屋

舍砍其頭傷目以爲死捨之去愈後遂眇一目云

王秉鷺龍泉莊人捻匪至襲其一衆賊逐之投井死

張廷桂北社莊人捻匪至令爲鄉導堅執不肯遂遇害

呂克渙南古交人捻逆之變賊匪入村厲駡不屈見殺

蔡壽山南蘇村人庠生捻匪至村投井死

監生呂音清　監生高可大　監生張志德

張學江　楊三回　呂稽虞　段黒黒　成茂盛

徐森娃　劉成林　衛樹娃　衛小娃　呂海潮

閻轃轃　衛囷囷　侯月子　衛清澤　衛春香

高小娃　楊兆鰲　許混混　家奴奴　崔春春

王修德　聶小小

以上二十五人俱滹掌莊捻逆之變殉難奉　旨

從祀忠義孝弟祠

張杏兒　張科兒　張小科　梁丁事　梁反兒

梁艮鎖　梁憨娃　梁倘娃　梁徐賴　梁欒娃

以上十人俱武平莊捻逆之變投井死

朱木娃　朱石鎖　朱舉才　朱來來　朱貴安

朱來根

以上六人俱中古交捻逆之變赴水死

段越越　段魁兒俱馮家莊

張黑礱　梁歐兒俱武平莊

李建娃　丁龍娃

蘭廷存俱南古交　彭和尚龍泉莊

蘭偃光村莊　張根根永豐莊

鍚金保西尉村　孫劣兒劉家莊

衛步恭南平原　王誠義王莊

衛瞻淇周流窰子

以上十五人俱捻匪之變不屈死

任恤

周官鄉政相收相保後世誼薄錙銖是較矧茲凶

歲餓殍顛倒續命之湯一勺亦好指囷登釜量力

大小發念慈祥唯善爲寶行定蓋棺一節是表立

任恤門

王企鳳字識先南社人鄉飲耆賓雍正三年歲荒賑濟

一村三百餘口州牧旌其門曰見義爭先

王大任南社人雍正三年賑濟村民州牧以尚義旌之

黄嵋齡周莊人監生自曾祖以來好善樂施乾隆三十

六年歲荒生糶米賑濟一百四十餘家州牧旌之曰

世行任恤

韓丕彥字俊菴辛安莊人候選州判乾隆乙未出銀二十餘兩糾合族人於村東北三里許鑿井建茶亭又施地一十八畝使佃種者煎茶以濟行旅至今便之

郝宜榮字錦堂婁莊人增廣生嘉慶閒歲荒生家素寒慨然出貲金賑恤親鄰保全甚衆

王吉陞王奉成吳然俱宋溫莊人嘉慶甲子乙丑歲歉共出穀六十石賑放村人

李效元狄莊人嘉慶九年十年歲荒捐銀一百五十兩爲衆人倡散給本村

劉秉信字閑若南關廂人嘉慶九年歲荒出粟賑濟本
族賴以生全者六七十家合族感其義建碑誌之
家崇蘭家善敏家中璜俱西莊人嘉慶年間旱蝗並災
之時共賑米穀八十餘石鄉人賴之有碑記
唐必選妻莊人附貢生嘉慶甲子乙丑饑出貲糴米百
餘石鳴金示衆沿門散給全活甚衆
毛承先字丕烈馮古莊人監生誥贈朝議大夫嘉慶九
年十年時值大祲出貲濟貧又糾合毛文達段雲彩
在村設義倉爲備荒計同治三年四子郁文捐書院
經費二百四十金以公從祀功德祠

賈德馥木贇人嘉慶九年十年歲荒賑濟一千五百餘

金鄉人賴之

衛王室澤掌莊人嘉慶九年歲歉捐銀一百餘兩賑恤

鄉鄰

李上葱李家莊人嘉慶閒兩遭歲歉共捐穀八十餘石

散給村人

耿映藜段家莊人嘗捐銀四百五十兩脩砌莊南石岸

州牧楊公豎碑記其事

常繼孔字夢周南王馬莊人監生急公好義不吝貲財

道光四年大脩村南石橋凡一切經費募化有不足

者傾囊濟之又獨任其勞督工數月無少懈村中義學倡捐重脩梁公祠舊無祭資疏導水渠亦乏經費皆捐助之

衛秀峯字茂冬澤掌莊人道光十九年倡捐一千四百金與高允升在本莊立養士養濟二會以息金半助歲科考鄉會試士子旅費半濟窮乏同治三年子如圭復捐五百金爲書院經費以公從祀功德祠

高允升字吉階澤掌莊人以附貢生援例兵部員外郎道光初在村捐設義學十九年捐六百金與衛秀峯立養士養濟二會同治三年子舒文復捐千金爲書

院經費以公從祀功德祠

高書升澤掌莊人道光咸豐間兩遭歲歉共捐銀四百餘兩賑濟鄉里同治三年子舒錦復捐一千一百金爲書院經費以公從祀功德祠

家必振字鳴玉西莊人守禦所千總道光二十六年歲歉倡捐五百金賑濟莊人由是富者各輸貲以助之家致瑞家必登西莊人道光二十六年秋夏歉收各放穀五十石

翟廷來字覲亭婁莊人議叙員外郎少承父志倡建義學道光二十六年歲荒賑粟數十石咸豐十年復集

貲設賑光緒二年獨力重脩夫子廟嗣值大祲家已
中落猶約同鄉共捐粟以賑之
衞青峯澤掌莊人道光二十六年咸豐十年兩遭歲歉
共捐銀四百兩賑恤鄉里
高舒文澤掌莊人每遇歲歉賑卹梓里道光丙午出資
二百餘兩咸豐庚申出資二百餘兩同治辛未出資
二百餘兩光緒丁丑出穀一十石
趙立續立績立紡小聶莊人道光丙午歲饑出資糴穀
九十九石以賑村人
衞亮功澤掌莊人道光二十七年春仲村人饑甚出銀

百餘兩以賑之

文廷賓北梁莊人貢生道光二十六年歲荒放糧二十餘石以濟莊人

文脩桂北梁莊人貢生咸豐九年放麥二十四石以賑村人

王瑜張莊人按察司知事咸豐十年歲饑賑粟三十石同治六年散粟數石光緒三年大祲雖家無餘積猶捐貲糴米以賑鄉里

張培墉字其崇北社人監生同治丁卯歲荒賑濟村民二百餘金

衛如珍澤掌莊人同治十年旱出穀二十五石以濟村人

郝耀堂字祥彩韓家莊人附貢生居心仁厚好義樂施凡有乞貸無弗與者光緒三年莊人大半乏食散粟周之全活甚衆城內設賑務總局盡心襄辦不辭勞瘁及歿州尊李公題終始惟勤扁額以奬之

范邦傑字漢三范莊人待人忠厚凡婚葬無力者即出資相助無俟再求也光緒三年歲大饑煮粥食餓者數月不輟又精於醫無貧富必親診之及歿闔莊以扁旌門曰德藝堪師

毛清佐字輔臣馮古莊人議敘府同知光緒三年煮粥
食餓者二百餘人歷三月之久全活甚衆

寓賢

上古

雲陽先生養龍於絳北陽石山神龍池詳見古蹟

北魏

元徽孝昌中避爾朱榮之難於此詳見鄉賢楊擲傳

隋

王通讀書於馬首山清漣洞今有像存焉里人祀之

唐

薛仁貴投義軍於州今城南二里許有將臺遺趾俗傳其射雁處也

郭晞子儀第三子常從父征伐以功歷鴻臚卿河中軍亂殺節度使李國貞詔以子儀爲河東關內副元帥鎮絳州時四方多逐戎帥子儀至絳誅其元惡其黨頗不自安欲謀變晞知其謀選親兵四千伏甲以防之嘗持弓警夜不寐者七十日叛將竟不敢發以功拜殿中監累遷太子賓客封趙國公依通志補

宋

歐陽修廬陵人薛簡肅公之壻居此最久

司馬光幷州通判以事至絳從州之諸官尚書比部員外郎薛長孺巨卿國子博士劉常守道尹仲舒漢臣

判官陳大初寓之同遊鼓堆時嘉祐元年九月壬寅日也

元

李溥光太同人號雪菴幼常爲僧寓絳州寂照寺西獨樂洞讀書元授昭文館大學士

國朝

楊藻鳳揚州興化縣人鄉甯籍家於絳順治間登進士歷任湖廣提學副使里居故人陶茂才慳疾歲時徒步往候里人異之嘗著五千餘言辨西洋邪教

鄒登嵋字眉雪進士武進人愛山水深厚將卜居焉故

別號汾亭居此數年從學者衆

任士宏字永興永濟人賈於絳銖積得千金臨終囑其子全盛謂絳有善舉當以相助後值絳城重建書院全盛即出此金倡捐大工始基士林至今賴之

潘民表字振聲江蘇陽湖縣舉人光緒五年四月由河南抵絳正青黃不接之時賑濟飢民五千餘口寒士百餘人共錢四千緡有奇又值狼、䖵肆虐出賞格斃一隻銀十兩多所捕獲一切善舉莫不躬親勤勤懇懇朝夕不暇後至太平曲沃聞喜賑貧戶埋胔骼出資無算

隱逸仙釋附

周

櫜車者梁山崩以傳召伯宗遇大車當道而覆立而辟之曰辟傳對曰傳爲速也若俟吾辟之則加遲矣不如捷而行伯宗喜問其居曰絳人也伯宗曰何聞曰梁山崩而以傳召伯宗伯宗問曰將若何曰山有朽壤而自崩將若何夫國主山川故川涸山崩君爲之降服出次乘縵不舉策於上帝國三日哭以禮焉雖有伯宗亦其如是而已其將之何問其名不告請以見弗許伯宗及絳以告而從之

宋

韋　退放誕不拘浪跡秦晉問以詩自名嘗跨一白驢好着寬衣鶴氅醉則鶴舞石曼卿贈詩曰醉狂元鶴舞閑卧白驢號其風致之高如此

明

李　貞洪武時劉基薦爲遂昌縣主薄靖難時隱居永樂二年徵至京師授官不就賜宴而歸

張　佾字廷儀北關人鄠杜王太史曰人始見廷儀或以貴易之及接其丰度聆其談吐無弗改容禮之者蓋江湖之豪傑士而賢隱者云

薛蔓字德延安阜坊人少服賈四方所至仁人長者必求通焉如鄠杜渼陂王公三原谿田馬公龍渚眘公皆樂與之遊而接以道義未嘗以私干諸公重之別則贈以詩詞晚年倦勞不復出諸公聞問不絕居鄉與達尊九人倣耆英會孫國民以鄉薦知貞甯

崔呈德修眉廣額丰儀秀整荷擔賣油口不二價人稱長者弟呈秀天啟朝附魏璫以御史驟陞工部尚書呈德仍賣油不之問也魏璫敗呈秀伏法逮及逆屬呈德以賣油獲免里人黃希聲比於武攸緒云

仙釋附

唐

慧　涉俗姓楊幼從知深出家口誦數千言遊方叩師無能難者嘗入秦寓麥積山石室造百法論抄一十六卷涸井泉應因是絶筆至蜀以法㓕術士妖猴還慇中條山竹林精舍造維摩搜微記畧科般若心經抄無常經眞釋四分律科共二十六卷晚歸絳衆爲創菴屛絶世俗將化預戒衆三分其軀一投水中一擲郭外一隨煨燼勿塔勿銘以違佛戒言已昇座而化異香連日雅樂夜聞茶毗獲舍利百餘粒舌不壞色如黃金

僧法雲絳州人著辨量三教論三卷又十王三業論十卷見唐藝文志

南宋

王道源避金亂隱居西山之麓羽化後人即其地爲清濂洞塑像其中疑即舊志所謂土人稱業坯者王道是也見列仙傳

仙姑馬守明生時彩霧滿室異香聞隣里長師甘泉女冠張妙清自永和上桑里來州舍於李氏明年上元日無疾枕肱以逝氣微而容不變三日復甦語人曰予暫遊紫府再會羣眞自此不復穀食但果蔬飲水

而已日夜靜坐語吉凶輒驗有疾求醫者不假從藥呵禁立愈歲旱蝗設壇密祝三日雨降蝗滅士庶擇三林南社地爲建廟觀一日沐浴更衣大集徒衆曰內外行各皆勉旃予有先師之約不可違期遂留一絶云七朶金蓮數暫來人世間闕功今補足紫府却歸還筆落端坐而逝見列仙傳

元

智揖曲沃人通三乘教尤明禪理至元初爲絳州寂照院禪師戒律精嚴儀度整肅教風日盛歸依者愈衆杜門不出人或見其往來里巷多異之壽八十一

終茶毗得舍利數百粒

秦凌霄絳州泉掌鎮人父母俱早逝年二十歲叔兄爲之娶室凌霄拜堂畢其夜忽逃去學道於雲邱山性嗜靜嫌雲邱生徒繁囂徙隱於州之清溪洞煉丹施藥四方有疾疫者服符立愈康熙三年重陽日於泉掌玉泉宮端坐而逝

定　珍絳州人住稷山縣坦然寺焚修苦行四十餘年於康熙二十八年端坐而化一號寶峯大士

邱長春山東棲霞縣人故老相傳曾脩真於三泉鎮東觀門額凝真二字猶謂爲親筆云

直隸絳州志　卷之十二　四

藝術

周

辛廖　晉大夫初畢萬筮仕於晉遇屯之比辛廖占之曰屯固比入吉孰大焉震爲土車從馬足居之兄長之母覆之衆歸之六體不易合而能固安而能殺公侯之卦也公侯之子孫必復其始

史蘇　晉卜筮之史獻公卜伐驪戎史蘇占之曰勝而不吉公伐而克之獲驪姬有寵卒致禍亂後筮嫁伯姬於秦遇歸妹之睽史蘇占之曰爲雷爲火爲嬴敗姬車說其輹火焚其旗不利行師敗於宗邱歸妹睽

孤寇張之弧姪其從姑六年其逋逃歸其國而棄其家明年其死於高梁之虛及秦穆公伐晉獲公明年歸惠公而質其太子圉又八年惠公卒文公入殺懷公於高梁言胥驗焉

卜偃晉掌卜大夫獻公伐虢問卜偃曰吾其濟乎對曰克之公曰何時對曰其九月十月之交乎後果驗襄王出居鄭文公將納王使卜偃卜之吉遇黃帝戰於阪泉之兆筮之遇大有之睽曰戰克而王饗吉孰大焉卒納王王饗醴命之宥

史援趙史趙盾夢見叔帶持要而哭甚悲已而笑史

援占之曰憂甚惡非君之身乃君之子後盾子朔爲
屠岸賈所誅

巫

皐晉人中行獻子夢與厲公訟弗勝公擊其首
戴而奉之以走見皐他日見諸道與之言同皐曰惟
有事於東方則可以逞乃請平公伐齊師還偃生瘍
於頭而卒

師

涓晉樂師晉平公鑄大鐘工皆以爲調矣師曠曰
不調後世有知音者將知鐘之不調也至於涓而果
知鐘之不調也

宋

薛化光善數術嘗以平晉策干太宗行在召見罷歸適
子奎始生撫其首曰是子必至公輔後果執政

明

王稷九善草書莊烈帝鑒賞之謂有北人勁氣嘗下御
帖命書數幅以進

朱威鐵好琴善寫竹

朱俊[illegible]有草書杜律行世

朱俊栲工畫

朱俊樹號甯齋工畫

朱充[illegible]精醫工詩有草書千文石刻行世

朱充鍔號蘭江王畫

朱充𤇆善唐隸書

朱彝鍇善漢隸諸家書

段秉臣善圖章有圖譜存

党玉崗姚平山弟子善繪畫

羅秉禮字燮卿趙村人善醫鍼法尤妙能隔衣行鍼在

京都時人號神鍼羅

周輯字瑞五白村人居家孝友不求聞達善指頭畫得

者珍之

直隸絳州志卷之十三

列女

周

趙姬晉文公女也妻趙衰生原同屏括樓嬰趙衰先妻狄女叔隗生盾趙姬請逆之曰得寵而忘舊何以使人以盾爲才請於文公以爲嫡子而使三子下之以叔隗爲內子而己下之

穆嬴晉襄公夫人靈公母也襄公卒靈公少晉人欲立長君使先蔑士會如秦逆公子雍穆嬴日抱太子啼於朝曰舍適嗣不立而外求君將焉置此出朝抱以

遣趙宣子曰先君奉此子而屬子曰此子也才吾受子之賜不才吾惟子之怨今棄之若何宣子患之乃立靈公

伯宗妻晉大夫伯宗朝以喜歸曰吾言於朝諸大夫皆謂我智似陽子對曰陽子華而不實難及其身子何喜焉民不能戴其上久矣難必及子子盍亟索士慭庇州犁焉得畢陽及欒弗忌之難諸大夫害伯宗將謀而殺之畢陽實送州犁于荆

叔姬晉羊舌子之妻叔向叔魚之母初叔向欲娶申公巫臣氏姬曰子靈之妻殺三夫一君一子而亡一國

兩卿矣可無懲乎夫有尤物足以移人苟非德義則必有禍叔向懼不敢娶晉平公强使娶之生伯石子容之母走謁諸姑曰長叔姒生男姑視之曰是豺狼之聲也非是莫喪羊舌氏也

弓工妻晉平公使工爲弓三年乃成射不穿一札公怒將殺工其妻見公曰妾之夫造此弓亦勞矣而不穿一札是君不能射也妾聞射之道左手如拒右手如附枝右手發箭左手不知公以其儀而射七札

范母晉范獻子妻其三子遊于趙氏簡子乘馬園中園多株問曰奈何其少子曰可以三悅使民簡子從之

少子歸伐其謀母嘆曰終滅范氏者必是子也夫伐功施勞鮮能布仁乘僞行詐莫能久長後智伯滅范氏君子謂范母爲知難本

元以前無考

韓均妻劉氏年二十七筠亡筠有弟氏依隣姆旁舍居治絲枲以撫其孤及子有室女有從乃復歸與娣姒同居優游以老大德二年詔旌之

段希賢妻李氏年二十四夫亡子榮甫四歲奉親育子守志不渝至正間旌其門

明

楊大妻張氏年二十四夫亡撫孤守節洪武間旌表

勾天麟妻和氏年二十夫亡子温甫四月食貧守節洪武間旌表

任璽妻王氏年十七夫亡子聰甫彌月紡績事姑撫孤守節

劉尚貞妻侯氏年二十夫亡子懲甫一歲撫孤守節洪武間旌表

杜文會妻孟氏年二十五夫亡子聰甫二歲撫孤守節年六十四卒

陶沐妻郝氏年二十四夫亡遺二子俱幼撫孤守節年

四十四卒
張鈺妻陶氏年十九夫亡子源未週歲撫孤守節年二
十二卒
楊進高妻李氏年二十夫亡遺孤在襁褓家貧紡織以
事姑茹荼守節年七十二卒
范芹妻李氏年二十四夫亡三子俱幼撫孤守節年七
十一卒
崔爵妻丁氏年二十夫亡二子俱幼撫孤守節年八十
二卒
趙世威妻張氏年十九夫亡遺子愷甫六月紡績養姑

撫孤守節見元孫年九十三卒

儀賓梁萬繼妻薛氏年十九夫亡子愷甫二歲事姑究

孝撫子守節見元孫年八十二卒

同知周必易繼妻薛氏年二十四夫亡遺孤三歲事姑

撫子奉勅建坊旌表年八十卒

生員靳珙妻閻氏夫亡守節訓子成立年九十一卒

段一清妻李氏年二十七夫亡孝事舅姑訓二子俱成

立年八十二卒兩院旌之

陶坤妻牛氏年二十五夫亡孝事舅姑訓子成立上憲

旌之

許應提妻梁氏年十八夫亡無子事姑克孝訓撫嗣子上憲旌之

丁時和妻陶氏年二十五夫亡遺子五林撫子守節上憲旌之

生員許寵妻安氏年二十夫亡子應聘甫一歲撫孤守節上憲旌之

生員李憲妻羅氏年二十七夫亡撫孤守節州守旌之

生員柴惟喬妻陳氏年二十二夫亡撫植遺腹事姑克孝年踰七十卒上憲旌之

梁大儀妻陶氏年二十一夫亡子佑甫二歲家貧鬻縉

珥以事舅姑甘旨無缺殯葬如禮撫子成立年五十一卒乾隆四年建坊旌表

張應可妻楊氏年二十五夫亡撫子守節四十餘年終舅姑之養州守旌之

靳時中妻韓氏年十七夫亡茹荼守節訓子有成一寢簞補綴六十載至死不易珍夫故物云

閻奇榮妻常氏翁疾割股和藥療之鄉黨稱孝

馬順妻陳氏　陳紹信妻馬氏孀居守節姑媳同操

張貴卿妻姚氏　弟妻王氏　又弟妻王氏　子婦姚氏婦姑娣姒同矢氷霜州守旌曰一門四節

皇甫橙妻陶氏　子熿妻李氏兩世孀居同心苦節

段繡麒妻陶氏年二十五夫爲弟繡麟所殺氏鳴官

繡麟伏法孝事舅姑撫四子俱成立上憲旌之

生員李向妻郭氏年十七夫亡既殯投井死學憲旌之

儀賓陳嘉祿妻洛川縣君朱氏夫坐事縊於獄氏悲不

自勝自縊死

樊鯉妻張氏夫亡飲酖以殉

李克義妻常氏克義緣父事罹重累自縊氏救無及同

縊以殉

甯景春妻張氏夫亡遺孤光普甫三歲母家欲奪其志

葬夫後二日自縊死

辛邦妻陶氏夫亡守節撫孤訓子全成大儒上憲旌之

知州王臣直繼妻段氏年十九夫亡守節五十餘年卒二妾俱常氏一常貴女一常進勝女二常窖約以死殉甫過四十九日潛閉戸一縊雙縊家人驚救一獲甦一竟遂志矣

張平妻許氏流寇之亂平父被執平求代脫父平見殺氏即自縊死

吉永泰妻王氏妾陳氏崇禎辛未冬流寇掠泉掌永泰任俠格鬬死妻妾同自縊以殉

生員趙含貞妻王氏流寇之亂登樓自焚死

趙芊妻閻氏流寇之亂夫被執氏以護夫冐刃死

趙鳴岡妻秦氏　　光胡女妻范氏

關世科女希希　　權永昇妻家氏

劉周泰妻王氏　　靳保保妻楊氏

生員靳光省妻程氏　　郝　官妻光氏

張進財妻薛氏　　郝　潤妻楊氏

党元正妻楊氏　　衛薛山妻孟氏

衛賜珍妻李氏　　張時辛妻關氏

李艮棟妻郝氏　　王世萬妻家氏

蔡邦勝妻趙氏　蔡邦勝女惜惜

郝邦榮妻楊氏　郝邦益妻張氏

郝邦勝妻張氏　李淩烟妻藺氏

李九烟妻權氏　李淩閣妻權氏

李吉星妻張氏　聶天恩妻毛氏

聶元方妻董氏　聶邦勝妻孔氏

聶光耀妻范氏

自趙鳴岡妻以下二十九人俱遭流寇義不受辱赴井死

薛有梅妻藺氏　生員梁之龍女愛愛

衞廷榮女姜姜藕女

以上四人遭流寇之變俱義不受辱投崖死一時同

死者共三十五人

郝迎賓妻劉氏　孫魯菴妻陳氏

楊付倉妻周氏付通志作時　楊民戴妻李氏

黃鳳雲妻王氏黃一作董　楊嘉謨妻周氏

秦嘉勝妻王氏　馬一鳳妻丁氏

張奇瑞妻王氏　王成民妻趙氏

盧紹吉妻張氏　許應揚妻周氏

孫養素妻陳氏　郝一桂妻朱氏

段　進妻王氏　安于直妻李氏

孟仲倉妻張氏　崔光甯妻馬氏

生員段世慶妻陶氏　馬雲鵠妻薛氏

李紹亮妻范氏　許啟英妻陶氏

皇甫澮妻梁氏　衛應林妻姚氏

閻崇德妻一氏舊志作宗德　生員尹之樂妻李氏

李太素妻王氏　蕭懋敬妻謝氏

生員楊廷櫃繼妻李氏　王鎮民妻吳氏

王邦本妻張氏　張俊德妻常氏

劉獲麟妻任氏　許有章妻安氏

李廷桂妻衞氏　張履貞妻朱氏

監生陳紹先妻梁氏　党全清妻段氏通志作張氏

馮國祚妻馬氏　薛三台妻陶氏

以上四十人俱守志節

馬應康妻馮氏　馬雲鳳妻楊氏雲鳳即應康子

王玉振妻朱氏　高明妻王氏及二女

楊餘慶妻朱氏　楊天瑞義女三人

李四妻某氏　馬某妻某氏

某妻某氏　二陶氏

以上十五人甲申遭闖變同赴一井二陶救甦餘十

三人俱死

蔡　綱妻王氏　孫保祿妻郭氏

杜仰泉妻朱氏　劉聚民妻楊氏

楊玉山妻胡氏　趙時恩妻党氏

李進福妻孫氏　王宗堯妻綦氏

二劉氏

以上十人同赴一井二劉救甦餘俱死

生員梁從高妻陳氏　子婦蘭氏　郝氏　許氏　女

梁氏一家凡五人同赴一井死

郭景德妻朱氏寇亂赴井死

朱炫堃妻李氏寇亂赴井死

生員王懋篋妻嚴氏賊逼堡氏墜堡不死復赴井死

許應徵妻嚴氏與懋篋妻姊妹節烈同芳

張其妻許氏賊逼自縊死

許憲祖妻王氏闖寇陷城氏同諸婦避窖室賊乘屋闞
得之氏急走厠中比賊至氏已自縊死賊引刀斷頭
繯而去

段世命妻楊氏流寇執不屈賊烙其體無完膚氏罵不
絶口賊斷氏頭懸之門其死爲尤烈

國朝

辛全妻張氏　　李俊機妻馬氏

陳憲妻聶氏　　陶克相妻孫氏

以上四人順治六年姜逆之變皆被執罵賊不屈死

王槐三妻傅氏被賊執乃紿之曰有瘞金於汾湄偕往取之賊信且喜既至一躍赴水死

某婦扶不上馬見殺

某婦被掠上馬其夫從之婦恐夫見殺以激詞決別度夫去遠猝投道旁井中死

某婦屍在秫林數日一犬常守其旁

以上四人俱遭姜逆之變義不受辱殉節死其時死

節者甚多莫得悉考也

王永康妻梁氏年二十五夫亡無子翁姑將冥婚他姓女卜吉合葬氏聞先期五日自縊死

鹿宗文妻楊氏宗文因父客死奔喪遠出氏與姑偕處姑命氏浣衣水邊有狂徒裸體入水侮之氏哭訴其姑自縊死

董永芳妻陳氏年二十七夫歿毀容守志撫孤爲邑諸生康熙二十七年　旌表

馬應隆妻王氏應隆將賈於外念氏孤孑無倚招鄰婦李氏與偕處並令李父爲之應門李戚甯延因往來

氏家越明年李父他往其女復歸延乘夜突入逼污之氏大聲峻拒延懼手扼其吭而死事聞康熙四十五年　旌

張永泰妻郭氏年二十而寡誓守夫節翁好義樂施寻將順不違其意歲歉勤紡織以佐不逮子啟業領鄉荐孫谿謙入黌宫氏教誨之力居多雍正四年　旌表

李三娃妻段氏三娃貧民也傭工吉輝謙家輝謙艷氏容令三娃宿牛舍飼牛潛往挑氏氏峻拒喊聲徹隣里輝謙驚逸三娃歸氏泣訴遂投井死州守胡一俊

眞輝謙於法

樊呑印妻張氏年二十五而寡子女俱無夫二弟相繼歿婦皆轉適氏獨矢死靡它留養翁姑姑病閱八月侍奉不少離撫義子以承祀年七十餘卒

李崇文妻王氏性至孝割股療姑疾夫亡撫兩孤守節四十七年卒媳衛氏亦以節聞

孫有祿妻梁氏夫病割股夫亡孝親撫孤守節四十五年卒

縣丞康爾弼繼妻馬氏少寡矢志孀居三十年家法嚴整雍正四年　旌表

閻象恒妻張氏夫亡翁垂暮氏朝夕承歡撫三孤嚴慈並濟守節四十餘年雍正四年　旌表

吳克恭繼妻王氏　州同段熿然妻韓氏

陳　簿妻梁氏　楊印章妻郝氏

李上芾妻家氏　席世俊妻侯氏

彭　鐘妻崔氏　席麟經妻鄭氏

南宮廷翼妻薛氏　席畚經妻朱氏

趙忠孝妻閻氏　吉夢麟妻王氏

廪生董公勷妻薛氏　生員蔡從周妻衛氏

董公爵妻朱氏　靳仕武妻李氏

州同常有康妻趙氏　李養祉妻王氏
楊紹佐妻甯氏　常潤民妻甯氏
生員馮宜家妻陳氏　柴俊義妻李氏
李自新妻張氏　李洪正妻陳氏
朱萬方繼妻張氏　李春澤妻薛氏
黃萬體妻崔氏　甯維甯妻周氏
閻　錫妻李氏　生員薛高嵩妻張氏
監生張鐸妻梁氏　周宗凱妻樊氏
自吳克恭繼妻王氏以下三十二人皆奉　勅建坊
旌表

劉士元妻杜氏　許昌業妻王氏

郝付華妻張氏　李養恂妻朱氏

張呈祥妻尉氏

以上五人皆貞烈殉夫而死

明千總李富榮妻楊氏　閻克寬妻段氏

武進士李復沆妻党氏　閻日耀妻李氏

閻守遜妻李氏　吳良翰妻許氏

閻日章妻樊氏　雒仰峰繼妻張氏

王繩祖妻楊氏　皇甫熙妻段氏

王應勝繼妻段氏　王家瑞妻段氏

段宏茂妻韓氏　張學璟妻毛氏
李慎德妻楊氏　李心宇妻楊氏
王加清妻張氏闡幽集作如清　張進誠妻王氏
薛居爵妻吉氏通志薛作謝闡幽集作君爵
李恩榮妻張氏　衛我園妻荆氏
趙繼世妻侯氏　生員陳廷策妻宋氏
王進都妻趙氏　行有勇妻王氏
侯謹法妻南氏　生員梁陞廷妻和氏
董續策妻李氏　廪生楊孕芳妻李氏
段文遴妻吳氏　靳隆珍妻張氏

張　宣妻章氏
魏登義妻南氏
馬維揚繼妻吳氏
常攀桂妻董氏
郭虢生妻董氏
皇甫榆妻袁氏
陳天爵妻董氏
陳愈鑣妻郝氏
皇甫翰妻張氏
陳士文妻杜氏
張佩玉妻陳氏
郝從珍妻支氏
常應朔妻王氏
楊加悌妻張氏
生員陳所習妻孫氏
衛養元妻原氏
衛養玉妻楊氏
劉冲元妻鄭氏
薛廷璽妻張氏
薛景升妻閻氏

段元煒妻權氏　李作楹妻康氏
孫蘭徵妻陶氏　孫復茂妻鄭氏
張聯翼妻李氏　段　珅妻王氏
候選州同張方詠妻常氏　賈君璧妻張氏
姚泰瑞妻黃氏　李春梅妻馬氏
劉洪義妻李氏　党文煌妻黃氏
丁建昌妻王氏　孟學正妻趙氏
陶億齡妻張氏　趙閎兒妻呂氏
趙居仁妻王氏　靳雲山妻柴氏
李善慶妻張氏　甯佐王妻衛氏

李　珍妻吴氏　甯協寬妻周氏
甯和世妻權氏　賈重耀妻毛氏
王邦本妻張氏　黄名鄉妻曾氏
朱爕標妻陳氏　朱爕標妾秦氏
侯仔奇妻權氏　侯世勳妻庾氏
崔王翰妻因氏　趙俊英妻張氏
黄法會妻王氏　王景泰妻郝氏
楊思崗妻李氏　王業熠妻支氏
黄利物妻段氏　衛相理妻吴氏
楊椿李妾張氏　候選訓導王文珣妻張氏

楊起爽妻馬氏　衛勝元妻姚氏
衛登義妻南氏　姚日躋妻馮氏
衛雲治妻姚氏　姚賁綸妻李氏
姚賡廷妻劉氏　姚九銓妻張氏
姚奇正妻朱氏　段炳然妾龐氏
姚　瑜妻衛氏　候選州同許兆妾王氏
候補主事段璐妾郝氏　吳光昌妻李氏
黃克儒妻蘭氏　宋學孔妻權氏
候選知縣段潔然妻趙氏　趙宋敬妻秦氏
吳丕林妻蘭氏　薛行信妻王氏

張　桐妻光氏　　趙有恪妻彭氏
趙　許妻劉氏　　段景福妻李氏
孔含馥妻孫氏　　趙國文妻蔡氏
蔡　榮妻梁氏　　張子恕妻儀氏
王吉龍妻朱氏　　權洪泰妻尉氏
李養厚妻段氏　　權在掌妻張氏
權　景妻賈氏　　段文林妻吳氏
呂從仁妻王氏　　郭袁榮妻段氏
張秉良妻崔氏　　朱大瑋妻姜氏
王秀懷妻雷氏　　權九思妻張氏

張懷義妻段氏　李　儉妻趙氏

張　玿妻賈氏　李如椿妻趙氏

王　芝妻張氏　許世興妻張氏

曹如卿妻王氏　李君弼妻嚴氏

尹　沃妻張氏　張秉哲妻趙氏

唐顯達妻趙氏　楊國臣妻郝氏

王靜祖母張氏　趙祖式妻吳氏

楊枝盛妻任氏　劉錫璋妻薛氏

李燊工妻陳氏　王紹文妻因氏

徐元振妻陳氏　閻漢高祖母衞氏

孫繼元妾孟氏　賈　柯母傅氏
張　佺妻王氏　吳　璉妻高氏
藺秀春祖母譚氏　范廷賓妻聶氏
陶　沆妻靳氏　聶洪洽妻楊氏
趙封晉妻楊氏　支世楫妻儀氏
劉黑牛妻南氏　支永祚妻王氏
張開基妻王氏　權維新妻趙氏
權尚容妻光氏　楊維新妻南氏
高　山妻王氏　廩生郭洪濟妻閻氏
楊廷桓妻程氏　朱揚滋繼妻杜氏

南文爵妻席氏　文　珩妻李氏
辛　桂繼妻陳氏　王　憲妻鄧氏
楊大受妻彭氏　常允懋妻李氏
常辛基繼妻馮氏　權循祖繼妻張氏
劉起瑞妻張氏　李宗州妻衛氏
李宗州媳衛氏　甯　全妻閻氏
劉匡世妻王氏　劉珣如妻陳氏
梁永誠妻王氏　王登第妻郝氏
郝温温妻黄氏　傅多士妻趙氏
王安業妻張氏　姚唐用妻毛氏

姚虞元妻蘭氏　張師孔妻黄氏

何付祿妻丁氏　張　愷妻吉氏

張明遠妻劉氏　張　磐妻李氏

趙廷奇妻黄氏　張學蛟妻南氏

吳星煜妻柴氏　張得朋妻衛氏

楊大均妻王氏　姜　粤妻張氏

常進龍妻李氏　王善公妻趙氏

張攀桂妻王氏　陳惟命妻張氏

薛景芳妻李氏　生員常榮桂妻朱氏

儀紹書妻支氏　馮克忠妻王氏

王萬遴妻段氏　監生張漢相妻李氏
儀可式妻甯氏　吏目南士樸妻雒氏
陶虞輔妻陳氏　陳　佶妻皇甫氏
李萬程妻常氏　許九冲妻楊氏
張奇英妻姜氏　楊君弼妻陳氏
皇甫國妻韓氏　郝麟翙妻吳氏
郝　緯妻張氏　賈　植繼妻葉氏
趙而忠妻張氏　趙從善妻呂氏
光統遠妻衛氏　南宮惠妻席氏
王特毓母張氏　馬龍圖妻陳氏

鄧養卿妻衛氏　監生段承祖妻陶氏

靳彥齡妻陳氏　崔志篤妻劉氏

閻以敏妻趙氏　蘭從智妻榮氏

陳有典妻許氏　榮孟武妻王氏

梁宜直妻吳氏　崔思遠妻趙氏

張紹武妻李氏　監生支紹經妻張氏

崔志初妻鄧氏　候推千總高齊斗妻李氏

柴廷諫妻榮氏　貢生梁兆瀾二妾常氏陳氏

州同王植妾吳氏　劉大興妻鄧氏

王鶴齡彭氏　李履祥妻段氏

陳大功妻趙氏　甯學曾妻張氏
甯中撫妻庚氏　楊鳴鳳妻杜氏
賈明祿妻孫氏　吳克才妻孫氏
毛　傑妻南氏　薛興仁妻賈氏
李承芳妻王氏　衛景運妻薛氏
楊廷選妻張氏　王大愷妻支氏
馬世芳妻趙氏　候選主簿李文學妾鄭氏
趙秉忠妻張氏　原文明妻榮氏
張如綸妻朱氏　賀依中妻侯氏
汪錫璲妻曹氏　陳　珩妻朱氏

陳　寀妻陶氏　　王　輔妻鄭氏
吳方玉妻黃氏　　王　融妻李氏
柴大受妻南氏　　貢生陶鋌妻范氏
劉兆昌繼妻李氏　　呂速之妻黃氏
姚自治妻南氏　　廩生秦乾繼妻劉氏
崔王棟繼妻段氏　　楊嶧生妻劉氏
唐順民妻張氏　　李建舜妻張氏
常必錫妻毛氏　　朱　時妻楊氏
梁之禧妻江氏　　常敏學妻王氏
常春宇妻李氏　　席永昇妻王氏

王克倫妻郭氏　　衞玉命妻李氏
王君燮妻孫氏　　原　盈妻張氏
光曉得妻郝氏　　張景觀妻吳氏
潘之芸妻王氏　　家克成妻范氏
吳修齊妻尹氏　　閻應祥妻衞氏
廩生陳琇光妾劉氏　　張雲舉妻彭氏
儀貌誠妻馬氏　　張　恕妻劉氏
監生張默妻南氏　　王　晏妻郝氏
楊天寵妻張氏　　許奉英妻楊氏
薛公孟妻董氏　　金百斗妻馮氏

監生李覲秀妻孫氏　楊克濟妻鄧氏
許九明妻梁氏　樊光輝妻周氏
張見信妻王氏　郝肇禧妻王氏
武生王建功妻裴氏　孫紹輝妻
王文傑妻馮氏　楊世貴妻李氏
張拱標妻劉氏　張之璩妻韓氏
衛設齡妻原氏　賈君協妻傅氏
衛宗顏妻南氏　楊天位妻張氏
王　爵妻支氏　張素著妻鄧氏
楊廷傑繼妻劉氏　吳世傳妻丁氏

黃錫齡妻李氏　吳世振妻丁氏
監生吳璜妻王氏　張會極妻家氏
廩生吳玧繼妻甯氏　閻同順妻黃氏
喬登隆妾蕭氏　李果美孀母朱氏
崔　俊妻王氏　劉文簡繼妻朱氏
黃景晷妻文氏
以上俱守志節
王　然妻唐氏　陶　涵妻張氏
馮凝祚妻閻氏　皇甫宓妻史氏
劉宗宣妻王氏　李學敬妻楊氏

段　琯妻劉氏　　貢生吳　璸妻賈氏
廩生張　焯妻王氏　　監生張必達繼妻毛氏
耆賓張懷仁繼妻杜氏
以上俱賢孝
梁受祺繼妻王氏　　喬直潔妻段氏
馬瑲康妻孫氏　　馬葵生妻趙氏
賈志道妻杜氏　　王煥代妻周氏
以上六人俱已　旌節孝
潘宜均妻趙氏　　吳虎夔妻張氏
衞居儉繼妻權氏　　毛晉霖妻呂氏

李懷玉妻王氏　郝　塏繼妻張氏
張文傑妻衞氏　梁名盛妻李氏
王　伸繼妻孔氏　趙立綏妻聶氏
唐天柱妻耿氏　黃　法妻韓氏
薛文烈繼妻吉氏　唐天佑妻賈氏
王清源妻田氏　趙光普繼妻張氏
甯儒珍妻吳氏　聶遵行妻梁氏
吳起鳳繼妻杜氏　因揚燧妻張氏
孔率民妻張氏　黃有明妻行氏
甯　楫妻曹氏　趙興隆妻郝氏

呂培椐妻成氏　呂稽常妻韓氏

陶文蔚妻趙氏　段若梅妻劉氏

薛承田妻張氏　趙顯晉妻張氏

曹王選妻段氏　梁學憲妻劉氏

秦嘉恩繼妻甯氏　黃仿渠妻袁氏

聶維新繼妻范氏　李家馴妻王氏

丁應德妻姚氏　薛毓英妻張氏

權錫瓚妻段氏　趙德兆妻范氏

南嵋山妻朱氏　段金山妻李氏

張望栻妻李氏　閻躬行妻席氏

李魁元繼妻楊氏　劉振湘妻趙氏

權福海妻周氏　張曰久妻王氏

趙上品繼妻閻氏　郝廷偮妻李氏

朱連三妻姚氏　郝懷寶妻盧氏

李　璜妻劉氏　郭世昌妻王氏

李芝香妻衞氏　郭瑞菴繼妻陳氏

劉金梁妻孫氏　黃　鎧妻崔氏

趙進暹妻吳氏　李維梓妻梁氏

党新和妻梁氏　衞維賓妻王氏

梁　鋒妻董氏　閻鴻喜妻段氏

呂光遐繼妻郝氏　甯時綋妻段氏

楊萬程妻任氏　何聯甲妻李氏

因德厚繼妻吳氏　李炎森妻周氏

周魁魁妻段氏　周福官妻衛氏

耿世晏妻續氏　王世本妻范氏

程平章妻范氏　關大坤妻劉氏

郭文煥妻王氏　王承基嫡妻聶氏

李紹濂妻和氏　趙聯登妾儀氏

黃從元繼妻趙氏　姚肇豐妾韓氏

朱貽讓繼妻張氏　毛日章妻張氏

張德深嫡妻衞氏　賈光德妻王氏

藺如棠妻侯氏　石存禮嫡妻張氏

劉秉倬妻李氏　閻鳳翕妻朱氏

榮培風妻王氏　馬道生妻張氏

王國遴妻聶氏　吳恒茂繼妻許氏

劉維煦妻衞氏　衞淸宇妻范氏

郝立名妻李氏　閻和聲嫡妻周氏

賀夢桂妻呂氏　王廷魁繼妻文氏

喬世壽妻薛氏　王瑞象繼妻李氏

陶　成妻李氏　崔登庸嫡妻曹氏

王志祥妾梁氏　呂時新繼妻郭氏
孫錫命妻劉氏　馬耀麟妻毛氏
秦承烈妻衞氏　呂時和繼妻劉氏
南文輝妾李氏　党篤行嫡妻秦氏
馬維驊妻王氏　羅迎科嫡妻張氏
呂光炳妻黄氏　甯炳麗嫡妻梁氏
段大學妾劉氏　李兆麟繼妻王氏
李德華妻陳氏　續士鳴妻張氏
唐天榜繼妻朱氏　吳見遠妾李氏
張一善妻李氏　呂時和妾侯氏

劉占魁妻張氏　曹　基妻張氏

丁繩先妻張氏　劉克渡妻馬氏

許積耀妾段氏　賈夢員繼妻師氏

張捷耀妻楊氏　聶自謙妻靳氏

周啓新妻楊氏　張　煌繼妻柳氏

唐文藻妻黃氏　楊同興嫡妻吳氏

薛景魁妻陳氏　賈鳳選繼妻魯氏

劉世昌妻陳氏　張　庚繼妻梁氏

程德豐妻王氏　郝質誠妻呂氏

張三餘妻馬氏　靳泊齡妻李氏

賈鳳沼妻杜氏　段樹棠妻南氏
南海淵嫡妻吳氏　張殿魁妾章氏
趙步蟾繼妻李氏　黄協義妻喬氏
高淩雲繼妻侯氏　李鳴鑾妻文氏
楊鶯鳴繼妻樊氏　李依仁妻王氏
梁清選繼妻李氏　趙步魁繼妻賈氏
朱青岳妻呂氏

以上一百五十七人同治三年　旌表總建一坊

程林智妻張氏　劉萬選妻張氏
光崇諤妻權氏　文　燮妻馬氏

梁序穆妾李氏　崔　洪妾楊氏

田恒中妻段氏　李　端妻陳氏

段大儒妻王氏　趙　榕妻姚氏

喬登學妻孫氏　靳秉浩妻閻氏

趙星燦繼妻郝氏　侯垂統妻閻氏

文喜財妻馬氏　侯天熾妻張氏

郝清漢妻張氏　柴恒茂妻段氏

趙廷芬妻李氏　杜復基妻楊氏

馬志和妻陳氏　段維杰繼妻姚氏

張泰慶妻鄧氏　耿天保妻梁氏

閻逢吉妻衞氏　梁光遠妻席氏

閻太春妻王氏　賀國濟妻解氏

吳步魁妻家氏　楊世治妻左氏

范開銓妻王氏　劉　濬繼妻耿氏

馬武元妻陳氏　衞大綱妾謝氏

彭懋學妻聶氏　王　俊妻翟氏

王大成妻汪氏　馬秉文妻杜氏

衞承祚妻劉氏　梁澤遠妻范氏

崔文炎妻黃氏　柴恒昌妻李氏

馬秉潔妻李氏　周自南妻柴氏

張家騏妻和氏　南遵周繼妻彭氏

馬遇仙妻因氏　梁仁庚妻王氏

南宗榮妻衛氏　吉敬武妻姚氏

閻敏學妻李氏　杜全孝妻王氏

黃殿元妻王氏　楊萬康妻段氏

崔文斗妻衛氏　毛汝霖妻衛氏

陶雁峰妻許氏

以上五十七人同治五年　旌表

李加年妻侯氏李家莊夫亡遺一子盡心教育不辭勞瘁闔學舉報節孝蒙學憲以扁旌子煥東妻甯氏于

歸未幾亦早寡孝事孀姑數十年無違言忤色矢志靡他一如其姑人稱兩世苦節云

張文永妻閻氏南關夫亡矢志不渝一日歸甯方櫛其母勸之嫁乃擲梳於地自撾其面號泣不止母不復言完節而卒

傅槐妻陳氏南梁村夫亡守節八十餘載卒年一百有八

韓自新妻張氏西林陀夫歿守節孝事翁姑子大經妻周氏早寡茹荼守貞與姑無異

呂稽貞繼妻聶氏澤掌莊夫亡安貧守志感孚鄰里病

革時鄰婦競侍之

郝操妻李氏光馬村夫歿泣不欲生旣念翁姑無依乃節哀紡績以終養鄰里稱之年八十而卒

梁立中妻蘭氏武平村夫歿家綦貧旋生遺腹子性癡懦守志撫孤五十餘年歲饑餓斃

文燦繼妻張氏義泉村夫歿家日窘猶獨力延師課子讀書終其身無事不出閨門

賈殿英妻吳氏木贊莊夫亡事伯姑以孝聞撫兩世遺孤備極勞瘁子艮臣入黌宮

程繩先妻崔氏程官莊夫客死家貧孝事翁姑皆終天

年戊寅大祲姪擬拆屋謀食氏以木主無附止之終餓而死

侯甫讚妻南氏澤掌莊讚故貧夫亡以紡績養姑日進甘旨姑歿稱家以葬

李春著妻許氏木贊

常伯旺妻張氏龍香村

周　山妻王氏寨里

傅析魁妻薛氏南梁

衛炤文妻段氏澤掌

辛思温妻陳氏

姚　瑀妻趙氏站莊

劉廣運妻王氏義泉村

梁文定妻范氏澗西

衛宗閔妻邱氏慶豐莊

馬道統妻段氏馬家莊

光茂基妻王氏

韓景武妻李氏俱北社　王　爵妻支氏陽王

孫二峯妻何氏東柳泉　劉進義妻李氏

尹裕堂妻王氏俱陽王　韓思道妻王氏

因有慶妻蘇氏俱辛安莊　張　頊妻丁氏

文治平妾梁氏　文憲章妻某氏

文　璽妻梁氏　幻春榮妻衞氏俱義泉村

文章章妻曹氏　文步桂妻楊氏俱北梁

李晉弼妻吉氏　賈培風妻衞氏俱木贊

薛道清妻胡氏龍香村　張牛兒妻楊氏

柳天成妻賈氏　張步鳳妻唐氏

張　仁妻章氏　柳永[illegible]妻曹氏

張萬聚妻師氏　張　澍妻王氏

李富有妻柴氏俱北平原　梁廩兒妻高氏

萬天會妻張氏　萬　統妻張氏俱武平

楊晉興妻李氏　權作蒲妻郝氏

權學思妻張氏俱東南董　秦承烈妻衞氏

孫敬菴妻姜氏俱泉掌　蘭葉清妻胡氏

蘭廷煌妻榮氏俱南古交　閻建甯妻張氏

閻開泰妻李氏俱閻家莊　閻奉行妻衞氏

任洪真妻高氏　楊　炤妻李氏

郝受祿妻秦氏　李增熇妻衛氏

楊郝管妻焦氏　郝培教妻張氏

閻長璽妻李氏　李均國妻景氏俱東韓梁

范廷賓妻聶氏范莊　薛引年妻趙氏光村

杜如桂妻郝氏　賈時暢妻王氏俱店頭

程致禮妻劉氏周流窰子　權國傑妻曹氏

劉天寵妻權氏俱北張　尚學程妻馬氏

尚仲强妻姜氏俱南熟汾　薛振綱妻王氏古堆莊

薛全炎妻栁氏西關　楊高明妻吳氏

楊五雲妻孔氏　楊河牛妻王氏俱閆壁莊

劉化周妻楊氏　楊廣發妻李氏

楊作梅妻史氏　李世清妻楊氏俱弋家莊

韓戊厚妻姜氏西薛郭　王金鎔妻張氏張莊

李枝萬妻江氏　閻殿魁妻許氏

王慶元妻周氏　閻畏命妻樊氏

閻生榮妻曹氏　閻發棠妻張氏俱雙陀莊

張有兆妻和氏西關　耿世桂妻張氏段家莊

張賓年妻解氏蘇村　武景豹妻朱氏

段暮春妻柏氏俱劉建莊　朱貽垣妻許氏

楊　昇妻張氏　楊許運妻姜氏俱永豐莊

張玉璿妻李氏蘇村　王世楠妻南氏北李村
薛夢杰妻孫氏三林橋東　楊玉成妻許氏
樊子實妻毛氏　劉存義妻席氏
陳仁科妻朱氏　劉清華妻周氏
張宗師妻原氏　閆馬馬妻李氏
張裕泰繼妻賈氏俱三泉　周尉桐妻張氏
陳瑞蕙繼妻楊氏　陳則堯妾曹氏俱白村
張萬鎰妻周氏　南王英妻韓氏
南若正妻韓氏　南文煥妻張氏
席續慶繼妻蘭氏　韓佐元妻孫氏

張成順妻裴氏 俱席村

楊夢明妻尹氏

許治平妻楊氏

許斗茂妻趙氏

李自新妻張氏

郭　墉繼妻喬氏

姚超元妾朱氏

席克贊妻王氏

段爲樑妾王氏 俱本城

李維儀妻王氏 俱王莊

劉化學妻史氏 弋家莊

許明新妻張氏

楊守業妻尹氏

許　雄妻王氏 俱陽王

李建順妻張氏 俱譚曲莊

南　慶妻陶氏

馬義圖妻南氏

任存三妻解氏

王福全繼妻郝氏

張景喜妻王氏

張印章妻段氏 俱辛安莊　黄火旺妻趙氏 萬安莊

吳得朋妻張氏 劉峪　張天德妻章氏 辛安莊

朱秀仁妻馬氏 石家莊　賈金恭妻王氏

賈懷德妻高氏 俱向家莊　藺　鎮妻陳氏 光村

郝以勤妻焦氏　楊克恆妻侯氏

庾首登妻張氏 俱大聶莊　支福祿妻劉氏

支振安妻張氏　張九九妻柳氏

支景三妻王氏 俱支社莊　陶交元妻王氏 本城

儀順生妻張氏 東王莊　姚宗興妻禤氏

史永吉繼妻郝氏 史家崖　周建楚妻姚氏

姚晉蕙妾張氏
姚允鎰妻閻氏
楊成瓚妻姚氏俱龍泉莊
楊從堯妻孫氏
楊廷俊妻黃氏
孫大年妻吳氏
趙高登繼妻李氏俱蘇陽
王韓相妻魯氏
王道邦妻汪氏
王學孔妻儀氏
王永甯妻汪氏
王友蓮妻羅氏俱裴社
文　繡妾吉氏南莊
張魁中妻趙氏
吉建寬妻馬氏俱狄莊
雒森茂妻馬氏
柴春雲妻和氏俱西曲莊
行　林繼妻陳氏中村北
田維藍妻李氏
劉國鈞繼妻王氏

張恩榜妻李氏　李友桂繼妻張氏
劉之潢妻馬氏　李心利妻和氏
王師禹妻孫氏俱南關廂　文日茂妻丁氏台上莊
行泰彬妻王氏　行泰安妻劉氏俱行雲莊
劉春興妻王氏劉家莊　楊嘉五妻王氏郭家莊
張必榮妻柳氏譚家莊子　王三酌妻楊氏
譚士安妻韓氏　王九五妻譚氏
王萬子妻楊氏俱譚家莊　楊志賢妻張氏
楊虎虎妻王氏　楊列列妻王氏
楊維綸妻張氏　楊克寬妻馬氏

馬福根妻王氏俱楊家院
張鴻通妻王氏俱張家院
王仁娃妻劉氏
柳玉慶妻王氏
吳堯佐妻王氏
劉允中妻支氏
王　瑚妻費氏
張梅山妻郭氏俱文侯莊
張存仁妻章氏北平原
郭錫琳妻吳氏橫橋

孫天錫妻楊氏
王金良妻宋氏
柳林娃妻劉氏
柳向增妻王氏
王紹武妻楊氏俱宋溫莊
程億仁妻許氏
常思順妻郭氏
家　美妻胡氏北杜塢
王　樑妻馬氏孫家院
孫富江妻許氏

孫守仁妻張氏俱劉峪　馬常基妻張氏寨里村
王松超繼妻石氏　王粱根妻常氏俱王莊
南穆穆妻張氏　南鎮恆妻張氏俱下船[illegible]
姚天成妻常氏　衛[illegible]妻馮氏
續志先繼妻謝氏　劉文元妻衛氏俱王村
曹有賓妻劉氏　衛　桂妻師氏俱張店
李向榮妻楊氏三家店　韓黃舍妻楊氏
韓心合妻支氏俱韓家莊　鄭廷雷妻王氏
鄭天榮妻支氏　封會娃妻楊氏俱　村
賀　某妻唐氏婁莊　趙慢慢妻甯氏西南董

梁習達繼妻郝氏　　梁宜芳妻衛氏俱武平
楊吉榮妻曹氏　　楊若蘭妻韓氏
楊臨江妻張氏　　楊秉憲妻吳氏俱丁村
吳克續妻許氏劉村　　衛生榮妻李氏
楊可富妻李氏俱下堡里　　范居義妻樊氏范莊
段理清妻梁氏　　段宜壬妻毛氏
毛拱娃妻張氏俱馮古莊　　陶纘景妻趙氏周莊
□筆昌妻南氏　　張迎秀妻文氏
張迎魁妻王氏　　王　起妻梁氏
張汝懷妻賈氏俱吉莊　　曹天貲妻張氏辛堡里

翟　某妻皇甫氏　翟有齡妻王氏俱婁莊

高遠俊妻程氏丁村　成法庚妻王氏柏壁

賈文煇妻巨氏木贊　呂英娃妻蔡氏

呂張英妻南氏俱澤掌莊　朱炳南妻姜氏永豐莊

張紹先妻吳氏　李生樹妻張氏俱白村

陶文越繼妻王氏周莊　王國俊妻賈氏張莊

梁永泰妻李氏　薛　楨妻衛氏

段震庚妾衛氏俱本城　傅　燦妻李氏南梁莊

李國和妻范氏　聶輝辰妻衛氏

王高壂妻藺氏俱吳嶺莊　張丕顯妻王氏

張曰謙妾江氏　張懿恭妻趙氏
張振清妻趙氏俱橋溝頭　梁汝明妻范氏
梁錦章妻衛氏俱澗西　楊逢泰妻王氏大聶
曹之秀妻權氏西莊　楊賡聚妻王氏丁村
宋滿兒妻閻氏　梁思樂妻楊氏俱武平
趙　杓妻唐氏妻莊　楊登山妻丁氏永豐莊
秦錫三妻甯氏泉掌　何進珪妻權氏北張
李尾把妻任氏劉建莊　南郎清繼妻韓氏席村
王從福妻樊氏　王廷元妻張氏俱北李村
楊星燦妻王氏　江小泉妻陳氏

劉遇魁繼妻樊氏俱三泉　周履恒妻楊氏
張登魁妻薛氏俱三泉　王國定妻范氏
王廷晏妻張氏　閻生煥妻光氏
王士魁妻張氏　王汝梅妻許氏
王如茂妻郝氏俱雙陀莊　馬大賓妻趙氏萬安莊
張安生妻甯氏　張丁娃妻章氏俱辛安莊
支福緜繼妻李氏支社莊　席振綱妾光氏橋溝頭
張朝棟妻王氏東康村　段大謀妻曾氏堡裏莊
周　洽妾李氏　杜效顏妻李氏
賈　淵妻王氏俱店頭莊　郭居康妻裴氏

喬世端妾馬氏俱西關　蘭有志妻張氏

姚生蕙妾趙氏　毛鳳儀妻張氏俱龍泉莊

張志福妻衞氏　衞作梅妻張氏

張逢來妻續氏俱蘇村　李德明繼妻田氏中社莊

蘭國榮妻王氏北王馬　行朝虎妻韓氏行雲莊

張來元妻趙氏　王滾樓妻吳氏

李過娃妻吳氏俱譚家莊　張仰周妾狄氏

張會娃妻吳氏俱翟家莊　孫天鳳妻馬氏張家院

柳應魁妻王氏宋溫莊　王福壽妻許氏文侯莊

王四賓妻藺氏南社莊　馬燕山妻康氏

雒　裕妻梁氏俱西曲　劉之江妻吉氏南關

喬五榮妻吳氏西行莊　和好官妻馬氏孫家院

朱葫蘆妻南氏下船莊　衛捷寬妻秦氏

衛可義妻南氏俱王村　文如瀛妻王氏義泉村

王祿元妻郭氏　王煥堯妻段氏俱東林陀

段體浩妻權氏　毛德德妻周氏俱馮古莊

文修桂妻賈氏北梁　曹辛未妻吳氏辛堡

靳懷仁妻王氏三林橋東　呂維昌妻關氏澤掌莊

張　忠妻樊氏尚書莊　葉永蔭妻吳氏木贊

李春元妻張氏南社　藺鵲志繼妻文氏龍泉

高允升妾彭氏　高正清妻藺氏俱澤掌莊

程立直妻姚氏周流窑子　李煇妻衛氏

閻正心妻張氏　楊學義妻趙氏俱東韓梁

薛天保妻李氏龍香村　杜復型繼妻段氏本城

李體中妻許氏白村　南邦彦妻楊氏本城

陳恩元繼妻李氏本城　侯維信妻羅氏趙村

以上三百七十七人俱請　旌節孝

直隸絳州志　卷之十三　三八

貞烈

舊志立列女門凡守節殉夫完貞諸賢媛仍類從而彙載之蓋仿劉子政例也然栢舟之操無代無之而遭兵燹死凶歲者其情形尤爲可憫彼既決捨其性命豈忍更沒其名氏故區而別之附諸前傳之後與舊志並行不悖庶覽者一目了然是亦表微闡幽之苦志也

先王旌典有節無烈權其難易以示優劣臨難愚婦但知自潔捐軀守貞豈計綽楔失此不載鉅典有缺骨委泥沙志懍冰雪一字之褒有光日月立

貞烈門

吉永泰嫡妻王氏泉掌人明末永泰爲流寇所傷同妾陳氏守制三年誓不再醮母家逼之遂同日自經

趙鳴岡妻秦氏泉掌人流寇之變投井死

張三娃妻楊氏閻壁莊人嫁逾年夫歿投井以殉

王某妻梁氏本城人嫁甫二年夫病歿縊柩側以殉

張林鳳妻曹氏北行莊年二十四歲夫病歿殮甫畢投井以殉州牧戈公旌以扁曰節烈獨標

薛紐紐妻衛氏古堆夫歿三日蓋棺吞鴉片烟以殉

王合娃妻仇氏程官莊捻逆至匿村外窖中賊見欲擄

之氏卧地駡强置馬上故墜如是者三賊脅以刃氏曰不殺我非夫也遂遇難賊去夫尋至屍所有犬守焉

南春春妻吕氏澤掌莊爲捻逆所擄紿之曰吾素食洋烟能食我任所欲賊與之急吞以死賊棄置門外夫歸尋至傍二屍被犬噬不辨誰何氏屍獨無損

秦鳳舞妻王氏三泉莊捻逆至避村外蘆灘賊見欲擄之氏堅執不從身被數傷撲水死

王魁元祖母薛氏　成毛娃母聶氏

張林喜母鄧氏　張欽訓母李氏

衛全全母權氏　衛恒積母王氏

高舒繡庶母朱氏　高丑丑母薛氏

高可大妻李氏　衛繼康叔母席氏

董友善妻程氏　聶穩心妻文氏

段啟發妻薛氏　呂音遥妻衛氏

呂作義妻趙氏　張欽訓妻家氏

賀偏偏妻呂氏　賈龍娃娃妻家氏

衛憨憨妻呂氏　高步蟾妹秀秀

聶穩心妹香香　聶　連妻毛氏

聶　連女英英　呂和尚妹奴奴

聶穆娃女女子　段憨子妹翠翠
馮長庚女引引　衛月德女尖尖
呂音正女香香　呂樹基女沙沙
呂鳳喈妻張氏　衛成成女新兒
以上三十二人俱澤掌莊捻逆之變殉難奉　旨
總建一坊祀節孝祠
彭明德妻張氏　彭永樹妻蘭氏
李春茂妻張氏　李春芳妻張氏俱龍泉莊
張自遇妻南氏並女一親　張小鼠妻南氏並女張姐
張鳴鑾妻朱氏並女麥女　張松茂妾白氏俱蘇村

丁聯科妻許氏東韓梁　程必揚妻楊氏程官莊

薛道隆妻張氏並女某龍香　劉明遠女某泉掌鎮

文繡妻魯氏並女某北梁　柳壬娃妻閻氏

張得福妻藺氏俱北平原　王立名妻張氏北蘇村

南小黑女批兒　樊長達女蘭兒

蘇林景女卷娃　南滿朝妻姚氏俱李村

李五娃妻文氏　周富貴妻姜氏永豐莊

張維蘭妻姜氏劉家莊　席天玉妻趙氏三泉莊

曹從成女某　曹從武女某俱辛堡

李迦程妻胡氏南古交　萬子謙妾李氏

張兆明妻葛氏　張引兒女海親

張召娃女近兒俱武平莊　程克定妻南氏周流窰子

以上三十二人捻匪之變投井死

劉清潤妻張氏並女某　楊集鵬妻徐氏俱二泉

王錫福妻張氏王莊　常登龍妻李氏南王馬

以上五人捻匪之變赴水死

閻學曾妻丁氏閻家莊

捻匪之變自經死

藺聯甲妻張氏光村

捻匪之變投水缸死

李　銀妻王氏南古交
捻匪之變見殺

直隸絳州志卷之十四

藝文第一

唐

王勃上絳州上官司馬書

月日龍門百姓某謹再拜奉書於司馬上官公足下蓋聞蠢化出於窈冥帝圖寄於寥廓聖人生而萬物覩太階平而四國會故曰有非常之后者必有非常之臣有非常之臣者必有非常之績至今雷奔雨嘯風旋電轉拾靑紫於俯仰取公卿於朝夕雲臺廻漢南宮列元宰之圖霜戟羅門北闕據名臣之第嘗見之矣至若時非

我與雄畧頓於窮途道不沓行高材屈於卑勢孔宣父之英達位未列於陪臣管公明之傑秀名僅終於郡屬有時無主賈生獻流涕之書有志無時孟某養浩然之氣豈非妙造無端盛衰止乎其域神期有待動靜牽乎所遇向使太公失於周伯則旗亭之屠父韓信屈於蕭何則轅門之餓隸又焉得鷹揚豹變吐納風雲者哉故曰知與不知用與不用觀夫得失之際亦窮達之有數乎其有邀時譽忘廉恥狥苟得設向背於朝廷立縱橫於勢利舉三寸之舌屈辱豪門奉咫尺之書逡巡下席皆自謂材足以動俗智足以濟時鐘鼎輝其顧盼冠蓋

生其籍甚豈知夫四海君子攘袂而耻之乎五尺微童所以固窮而不爲也此蓋莊周有言所以得意而忘象得象而忘言語曰談何容易易稱書不盡言知談之不易而欲言之盡以是思之良可知矣下官者康衢之賤耳嘗聞闕里之言頗挂平輿之目豈不知塵形俗狀游水鏡而多慚抱鼓援鼙過雷門而自失而欲刻鵠飾凫唐突扃餘者邪徒以登山泛海庶測高深執炬傳螢希增日月三奔九合下官聞管仲之風千載一時若侯受鮑卿之託是以敢陳其徑庭不然則秋風明月西江留獨往之因桂嶠松巖南山有不羣之地猶區區者而重

高明之閫閾君侯極天分構振瓊樹而韜霞帶地疏源握珠胎而冠月鱗軒鳳殿瑤臺降卿相之榮鵲印蟬簪金社發公侯之始青阜獨嘆望鴻漸而翻雲丹穴高鳴對鵷池而矯霧嚴助以賢良待詔未厭承明汲黯以方正拾遺終榮卧里藩維克振既參來暮之歌邦國不空自有康衢之相加以雄材廣度散琬　於胸懷逸氣遒文運風霜於掌握廹青霄而構舍烟霞之涯涘莫尋振滄渤以流謙江漢之波瀾未測耀靈桂於趙席垂棘知歸辯羣籟於莊軒懸匏自託賓階夕敞清河銷驎賛之虞虛栩晨披元禮得龍驪之地方當翊賛宸極翊儀臺

屏豈徒偃仰州縣勞事藩庭而已哉借如僕者言不滿於鄉黨聲不出於堂閾東海取樂於簞瓢南山畢志於文史冷花佩葉入蘭室而談元挹露攀霞坐松扃而嘯逸楊子雲之澹泊心竊慕之稽叔夜之逍遙眞其好也未嘗露才揚己飾小智以驚愚假勢憑時託中人而樹迹遍遊天下寒心於將相之門獨守太元側身於名利之境嘗謂奉琴巵於北牖詠詩禮於南陔坐商洛而折雲英臨江湖而揉煙液生願畢矣而屬鸞扃停逸鶴虛不次之階鶴板徵賢累發非常之詔天下有道吾豈匏瓜承達人一顧之榮辱公車再辟之禮平津侯之博物

終屈奉常賀大夫之才名猶逢絳灌況庸者而可免於此乎君侯要津先據圖海盛於當時下官覆簣方勤爲山始於今日雖陵深谷變終非入室之賓而晝詠宵吟敢預升堂之列夫以幽明不測尺標見天下之心巨細相傾寸管合義舒之度豈非道存斯貴理在必亨霸畧近發於輿歌皇圖不隔於芻議故有榮枯絕等奉推轂而欣然年勢不侔受分庭而罔愧風規可接惟君侯體之今古未殊則下官願矣常恨霜松列澗萬尋無卑月之期露草滋山寸莖有梢雲之望斯則聲實困於兼濟才位難於俱立況乎地勢不足以誇俗容貌不足以動

人遑遑藪澤安足以奉高明之咳唾也所冀蠅階賤質附雲足而追飈蛃序輕姿託霜毛而絕海委名勵巳蛟鐔中獨斷之能偶跡當仁驪珠鮮闇投之懼天衢可望指鵬程而三休巨壑難遊伏龍門而一息死罪死罪

樊宗師絳守居園池記 州人趙師尹注

絳讀即東雍去聲為守去聲理所句亭參實沈分去聲氣句蓄兩河潤句有陶唐冀遺風餘思去聲句

絳治雍州之東規天星得參實沈實沈參神括地蘊介音戛兩河閒爾雅注東河至西河揆人理則陶唐冀方地

晉讀韓魏之相剝剖讀世說讀總其土田讀士八讀令

離貞反無磽口交反讀禖擾句宜得地形勝讀瀉水施法句

由晉暨韓魏來競剝削剖析世稱各總理其地與人

俾無磽薄及紛鶩者宜乘勝迹恒溉其地治平聲其人

豈新出又蕞猥不可居句州地或自有興廢讀人因得

附爲奢儉句

乃既從新田今絳縣處蕞隘猥遝復返故絳又州地屢

遷自柏壁至玉壁隋開皇三年又徙今州治土風亦異

將爲去聲守悅致平理與平聲讀益侈心耗物害時與句自

將失敦窮華讀終披夷不可知句

詰爲園者易制治耶易驕恣耶無亦失敦朴窮華靡

將終至披靡陵夷已乎

障驪彌反緬字書無此發緬之譌孤顛讀呵口下保反渠勿元武切

城因山勢豁邈北聳

踞守居讀割右北句自甲辛苞讀大池泓烏宏反橫讀硤

旁讀潭中句

地右旖卯奇反圜守居之北苞而爲池深廣東西橫縱二十丈橫四十八丈硤其旁而潭其中

癸次木腔讀瀑三丈餘讀涎玉沫珠句

池北右次是水所由入奔洄硤楚兩反錯

子午梁貫句亭曰佪佪同漣句虹蜺雄雌讀穹鞘覷蠡句

礙很胡墾反島坻音池讀淹淹委委平聲句莎靡緌蘿薔讀翠蔓紅刺相拂綴句梁穹窿中踞貫池南北搆亭名洄漣上視虹掣下趨去聲如窺蜃宮列奇石行步觸齧循島坻閒淹沒委折岸莎披靡緌布蘿薔閒翠紅刺亂相牽拂點綴梁以土爲之今亭在梁左南連軒井陣讀中踼曰香句承守寢讀睟思句豎香亭鑑有熊氏井陣法四繞木籬連瑣布罫胡介反藉守寢宅晬潤足去聲人深思西南有門曰虎豹句

闘門守居之右繪兩壁虎象有武豹象有文（今仍其處）

左畫虎搏立（句）萬力千氣（讀）底（止音）發（句）毚莅地（句）努肩

腦（讀）口牙怏（於亮反）抗（句）雹（蒲角反）（讀）火（讀）雷（讀）風（讀）黑山震

將合（句）

虎伏蹺底厲怒發忿怏扞抗舉似擊烈將撼山欲合

極其猛鷙

右胡人髯（句）黃（於元反）纍珠（句）丹碧錦襖（句）身刀（讀）橐

（讀）韡（讀）撾（陟爪反）（讀）縚（同條）（句）白豹元斑（句）飫（於據反）踞掌胛（音甲）

（讀）意相得（句）

胡人馴豹髮髯鬐服歷錄幡箙刀佩亂映豹斑飽于

鉤距手抵背膊閒人獸相習殊無怖迕悉門

東南有亭曰新句前含同頷曰槐句有槐屑音戲護讀䨴鬱

蔭後廨句渠決決緣池西讀直南折廡赴讀可宴可荷

句

東南新亭之頷巨槐作力擁護靉䨴陰鬱自前頷蔭

亭後顧有渠自西直南曲折向廡來赴茲亭可宴息

亦可判決衙事

又東鷩當從鳥虛言反讀渠曰望月句

池濱爾反東鷩舉過平聲月渠

又東鷩窮角讀池研雲曰柏句有柏蒼官青士讀擁列

讀與槐朋友句嵬陰浴色句

又極東爲柏亭柏影研磨池雲著者官耆者士與槐

閒去聲植高陰渥色穠郁莫京

北俯渠讀幢幢來讀刮級廻西句

北瞰渠流靡定水與階平汶瀰漫西折

與隅疑偶閒讀萯原玦音決天句汾水鉤帶句自言謁行去聲

句

與隅所見原如玦水如鉤據地宏厰有以考言察行

來告謁者亦于斯亭

旦艮閒讀遠岡青縈句近樓臺井閭點畫縈句可四時

合奇士讀觀雲風霜露雨雪讀所爲發生讀收斂去聲句

賦歌詩句

晨覘艮方納遙青灼微杪恒聚士人游詠時物悉柏亭帶

言東北

正東曰蒼塘句蹲音存瀕同賓西漭望句瑤翻碧瀲句光文

切鏤句梨古通劙深撓撓奴巧反讀收去聲窮句

塘在東故名曰蒼由林木閒俯瞥匹滅反泝漭璀璨淪

漣水紋淨刻動撓抵岸涘始收

止北曰風隄句爽攜左右讀北回股努句壖徒計反捩音列

蹴墉讀衕音咸渠欿池句南循溢讀景同影怪爤句蛟龍鉤

寵句寶龜靈鼉薄猛反句文文章章讀陰歆呼介反墊礮虛咸反句燁潰靄㜮同紃句桃李蘭蕙句神君仙人讀衣裳雅冶句可會脫赤熱句

受風曰風隄蹲正北纚連左右相陵駕攜持旁隄返抱大似兩髀音比努力止嶷紾轉蹴墉之半銜帶小渠而歆亭于大池直南接千年粱倒影在水光怪咸燭檻格則蛟龍之銁牽桂磔音類則龜鼉之游泳鑊則文合則章眞若鱗介音甲羣來隱嗄色甲反下噏有埼煙四浮靄蒙錦桃李蘭蕙正芳水湧花明雖神人仙子衣裳嫋乃了反凌波以度不是過矣風去聲斯隄也即長夏

多人暍於歇反暑可袪悉風反

西北曰鼉蜍音原庚句開咍呼來反儲句虗明芀芀讀嵬眼頫胡孔反耳讀可大客旅鐘鼓樂句音洛提鵬挈鷺句佰同佖并列反池豪渠句憎乘憐闉句

奠西北宇平原瞰水如鼉掘地卽取鼉蜍名原信開大饒儲蓄其涵光寥廓則開咍也奇崛渠勿反荘月闉音堂鞳音塔盈耳則儲也開咍儲嘉賓樂矣復俯睇鷗鷺若在提挈佖滿乎池豪覩乎集故作向背蒲妹反可嫌也實亦可愛

正西曰自濱句薈烏外反溛梨讀素文售舞百佾句水翠

披句鄜鄜虛郭反千幅讀迎西引東句土長厓讀挾横埒讀日卯酉句樵塗塢徑幽委句緣鳥聲讀無人讀風日讀燈火讀之晝夜讀漏刻句詭姽魚毀反絢化句西濱樹梨百本得白之名皚疑開反深舞動水翠間上聲之驚視若千幅畫迎此引彼土厓挾持而横亘者卯西埒也塗徑隱折歷日夕動定諸時詭異姽雅絢采幻化

大小亭讀餖池渠間句走去聲池隄上句亭後前讀陴乘墉讀如連山羣峯擁句地高下讀如原隰隄杜奚反谿壑句

凡亭置小池渠間蓄洩四注走池水陂上紆折旁流間（去聲）自諸亭周顧塘原濱垮則皆以堞連墉如亂山之環擁由上池下若層壑之迭承

水引古（句）自源三十里（句）鑿高（讀）槽絕（讀）竇墉（讀）爲池（句）溝沼渠瀑（讀）潨（同淙 音叢）潺終出（句）汩汩（音骨）衙衙（讀）畦町（讀）阡陌閒（讀）入汾（句）

引古水自九原（俗名古堆 在州西北）之麓二泉所距不三丈許清一濁一滙流過郡鑿其高槽其絕竇其墉以爲斯池疏鑿異形具衆水名義纖流以出厥聲汩汩然經民巷陌復竇墉南入于汾（括園水所來去 應大池汊横）

巨樹木讀貧土悍水沮將豫反讀宗族盛茂句旁蔭遠映讀
錦繡交句菓枝香畹音遠讀麗絶地郡句
土剛水洌卉木所由盛也枝實離離畹菀烈郁中于
州界
考其臺亭沼池之增句巍豪王才侯讀襲以奇意相勝
句至今過客尚往往有指可創起處句余退常吁讀後
其能無讀果有不同否補建者句
考唐刺是州如徐王元禮武德中鄭王元懿總章中韓王
元嘉咸亨元年庚午妃房氏薨子訓等作碧落碑文今存許王素節光宅元年岐王
範開元六年絳王悟元和元年及孔正時高宗張錫景雲元年趙彥昭

景雲二年嚴浚開元中字挺之韋陟肅宗時韋武德宗時崔宏禮長慶中輩或于園池不無增易卽過客嬉游猶有可指建者是以退想之餘懷往昔悲方來知將創改失制匪記搆所克常保

池由于煬乍及當作反考雅讀文安句發土築臺為拒誅句幾坿于汙同句○隋史洿宮雅作粹池則由隋大業元年閒附漢王諒煬帝弟反者為絳人薛雅聞喜人裴文安諒兵曹伐土為臺蓋剗北齊斛律光冢增築之今冢連池東南拒周羅睺隋將軍封義甯郡公之誅幾比禮檀弓所云洿其宮而豬同瀦焉者

水本于正平軌句病井滷生物瘠讀引古汾澮句人便句幾附于河渠句

水則自隋開皇間正平令梁軌（正平絳志郡縣軌字世慕十三年以內軍將軍爲臨汾令十六年開古水十八年臨汾改正平）開十二渠便人溉沐幾比司馬遷所言河渠之利

嗚呼句爲附于河渠讀則可句爲附于汙宮讀其可句書以薦後君子句

嗚呼河渠而可爲也汙宮而不可爲也擇而取之將進後人正告之矣

長慶唐穆宗三年癸卯五月十七日記

諸家字句不同

元陶宗儀輟耕錄云宋王晟劉忱嘗爲解釋今不復
有偶得濮陽趙仁舉字伯昂箋註本傳其句讀絳即
東雍○禀參沈實分○畜〔無艸〕○世說總其土田士人
○今〔丨古〕無磽襪擾○宜○埛倔元武㠐○守居割有
北○自甲辛苞大池泓○横碶旁○潭中癸次○木
膣暴〔無水〕三丈○餘涎玉沫珠○子午梁貫亭曰洄〔从水〕
漣○蒴〔从米〕○礙佷島坻淹淹委委莎靡縵○蘿蓄〔丨衍〕
翠蔓紅刺相拂綴○南連軒井○溺〔从水〕○左書〔詩丨〕虎
擁立○努肩腦口牙快〔丨利〕抗○電〔堂煉〕火雷風黑山震

㴵合〇槊从田〇掌脾从耳〇有槐負从尸下貝護〇渠泆決
緣丨碧池西直南折廡赴〇又東鶱窮角池〇擁列與
槐朋友〇刮綴面目丨西〇自言謁〇行旦艮閉〇隄
執多此二字北回股務〇御丨臨丨樂歡池〇景怪孎从女〇煙
潰靄聚丨散桃李蘭蕙〇神君仙人衣裳推治〇西北
曰鼈〇蜍原〇薈深憐多此字梨〇鄉从日〇廻西引東
十丨𤋮長庢〇曰日或作自卯酉樵途鳴徑幽委〇蟲鳥聲
無人〇風曰燈火之〇晝夜漏刻詭姽絢化〇大小
亭餖池渠閒〇走池隄上亭後前〇爲池溝淊渠濕
潒溽終出〇汨从子日之日于筆反資士𤋮丨悍〇錫繡交菓枝

香○畹麗麗多一麗字絕他湯河郡○發土築臺爲拒下無誅字

○引古○沃滸人便○

又見一本亦註解不著姓名

自將失鄉从日窮華△自甲辛苞大池△泥橫祴旁△

潭中△子午梁△莎靡縵△南連軒井△陣△左畫

虎搏从專立△底从广○電火△撾从手有槐肩蔑霸○鬱

陰△渠決決△近△正東曰蒼塘蹲瀕西漭壁○正

北曰風隄乘攜左右○隄執北回股努擳拔从支蹴墉

○提鵬△絜从糸鷲○鄉从目○迎引西東引在上○蟲鳴

从口聲△晝夜○大小亭餖○池渠閘○亭後前陴乘

墉○如連山羣峰△擁地高下○鑿高槽○絕竇墉○其一作爲池溝沼渠瀑潦毎字△汩汩街衕△町畦町在上阡陌△毎字閒大汾○水祖父宗族茂盛茂在上○錦繡交菓枝香畹△考其臺亭沼沚从止之增△後其能無果有不補建者○池由于煬及者雅文安○發土築臺爲拒誅有誅字△病井滷△人便幾附于河渠○

井研胡氏句解本

礙佷島坻○淹淹委委○胛从甲之甲乙○有柏著青官在下句○官青在上句士擁列○汾水鉤帶白言○謁行旦艮閉○正北曰風○椽原開咍○儲虛明茫茫○日卯

酉○如原隰○谿壑水○錦繡交○

張子特注釋其段落句讀與諸家小異因仍録原文以便觀覽

絳即東雍爲守理所禀參實沈分氣蓄兩河潤有陶唐冀遺風餘思晉韓魏之相剝剖世說總其土田士人令無磽褋擾宜得地形勝瀉水施法豈新田又蕞猥不可居州地或自有興廢人焉得附爲奢儉將爲守悅致平理與益侈心耗物害時與自將失敦窮華終披夷不可知

東雍古州名爲守理所衍文實沈次名起畢十二度至井十五度兩河西河南河也剝剖損人益己也剝

淺而剖深絳有此俗者習於晉之霸政韓魏之爭戰
也士人之人民也避唐諱磽田瘠也瀉水則磽者可
以肥施法則襍擾者定矣曩祖外切地狹也猥人衆
也悅致平理者以致平治爲悅也唐諱治自身也將
以今計後之辭失敦窮華樸厚無存而侈靡至不可
復加也拔死不完身也夷滅也不可知未必不然也
陴緬孤顛跒倔元武踞守居割有北自甲辛苞大池泓
橫硤旁潭中癸次木腔瀑三丈餘涎玉沫珠
陴音脾城上女牆也緬絳州趙先生師尹曰字書無
此疑緬之訛愚按緬字从系緜之省文也緜之爲物

引之斯長由近及逵从面向也言城逵向北凹也跒
口下切跁蒲馬切 跒行未肯前也倔渠物切倔彊梗戾
䫉跒倔二字合爲竦立之䫉踞占也上當闕一圜字
剳分據之也甲辛東西也苞同包泓烏宏切水深廣
也硤同狹潭深也趙氏曰滮縱二十丈橫四十八丈
癸次北方也木腔䅣也瀑蒲屋切水自上拖下也涎
邪前切涎玉洙珠言水之涎涞似珠玉也
子午梁貫亭曰泂漣虹蜺雄雌穹鞠覤黿　礙俍烏坻
淹淹委委莎靡縵蘿薔翠蔓紅刺相拂綴
蜺疑齊凝屑二切蝃蝀之色明者爲雄曰虹其暗者

爲雌曰蜺穹中高而旁垂下也鞠曲也覷七慮切伺
視也蠡即蠡字下當闕一宮字蠡宮水神之居若九
歌之言鱗屋龍堂者也佷同很強止不行也海中山
曰島水中高地曰坻以二者擬梁之狀礙佷島坻言
梁在水中阻水使不得直行也委委平聲曲貌靡細
碎也縵莫半切分布也蘿有蔓薔薇有刺刺同朿音次
木芒也

南連軒井陣中踴曰香承守寢睟思

軒井黃帝時井也其旁木籬四繞連瑣布罫如行陣
之形承接也睟同粹

西南有門曰虎豹左畫虎搏立萬力千氣底發毵匿地努肩腦口牙快抗電火雷風黑山震將合右胡人鬅黃帑纍珠丹碧錦襖身刀囊韡搗縚白豹元班飫踞掌胛意相得

底音指致也毵野豕也電火九字極形虎毵博抗之勢山言黑者天方陰雨也鬅音朋鬠音膾髮亂貌帑音鴛幡也搗陟瓜切鞭也縚同條飫於去聲飽也踞當作距戲相抗也胛音甲掌胛以掌拍肩胛也

東南有亭曰新前舍曰槐有椋屓護霸鬱蔭後頤渠決決緣池西直南折廡赴可宴可衙

屓音戲贔音避屓作力貌䨴徒對切霮淡上去二聲䨴雲繁貌此借以擬枝葉之盛蔭遮日也頤口也池西池之西也折廡水至廊廡折而東也赴向亭也衙決衙事也

又東鶱渠曰望月

鶱虛肩切鶱渠亭鶱舉於渠上也

又東鶱窮角池研雲曰柏有柏蒼官青士擁列與槐朋友巉陰洽色北俯渠憧憧來刮級回西巽聒閒黃原玦天汾水鈎帶白言謁行且良間遠崗青紫近樓臺井閭點畫察可四時合奇士觀雲風霜露雨雪所為發生收

斂賦歌詩

窮角池池之邊隅也研雲亭高摩雲也有柏蒼官青士言柏之大者如官小者如士也造語若是亦太奇怪矣擁言其勢之相接也巉音讒山杈枒貌洽渥也憧與衝通刮摩也級階之等也巽東南也嵎音愚日至東南隅也與下旦字對看自明

正東曰蒼塘蹲瀕西漭望瑤翻碧瀲光文切縷梨深撓撓收窮

蹲踞也瀕水涯也漭水深廣也蹲瀕西漭望言立水涯之西以望塘水之深廣也碧寳石之青白色者

言水斂也梨與劉通撓撓曲動貌收窮至極邊始收
也
正北曰風隄乘攜左右北回股努㙇振蹴墉衙渠歆池
左右東西岸也在其上曰乘相連曰攜股努隄左抱
東岸右抱西岸其冢若兩股之努力也㙇當作蹛音
帶振音列蹛振股努貌蹴足蹈也言隄勢折而向牆
也歆當作歎
南楯楹景怪孎蛟龍鉤韋寶竈靈廬文文章章陰欲墊
㰝煙潰靄裝桃李藺蕙神君仙人衣裳雅治可會脫赤
熱

楯欄也景同影爥即燭字也䗍蒲孟切蚌也欱呼合切歃呼咸切皆大飲也蛟龍鼉䗍似在水中大飲水在低處故曰墊人不可見故曰陰會人相聚會也人聚時熱益甚

西北曰鼇蟓原開咍儲虛明茫茫鬼眼澒耳可大容旅鍾鼓樂提鷗挈鷺佲池豪渠憎乖憐圞

蟓音灰豕掘地也開咍開口笑也儲聚也言樂專聚於此也鬼眼澒耳言山之崔嵬動目水之澒洞駭耳也澒胡孔切佲趙曰同佖並列切滿也乖背也圞向也

正西曰白濱會深梨素女雪舞百脩水翠披聊聊千幅

迎西引東土長厓挾橫埒日卯酉樵塗捣徑幽委蟲鳥

聲無人風日燈火之晝夜漏刻詭姽絢化

　薈鳥外切聚也脩舞列也翠水色青也披開也梨花

　影動水中水之翠色爲披開也聊聊虛郭切驚視貌

　挾同夾埒音劣短垣也無人之無當作娛姽魚毀切好

　貌

大小亭餖池渠閒走池隄上亭後前陴乘墉如連山羣

峯攤地高下如原隰隄谿壑

　餖音豆飣丁去聲餖貯食也在此止堆積之義走池隄

上亭後前人走其處而望也擁抱也原隰隄谿壑原
隰爲谿壑之隄也
水引古自源三十里鑿高槽絕竇墉爲池溝沼渠瀑潈
潺終出汩汩街衙畦町阡陌閒入汾巨樹木資土悍水
沮宗族盛茂旁蔭逺映錦繡交果枝香畹麗絕他郡
古水名出絳州西北九原山槽絕地有絕處設槽以
通水即上所云木膣者也竇墉穿城垣爲竇也潈音
叢水聚也潺當作湲水循堤而行也衙即巷字町音
聽畦稜也沮將豫切水漬也畹鴛上聲田之長爲畹
考其臺亭沼池之增益豪王才侯襲以奇意相勝至今

過客尚往往有指可創起處余退常吁後其能無果有
不補建者池由于煬及者雅文安發土築臺爲拒誅幾
附于汙宫水本于正平軌病井滷生物瘠引古沃澣人
便幾附于河渠嗚乎爲附於河渠則可爲附于汙宫其
可書以薦後君子
襲重也及趙云當作反煬帝初漢王諒反絳人薛雅
聞喜人裴文安附之拒誅拒隋師之來討也幾近也
正平絳附郭縣也軌縣令名姓梁氏滷水味鹹苦也
人便民以爲便也薦進告也玩文之起結切切以失
敎窮黷爲戒而深慮臺亭之後或補建紹述之愛民

至矣韓子謂其文必歸於仁義豈不信哉

李訓碧落天尊像記

有唐五十三祀龍集敦牂哀子李訓誼譔諶銜恤在疚闕作穴寘懷靡所永言報陶作復德思樹良因敬立大道天尊逮陶作及侍眞像粵若稽古蕱覿邃初眞宰貞乎得一混成表於冲周元之又元蹟延言象之域惟恍惟惚理寘視聽之端是以峒山順風勞乎靡索汾陽御辯窅然自喪曠矣哉道之韞也其寄於寥廓之塲焉至於玉笈宣嶽琅函竝秘方壺神闕蒙轂靈遊倏忽九陔導飛廉而從敦圉俯仰六合戴列星而乘雲氣固亦昭章逸軌

貽響孤風扇化其瞭幽契無爽伏以先妃含章載德克懿瓊儀建（陶作延音㢟安步行之也）慶台華正位藩閫動容資於典禮發言光乎箴訓故紘綖是肅粢盛無違大當叶曜中閨以睦況倚閭分甘之澤徙居側盼之規義越人倫恩深振古重以凝神道域抗志澄源淮館儀山（陶作仙）參鴻寶之靈術楚壇敷教暢微言之盛範儒元兼洞眞俗兩該德冠母儀事高（陶作亨）嬪則豈圖昊天不惠（陶作耑小讙也與顓同）積善無徵咎罰奄鍾荼蓼俄集訓等痛纏過隙（陶作奈古隙字）感切風枝泣血攀號自期顛殞祇奉嚴訓慈勉備隆偷存視息遄移氣序几筵寂寞瞻望長違創巨徒深寄

哀何地所以貪逮陶作及餘溫祈福元宗敬寫眞容庶幾終古而土木非可久之質鎔鑄爲觴盜之先肅奉冲規圖輝貞質睟容伊穆元儀有煒金眞摛耀疑金闕之易奔琳華揚彩若琳房之可覲霓裳交映欻駕斯留帝晨飾翠雲之美陶作岡香童散朱陵之馥載彫爰歎式展歲陶作蕆音成展所容受也祈以此勝因上資神理伏願栖眞碧落飛步黃庭謁羣帝於天闕攜列仙於雲路融心懸解宅美希夷注陶作侸立也音尌儀隣以洞煥指乾坤而齊極介慈多祉藩度惟隆如山作固永播熊章之烈循陔自勵冀申烏鳥之志孔明在鑒匪曰道遐昪言嗅聞庶斯無㧗昔

人銜哀罔極鉛槧騰聲柔紛克劭義切張懲之誄至德
與思痛深陸機之賦況清輝懋範宛若前蹤瞻言景行
敢忘刊紀餘魂弱陶作休没也與溺同喘情不逮文謹託貞猷直
書心事音儀曰遠風烈陶作齧音聲刺齒分骨空陶作窒音罄空也詩曰甁之窒
矣傳叨陶作敬擊也讀若扣心感慕終天何及

崔祐甫汾河義橋記

絳人有成橋於稷山縣南汾河水上入境稱曰孝子詞
之三十喪父母五十猶哀麻故其鄉黨捨氏不名貴之
也初茲縣有具舟之役鄰邑有官修之梁自太原西河
上黨平陽至於絳州達於雍縣卒廻程賈人射利濟舟

爲捷渡口如肆孝子川上喟然嘆曰夫來者如斯其可
勝記欲速不達式在茲乎見義不爲非勇也臨難不濟
非義也迺願棄家乞諸他郡枯槁藍縷日恒歲積自阿
闕而東陶唐儉風食貨艱難閭里褊小率令遂騤馳邇
饋飴耆耋隃美於編戸丁男捨耒而攻木義聲感也汾
流湯湯河滸牽射隤沙徙岸呀呷轉騰畚築於激射之
旁根柱於沸涌之下是慮是圖功就其十八九矣其年
秋七月天作淫雨湍悍襄陵噫大水不仁前功蕩矣邑
老鄉人涕泣弔之曰力竭於子天不恤是而已矣顧而
不應且有後圖徵詩人之嘉謀參作者之遠慮曳索辦

筏艤舟戾航白露下而謀始止於淩澌杜春冰解而興
功止於水潦降一嘆不可奪志三年其有成功廣可方
軌平可轉轂去其飾成無丹雘取其固勢異虹霓僉義
於孝子之功也故曰義橋昔周王以懿戚封延吳札美
盛德遺人西臨孟津北對姑射山河風土其肯徒然所
以義表顯門功烈鄰境難其一善剏乃兼之由是縣人
志之於石

宋

仁宗勑薛仲孺可太子右贊善大夫制

勑具官薛仲孺爾之伯父奎為吾大臣參議國政剛直

之節見於臨事歿而無嗣吾甚哀之爾叨以奎蔭而登仕籍今由累歲遂升于朝惟爾伯父之行有司考法易以一德不懈厥心決斷之名可謂美矣守爾家法克勤厥官可

歐陽修薛簡肅公文集序

君子之學或施之事業或見於文章而常患於難兼也蓋遭時之士功烈顯於朝廷名譽光於竹帛故常視文章爲末事而又有不暇與不能者焉至於失志之人窮居隱約苦心危慮而極於精思與其有感激發憤怍無所施於世者皆一寓於文辭故曰窮者之言易工也如

唐之劉柳無稱於事業而姚宋不見於文章彼四人者有不能兩得況其下者乎惟簡肅公在眞宗時以才能爲名臣事仁宗母后而遺風餘烈至今稱於士大夫公絳州正平人也自少以文行推於鄉里即舉進士獻其文百軸於有司由是名動京師其生平所爲文八百餘篇何其盛哉可謂兼於兩得也公之事業顯矣其於文章氣質純深而勁正蓋發於其志故如其爲人公有子直孺蚤卒無後以其弟之子仲孺公期爲後公之文既多而往往流散於人間公期能力收拾蓋自公薨後三十年始克類次而集之爲四十卷公期可謂能世其家

者也嗚呼公爲有後矣熙甯四年五月日序

歐陽修薛簡肅公墓誌銘

明道二年尚書禮部侍郎參知政事河東公以疾告歸其政天子曰吾不可數煩公乃召優公不朝而使視事如故居歲中數以告乃得還第又數以告然後拜公爲資政殿學士戸部侍郎判尚書都省罷其政事景祐元年八月庚申公薨于家年六十有八贈兵部尚書公諱奎字宿藝姓薛氏絳州正平人也公爲人敦篤忠烈果敢明達初舉進士爲州第一讓其里人王嚴而居其次於是鄉里皆稱之淳化三年再舉乃授秘書省校書郎

隴州軍事推官始至取州獄已成書活冤者四人徙儀州推官士爭薦其能拜大理寺丞知興化軍莆田縣悉除故時王氏無名租莆田人至今以爲德還殿中丞知河南長水縣徙知興州州舊鑄鐵錢用工多久以爲苦公乃募民有力者弛其山使自紏利而收其鐵租以鑄悉罷役者人用不勞還太常博士召爲殿中侍御史判三司都磨勘司錫緋衣銀魚出爲陜西轉運副使坐舉人免官居數月通判陜府歲餘召還臺按撫河北稱旨改尚書戶部員外郎淮南轉運使江淮制置發運使開揚州河廢其三堰以便漕船歲以八百萬石食京師其

後罕及其多轉吏部員外郎入爲三司戶部副使與三司使李士衡爭事省中士衡扳時權貴人爲助出知延州遷右諫議大夫御史中丞契丹使蕭從順來朝是時莊獻明肅太后垂簾聽政從順舉止多不遜以謂南使至契丹者皆見太后遂請見朝議未决公獨以理折之從順乃止而嫉公者譖其漏禁中語由是拜集賢院學士出知并州改知秦州宿重兵兵營糴食公爲勸儉積蓄教民水種歲中遷樞密直學士知益州而秦之餘粟積者三百萬征算之衍者二十萬數民舊隱田數百頃所得芻粟又十餘萬秦州之民與其番落數千人詣闕

運使請罷不果公在開封以嚴爲治民相戒曰是不可
犯也囹圄爲之數空居蜀尤有善政民有得僞蜀時中
書印者夜以錦囊掛之西門門者以白蜀人隨之者萬
計皆恂恂出異語且觀公所爲顧主吏藏之畧不取視
民乃止老媼告其子不孝者子訴貧不能養公取俸錢
與之曰用此爲生以養母子遂相慈孝里富人三子女皆
孤民或妄爭其產公析其貲爲三爲嫁其女于是人皆
以公爲仁入拜龍圖閣學士權三司使拜參知政事公
入謝上曰先帝常言卿可用吾今用卿矣公嘗使契丹
與其君臣語而以論議服其中坐其後契丹使來必問

公所在及聞已用乃皆曰是得人矣邊吏得牒者言契丹欲棄約舉兵上亟召大臣議或欲遣將增兵公曰契丹畏勢而貪利且無隙以開其端淇必不動不宜失持重之勢而使其可窺已而卒無事他日上顧公曰果如公言于是益重之明道二年莊獻明肅太后欲以天子袞冕見太廟臣下依違不决公獨爭之曰必若王服見祖廟若何而拜乎太后不能奪爲改他服太后崩上見羣臣泣曰太后疾不能言而猶數引其衣若有所屬何也遽曰其在袞冕也然服之豈可見帝乎上大悟卒以服葬于是益以公爲果可用也公子男一人道薦大

理寺丞女五人次適廬陵歐陽修公性孝慈雖在大位
家人勤儉不知爲驕奢諸子幼孤撫養不異平生所爲
文章四十卷直而有氣如其爲人五年某月甲子其孤
直孺奉其柩自京師葬於絳州先期狀公之功行上之
太常議曰謚法一德不懈曰簡執心決斷曰肅今其狀
應法乃謚曰簡肅

歐陽修國子博士薛君墓志畧

君諱良孺字得之姓薛氏絳州正平人也少孤育于其
叔父是爲簡肅公以公蔭爲將作監主簿太常寺奉禮
郎大理評事將作監丞大理司丞遷太子右贊善大夫

殿中丞嘗知秦州清水縣雜蕃夷君爲簡其政令示之必信蕃夷畏愛歲滿罷去人甚思之其後僉書通利判官公事與其軍守爭事坐停官久之復爲殿中丞遷國子博士監陳州清酒務嘉祐八年二月甲午以疾卒于官舍享年四十有六宋興者百年薛姓五顯而簡肅公以清德直節聞其故家法嚴而子弟多賢材君爲人開爽明秀幼爲簡肅公所愛若已子長書作歌詩嘗一舉進士不中以廕補例監庫務無所施其能一爲民政遂有聲平居喜飲酒談笑與其親戚朋友驩然未嘗怨惡其在通利與其軍守所爭皆公事既廢無懟色至卒以

死谿如也

歐陽修龍武將軍薛君墓表畧

薛姓居河東者自唐以來族最盛宋興百年而薛姓五顯資政殿學士兵部尚書簡肅公當天聖中參輔大政以亮直剛毅爲時名臣公絳州正平人也有子直孺早卒無後其弟之子仲孺爲後然其兄弟五人及其諸子皆用公蔭祿仕以忠厚孝謹多材能爲絳大族君諱塈字睦之簡肅公之兄少有高節仕而不得志退而老于家以德行文學爲鄉善人君少好學工爲文辭應有司格既而曰是豈足學也哉乃棄而不爲其後簡肅公貴

顯以恩例補君右班殿直君篤愛其弟不得已而強起就職居頃之卒棄去遂不復仕居鄉里孝弟于其家忠信于其朋友禮讓于其長老鄉里之人始而愛久而化既沒而猶思焉君以天聖二年十一月某日以疾卒于家享年六十有九以某年某月某日葬于正平縣清源鄉周村原

歐陽修內殿崇班薛君墓表

公諱塾字宗道姓薛氏資政殿學士兵部尚書簡肅公之弟薛之世德終始有簡肅公之誌與碑公官至內殿崇班以某年某月某日卒于劉州其子仲孺以其喪歸

葬于絳州之正平先葬而來乞銘以誌予嘗紀次簡肅
公之德而又得銘公其銘曰公躬直清官以材稱惟賢
是以不愧其兄既葬而仲孺又來請曰銘之藏誠以永
吾先君子不朽然不若碣于隧以表見于世之昭昭也
予惟薛氏于絳爲著姓簡肅公于公爲兄弟而公之世
德予既見之銘而其子又欲碣以昭顯于世可謂孝矣
然予考古所謂賢人君子功臣烈士之所以銘見于後
世者其言簡而著及後世衰言者自疑于不信始繁爲
文而猶患于不章又備其行事惟恐不爲世之信也若
薛氏之著于絳簡肅公之信于天下而予之銘公不愧

于其兄則公之銘不待繁而信也然其行事終始予亦不敢略而見諸墓誌矣今之碣者無以加焉則取其可以簡而著書之以慰其子之孝思而信于絳之人云

姜夔絳帖平序

小學既廢流爲法書法書又廢惟存法帖法帖乃古人陳迹耳况數經摹刻已失筆意然苟能習之亦勝墻面法帖始貞觀自褚遂良所校錧本十七帖是也我太宗皇帝造淳化帖十卷自後有所謂劉丞相沆潭潘尙書師旦絳臨江劉次莊宗氏將世章汝刻贖帖大觀之類不可勝計要皆本諸淳化帖淳化帖今難得而諸家舊

帖亦不易致絳帖傳至今者復有三四本潘師旦所刻爲勝絳公庫本次之厥後漫滅屢經補治甚至字畫乖譌嘗以相校乃知其有三四本也嘉泰辛酉予入越友人朱子大以絳帖遺予歸而玩之因而爲之本事釋文名曰絳帖平按湻化帖王著所集其間固已眞僞混淆名代爽失潘氏不悟又從而刻之如劉次莊王輔道劉無言諸人皆嘗刋帖亦不知其非也世有劉氏釋文二卷山谷跋法帖一卷跋絳帖一卷評潭帖一卷秦少游官帖通解六篇米元章官帖跋一卷黃長睿刋誤十篇陳去非校定釋文一卷喻子才潭帖釋文一卷秘閣有

法帖字證二卷北方有絳帖字鑑二卷近日榮芑有絳帖釋文一卷并說一卷曾氏釋文一卷諸家惟黃長睿鑒賞最精然帖太畧予因絳帖條疏而增備之使覽者識其眞僞通其義理然後究其點畫不爲無益于翰墨矣若王著以率更爲何氏東坡以鐵石爲梁人老米以王珦爲張旭以晉帖爲羊欣劉氏以臨海爲諮詢以修齡爲修鄙諸如此類不可悉數皆辨正之蓋帖雖小技而上下千載關涉史傳爲多惟慚淺陋考訂未詳故著其所解闕其所不解以俟博識之君子嘉泰癸亥五月九日鄱陽姜蘷堯章序

孫冲重刻絳守居園池記序畧

長慶中樊宗師爲絳州刺史嘗作絳守居園池記其辭句隱僻不明宗師與韓退之親且相推善觀退之文大不如此咸平六年七月冲奉詔爲絳州通判覩園池記其石甚卑小文字多摧缺因熟讀及遊覽園池考其亭臺池塘渠竇花木隄原川河井閭墻墉門戸凡爲宗師筆紀處所者雖與舊多徙移然歷歷可見猶覩其文未能過半樊之記有亭曰洄漣曰香曰新曰望月曰柏有塘曰蒼塘有隄曰風隄有原曰鼇蛛原惟正西曰白濱今無遺址又疑其指水涯爲亭名也冲登城西與北引

望所謂黃原玦天汾水鈎帶者在其記又得一二其亭爲今之所存者惟香亭與望月焉按其出處又非舊也其餘皆非當時所名者也得非遭梁周閒鎮是郡者咸因循改易也蒼壖湮没矣風亭蠶蟓原雖問老吏故蚊是非難校今之亭有東南者曰四望居高臺臨鄽市可以望也依斛律光廟之東曰望京據北曰香香之西北曰會賓前垂崖之下連柏陰曰水簾池之中曰水心跨昂橋歷虎豹門而西曰曲水既北少西夾池曰望月又北限篠竹搆水曰禮賢且西曰客梨園曰感恩南對遠引曰射圃可以習射也前畦夏花新竹三四本壓堤屈

律迺北來，竇水上走別一亭曰姑射西北正與姑射山相對最居北城上西連廢門臺樓東北可周覽人家依崖鑿刻屋高下水竹葩花老棗翳桑陰鬱鬱遂磴響激流引溉蔬圃環折縈帶尤可登望今題二亭曰浩氣茁茁皆北向浩氣連仁豐廳後當公退時可逍遙養浩然之氣也茁茁蔭虎豹門其下皆芙蕖茁茁也今之亭既異于樊文且多焉其餘渠竇引決花木蔭滋歲久且古與記舛訛不可驗矣記之易解者曰西南有門曰虎豹其門猶在左畫虎鼓怒挾力呀而人立所謂萬力千氣龜匿池雹火雷風黑山右胡人鬅黃衔累珠丹碧錦襖身刀囊韡搊縚悉如記白豹黃班焉皆非故物也亦後來好事者圖之又曰考其臺亭沼池之增蓋豪王才侯襲以奇意相勝至今過客尚往往指可創起處如此不過數處俾人再三讀之可曉其理如曰水本于正平軌正平帶郭縣也隋開皇十三年內軍將軍爲臨汾令臨汾郎正平也十八年改正平爲軌字世暮材令也患州民井滷生物瘠疲因鑿山原自北三十里引古水圖經云鼓堆水地鉄絕經濠坎則續之以槽穿城墉入衙注池別分走街衢阡陌汩汩然鳴激溝渠又灌溉畦町訖入于汾河其文多如此類故欲使人昏迷往往莫辯其理與縣

前有梁軌遺記熟見其蹟則知水本于正平軌由此而發語也餘無遺據則皆莫能知嗚呼文者道之車輿也欲道之不澝在文之中正夫聖人文章八卦彖辭爻象之體雖不膚淺然終能傳解孔子繫辭則皎然流暢其詩書禮樂之文披之皆可究竟是聖人于文章本在達意垂法而已不必須奇怪難入也由經書外子史百家之言固可通導獨揚雄太元準易而爲之當時之人或不肯一覽故文章在乎正而不雜但如兩漢風骨則仲尼周公復出固無所嫌也太子中舍耿君說知是州將一年常念圜池記既歷年歲惜其文字缺落因磨石別

刋之俾不墜沒亦大好事者也畧而序之冀後來者知文之指歸

李毳重修夫子廟記

三墳而下聖人非一首出千古爲聖之至我夫子焉周公而上聖曰堯舜曰大禹文王曰湯武周公而下曰孔子孔子沒千百年而迄於今不復生謂聖人者達者曰亘萬世終天地不復生謂聖人也蓋周公之作盡之矣後之有如周公如孔子焉越諸道越諸爲過過于不及迷於大中之用烏聖耶烏賢耶楊朱墨翟之書詳其所存亦君臣父子之說然王覇牙人悖我天常㾜蔵之謂孔墨

焉索於辟果肆而爲叛者又奚及哉孟某荀况揚雄韓愈之徒正性天質孜孜思及落筆行事推誠理人蔚于而其文光炳焉而其德耀顯晦周變卒持于道匪謂聖而謂賢者所謂周公之作盡之矣止曰大儒曰大賢含堯舜之聖得位而治民克受賜於當時禹湯文武皆將而已非所爲教補千古法御無窮者故禹沒湯喪生物涂地孰愈乎周孔孔言天地俱以五材萬類動悉其要一日去之中國不夷則狄矣夫周公之法制人者也孔子之教誨賢者也祖述憲章知堯舜至仁桀紂至暴歸其義君臣治而家國甯父子親而朋友信後之及斯者

爲大賢過斯者爲不及所謂亘萬世終天地不復生謂聖人也李唐承平爵我以王禮我以王禮我攸宜爵我之王未正也子王以道弗王以位舉諸道王故久焉邱明是以爲素臣子於周王其尊矣謂天子得曰王孔子得曰王暨嬴秦偏皇帝之號距唐靡華若四夷小酋長或將帥之負勲者而王爵代衆獨孔子何爲尊韓愈唐臣也誌詞于碑不曰王曰孔子旨其是矣維絳古晉之膏壤風物克饒氓庶繁益今其修奉於佛淫事乎鬼俾夫子廟雖國章下郡縣告長吏必完其宮必欽其祭咸不能備理進儀而坐陞堂聚墟如不祀祀將弗恭矣咸

平二年朝請大夫尚書中上柱國譙國夏侯公濤來牧
於茲既恤其四窮又安其四業知化肅公簡思欲葺祀
事行禮容獨以夫子爲先及廟象弗完會新厥制
　曷德祀諭而靡修曷淫祀譎而靡廢面賢識愚
肉食罔恥吾將緣隟地以拓其垣堵起崇堂以儼其貌
服搆重樓積羣書以誘其學校架長廊
食祭　始誠末孰予共之衆庶詵詵符緡百萬葦土斤
木奉若公旨四年承奉郎太常博士河南梁鄉昭璉同
執郡司二公之謨請制如一　　公遂歸朝
嗚呼梁卿上天厭賢不幸而卒於我廟事墳焉弗與五

年宣德郎尚書都官員外郎汾陽郭侯堯卿代公而茲
三賢同道其氣　望封維甯斯效儗南鬼西佛
各推教始彼光佩儒業豈守祿位胡不思之甚歟以是
國朝用檢邪邑淫祀誣宇悉議除之一標一楹盡削其
職書曰葛伯不祀湯始征之則祀非後者也且怨責無
他合中而已既弗命祀而祀辜乃如之庶命祀而弗祀
辜亦如之則四方孰我不供乎移附刑書則萬世孰我
不供乎君子曰孔子没亘萬世終天地不復生謂聖人
也可謂至聖矣王以道弗王以位可謂正名矣典祀著
法可謂禮制矣乘一命未行召試閣下於故梁卿得崇

朝硯席之遇卿暨同理於絳丞嘗掌法于解與夏侯公以夫子廟辱指爲記　兼局尋負報命逮公歸卿卒聖人之門勉志而述亦少補于故鄉之意故知夫子没不復生謂聖人也又知李唐之封非尊我也

不供也語是三者然辭質義膚庶有成于理

司馬光鼓堆泉記

鼓堆在州西北二十五里鼓者言人馬踐之逄逄如鼓聲蓋水源充滿石下而然堆之西山曰馬首其東長陸纏屬相傳以爲晉之九原其北水出澤掌別名清泉堆

周圍四里高三丈穹窿而圓狀如覆釜水源數十環之觱沸雜發匯於其南容爲深淵中多魚鱉蝦鉭水極清潔洞鑒毛髮盛寒不氷久旱不耗淫雨不溢其南灑爲三渠一載高地入州城周吏民園沼之用二散布田閒灌溉萬餘頃所餘皆歸之于汾田之所生禾麻稌穬肥茂薌甘異他水所灌堆首有神祠蓋以水陰類也故其神爲婦人像而祠中石刻乃妄以爲堯后舜之二妃噫是水也有清明之性溫厚之德常一之操潤澤之功雖古聖賢無以加其廟食于民也固宜何必假于堯后舜妃然後可祀也嘉祐元年九月壬寅通判并州事司馬

光以事至絳從州之諸官尚書比部員外郎薛長孺巨卿國子博士劉常守道尹仲舒漢臣判官陳大初寓之同遊於祠下愛其氣象之美登臨之樂而又功德及人如此其盛故其當時習俗之訛不可莫之正也下此題云

薛仲孺梁令祠記

絳居兩河閒爲劇郡領縣七正平本漢臨汾隋開皇十八年改正平唐武德元年移於今治山麓四擁之狹人夥比常艱食惟水田之穫克以取濟距州之北幾一舍有石堆如覆釜人馬踐履聲若鼙鼓上立祠狀婦人以

主之質於碑誌事無依據意者謂水爲陰象理或當然其下出泉衆流奔沸古傳神況開皇十六年內軍將軍臨汾縣令梁軌以亢陽頻災遂跡泉之故道審勢迎絕疏源分派乃開渠十二率灌田五百頃貫刺史牙城蓄爲池沼迤邐閭落浹洽園圃歲無旱憂邑民歌頌刻石以載其賜其文與書不紀名氏故不甚彰著其樊宗師守居園池記言水自正平軌以辭僻而人罕成誦是終不能顯聞當世居人但喜溉沃之利不詳興道之因前太守王公恪敏正好古謂有功于民則祀之議建祠於石堆之北隅邑宰宋君基立力貳其事塑容盛服遺風

凜然俾民俗贍奉歲時有報享之地庶知惠功及人之深垂信於不朽隮到今四百餘年執以官卑故其德業于史氏無傳今錄民功之實神而祀之將勵後人行事之法是曰無妄與夫言利邀功朝行夕廢能不愧恥里人薛宗儒懼祀之寖久湮廢無考謹述刱始以永其傳異日編郡圖籍上職方氏當取驗於此記治平元年閏五月七日立石

張舜思堂記畧

金臺太守時侯黙而好深沉之思下車之六月作堂於所治之東偏命之曰思客有難者曰天下何思何慮而

子欲思之邪侯笑曰子知其一未知其二靖共爾位好是正直神之聽之介爾景福人道之常也吾又何思日往則月來月往則日來天道之常也吾又何思夫爲不知有是理而強思之也天下始紛紛多事矣所謂憧憧往來朋從爾思是也子所謂不思殆謂是與子徒知有不可思而強思之庸詎知當思而不思又患大也邪子見庭中之杏當未春時槪然一枯株耳然則春而華秋而落果何有邪子能思其所以華思其所以落則死生之理盡矣子見坐隅之燭當中夜晰晰可以見幽隱釋之則瞑目不見邱山果何物邪子能思其所以見思其

所以不見則鬼神之理盡矣孔子所謂學而不思則罔孟子所謂思則得之不思則不得是也不然子欲舍是而求道家者流浮屠之說去人情絶思慮塊然坐乎窮荒之域視吾君臣父子泛泛若江湖之適相値也吾又何思于是客始茫然自失因撫髀而爲之歌曰春雨濕兮花卉香秋風落兮露以霜一往一來天地之常彼不知兮何自苦而茫茫思乎思乎吾君臣父子兮眞道之輿而德之光客去俟懼其言之不傳也樂與學者共之也遂命張繹記之

宋申之富公祠記畧

學士大夫所貴於尙友者亦曰求之于前政考名摭實希其所以爲能事焉丞相文正鄭國富公少時決賢科登膴仕迄以嘉謨遠業魁步宰路質之簡册彝鼎煒煌可考初以將作監丞關決絳郡其美政不可殫舉嘗敎吾夫子之祠見其墨澤列次諸生又請朝命立學以居之肇書於國學俾其誦習崇養誘進策名有聞者十八九揆是事以觀則其承宫守任言責歷卿及公碓乎能事嘗即使廳事植竹賞詠志趣高遠今通守齊西郡張公始易堂名曰富公加飾丹雘又訪其畫像龕諸東偏意以謂退食自公也游于斯息于斯仰公之爾面公之

容新舊往行以施諸有政亦庶幾焉

司馬光荀息論

晉獻公使荀息傅奚齊荀息曰臣竭其股肱之力不濟則以死繼之及里克殺奚齊荀息死之君子曰詩所謂白圭之玷尚可磨也斯言之玷不可爲也荀息有焉杜元凱以爲荀息有此詩人重言之意以愚觀之元凱失左氏之意多矣彼生與言死而背之者是小人穿窬之行君子所不識也夫立嫡以長正也獻公溺於嬖寵廢長立少荀息爲國正卿不能明白禮義以格君心之非而遽以死許是則荀息之言玷於獻公未没之前而不

可救於已沒之後也然則左氏之志所以貶苟息而非所以爲褒也

蘇軾范文子論

料敵勢强弱而知師之勝負此將帥之能也不求一時之功愛君以德而全其宗嗣此社稷之臣也鄢陵之役楚晨壓晉師而陳諸將請從之范文子獨不欲戰晉卒敗楚楚子傷目子反殞命范文子疑若懦而無謀者矣然不及一年三郤誅厲公弑胥童死欒書中行偃幾不免於禍晉國大亂鄢陵之功實使之然也有非常之人然後有非常之功非常之功聖人所甚懼也明月之珠

夜光之璧無因而至前匹夫猶或按劍而況非常之功乎故聖人必自反曰此天之所以厚於我乎抑天之禍予也故雖有大功而不忘戒懼中常之主鋭於立事忽於天戒日尋干戈而殘民以逞天欲全之則必折其萌芽挫其鋒芒使知其所悔天欲亡之則必先之以美利誘之以得志使之有功以驕士玩於寇讐而傷其民人至於亡國殺身而不悟者天絶之也嗚呼小民之家一朝而獲千金非有大福必有大咎何則彼之所獲者終日勤勞不過數金耳所得者微故所用狹無故而得千金豈不驕其志喪其所守哉由是言之天下者得之艱

難則失之不易得之既易則失之亦然漢高皇帝之得天下親冒矢石與秦楚爭轉戰五年未嘗得志比定天下復有平城之圍故終其身不事遠畧民亦不勞繼之文景不言兵唐太宗舉晉陽之師破竇建德虜王世充所過者下易於破竹然天下始定外攘四夷伐高昌破突厥終其身師旅不解幾至於亂者以其親見取天下之易也故兵之勝敗不足以爲國之强弱而足以爲治亂之兆蓋有戰勝而亡有敗而興者矣會稽之棲而勾踐以霸黃池之會而夫差以亡有以使之也夫虢公敗戎於桑田晉卜偃知其必亡曰是天奪之鑑而益其疾

也晉果滅虢此范文子所以不得不諫諫而不納而又有功敢逃其死哉使其不死則厲公逞志必先圖於范氏趙盾之事可見矣趙盾雖免於死而不免於惡名則范文子之智於趙宣子也遠矣

蘇轍晉論

晉文公辟驪姬之難處狄十有二年奚齊卓子相繼殺死秦晉之人歸心焉文公深信咎犯薺而待之若將終焉者至于惠公起而赴之如恐不及于是秦人責報于外而里丕要功于内不能相忍繼以敗滅内外絶望屬于文公然後文公徐起而收之無尺土之賂一金之費

而晉人戴之遂霸諸侯彼其處利害之計誠審哉夏商之衰湯文王皆起於諸侯積德深厚天下歸之不得已而後應故雖取天下而無取天下之患其後皆數十世若晉文公德雖未足而待其自至則庶幾王者之事也是以主盟中夏幾二百年其功業與齊桓等而子孫過之遠甚夫豈非其積之有厚薄故耶昔悼公之復霸也與楚爭鄭三合諸侯之師未嘗一與楚戰卒以敝楚而服鄭蓋古之善用兵者皆以不戰屈人之兵非不得已不戰方鄢之未服也中行偃欒黶皆欲以戰勝楚惟知罃知用兵之難勝負之不可必遷延稽故而楚人自敝

不較而去不然二子將爲先穀而魯將爲林父如魯可謂知兵矣

蘇轍叔向論

欒王鮒言於君無不從欲爲叔向請以其同也棄而不應祁大夫老矣無位於朝以其覺也知其必爲已言何其明哉不然晉楚之際亦多故矣同盟有東甲之變交聘有司官之禍苟明不足以應之身受其辱而國被其患可勝言哉然平邱之會齊人不服叔向詰之以禮威之以衆攘臂而仍之僅乃得之嗚呼殆哉彼不幸而仕於衰晉蓋不得已而然歟

蘇轍知罃趙武論

齊威公存三亡國以屬諸侯其義多於晉文然威公歿而齊亂其後不能復霸文公子孫世爲盟主二百餘年與春秋相終始其故何也雖襄公悼公之賢齊所無有然其所以保霸業而不失者則有在也霸者之盛非能用兵以服諸侯之難而能不用兵以服諸侯之爲難耳文公之後前有知罃後有趙武皆能不用兵以服諸侯此晉之所以不失霸也悼公與楚爭鄭三合諸侯之師其勢足以舉鄭而卻楚晉之羣臣中行偃欒黶之徒欲一戰以服楚者衆矣惟知罃爲中軍將知用兵之難勝

負之不可必三與楚遇皆遷延稽故不與力戰卒以敝楚而服鄭此則知罃不用兵之功也悼公死平公立平公非悼公比也然能屬任趙武武嘗與楚屈建合諸侯之大夫于宋以求弭兵趙武于此有仁人之心二焉方其未盟也屈建衷甲將以襲武武與叔向謀之叔向曰以信召人而以僭濟之人誰與之安能害我武從其言卒事而楚不敢動將盟晉楚爭先叔向又曰諸侯歸晉之德耳非歸其尸盟也子務德無爭先武亦從而先之此二者非仁人不能何也人將衷甲以襲我我亦衷甲以待之此勢之所必至也不幸不勝無可言者雖幸而

勝晉楚之禍必自是始晉爲盟主常先諸侯矣晉未失諸侯而楚求先之若與之爭楚必不聽晉楚之禍亦必自是始然此二者皆人情之所不能忍也忍之近于弱不忍近于強而武能忍之晉楚不爭而諸侯賴之故吾以爲武有仁人之心二焉凡晉之所以不失諸侯而趙氏之所以卒興於晉者由此故也春秋書宋之盟實先晉而後楚孔子亦許之歟

呂祖謙晉殺其世子申生論

晉殺其世子申生孰殺之士蔿殺之也殺申生者實驪姬之譖士蔿何與焉士蔿開其隙驪姬乘其隙也羣公

子之出於威莊豈他人哉其尊者固不待言其卑者也
獻公之從父昆弟也士蔿逢獻公之惡反覆詭詐陷之
於死地使獻公屠其宗族昆弟如刈草菅略無慘怛不
忍之意其於宗族昆弟之間既如此何獨難於其子乎
此所以來驪姬之譖也對伯夷者不敢論賄賂對比干
者不敢論阿諛驪姬雖嬖苟非習見獻公之殘忍亦豈
敢一日遽譖其三子哉彼士蔿憂申生之不得立憂蒲
屈之不可終城終日焦然憂晉之禍憂之誠是也抑不
知造是禍者果誰乎驪姬之譖即襲吾前日譖富子之
術也蒲屈之城即襲吾前日城聚之術也使我不倡之

彼烏得而和之我不先之彼烏得而繼之是故開獻公殘忍之心者士蔿也開驪姬離間之術者亦士蔿也開則不可復閉已教則不可復悔授賊以刃而禁其殺人世甯有是理耶雖使一法吏讞是獄亦必首士蔿而從驪姬也吾嘗考晉國之本末又知開禍者非獨士蔿其所從來遠矣晉穆侯之二子長則文侯而威叔其季也自威叔以來視文侯之子孫不啻寇讎鋤其根而奪其國者不過欲啟子孫之業耳殊不知殺文侯之子孫是殺吾之子孫也吾私其子而殺其昆弟則吾之子亦私其子而殺其昆弟矣然則威莊之族雖曰獻公殺之其

實威莊殺之也威莊親其子而讐昆弟於一族之中分親與讐其私已甚及獻公親奚齊而讐申生又於諸子之中分親與讐可謂私之私矣私日盛則心日狹當威莊殄滅文侯子孫之時其心必謂是害既除則吾子孫可以享無窮之利也豈自料害其子孫者乃吾子孫也耶當獻公殄滅威莊子孫之時必謂是害既除則申生可以享無窮之安也豈自料害申生者乃吾身耶嗚呼私生於愛而害愛莫如私天下未嘗有私而能愛者也獻公始私申生至於盡滅威莊之族以除其偪愛之亦至矣曾未閱時變於驪姬遽移其愛於奚齊其爲奚齊

而殺申生即爲申生而殺威莊之族者也向之愛申生之心果何所在耶申生之愛旣可移之於奚齊則異時奚齊之愛亦可移而之他矣不惟昔之愛申生者不可保今之愛奚齊者亦不可保矣然則狥私者豈能眞有所愛哉果出於眞則必不可移矣林回棄千金之璧負赤子而趨天性之愛豈外物所能移耶獻公誠能悟此愛之非眞一念之中識天性之愛則本根枝葉生則俱生而不可離何憂乎士蔿何憂乎驪姬哉

金

胥鼎遺陀滿胡土門書

元帥始鎮河中惠愛在民移旆晉安遠近忻仰去歲兵入平陽不守河東保完者惟絳而已蓋公坐籌制勝威德素著故不動聲氣以至無虞也邇來傳聞治政太剛科徵太重鼎竊憂之古人有言御下不寬則人多懼禍用人有疑則士不盡心況大兵在邇鄰境已虛小人易動誠不可不慮也願公以謙虛待下忠孝結人明賞罰平賦稅上以分聖主宵旰之憂下以爲河東長城之託

孫鎮斛律光墓記

王字明月朔州敕勒部人世載忠謹北齊社稷賴之不幸爲祖珽穆提婆輩讒死王之祠堂舊在州衙子城東

北隅俚俗相傳云王嘗指此地曰吾死後葬於此及百年當有二千石爲吾守墳後人遵其遺旨葬焉構諸孤墳之上此理殆無足信者蓋州置於後魏之初而王沒於齊之季則指葬之說謬矣按守居園池記云由於煬反者雅文安發土築臺爲拒誅則廟基正臺之遺址殆長慶以後守生者憫王之寃因卽其地而建爲影堂暨天福間刺史張廷蘊復增大之乎不然樊宗師號爲記錄細碎曾不一言及此何也

元

賈魯重修夫子廟記畧

謹按至正元年四月大同李公榮祖以留守參贊來知
絳州謁夫子廟庭喟然歎曰夫子之祀普天之下莫不
致敬絳爲中原名郡廟庭毁壞如此失今不葺後必大
壞即節用制材乘時僦功總楹六十咸加修治至二年
八月克成于是廟舍竣整階序廓大講肄之位師儒之
室及齋厨垣墉莫不煥然一新又手植松栢滿庭朔望
與博士弟子親釋經旨郡人化之博士毋汝賢來告刻
石

陳瓛栢壁記畧

絳附郭邑曰正平地多崇岡峻嶺西南邐迤二十里有

巨坂尤高峻古柏壁關也上有秦王堡深溝巨壑絕崖陡險南北斷壁截然千仞中有舊途相去百步餘下而復上其巔實古關門遺址廣僅一軌歷歲月久遠霖雨所崩頹山水所灌滌望其途如線騎不可並車不可旋服牛輿馬倘失蹶斃矣時山北道廉訪使李公致政家居慨然嘆曰昔吾大父學士府君嘗出貲闢治茲途人多便之今百餘年頹復若故吾郡邑賢大夫豈其弗聞而莫治乎抑聞之而未遑有待予言乎於是絳監郡竣吉牙失里艮亟命正平尹閔侯經營之始於八月二十六甲辰告成於九月九日丁巳旬日之閒險隘為坦途

馬牛負載奔走往來悉稱快矣里人賈輔狀其事徵文於予將勒珉以示不朽廉使公名思敬字君讓世居正平聞侯名道字宗聖河內人

張載輿梁令祠記

大元改元至正之三月大同李公榮祖以晋守參贊來知絳州下車初即禋祀百神州治北有孚惠廟冠於山巔形如覆釜中空履之有聲下出清泉匯爲深澤通渠十二溉田五百餘頃六旱不竭民賴以饒又引其餘波縈帶園池以爲郡侯遊憩之所山西北隅榛荒中得古斷碑碑已泐文將磨滅合而觀之水淪手摩始能辨其

字畫公曰嘻茲爲粱軌祠堂記里人薛宗儒所撰也稽諸宗儒之記又皆章章可信即令正平縣縣尹邵艮彌主簿婁之永福典史吳弼董其役亟碑于孚惠廟壁泐合字完文遂可讀且俾絳人不忘其功將修其祀按誌隋開皇十六年内軍將軍臨汾縣令粱軌以亢陽致災爲憂遂蹟泉之故道審勢逗絶疏源分派開渠溉田渠成民不續勞旱不爲災邑人歌頌刻石以戴其賜

王惲重修夫子廟記畧

絳爲州雄劇其地界河山之壤總六縣以三萬戶爲河東冠俗剛儉尚義氣有三晉餘習州治民廬高下覆壓

踞嵩枕跨崗陵是依唯夫子廟學據城之東北與爽朗東衍負澤宮甚宜而素汾北來盤折容與帶郡城而西望之一泮水然廢撤寖久莽爲榛墟逮州將郭天佑來始圖興復遂起大成殿泮宮門各三楹甫朽棧而公卒漠然狼籍者蓋三年於茲今監郡名力尹馬希驥貳政攸中孚判官趙福憫夫垂成之功日就隳剝即屬正平縣監匣丑尹趙慶簿王鈞以完故益新爲任屬邑承風聿來胥宇于是完正殿壯臺門創兩序又就屋五十餘楹層棟軒翥墀陛整削梠桷有爲碩碩其庭中設素王像以顏孟十哲配侍左右東西兩廡繪七十二子及大

儒二十有四既落成之士子來謁文于予因勉爲撰述

孛术魯翀大都路總管姚公神道碑銘

公姓姚氏諱天福字君祥拜監察御史彈擊權臣無所顧畏世祖皇帝賜名巴而思國言虎也其系出唐賢相文獻公崇文獻諸孫伯祿卒絳州觀察判官葬絳之稷山縣南陽里繇是世爲平陽絳人公考處士君諱君寶字仲華甫冠遊兵雁門金進士趙泰以子妻之生公及和衆主簿天祿公姿白晳美風矩童丱不凡聞處士訓忠孝奉受惟謹從事郡府挺潔不羣儕輩畏之仕懷仁爲縣史世皇以太弟駐白登公從縣進葡萄酒見奇之

留侍宿衛至元初丞縣懷仁太師楊濶濶出薦其能於丞相塔察兒丞相奉使朔漠修睦宗藩引與之偕五年立御史臺丞相爲大夫奏授架閣管勾秩將仕郎十一年以承事郎拜御史十三年江南平冬十二月宰相銜怒左遷同知衡州路明年春三月以朝列大夫改河東山西道提刑按察副使佩金符夏六月拜治書侍御史秩中順十六年春使憲淮西江北道秩嘉議十八年憲江南湖北二十年夏憲遼東明年春以母老請歸養不允二十二年春召爲刑部尚書秩通議逾年總管揚州不赴二十六年夏復憲淮西秩正議三十年拜中奉大

夫甘肅等處行中書省參知政事以親辭改肅政廉訪司成宗即位使肅政廉訪於陝西元貞元年春三月遷眞定總管冬丁太夫人憂自雁門徙處士君柩合葬絳之稷山中書起公還眞定大德三年春二月拜江西行中書參知政事辭奉使山東還四年秋七月以通奉大夫參知政事行大都路都總管兼大興府尹本路諸軍奧魯總管管內勸農事六年春正月二十有八日薨於位年七十有三公至元名臣勳德焯著其薨也朝廷悼惜吏士護喪歸平陽以夏四月某日葬稷山西北嘉禾里泰定三年以子侃請制贈正奉大夫河南江北行中

書參知政事護軍追封平陽郡公謚忠肅夫歷巳巳況以公行實徵銘神道之碑不獲終辭因採其本末而次第之公始爲御史條奏宰相阿合馬罪二十有四召廷辨公枚數其罪彼輒引服數至于三氣沮情蹙上動色若曰此三者罪已不宥日公曰巴而思臣下有逆太祖之制干朕之紀者汝拜擊勿隱廷臣震悚其事今祕世未有聞時方倚相理財姑釋不問衆亦爲公危之太夫人趙君有賢識朂公曰國而忘家汝第盡力果不測吾追蹤陵母死日猶生年公泣謝白其長曰萬一得譴乞不以老母坐連也語聞上歎曰是母子有古義烈勅侍

臣董文忠宣付史臣書之監大名小敢普得罪御史按之至見毆辱繼用公往閒道微服入境察悉其情還取驛抵其所摘抉如神簿責死罪十有七械送輦下俄以宥普經臺門大詬公在察院捉捕之目檢行囊得賂侍御史按兀失納救免狀即桎敢普而祕其事夜用巡符託詗邏奄至一道士室盡獲其賂明日陛奏上曰彼七死猶赦汝欲何爲公對罪十有七條赦七罪十餘誰歸咎上悟戮敢普斥安時御史大夫二安善甚一旣斥與所善猶雙陸禁中公曰安庶人耳豈得與大臣狎比令起座皆失色公即入奏一蛇九尾首動尾隨兩其首行

不能寸今憲不綱蛇首二也上曰然一人二冠可乎召
兩大夫諭以公言大夫孛羅懼以年少自劾罷有讒提
刑按察之不便者有旨罷之是時廣平貞憲王月呂魯
爲御史大夫公告之曰往者悖叛蝟起障塞見聞今列
憲宇內廣視聽虞非常慮至深遠不但繩督有司而已
也縷縷陳之大夫悟矍然曰幾失是夜造禁密詳奏上
曰此天下安危計也其勿罷會駕北幸所擊相馳騎士
縛公閱其家脫粟數斛外得言事故藁羅織苛毒公亢
聲曰乘輿行狩戕害言臣宰相寧欲反邪捃拾無所得
斥還衛州俄憲河東太原民飢開廩賑卹議者以擅罪

公上知不私置勿問朔方兵興役民轉粟人畜顛踣公曰執政非策自蹙其本也投闕論奏改和糴疲瘵爲蘇晉遷治書出憲淮西先是蘄黄有叛者將吏贓獲良民以萬數公皆理歸民伍衆感泣相率立生祠徙節湖北劾輔臣楚國公罪以聞上閔其有勞爲痛治其黨會阿合馬敗大遣使治官慝遼東宣慰使阿老瓦丁權黨也侵暴尤横召公使遼至則封庫究簿書審事察冤正魁惡著公道使還即命長憲遼東公疾馳夜入詰旦涖事民懽吏愕郡縣竦動初遼朔旱蝗公至雨澍蝗滅其境域烏桓白霫故地也民喜畜牧習射獵不事耕學公教

以稼穡詩書居數年農勤士奮民之孝者旌之不義而訟獄不決者訓睦之稔惡者懲艾之武平縣民劉義訟其嫂與其所私同殺其兄成縣尹丁欽以成尸無傷憂懣不食其妻韓問之欽告其故韓曰恐頂顱有丁涂其跡耳視之果然獄定上讞公召欽諦詢之欽因矜其妻之能公曰若妻處子耶曰再醮令有司開其夫棺毒與成類并正其辜欽悸卒臺章以公詣平灤按總管劉揑古伯公至劉欲遁去公密令憲傔張仲威作漁人匿西城橋伺之劉果與吏徒會橋下謀揜其慝仲威得眞公一問皆伏吏胥之黠而虐拒民之吭而快其所欲民莫

敢校者率以罪黜平灤都吏張氏子尤狡而忮杖去之
遠近震讋道行遵化風旋馬前公默譔之曰汝寃從我
吾爲汝理至縣舍風卽見令縣以橐鞬士從憲傔覘之
信宿及蓊薈而風息得五尸皆短衣其一衣中得小印
公下令居賈行商以端匹赴縣聽和市辨之賊果執遼
粟歲輸灤陽使督運急時民方飢公曰吾忍視耶留粟
賑糶使不敢阻民賴以生遼人以公政通神明追思惠
化立祠頌德入長刑曹讞獄與衆不合歸卧于家竟如
公言衆得罪公望益隆淮西不治復握使節申飭舊規
風采立變初宣饒嶽數州有亂者官軍並俘齊民加以

劫掠絡繹淮境公責守令嚴津防峻訶譏民復其鄉者數千餘家帥臣昂吉而闒淮殆二十年位中書右丞以宣慰使操制兵民黨結中奧其子亦握兵煽虐奴官屬轢風紀莫敢誰何宿盜數十出沒淮海陸梁自宋末有制者宋亡帥葆芘其徒通納賄賂縱其所爲公遣健士襲捕得所匿兵仗貲財定案市殉者七人自是帥漁鷙狀百出公疏其跡取驛上聞帥餌驛勿給公潛前走得驛馳去帥遣兵校丁文虎追刺公至六河館不及公至揚州文虎亦至誣公于行臺俄而六河館人以刺公狀聞文虎被執公赴覲制遣近侍阿木治書侍御史萬僧

馳訊帥以罪廢已而赴闕以擅殺淮賊譖公不中憤而襲淮境大寧丞相桑葛之黨虐平陽者尤劇其敗也用公尹其府以清宿蠹詢父老得郡邑田里眞僞利病緩急先後審行之民輯事理遼西吳氏子贋爲女巫行眩衆事之若神公洞其詐攝至府吏欲案究公曰亂常之跡可侈言耶立命撲死衆驚服政化無阻崇館宇引水置磑植柳代樵會歛爲紓眞定都會南北驛傳雜沓事弊民瘵大臣蠲眞奏牧守非公不可遂尹眞定導壅治棼生枯壯弱日聽愬訟鑒隱破堅動無泥閡人人竦慄衆走府治聽判決優肆爲空初餽餉不充徵需日困公

以楮鏹貸民因母取息蓄畜華豐廩稍闢大賓館水磑
剏立如平陽用有餘裕宗親之位傔從之區秩秩井井
中諸路歲省官緡而下不加擾憲人摭細故劾公中書
敷奏事不涉私法可施用宜著令式以示他州制可郡
人集衆象龍祈雨公曰無益令徹去迺慮獄囚底平允
雨大霈驛置新樂北阻泒水使介車騎自南而北者雨
溢夜踰野次無所建議徙置泒南衆大便順築寺五臺
督民運木奪農壞衆令方急公不從府懼佐貳交詳之
公曰吾民牧也惟民是䘏請待農隙朝省爲允欒城盜
殺人取財夜畀尸置民隆氏邸縣笞擬隆氏父及二子

當死械因送府哭於庭尸母辨贓無其子印識公疑之會使者決大辟公詰他賊承盜殺狀隆氏獄緩眞盜遂獲黠吏退胥之在民閭者不啻百數劫持官府而肥其家咈其心則禍之管庫稅廩之徒往往破產質妻鬻子以償所欲而不敢與辨公劭農諸縣得其姓名杖死數人質鬻者還之餘多遁去或改行爲善士其尹京也立誠信繩桀驁挫强禦䘏惸弱事至而斷豪右斂跡三河民藏古銅印怨家訟曰將謀作亂縣搒掠其囚使符所訟至府辨其文曰三河縣印公曰何亂之爲以不輸官罪之制令尚麁𦋐稈以鹽易諸畿民霖潦害稼公請官

旁郡戶部據令督責上下洶懼公帥京屬從部白省奮以公謀當忌京儈京人弟假姊財不券姊發益貧弟貫益富姊發徵財弟曰有券即與姊憤懟聽者難之懟於公論之曰汝但歸俟徐誅劫盜扳弟對詰大懼吐實暨姊中分其貲公果毅直諒立朝敢言操行清介忠孚信格有賜輒辭上至引唐太宗賞魏徵故事曉之對曰臣言分也受賞非分也竟不受持憲總郡皆有威惠舟進赴鄂民衆衛送不絕盜聞之戒其徒曰姚公正人也勿犯性孝太君年踰大耋公拜參知政事甘肅難於龔養辭不往世高其行縉紳推論輩朝人物胥變有爲終始

不貳其操者公當第一固確論也蓋嘗稽之鴻惟世祖
神鑑睿算長駕遠馭文武效能光輔丕業甸萬國冠百
王盛矣然廊廟岳牧邪慝間出兇鯀三苗唐虞猶病於
是大植風紀明目達聰以宏至治公當至元之際奮下
列搏權姦涖方州滌巨蠹白能使辦捷不能措其喙讐
憤無所憑其亮風槩氣節炳耀一世淵衷之所孚公論
之所與豈徒然哉其忠義剛大蘊積有素故也公數歷
四十餘年功名事業磊磥赫奕侃訪輯遺軼既久始備
因嘆世有家者之子與孫或不侃若先烈湮滅可勝惜
哉叙而銘之或有待也公始娶趙氏繼楊氏皆平陽

夫人子男三人壽童早卒祖舜祕書著作郎卒侃內藏
庫副使楊夫人子也銘曰帝運開天中統至元人傑斯
會非寶璵璠惟天聰明憲象執法元化宣朗昭融六合
堂堂忠肅始襃廌冠讜言正色英風夏寒虎炳其文山
立殿陛檮杌饕餮魄褫魂悸宸扆凝邃上動天容庭有
直臣庶儆其同有鑒其明有玉其潔桓桓其勇夬夬其
決孰撓斯曲孰鍊斯柔善善其親惡惡其讐雖千萬人
莫阻吾往如脂如韋有泚其顙侯符三剖憲節六持義
概秋凜仁術春熙上亮其忠史載其信何勸不懐何懲
不震碣石之北淮海之南社稷尸祝無怠其嚴濤沱溶

溶霍岳峩峩其融其結百世不劇台鼎之崇芥視不屑京尹之雄莫仲與伯有烈終始無閒險夷誰近而忽益遠而思汾川西流河水東會稷山之銘惟以永配

王沂李公榮祖政績碑略

蓋粤晉之絳陽即古東雍也若郡守之賢者惟唐之樊宗師宋之宮鄭公僉之高汝礪三數人而已至我大元至正之初雲中李公榮祖之爲郡守也下車首飾先聖廟欽嘆曰噫天生素王繼以亞聖是以仁義禮樂之教得以興扶中古君臣父子之道得以立於無窮三皇聖祖造端萬物建立人極尤可加尚雖與經營神像殿庭

齋厨計日而成學校由是而興既而詣諸壇壝謂其寮寀曰人非土不生非穀不食社稷於民大矣夫雨暘寒燠民牧之事也風行雷厲民牧之政也若風雨之不時遂有決獄亦有罪已之名此無他蓋爲係於生民故也乃築壇建祠左社右稷箕風畢雨造化之神凡載於祀典者皆興焉初水利之不通也不知其幾何年矣聞北山有孚惠廟尤不知其爲孰也公既至遂得一斷碑於草莽合泐而讀之方知爲隋臨汾令梁軌水利碑今改縣爲正平矣上載通渠十二公循其迹衍而鑿之乃滌其源而疏其流濬其室而通其碍俾行者不漫滯蓄者

不泛溢或上或下而順其勢或分或合而依其經故田園有灌溉之澤而川泒無壅竭之患闔境皆受其福復爲梁軌修廟植碑以著其績又嘗語人曰更漏爲施令之端璣衡爲齊政之始雖有天池水平二壺則無所施乃刱建譙樓一座鼓角嚴明刻漏不差至於廳事案牢臺榭池沼渠梁舘傳咸葺而壯觀其制財節用一不動於民又如器皿日用之不可無者而恒擾於百姓公自具舖陳而卓几而杯盂而缾罇皆備焉絳帖蓋有年矣至是碑石散失殆盡公歷求之而復其什之八九序列於集古堂又繪圖以彰絳之形勝復撰誌以紀其實觀

於聽訟明見敏捷貧民有復業爲鄰琳其陸地屢經上司逗遛文案積三十年而不平公召之諭以正理莫敢遁其情又有質良人爲軀餘四十載公釋之而無爭矣時百姓被刼誣平人爲盜拘三歲不解公即與之辨焉嘗有冒請軍糧於官公知其詐而拒之其人訐名求明文於上司轉冀寧而敗其事又若細務隨得隨斷了無停滯公規之立其嚴敬若父子其愛親如骨肉上下同休內外無間三年之久風俗淳而教化明禮讓行而廉恥立是以民多賴之惜乎瓜代而不可留呂成絳人也具耆德狀特來告文將勒諸郡石表我鄉民去思之意

宋克篤彭侯遺愛碑

粤自國家精遴選嚴考覈而守令得人爲最多乃者又得朝請大夫東明彭仲德寔能繼樊宗師富鄭公之芳躅公練習儒吏兼通譯語延祐中始脫頴于典瑞院譯史歴延豐倉使嵩州知州瑞州路治中而聲名藉甚朝廷以絳密邇河南謂非公莫能辦故特付以東雍之寄屬邑正平太平皆置站自併省正平而金臺隸於州先是一切責辦於五十社民靠損苦之公下車即議除太平供相里其冀城等五縣令協濟本州以規措州置推排等第連年供給祗持修築堤備皆不勞而辦社民甚

便其均平公慕文翁龔遂之治朔望詣宣聖廟必會集
講明經史禮名儒廉維方郭晉臣等俾教俊秀以科舉
鄉社諸學叉皆敦請明師公多捐俸金收四書經籍給
散以訓生徒由是文風郁然矣每巡行勸課教民栽植
播種悉皆如法其以刀劒事游惰者無有也嘗因饑饉
荐臻恐民轉于溝壑公申稟上司開常平減價賑糶以
救倏收或再糴以入既而南陽急闕軍儲時秋未穫本
州該派糧二萬石公度其苦嚴限追徵民必逃竄廼權
借元寄收冀寧等路糧斛以應限續勸率富民輸納補
足茲不爲之得法可平公善斷大獄如周玉被人戕傷

其東四十株梁通等弟兄爭昬田久不决葛三驢訴孀母占產業養杜姓後夫之所出而逐其親子與姪公手揮霹靂發姦擿伏自决此數獄民愛之如父敬之如神庭閒圄空犬不夜吠矣其寔跡固不止于六當諸處苦過軍之擾而絳帖然者以公之善措置故也歲値亢旱公出祈而甘澍輙應稼被虫傷一祝而蚜蝗自滅其承總府檄出置軍儲于遼沁又蒙憲司所委出權牧于霍州去之後民思慕形于歌謠文人采之以成詩軸及還傾城之人以香斗鼓樂爭出迎迓所以本道憲府暨內臺御史莫不交章薦舉公得代之明年州民之居南兩

隅者既托御史劉尙質已爲去思碑矣其北兩隅之耆老成都路治中孫好義白潛道韓德成閻瑞澤等又以其餘善蹟具狀請勒遺愛之銘予惟美甘棠之詠召伯又追思孔子之竊比老彭遂摭實以銘之銘曰守令之選惟賢是求得老彭孫來牧絳州州當要衝乘傳置郵河南連年潛發逆謀遣將勦捕百萬貔貅供給浩大他郡嘆愁絳州獲安實來我侯六事兼全庶政交修遠追唐賢宗師之儔近齊鄭守張讓之流民頌遺愛勤名道周鼓水流芳千載悠悠

柳贊韓節婦傳

韓節婦劉姓絳州正平縣民韓筠妻也韓劉同里閈居節婦十八歸爲筠婦劉視韓族稍大節婦知重其宗抑首促氣供婦職至元二年筠父子仁病筠從醫求方製善藥治之其藥礏草石等法屑爲劑筠自運機碾鎚軸石墮誤傷足數日風中其瘡死明年子仁亦死筠有弟節婦即去居鄰姆傍舍晝夜撫一子二女以哭曰吾未亡人使吾夫家不墮姓踣氏是其責已蓋訖喪屏簪珥益治枲絲理生業輯有條緒及子有室女有從則又哭曰吾與娣姒合異而同庶其優游以老乎節婦始寡家甚微今浸浸昌裕過其門者識與不識皆留目嗟異以

爲是于鄉俗有助大德二年里耆李彥狀節義行白縣令長令長爲按實上州若府府具上中書禮部又明年下旌復如令筠死時節婦年二十七嫠居實六十年云

靳榮晉恭世子申生辨

古之賢者不幸而處君臣父子之變苟有定見以决之身後之毀譽所不暇計也昔驪姬譖世子申生以大逆獻公信之遂殺其傅杜原欵殺其傅是將殺世子也故懼而奔新城公子重耳謂之曰子盍言子之志於公乎世子曰不可公安驪姬是傷公之心也曰然則盍行乎世子曰不可君謂我欲弑君也天下豈有無父之國哉

吾何行如之又使人辭於狐突曰申生不敢愛其死雖然吾君老矣子少國家多難伯氏茍出而圖吾君申生受賜而死乃縊嗚呼申生不惟愛其君親而又念及驪姬之子以至于國家不賢而能之乎欲亡於他國而又惡被此弑君之名不若死之爲愈也若夫身後之毀譽而又何暇計之哉春秋書晉侯殺其世子申生不曰自殺而曰晉侯殺之聖人所以罪其父而傷其子也今之論申生者或有咎之之辭不知據于何書說者曰書晉侯惡其用讒名申生斥其陷父是以名稱爵號爲褒貶也春秋據實事而直書善惡自見凡書鄭伯許男宋公

者此已定之稱也若專以名稱爵號爲褒貶此又非聖人所以作春秋之義也經書晉侯殺其世子此善惡之彰明較著也今不遵經而臆爲之說或信世儒穿鑿無稽之言而爲之褒貶聖人之志果如此乎衞太子伋不逃父命與申生之事何殊焉然而太史公傷之而不咎之此言之昭昭而不可掩者後世亂臣賊子聞申生之風者必有悚懼之心是以有功于萬世也又安得而咎之歟公之世卿大夫之賢者不爲不多矣未聞有一言而釋其冤者嗟夫祁奚叔向不生於此而生於彼宜乎申生不能免於死也

直隸絳州志卷之十五

藝文第二

明

韓重諫罷萬妃疏

天下之禮莫大於分天下之分莫大於名名分者天地人物之綱紀也名分踰則大綱廢而萬目裂朝廷何從而理百姓何從而安善乎襄王之守主章孔子之惜繁纓蓋惟聖人能謹其微而漸不可長當思杜之良有以也今皇后之於萬妃嫡妾之分天地定矣尊卑之閒上下位矣而宫室之美衣服之制當必有尊卑上下之辨

而不可以一律齊也顧今萬妃棟宇壯麗黼黻侈靡實擬皇后無少差別則其於名分之制已蕩然矣而陛下寵愛方深宴昵方切臣恐溺而不止則天常倫彛之不可廢者不幾於廢乎人紀日用之不可亂者不幾於亂乎天常廢而人倫亂則君心蔽而萬化乖所謂内作色荒天下求一日治不可得已此誠不可過寵而使越分以至於斯也倘陛下采納臣言清心以端萬化之源明理以建四方之極則窮奢極欲之風息土堦卑服之化行嫡妾有常分尊卑有定倫則朝廷熙洽天下大平矣臣何幸躬逢其盛

韓愈諫除佛子疏

佛者西狄之一法耳其子有無果何所據抑何所知粤自黃帝堯舜以迄禹湯文武之聖其享國長久受命永康百姓太和萬物咸若當是時未聞有佛亦未聞有佛子也迨漢明帝佛教始入中國其後亂亡相繼而桓靈之禍實基於此運祚不長良以信邪故也自是而宋齊梁陳元魏相繼其事佛漸急而國祚漸促運祚不長良以信邪故也唯梁武帝即位四十八年前後三捨身爲寺家奴竟爲侯景所逼索蜜不得餓死臺城國亦尋滅是事佛求福而反得禍則佛不足信也明矣佛且不足

信則其子之不若佛也又可知矣百姓冥頑昧焉莫覺固無足怪今聖天子明見萬里知來藏往其是非邪正皦然明白固不待臣下之贅者而亦爲之惑之則上好下甚將不變亂天下之風俗乎況佛者夷狄之人而不知有君臣之義父子之恩將惑世於禽獸之儔則其子不仁不義固不待辨而明矣況佛死已久枯朽之骨妄言於唐憲宗時韓愈氏固嘗極力而排詆之矣其子至今歷千餘年安能獨生於世而不滅耶假如其子尚在陛下容而接之送之寺院列之僧人亦不過體天地愛物之心全天地好生之德焉耳惡可尊之如神而真如

其子哉誠能斥而遠之斷今時之疑絶後世之惑而不使幻妄不根之説聞於朝廷異言異服之徒変於中國則天下之人咸知聖人之所作爲出於尋常萬萬也豈不偉哉

韓重請除梁閹疏

爲自劾不職祛除犬害以安地方事臣以凡庸濫叨重寄夙夜憂惶恐不足以稱任使及辭闕下蒙諭加賜寶鈔臣雖粉骨碎身莫能補報仰惟聖恩優待如此豈有他哉無非欲臣撫安軍民保障地方而已臣自到地方歷視城堡墩臺多有坍塌驛遞軍夫逃亡過半各衛所

倉庫十有九空軍卒缺食流民滿道詢諸耆老皆謂頻年灾傷虜賊搶掠又兼守臣怠職罔肯用心以致地方凋弊至於如此荷蒙聖恩寬貸將各官或令致仕按問或取回京別用五七年來更代數人臣聞此言惶悚無措迄今月餘勉策駑鈍思欲修廢舉墜以恢復祖宗舊地但邊務重大積弊日久非臣一人所能獨理必須鎮守得人彼此同心協力庶克有濟竊照鎮守太監梁玘一介庸夫不通文義不諳事體不達時宜自到本鎮將及一年地方事務畧不經心營家私業偏能搜取聞說初到猶可近因廣甯等衛積年民害小旗潘福歡醫趙

通軍吏朱昺投托跟隨假爲寫字等項名色結爲心腹專一撥置設法害人凡可求利者無所不至又聞本官在於本府打人不問罪之輕重動輙三十四十棍人心畏懼如狼虎皆謂自來太監未有如此之貪暴者也以此所屬官員心寒膽落但有需求無不奉承名雖各官遺送其實剝取貧軍又訪得各衛原有官地民田海邊漁戶歲收子粒課銀不下數百餘兩又查得山海關三岔河廣甯城外舊有店房三所該前廵撫官奏准客商每車一輛取銀六錢歲計不下千兩本爲撫待夷人支用內三岔河店房已經奏革至今尚存本官違例盡行追

收入已間有守店之人抵換物貨分派舖戸變賣倍收
價銀行人受害莫敢聲說即今本官牛馬成百金銀滿
前猶且貪心不足凡遇推委備禦等官隨即差人逼討
銀物一時遲慢就便尋事淩辱甚至將投降夷人帶來
馬牛假揑詭名低價勒買夷人嗟怨又將去任都御史
陳璘發下廣甯驛寄養聽候供應大馬二匹值銀百兩
却將小馬二匹抵換騎坐現有實跡可查反將各哨官
馬每日輪撥二十餘匹聽候騎幹私事馬多餓損又訪
得本官不時出城遊看莊田擂吹響器驚擾居民近日
中軍號頭缺官掌管本官暗受降級帶俸有疾百戸郭

廉賄賂央臣不從聽人主使就於教場叫令本官掌管臣欲就便爭論恐失觀瞻以此含忍又如此較軍士補馬違限責打例有多寡本官假此張威每人要打三四十棍臣念軍民艱難量情發落以養銳氣本官反笑臣罷軟喝令軍牢挑揀大棍有打二三十者有打四十者皮破血出臣與並坐甚無面顏此雖小節實關大體流傳到京致招物議不無損臣聲價欲待隱忍不言冀其悔過以全同事之情臣又默思本官不畏禮法不知利害反謂臣懦可欺恐後愈加暴虐貪饕無厭羽翼縱橫莫能禁制釀成大禍纔奏請處置爲計晚矣豈不致傍

觀急欲除害者之嗟憾耶雖然臣之一身官之得喪何
足爲重亦不足惜所重者祖宗之舊地也所惜者憲臣
之體面也使體面一失地方受害甯不負陛下之付託
而貽士大夫之訾笑也哉況臣節該欽奉勑諭凡軍民
利害可興可革者悉心訪究具實奏來處置欽此臣近
准兵部咨爲陳言緊急邊務事該部題奉欽依行臣密
切查訪果有害軍不職無益邊鎮官員不拘內外大小
應參奏者徑自指參奏前來以憑上請定奪欽此備咨
准此除欽遵外臣又竊議興利除害初非兩事若欲興
利必先除害苟害不除利將何興況鎮守之官地方安

危所係生民休戚所關鎮守得人則一方受其福苟非其人則一方受其殃古人云豺狼當道安問狐狸是謂除其大害則小者不足慮矣今梁玘奉命鎮守其責任可謂重矣致任未久而貪酷如此其爲害亦大矣其無益於邊鎮亦已實矣害之大者而不能除欲求地方之甯靜軍士之受福是猶心腹之病不除欲求四體之康泰不可得也臣又竊原梁玘之稔惡如此非梁玘之罪實臣之罪也何則使臣德足以華其心威足以禁其惡彼惡得有是哉孔子曰躬自厚而薄責於人又曰攻其惡無攻人之惡是知聖人勉人自修之道貴自返而自

責也臣豈敢徒知効人而忘自効哉伏望皇上軫念邊方生靈之害察臣犬馬報主之心如蒙乞勅該部從長計議憐臣小器不堪大受放歸田里以全晚節別選賢能以任巡撫乞將梁玘取回別用推選廉靜寡欲練達老成太監一員前來鎮守將潘福趙通朱昜三人問發廣西煙瘴地方充軍以為將來擾置害人之戒庶使大害除而地方安矣如或仍留臣與梁玘照舊辦事不惟嫌隙日生讐恨日結將來之禍又不止此非臣之不幸實地方之不幸也緣係自効不職袪除大害以安地方事理為此昧死冒干天聽不勝戰懼待罪之至

陶滋諫南巡疏

行人司行人陶滋等二十人上言南巡不可者十事其畧云人情莫不惡勞而好逸櫛風沐雨孰愈於龍樓雞帳之嚴涉水登山孰愈於桂掖椒房之邃乃捨其逸而欲從其勞是其不可者一也襄河一帶漕舟之往來必由國用之盈縮攸繫今茲南巡舳艫蔽江雖聖諭昭彰使通往來而一溝之水勢難兩便是其不可者二也近聞淮安等處荒澇異常父食其子母食其女此在今日正宜寒心奈何滿目瘡痍未獲少痊而鑾輿又幸其地臣恐遭霜之葉豈復可風大憊之民豈宜再汗是其不

可者三也且龍舟所經必渡河涉江而黃河天險聞者心驚長江天塹見者毛悚陛下以不貲之軀而甘此不測之險是其不可者四也夫一日二日萬幾叢委今躬御六師駕言行邁國家重務何由面陳雖具內批之裁請而動經乎歲月廢時失事莫此爲甚是其不可者五也況天下大器也置諸安處則安置諸危處則危是以聖祖神宗止則深宫固門動則出警入蹕自輿公孤論道之外人罕覩其聖容鄭重如此而意外之患時或有之今也曰龍魚服肆無戒備豫且之變臣有不忍言者矣是其不可者六也臣聞之天子者天地之子也天子

弗克肖乎天地則必出災異以譴告之不修德以敬其
怒行且忘之矣今也凶荒相仍盜賊充斥地震於下龍
鬬於上其警戒者至矣陛下正宜如成湯之六事自責
武丁之躬默思道奈何恬不自省方事逸遊臣恐忘乎
之天不可言也是其不可者七也古之人君雖有會盟
之舉親征之行亦必有太子親王以監國然皆非盛世
有道之事今前星未曜儲位尚虛衆建諸王各就藩府
大本未定俯無以聯屬人心匕鬯之主仰無以祝事宗
廟是其不可者八也是故憂勤惕厲古帝王之所不廢
昔文王不敢盤於遊畋尚書頌之隱公觀魚於棠春秋

譏之蓋始於憂勤者終於逸樂始於荒亡者終於敗亡

陛下修德講學親賢遠奸昧爽臨朝日昃忘食猶恐不

逮古人而有付託不効之憂也況又以逸樂遡之哉是

其不可者九也夫帝王之舉動當順乎天意愜諸人心

是舉也孤卿論列不已而臺諫繼之諸曹之官又繼之

雖以臣等疎遜之微亦知其不可也陛下何苦違衆心

以拂天意乎是其不可者十也

宋濂張總管墓碣銘

君諱仲儀字伯威張姓絳陽人以大官薦由絳學正入

翰林爲書寫改戸部令吏出爲江西行省椽餞入椽中

書用年勞遷寶鈔庫副使階承直郎詔奉訓大夫杭州路總管府判官杭爲東南一都會謂以省憲二府幸有事左牽右綴若末易爬梳君處其間不吐不茹上下藉藉稱之曰能吏云海甯潮溢民田廬多沒君憂之以特牲禱于海神曰民非田不食非廬無以居神忍化爲魚鼈宫耶即爲魚鼈宫神亦將何依吾恐神不自甯也神如識我語艮海波當帖帖禱畢親沉石水中命健卒繼之未幾復海爲地陞奉議大夫兩浙都轉運鹽使司判官轉奉政江西等處行中書省左右司都使豫章歲凶民掘野鼠食餓莩横道因執棘鋤集城下將爲變衆憚

不敢往君單騎出呼曰爾等甯餓死乎兵死乎我張都事也敢害者前敢害者前民皆泣拜散去君還言于省臣大發倉廩賑之賴以活者萬數蕭鄧二大姓以武斷自豪州縣踵門受事顏色不異輒縮縮不敢進小民重足立戒母致高聲語君皆治于獄聞者刺羊豕相慶曰吾屬卧始安枕矣擢亞中大夫撫州路總管年始六十有八至官一月即喟然嘆曰顛毛已種種尚可仕弗止乎歸從天子丐我婆娑大陰山間以没餘齒耳遂上休致之請則冠蓋際越一年卒至順　酉十月十日也君藏書數千卷披閱不輟上馬入公府亦置袖中人譏以

蠹書蟫搔首笑不應曾祖諤金明昌中舉進士登第官至朝請大夫吉州刺史聲號赫然

商輅一閒軒詩序

水邊歸去一閒人此唐人詩也說者謂是詩亦徒於言耳蓋倣非决於歸而果於閒者觀其所謂早晚粗酬心事了可見矣夫欲心事之了則何時可歸亦何時可閒足以君子必貴於學學則明理明理則内重而外輕進禮而退義天地閒復有何物足以介吾懷抱哉此吾於陶氏一閒之軒有取焉陶爲絳世家陶君文衡蚤以明經舉進士歷官行人遷議部員外陞陝右參議年甫六

十郎致其政而歸而其歸也悉以家事付之於子徜徉里閭優游自適心靜情怡澹然無營又以家居喧雜乃即學宮之旁闢地築基爲軒數楹植花引泉度經貯史以爲游息之所扁其楣曰一閒於嘏之詩取其言弗蹈其迹是眞一閒也已搢紳大夫既爲咏歌其美而君之子璽復以序來屬予與君同舉進士年亦幾於六十未能如君之去閒一閒之說得不欣然有感於中乎夫閒有二有身閒有心閒辭軒冕之榮據林泉之安此身閒也脫畧勢利超然物表此心閒也唐僧靈澈有云相逢盡道休官去林下何曾見一人由是言之當時身閒者

且少況心閒乎陶君年未髦老翩然來歸身旣閒矣而心亦休休焉若無預于世者豈非高出於前人者哉雖然陶君之閒有自來矣蓋君素謹厚安分守此心之閒固已預定於居官之時則身閒心閒得不兼全於歸休之日乎且君之諸子皆英偉雋爽珪瓚琮皆善於幹蠱璽擢甲申進士任戶部主事琰舉辛卯解魁倏攻春闈其功業俱未可量家政有託宦學相繼君雖欲弗閒其可得乎語曰有子萬事足此身閒之本心閒之效也用併是爲一閒軒詩序

徐文溥大中丞陶公奏凱還朝序畧

上即位七年江西有寇蔓延浙江廷臣議推鉅臣以延視之遂聞之上上遣大司寇陶公以往至浙宣上德意靡有弗至事以序植力與心周字民爲先用人次之用兵次之規摹品式萬夫具聽軍聲大振俘獲甚夥殘寇遂遁尋返舊巢公復時加警省人各用命肆甲戌之春巢無遺寇復以蘭遂開常諸邑俱無城郭公旋爲之民不告勞均爲永圖陳俘之際玉石皎然安集之後賑䘏游行惠實以均全活靡數又重憫二邑特請於上爲免賦役凡此數懿皆公之大者也於是遭寇之民相與歌曰寇來奚憂公去則憂天菑猶寇五月不流欲留公兮

無由其未遭寇者相與歌曰孰與我兒公實爻之孰與我妻公實妻之孰與我居公實作之何以報公願公蚤斯欲留公兮將焉之有城郭之民相與歌曰邑之無城寇至即驚錦雲峩峩陶公之城而復奚驚願公令名如城之不崩欲留公兮不可能民之生於俘者以賑卹生者相與歌曰我軀已捐公辦而全我骨已枯公食而蘇願公永年見我會元欲留公兮無緣

王世貞送大中丞孫公進臺秩撫蜀序畧

孫公之撫吳也不三載而政成天子嘉之俾以卝二千石秩移撫蜀前是公以吏部郎握銓銓稱明則水鏡矣

佐廷尉廷尉稱平若矩絜矣中以不工事言路遘齮而參歷藩臬稱名藩臬矣其超而撫吾吳蓋擁之也公之至屬大水遺地半爲氿比屋流徙公時時飭羣邑拊循之稍寬催科之網法而歲額亦不廢久之公乃上章請悉蠲其舊使民得精意新賦報可於是三吳所蠲云處數十百萬石懽然雷動而是時有妖僧起京口其所搆結遠爾牙蘖幾若漢之所謂三十六方者公不假聲色而剪刈之第取其首惡正法而已公爲政務持大體其馭吏若嚴不可犯而坦然推腹于賢者體貌士大夫藹然周詳若可狎而不能以毫髮非義奸庾廩與校卒共

之亡所靳而至於法則不爲一切縱舍至卹灾扞患與閭閻請命有味乎言之也以故饑饉屢作而赤子愕其腹以待哺而亡敢有怨聲脫巾之變起錢塘與吾吳一衣帶水而梭卒俛首於戈戟之下亡敢有驕色萑苻之傍地抱鼓朽於亭障而不聞鼙赤白之丸腐於惡少年之寢而不獲探鳥窟之餘皇逆折于鯨波之外而不能爲我尺寸損公之功德於吾吳甚鉅天子固能知公重公且右公秩然胡不以惠蜀之心終惠吳而遽奪之也夫蜀固重地也然天下猶稱揚一益二而握揚節者多兼領度支筦實故勝之今吾吳之視揚不啻倍蓰而中

丞所領儲餉當天下十之八於國計尤重夫蜀安得擬
也今乃以蜀重吳而奪吾孫公何也或曰天子非重蜀
而輕吳以均勞佚也謂公久勞吳餉事欲小佚之也或
曰不然天子非謂蜀佚謂近例開府非邊徼不得以故
節進新秩公資望深且重矣其勞於吳甚矣故假蜀節
而右公之秩非以重歸蜀以佚歸公也蜀幸自得公耳
或又曰不然謂蜀幸得公者固也然蜀不得久有公郎
無論高僕射言西川宰相迴翔之地近不見胡端敏世
甯與張士佩先生乎是皆不久而入佐銓部公又自部
首曹出者也天子殆將藉公大拜地耳於是吳之屬守

丞倅朱君某輩若而人感公宇下庇持是說而質余余竊謂吳人之感思孫公切故所知僅一孫公天子視天下才皆其才天下地皆其地夫安得爲區區吳蜀計輕重又安得爲一吳留孫公第孫公直大拜不遠矣公大拜則請無忘吳爲吳擇賢守令爲吳請大司農毋格阻上恩澤民歲歲得賜租吳又何嘗終失孫公哉朱君曰善俾書以壯公行

薛瑄王汝績政績碑

絳州耆民段佑德等纂其守王汝績政績曰守臨川人也發跡儒紳累官來知是州其爲政急於教養而緩於

刑罰州學廟廡堂齋庠隘敝漏守皆廣而新之修學政以勵士子延師儒以教民閒子弟風化之美延及旁郡民以事至州者告以敦本節用慈孝禮讓之道雖訟之愚且賤者懇懇誨之不倦此其敎人之大者他不能盡記也處事無大小必敬必慎尤篤於信以接下凡有徵集不遣人至鄉第書片紙付里甲與民爲期約民歡趨其期無敢緩者里閭晏然無騶突追呼之擾古所謂犬不夜吠民不見吏者守有焉絳地瘠且隘守勸民耕稼蠶桑以時悉墾不食之地使種五穀以故收倍沃土民之衣食饒給夏秋二稅遠輸者非陸載所及近入者有

加耗之獘守處之有方防禁有法故雖不後期民不知擾境內嘗有蝝生將害及禾稼守禱以虔誠虫害遂息絳俗勇於私鬬忿不能勝即投井死其親屬厚誣與鬬者或至破産守督禁立絶民皆稱便州境數年盜賊殆絶忽有行刼數人守悉掩捕置之法人服其明民有遠年流移四外者聞守政寛仁皆扶老攜幼歸者踵至守加賑恤使之樂生興事此其養民之大他不能悉舉也民有爭訟細事非有大惡當治者即懲責諭遣之行獄或空虛者累年嘗有穿窬小盜或欲深治之守不聽一當以本律此其緩於刑罰也余謂教養刑罰爲治之三

要汝績皆知其緩急而先後舉行之是宜民感厥惠求文鑱石欲垂聲譽於永久也余不敢溢美惟次第段佑德等辭使刻之

呂柟絳州重立古法帖第一記

易繫辭傳曰古者結繩而治後世聖人易之以書契百官以治萬民以察於戲文字之興其在斯乎後世乃有迂儒鄙士不知出此留心於末雖以王羲之之賢敗筆如塚洗墨成池亦用力於點畫鉤撇之間至使唐太宗英主也以蘭亭記殉葬安在其能治官察民乎予嘗盤遊於涇渭漆沮洲渚之間打起鷗鷺虫鵲見沙上爪痕

羽印皆類古文其絳州所傳蒼頡書乎或如風行水上或如雲出山前或遠取諸物或近取諸身眞天縱自然之妙者侯芭學奇字於揚雄恐未升其堂也世傳夏王大禹作龜書謂禹治水　龜兆相沙門懷英乃至作龜鼈之形此何以爲也今見絳州禹文亦類鳥跡少降而就眞沙門體誤必矣漢魯共王得尚書於孔壁皆蝌蚪之文近世遂作蝦蟆狀今觀夫子所書吳季札石于禹無間然矣將所謂蝌蚪者以漢文形之而名邪至若史籀周宣王之太史氏也又在夫子之前而岐周石鼓之文多類此書後人以其不似鳥跡乃取諸鐘鼎文爲古

文以附鳥跡而凡史籀字又另作籀文以傳如元楊桓六書統之說今觀此籀文與禹孔亦不甚相遠此又何以辨也大抵古人寡言重行皆簡質後世一義數語不能盡一事數紙不能畢故率棄本而務末於治官察民難矣絳州守延安程君騰漢於州治左壁間得頡禹孔籀四書乃真古法帖刻而未移吾府者至是表而請記豈徒爲文字傳哉

夏言陶恭介公傳

陶淡字廷信號逸菴父銓陝右副憲生五子公最少初務舉子業功甚純治蔡傳尚書成化辛卯鄉薦第一辛

丑登進士廷試丙甲授刑部主事累官至南京兵部尚
書加太子太保公歷仕四朝受知列聖中讐逆璫旋觸
禍機喜怒不形於進退淸苦無閒於初終建業立功完
名全節爾歸田里皆由自陳凡轉京堂未經彈劾論薦
計六十餘疏歷官踰四十二年奉身無長物適口無兼
味自常祿外一介不取往來行李惟三竹笥時人呼爲
陶三笥既歸休建別墅於城西汾水之陽鑿池種蓮開
徑植菊每風日晴和輒命童子攜筆床茶竈引肩輿造
之徘徊其閒或據榻吟哦或寄情翰墨鄉人望之若仙
爲詩文渾厚雅正不事雕琢自成一家所著歸田稿菊

莊錄若干卷藏於家嘉靖壬辰卒享年八十四賜祭九壇諭工部給棺木遣進士嚴寬董工治墳贈少保謚恭介後復建祠崇祀三子滋治沐俱著名於時

韓霖絳帖考序

從絳人問絳帖譬問聾者以鐘鼓叩盲者以青黄也或曰移之晉府以寶賢堂帖當之譬指山雞曰鳳凰目鼠腊爲玉璞也余少有墨華之癖因取古今評絳帖者互考之源流十得八九然竊有疑焉歐陽永叔嗜古最篤且爲薛簡肅公壻絳有車轍馬跡宜得潘氏舊本乃云竊取官帖中數十帖傳寫多失豈數十年間舊本遂散

軼卯曾陶齋在湻祐間去歐公又將二百年見眞帖卽如阿閃至後世所傳求當年之優孟虎賁亦難矣曹明仲絳帖考以爲十二卷與十卷二十卷之說不合又云靖康兵火石並不存然則宣德閒所存非公私兩本或爲重摹者耶石入晉府而倉頡以下四人書獨指爲靈光晉府奚不並取之且晉府之石今作烏有已是公則又何如也乃好古之士見絳人必問帖無恙嗟乎鵬翔劍去久矣猶爲藪澤之覗刻舟之求也哉余於世間傳本曾寓目焉橫簾北紙神采煥發不知的係何本較之諸家閣本若右軍宅圖等帖字多不同所謂骨法清勁

足正王著肉勝之失者定評也白香山鶴答鵝詩大都我瘦勝君肥堪爲絳本贊語問詢之黄髮曰州官惡石之爲厲也碎而瘞之頃宗侯子固掘地得賬氏帖數字較予所見不差毫髮然則石入晉府者訛傳耶抑子固所得公私兩本舊石耶考証未備尚有俟焉文獻通考載姜堯章絳帖評二十卷並單炳文絳帖辨証曹陶齋所稱絳帖字鑑不知尚存人間否惜予未之見也

趙均題絳帖平六卷後

此書家藏抄本乃周密公謹所流傳然亦止此不能得其全帙矣韓雨公先生著絳帖考云未見此書今特錄

寄尚冀人開有全本也崇禎丁丑閏四月既望吳郡寒山趙均識

薛瑄重修夫子廟記畧

臨川王汝績以儒官陞知山西之絳州始至進謁大成至聖文宣王顧瞻廟貌卑陋年久杗桷腐橈大懼弗恭明祀遂下北山之材聯爲巨筏順流而至擇土埏埴瓦甓百用俱備撤腐易新廟舊以間記者三廣而爲七崇高宏濶改作從祀賢儒兩廡門宇堂齋以次俱新工既訖釋奠備禮儀士習絃誦風化之美延及民庶汝績乃進諸生而告之曰昔周元公有言惟夫子道高德厚教

化無窮實與天地參而四時同我聖朝所以極尊崇之禮天下通祀汝績大懼學正墜弛有替燮憲是用協力一新諸生考業於斯師法先聖尊道統之正黜百家之非居仁由義竭忠盡孝斯實聖朝建學之義諸生唯而退學正劉章等遂以其事來徵辭余謂汝績能新廟學以事神育才是可書也

沈鍾增修儒學記畧

頃予道出平陽郡治之南遵汾河而西旋於絳州絳故號稱多才維時學之明倫堂與夫齋舍頹湫隘幾不能容膝歲滋久榱撓充坼且將為風雨所壓予至是而減

之知絳事東魯許侯珙始知平定有聲當道請於朝改而知絳豈其席未遑暖固暇於修創邪予因姑以俟之茲者二還晉陽學正李憲司訓王瓚李榮致書於予云許侯自二月以來鳩工修學若堂若齋舍其凡二十又七楹繚以崇垣落成於九月蓋脩於舊規倍半而赫然爲之改觀矣用是諸生競相鼓舞愈務精所業於勤而以荒於嬉爲之戒憲等願丐一言以識諸貞石以示不忘嗟乎建學校以儲人才國家之良法美意修學校以鼓舞人才有民社者之責乃若游息學校以求無忝於所謂人才庸非諸生之事歟

陶琰重修文廟記畧

絳州儒學之建厥惟舊矣前人興作未暇遠考正統乙丑州守金谿王公汝績起造正殿巍然高廣其餘堂舍咸增舊制厥功偉矣是後爲守者率多修葺然皆因陋就簡正德丁丑貴溪李公文潔來守是州謁廟之後達觀內外度其可以仍可以改者次第舉行正堂齋號厨廡之室頹敝者更易之剝落者塗塈之繼於戟門之傍立鄉賢名宦二祠學宮之外起造士作人二坊以鄉生儆居未便爰相射圃舊址建外號六十楹處之即舊亭以爲文會置園圃以供蔬菜學西隙地立射圃構亭三

櫺前建抱厦鑿方池引鼓堆泉水注之與泮池通又櫺星舊門以木爲坊今則易之以石而爲經久之圖州城内外原無社學公則里建一學以爲養蒙之地凡所興作其費不貲皆公所措置不賴官帑不取民財是役也公主之同知沈公希義判官費公淵咸贊襄之而督其役者則吏目李公希善也

馬理重修文廟記畧

絳州昔有先聖廟及學絳先守所建修也宮墻内爲正殿兩廡外爲二門門外左右爲名宦鄉賢二祠外爲大門皆舊制今劉守所新修也其外爲泮池舊遠於門今

改作而遷之池南爲屏屏東西爲二門東爲外號舍諸生有室者居焉其北爲講堂東爲蔬圃皆新之垣之屏南爲槐道櫺靈皆易之聖殿後爲禮門爲明倫堂堂前東西爲齋三齋南爲神庫後爲內號舍諸生無室者居焉西北爲啟聖祠明倫堂後爲尊經閣皆葺而新之閣臨北城城上舊有樓曰奎光廢矣重搆之縹緲如也廟西爲學外門直北爲馬道舊有二門亦廢今重立迤東即禮門三師弟子之所由也內號舍南爲射圃圃有亭有池池引清流盈科而達於泮池悉劉守所更新工始於嘉靖春日落成於秋日守臨洮舉人名朝麟別號偕

軒先爲真定府通判是役也工食皆出於贖刑之金而民不擾相之者爲同知方弁判官馮宣吏目劉闌繼之者則判官周衡吏目雷錫其董役者則省祭張鍪云

李維正重修儒學記

絳州學在城左偏峨嵋馬首山前後並峙汾水從東北之南若帶而礪北有泉曰鼓堆可入泮觀流泉相陰陽協氣嘉生學士爲名世大臣相望比年泉閼不行宫墻壞敝士科目勳德視昔有間矣郡守魏李從心首議改作州守吳張繼東廣文楚黄一中晉郝應熒秦宋克柔捐月俸爲士民先鄉大夫張與行陶登因於夏陳奇策

薛國民韓繩武陳王綱孝廉張紹芳王聯科韓育中及
諸生四百人赴義如流庀材如府已吳方立誠代張爲
守首新孔子廟已新東西廡戟門更明倫堂與廟署等
李守偕丞白鯤倅汪道崇理張銓各以其祿來助已登
城察地形高下向背所宜築臺高二十餘丈廣四十餘
尺敬一亭據其上尊經閣麗焉道鼓堆泉穴城至敬一
亭東趾明倫堂左東齋後迤邐出宮墻滙泮泮廻橋星
門徙門廣地二十尺深泮十三尺多受水循墻徑射圃
象圜折方流以鍾其美已釃渠疏利之氣不散越亦不
沉滯東南建文昌閣徙啓聖祠於左建學官三署務本

崇德二齋藏書若祭器庫鄉賢名宦祠以次畢舉匪直
繕舊實惟再造矣賦職郎工則孫天傑梁范陳紹慶許
河孫統陳惟稛杜進忠喬樺韓傑董時仁李詩許文清
孫光祖段邦禮李悟生張貞敎馬斯才陳九功總司大
凡率作考成則與行實爲政既釋菜而落之長吏鄉大
夫博士弟子員請余記其事按志繹學修治非一宋李
乘記集王羲之書甚爲藝苑所珍元賈魯王惲皇甫冠
明王英孫昌陶琰呂柟馬理皆有記余人與文何足比
數迺作新之功遠過前代幸及時親見之得附名金石
沒且不朽稍述本末如右而借以臆申其說曰夫學崇

祀孔子使人學孔子之道而已道不自孔子始學不自
祀孔子始孔子時王者之迹熄學校不修世衰道微異
端競起於是孔子集諸弟子論學洙泗之上刪述六經
發明五帝三王之道如日中天迄乎今兹禮殿橫舍遍
天下雖要荒婦孺知有孔子絳人士之修學也是奚足
哉余不暇遠引第言絳已事絳晉都也孔子與子貢畧
舉耳目所及不越十人而晉有其五曰羊舌大夫曰趙
文子曰隨武子曰銅鞮伯華曰介山子推五君子者不
聞其師友何人絃誦何業宗廟俎豆何所而孔子亟稱
之無所待而興可不謂豪傑之士乎孔子之道存則人

没則書絳人士童而習之有司飭學宮以羣萃之藏修息游具爲經紀斧藻輪奐不欲以簡陋上媟先師下生生徒厭棄心國無長少尊卑無或愛其財力樂觀厥成此無故利在得士耳士來學者設不比跡於五君子其何辭以謝絳人生今之世學加修道加明而士不加多惡用士爲孔子之道高明廣大萬世無獘然而易則易知簡則易能卽所稱晉五君子行事人人殊總之不謬於聖人絳人士無曰姑舍是其爲人也畏天而敬人服義而行信孝於父母恭於兄弟從善而敎不道如趙武事君不愛其死亦不忘其身謀其身不遺其友君陳則

進不隕則退如士會多聞而難誣內植以沒世有道言足治無道黙足容如羊舌赤易行以俟命居下而不援上觀於四方不忘其親不盡其樂以不能學爲終身憂如介子推恭而遜有恥而不宿過信而好直溫良而好禮如羊舌肸可以稱於天下曰孔子之徒絳山川與有榮施矣抑余聞絳之富商能金玉其車文錯其服而無尺寸之祿韋藩木楗以過於朝不敢自軼禮法之外士奉孔子禮法甯在商下晉人謀去故絳遷新田曰土厚水深居之不疾有汾澮以流其惡民從其敎十世之利也新學孰與新田士從敎甯在民下昔子貢聞孔子論

晉諸賢跪請退而記之其服慕如此余不佞敬記孔子之說以勗絳人士使有所矜式維學之虡業鼓鐘式靈之哉

李文潔儒學祭器記畧

祭必有器所以飭夫禮也文廟之有祭器甚今天下之通義也絳學舊用陶年久益璺窳不中於用涇陽張公諱憲字廷試以壬戌乙榜進士來領教事即有志改作而未能也居五年視俸積稍羸廼計金於工鬻金於市鎔金於冶範金於模籍而藏之以需久遠計爵滲金者六銅者一百五十四爐金花者三鐵者一百二十七花瓶

銅二燭檠錫二時提學憲副藁城石公聞而義之命勒石紀其事諸生曹儒等龔石以需之者十有三年有司率因循未克立余來守絳固未暇也荏苒四年師生相率請如命余匪作者何能爲辭竊惟張公之爲祭器諸生輩必欲勒諸石紀諸文豈非見其樹猶思其人之義乎

陶琰絳州儒學科貢題名記畧

正德紀元春二月儀封趙侯希魁自昌邑尹遷守絳旣至興仆植僵而於學校尤加意焉學舊於明倫堂東西壁分題洪武以來自郡庠發跡者約二百人各於姓名

之下號其出身履歷蓋亦有年侯曰此盛舉也但以不可泯之姓名而寓諸不可久之堂壁非永圖也乃求堅珉崇大者二以兩壁所題姓名並履歷之詳鐫於正西竪諸廟門東西兩楹之閒由科第者居左由歲舉及應例者居右皆識其下方以竢將來可以垂諸永久

吕柟尊經閣記

尊經閣爲絳州守程君騰漢所重建閣在絳庠之中基高七尺閣崇三丈蓋舊有址久傾頹而今鼎修者也其中羣史諸子集皆在而獨以經言者何經者常也謂常道也常道則親義序別信之倫忠恕之則也學者欲篤

行乎此必先明諸經欲明諸經必先尊奉之而後可故雖孔子且曰畏聖人之言而王仲淹亦曰通於夫子受罔極之恩於其言當殁齒而後已則夫閣云尊經不徒然也今夫山僧谿道以吾儒視之皆異端也彼於其死佛先老之言洗几而觀焚香而誦或收之輪藏或謄以金泥若此乎其不敢慢也乃若吾聖人之經可以治身可以治人可以育物乃或忽焉不知所敬宜其敎化弛而風俗澈也程君以政本在是故創建茲閣則其所施爲措置者皆可知矣諸士子其體行之甚無忽繹而已卑云

韓重城隍廟記畧

絳州城隍廟在牙城東譙樓北隅歲久寖壞吾守徐公撤而新之視舊增壯麗落成之日鄉大夫致政知縣李輿等輦石屬予記予曰吾人之生食稻祭先穡衣帛祭先蠶飲祭先酒畜祭先牧日用起居所賴者無不祭祭門祭竈祭中霤之類是也掘隍築城保民禁奸其有功於人大矣雖於古禮無考自李唐以來郡邑已祀祭以義起也我祖宗世尤慎重天下藩臬府州縣無不城城無不廟司府州縣吏初至必先謁水旱災疫是祈是禱令典昭昭於今百三十餘年顧治民事神者弗虔即縱

巫覡往來而伍於淫多作神羞徐公斯舉爲正宇大四楹爲寢廟四楹東西廊一十八楹內塑像教以化愚蒙祈禱齋舍四楹中門四楹前門四楹庖厨四楹周以垣墻餙以丹堊興事於宏治乙丑三月三日畢功於是年七月二十日昔宋人觀風謂入其境觀其神祀政可知矣

薛國民白公疏通水利記畧

州境鼓堆山峙城西北山下出泉水分三支爲溉田用蓋隋臨汾令梁公軌所導也中流溉三林諸村西流溉龍泉諸村東流入城名爲官河自馮家莊經三泉白村

孝陵石村王莊磨頭祁郭以抵北關關地居下寨里懸岸砌爲陡門以通水道上流下瀨易於坍塌自慶歷以來郊田不沾水澤者蓋廿年矣卒莫有復之者萬歷十六年濤瀾自公璧以定襄令特薦保釐茲土下車三月墾荒發賑修廢舉墜能聲旁流每延士大夫輙詢地方利害余因以水利條陳上公唯唯曰民生國計實式賴之乃月渟暑相便宜即命余從行至陡門訝之曰自上而下勢易易耳胡至而久湮若此遡流窮源直達鼓堆見上田青苗布野下田黃埃舞風又訝之曰二天耶此芃芃而彼濯濯水利不均吾司牧責也於是即下令濾

故道理陸門分疆界定番次每莊設一人巡守犯法者繩之即豪勢不少假焉仍呈請臺院司府豎石以垂久遠於是水利均通關之人式歌且舞乃相與謀於余曰白公通水利再造我關微子之言不及此子其記之余讀漢史召信臣守南陽開通溝瀆以廣灌溉民享其利其後杜詩因之循遺跡以灌原田百姓親愛號曰召父杜母光於史册今茲鼓水梁公濬之於前白公導之於後豈獨南陽有父母之頌歟

張與行絳州北關水利記

州大夫宏宇張公以北關寨里水利之議取裁於府大

夫介石李公答曰以王府之水灌寨里之田而以官衙自用之水償之足見該州爲民實政實心依議行按州水發源於鼓堆隋正平令梁公軌開渠經三泉白村李村孝陵石村王莊磨頭祁郭以次達於城思賢坊東菜園我朝天順間靈邱王藩於絳坊若園悉起府第入城之水存二日於府州推四日於北關北關平糧改征水糧自此始嘉靖十一年重修番牌計二十九日一周第一三泉二晝一夜第二白村董盧李莊三晝二夜第三李村董盧家莊一晝二夜第四孝陵五晝五夜第五石村五晝四夜第六王莊二晝二夜第七磨頭二晝二夜

第八祁郭三晝四夜第九北關四晝四夜第十靈邱府一晝一夜第十一州衙一晝一夜此關水之明劵也鼓水自西而來至社稷壇西北由陡門北注係北關水路由陡門而東係府州水路傍路高地漸闢而不資水而灌此寨水之托始也寨依城之北居關之西天順閒水自城而摧乃越寨以及關嘉靖閒牌自西而轉又有關而無寨是時高地未闢可知矣張公下車政在利民首蠲州水夫州水既蠲無由復至府水雖存亦不取盈寨所兩資者兩失之坐視其苗之槁非情也關居末流正番之內往往爲上莊侵阻水甫及畦渠忽告涸額曰雖

四半是畫餅有力之家鑿井接濟未敢全倚但自用不給而以給人非情也兩莊各爲其地各一其情乃張公視之等地耳等情耳關加水糧之征而損其永固不忍也寨有勤力之民而無其水亦不忍也乃進兩莊而諭之曰譬如庶人之家生有九子析箸既九晩子始生積有餘藏必付晩子寨猶晩子也州水槩以及衆不過涓滴惠以與寨則爲汪洋又思府州之水所以後於各莊者急溝洫緩臺池之微意也故以二十八日之府水濟寨以二十九日之州水償府兼濟仁術出之不費盍之不朽不佞不文姑就事論事俾來葉有考云爾

張與行席村石閘記畧

絳州西北十有五里曰席村與李村蒲城鼎列爲三偏東地約九頃有奇溉資鼓堆水經三泉東南注之壑席村地高不與水通不記何年臨壑爲閘懸岸爲渠扃閘則激水循渠而南達於席村當渠中道從右一缺平地積雨絶渠而下歲有修築爲力猶易萬歷壬寅癸卯間北董北山新衝水路水來舊决江河自北董以及三泉地半淹没下流復絶前渠而下三莊人共患之余友宗侯聽若湘太學生張君全鄉耆席聚倉等謀曰臨壑之閘百世永賴擬禦此衝非創爲閘則不固而人情落落

非有所愛則不奮乃稟命於州大夫丹徒張公維東將計誑募金有事於他山之石忽掘地得石愈掘愈有大者數尺小者半之薄厚廣狹一一中度可省他山之役聚倉等卜日肇工石盡而閘成闕今五稔即山水蕩滌三泉此閘矻然獨固三莊人等實式賴之

方立誠勑建大護國善慶寺記

余蒞絳之秋月詣南關酌修杠梁以濟徒涉覩汾陽洞側有衲子盛建一兜率勑號大護國善慶寺趨車以視見其福地天開嘆曰何物闍黎乃爾呼問之對曰予僧名廣信萬泉皇甫里人幼祝髮於漢光武所到古剎下

生寺受具足戒績覺迷心不可得尋抑伏牛上人以安心法得諦辭歸過此溝粱君諱蒞者以祖有藏經奉置舊鐘樓寺年久頹壞不堪修葺乃損資另建新剎增印新經延予以守予更募諸善士喬梓等助成之余曰若固所以安心者也嘗觀旅人計程皇如弗及酒徒酣醉憒若發狂而倏過浮屠老子之宮憩息不欲去屏氣不敢動何者莊嚴具在神想自澄也若之爲此其心可知或將棲一榻釋雙肩以其心還於倦而安耶或將滌舊衲賁新茶以其心恬於適而安耶或將坐蒲團受竹篦以其心鍊於寂而安耶或將菜粥充腸布袈蔽體以其

心足於淡而安耶或將以佛火光暗留慈航起沉淪以其心普於濟而安耶廣信唯唯以爲然余因出世人依憑才力可以安天下而不能自安其心善夫君之爲此也以安心也究竟安亦不事外求雲白山青川行石立花迎鳥笑谷答樵謳萬境自安人心自閑惟反觀內照見本來面目卽心卽佛則此心渾然大空原無不安而求安工夫猶涉迹相矣語畢廣信叩首謝曰旨哉茲訓足爲此沙門誌矣乞借諸翰而鐫之余曰不文胡記無已則梁君之善承先德與諸人之樂助福果可備存之以勸來者

韓雲高士茂冲李先生墓表

當神廟末年海宇清謐人士多以氣誼結文酒之社若吾黨郊西盟其一也時則明德如薛慎予藻采如韓統元清定如王尊生莊凝如張見鉉精悍如馬道亨博洽如先生以及不慧相切磨爲舉子業而張時菴馬少野兩先生桴而鼓之暇則或各出巵酒盡歡不及亂久之統元飛冲去遂殁余亦遭先大夫之變避禍走四方而慎予先生病矣屬纊時握先生手曰嗟乎茂冲余所不瞑目者惟此藐諸孤以多財累敢托吾子云何風波起巢覆廈傾先生以一措大從中支撑之猶記壬子余弌

獲將入國門未能免俗亦復效阮凡我一時同人皆相引避去惟恐浼先生曳長裾謁我郭外曰此來非爲附熱念慎予子事迫矣敢效秦庭之乞余援手禍始解此其慷慨重然諾死者復生生者不愧韓斗峰先輩謂爲薛氏程嬰公孫杵臼不虛矣葢先生性孝友博極羣書胸中罣千古不效世儒拘拘八股義能爲詩歌近詞文章有歐蘓遺意時吾黨有相持不下者先生作洞壺春詞諷之詞成而兩家之難解更重節義周進士夫人薛外祖母段俱以貞壽率庠士表彰之憶先生方舞勺即青其衿一第掇之耳江以南張宷宇父師素聞其名追

刺吾州倒屣見之丙午上計先生與余感國士之知送之平陽郡城余笨一鵝爲餉先生割一支懷歸跪奉其父左泉公嘗之其食不忘親如是察母慮外家貧默爲周旋不形諸口父歿哀而中禮廬墓朞年始歸年四十有七以不負憤弓托積憂成疾而生計又爲強有力者所據氣蠱卒不起歿之先一口訓諸弟以吐谷渾柴故事更諸子名以自立自行自達蓋有感於托孤之不易哉先生姓李諱向榮字惟欣號茂冲世爲絳州籍所著有景賢錄烈女篇忠愛集李氏家譜韓子曰表者表其表表義不及細先生墓木拱矣墓道無誌不佰子能自

立始泣涕向余言之余蘊蘊淚下遂附其配及世系子姓而表曰高士不稱庠士者先生齋志以殁庠不足以盡先生故先生志也表乎哉

高辛允三林建堡碑記

昔絳山水之佳者在坤隅之三林以物産允膏腴之上區以地靈亶人文之萃處以地利人和屹爲雄鎮郡城每倚爲股肱廣文趙先生父爲嶧山公少讀父書落筆驚人覓阨一明經以外翰終智深而勇沉當明崇禎辛未閒流寇方芽蘖耳先生糾鄉勇備扞禦三林鄉兵以壯練特聞更切切爲桑土計以鎮三面阻水獨北隅受

敵鑿隍築城時客兵雲集此中免擾先生猶謂此非完圖鳩人士卜五龍祠曰是可因之爲高以固吾圍維時規模奢闊人或迂之而先生行所是不或撓躬任勞瘁昕夕省試至泉幣出入毫無所與人以是服其公而樂輸焉工既竣以羨金積粟儲不虞之需後値歲祲減價糶之置水田數畝懸城垣地糧之徵諸事告成而先生自視欿然陵谷變遷甲申之寇由秦犯晉絳停據獨入鎮之老羸婦孺俗是以免於奔竄已丑私符竊發三來窺絳鎮之人且時出以挺擊敵幾先之喆養後之惡其孰不謳誦之先生諱燿字明宇孫世福丁酉舉人